中华传统文化百部经典

读通鉴论 （节选）

王夫之 著

向燕南 解读

国家图书馆出版社

图书在版编目（CIP）数据

读通鉴论：节选／（清）王夫之著；向燕南解读 . — 北京：
国家图书馆出版社，2023.12（2025.6 重印）
（中华传统文化百部经典／袁行霈主编）
ISBN 978-7-5013-8056-5

Ⅰ. ①读… Ⅱ. ①王… ②向… Ⅲ. ①《读通鉴论》
Ⅳ. ① K204.3

中国版本图书馆 CIP 数据核字（2024）第 014273 号

国家图书馆出版社官方微信

书　　名	读通鉴论（节选）	
著　　者	（清）王夫之 著　向燕南 解读	
责任编辑	于　浩	
特约编辑	马庆洲	
责任校对	刘鑫伟	
封面设计	敬人设计工作室	

出版发行 国家图书馆出版社（北京市西城区文津街 7 号　100034）
　　　　　010-66114536　63802249　nlcpress@nlc.cn（邮购）
网　　址 http://www.nlcpress.com
印　　装 北京科信印刷有限公司
版次印次 2023 年 12 月第 1 版　2025 年 6 月第 2 次印刷

开　　本 710×1000　1/16
印　　张 33.5
字　　数 427 千字
书　　号 ISBN 978-7-5013-8056-5
定　　价 100.00 元（精装）

中华传统文化百部经典

顾 问

编纂缘起

　　文化是民族的血脉，是人民的精神家园。党的十八大以来，围绕传承发展中华优秀传统文化，习近平总书记发表了一系列重要讲话，深刻揭示出中华优秀传统文化的地位和作用，梳理概括了中华优秀传统文化的历史源流、思想精神和鲜明特质，集中阐明了我们党对待传统文化的立场态度，这是中华民族继往开来、实现伟大复兴的重要文化方略。2017年初，中共中央办公厅、国务院办公厅印发《关于实施中华优秀传统文化传承发展工程的意见》，从国家战略层面对中华优秀传统文化传承发展工作作出部署。

　　我国古代留下浩如烟海的典籍，其中的精华是培育民族精神和时代精神的文化基础。激活经典，熔古铸今，是增强文化自觉和文化自信的重要途径。多年来，学术界潜心研究，钩沉发覆、辨伪存真、提炼精华，做了许多有益工作。编纂《中华传统文化百部经典》（简称《百部经典》），就是在汲取已有成果基础上，力求编出一套兼具思想性、学术性和大众性的读本，使之成为广泛认同、传之久远的范本。《百部经典》所选图书上起先秦，下至辛亥革命，包括哲学、文学、历史、艺术、科技等领域的重要典籍。萃取其精华，加以解读，旨在搭建传统典籍与大众之间的桥梁，激活中华优秀传统文化，用优秀传统文化滋养当代中国人的精神世界，提振当代中国人的文化自信。

这套书采取导读、原典、注释、点评相结合的编纂体例，寻求优秀传统文化与社会主义核心价值观之间的深度契合点；以当代眼光审视和解读古代典籍，启发读者从中汲取古人的智慧和历史的经验，借以育人、资政，更好地为今人所取、为今人所用；力求深入浅出、明白晓畅地介绍古代经典，让优秀传统文化贴近现实生活，融入课堂教育，走进人们心中，最大限度地发挥以文化人的作用。

《百部经典》的编纂是一项重大文化工程。在中宣部等部门的指导和大力支持下，国家图书馆做了大量组织工作，得到学术界的积极响应和参与。由专家组成的编纂委员会，职责是作出总体规划，选定书目，制订体例，掌握进度；并延请德高望重的大家耆宿担当顾问，聘请对各书有深入研究的学者承担注释和解读，邀请相关领域的知名专家负责审订。先后约有 500 位专家参与工作。在此，向他们表示由衷的谢意。

书中疏漏不当之处，诚请读者批评指正。

2017 年 9 月 21 日

凡 例

一、《中华传统文化百部经典》的选书范围，上起先秦，下迄辛亥革命。选择在哲学、文学、历史、艺术、科技等各个领域具有重大思想价值、社会价值、历史价值和学术价值的一百部经典著作。

二、对于入选典籍，视具体情况确定节选或全录，并慎重选择底本。

三、对每部典籍，均设"导读""注释""点评"三个栏目加以诠释。导读居一书之首，主要介绍作者生平、成书过程、主要内容、历史地位、时代价值等，行文力求准确平实。注释部分解释字词、注明难字读音，串讲句子大意，务求简明扼要。点评包括篇末评和旁批两种形式。篇末评撮述原典要旨，标以"点评"，旁批萃取思想精华，印于书页一侧，力求要言不烦，雅俗共赏。

四、原文中的古今字、假借字一般不做改动，唯对异体字根据现行标准做适当转换。

五、每书附入相关善本书影，以期展现典籍的历史形态。

同治四年湘鄉曾
氏梓于金陵節署

讀通鑑論卷一

衡陽王夫之譔

船山遺書二十四

秦始皇

兩端爭勝而徒為無益之論者辨封建者是也郡縣之制
垂二千年而弗能改矣合古今上下皆安之勢之所趨豈
非理而能然哉天之使人必有君也莫之為而為之故其
始也各推其德之長人功之及人者而奉之因而尤有所
推以為天子人非不欲自貴而必有奉以為尊人之公也
安於其位者習於其道因而有世及之理雖愚且暴猶賢
於草野之罔據者如是者數千年而安之矣彊弱相麣而

讀通鑑論卷一

一

读通鉴论三十卷 （清）王夫之撰

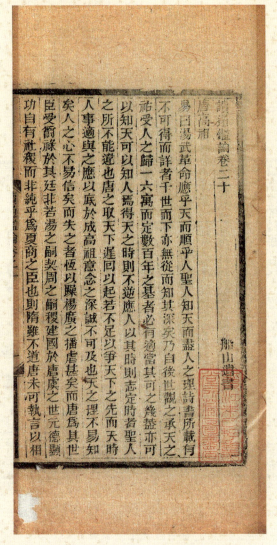

讀通鑑論卷二十

唐高祖

易曰湯武革命應乎天而順乎人聖人知天而盡人之理詩書所藏有
不可得而詳者千世而下亦無從而知其深矣乃自後世觀之承天之
祐受人之歸一六寓而定數百年之基者必有適當其可之幾盍亦可
以知天可以知人焉得天之時則不逆應人以其時則志定時者聖人
之所不能違也唐之取天下遲回以起若不足以爭天下之先而天時
人事適與之應以底於成高祖意念之深誠不可及也天之理不易知
矣人之心不易信矣而失之者恆以躁楊廣之播虐甚矣而唐為其世
臣受爵祿於其廷非若湯之嗣契周之嗣稷建國於唐虞之世元德顯
功自有社稷而非純乎為夏商之臣也則隋雖不道唐未可執言以相

读通鉴论三十卷卷末一卷 （清）王夫之撰

清光绪二十六年（1900）湖南滂雅书局刻本 国家图书馆藏

目　录

卷七

卷八

卷九

卷十

卷十一

卷十二

卷十三

卷十四

卷十五

卷十六

卷十七

卷十九

卷二十七

卷二十八

导　读

一、王夫之生平、主要学术著述及其体现的思想体系

王夫之，字而农，号姜斋，别号一壶道人，湖广衡州府衡阳县（今湖南衡阳）人。生于万历四十七年（1619），卒于康熙三十一年（1692）。以晚年隐居石船山故，自署船山老农、船山遗老、船山病叟等，学者因此称其为船山先生。历史上，王夫之与顾炎武、黄宗羲同称明清之际三大思想家，同时，又与方以智、顾炎武、黄宗羲同称明末四大学者。

生平

王夫之一生大致可划分为：一、早年求学时期；二、抗击清军时期；三、隐居著述时期三个时期。

（一）早年求学早期：

这一阶段大约迄止于 1644 年李自成攻入北京，崇祯帝自缢，清兵入关前后。

王夫之出身于耕读人家，家族中除其父王朝聘曾两中副榜外，并没有什么人取得过功名。王夫之的早年，也和那时代所有这个阶层的人一样，自幼即从父亲、叔父、兄长读书，准备走读书科考、求取功名之路。开始王夫之这条路走得还顺利，十四岁便考中秀才，二十四岁那年，又以《春秋》试卷第一，高中湖广乡试的第五名。然而时代的巨变，遽然打断了王夫之求取功名之路。崇祯十六年（1643）春，王夫之正欲与兄结伴北上参加会试，却因李自成军攻克承天，张献忠军陷蕲水，赴京的道路遭到阻断，不得已返回衡阳家乡。不久张献忠军入衡阳，邀王夫之加盟，王夫之佯装伤病拒绝。崇祯十七年（1644），李自成攻下北京城，崇祯帝自缢身亡。王夫之得知这一消息后，悲痛欲绝，数日不食，作《悲愤诗》百韵。

（二）抗击清军时期：

这一阶段大约迄止于清顺治八年（1651）前后。

清军入关后很快推进到南方，王夫之身处战乱，失去了很多家人。明朝一些残存的宗室纷纷在各路官员的拥立下称帝。其中继弘光政权、隆武政权之后，桂王朱由榔于顺治三年（1646）在广东肇庆建立了永历政权，以次年为永历元年（1647）。开始，永历政权发展还顺利，永历二年（清顺治五年，1648）春即先后收复了湖广、广西部分地区。王夫之受到形势的鼓舞，也在衡阳组织义军，以期阻击清军南下。然初起事即遭挫败，遂往依南明永历政权，被授任行人司行人介子。当时的永历政权延续了晚明以来的激烈党争，内部充斥着争权夺利，王夫之亦卷入党争，因弹劾权奸事，几陷大狱，险些丢掉性命。此事对王夫之打击很大，值其母病重，遂向永历朝廷告假回家。旋其母病故，而永历政权也在清军打击下退到贵州，加之经历过永历政权内的尔虞争斗，王夫之对之业已失望，于是在家乡隐居了下来。

（三）隐居著述时期：

自顺治八年（1651）返乡后三十余年间，除了在顺治九年（1652）抗清将领李定国率大西农民军进入衡阳之时，曾受到招请被他托辞未就外，王夫之大多时间"栖伏林谷","随地托迹",一直辗转于湘西以及祁、永、涟、邵间。当时清廷严令薙发,不从者死,王夫之誓死抵抗,更名改姓,变衣易装,自称瑶人,窜身瑶峒,伏处深山,或教书,或著述,直至晚年方回到家乡衡阳,在衡阳石船山下筑草堂而居,在极艰苦的境况下,开始了他潜心治学著述的生活。

康熙三十一年(1692)正月,王夫之与世长辞。生前,王夫之曾撰好了自己的墓志。"自题其墓曰:'明遗臣王夫之之墓。'自铭曰:'抱刘越石(刘琨)之孤忠而命无从致,希张横渠(张载)之正学而力不能企。幸全归于兹邱,固衔恤以永世。'"①也是王夫之对自己一生政治抱负和学术活动的自我总结。后人这样评价他:"先生生当鼎革,自以先世为明世臣,存亡与共。甲申后崎岖岭表,备尝险阻。既知事不可为,乃退而著书。窜伏祁、永、涟、邵山中,流离困苦,一岁数徙其处……故国之戚,生死不忘……当是时,海内儒硕,北有容城(孙奇逢),西有盩厔(李颙),东南则有崑山(顾炎武)、余姚(黄宗羲),而亭林先生为之魁。先生刻苦似二曲(李颙),贞晦过夏峰(孙奇逢),多闻博学,志节皎然,不愧顾、黄两先生。顾诸君子肥遁自甘,声名益炳,羔币充庭,干旄在野,虽隐逸之荐,鸿博之征,皆以死拒,而公卿交口,天子动容,其志易白,其书易行。先生窜身猺峒,绝迹人间,席棘饴荼,声影不出林莽,门人故旧,又无一有气力者为之推挽。殁后四十年,遗书散佚。其子敔始为之收辑推阐,上之督学宜兴潘先生,因缘得上史馆,立传《儒林》,而其书仍湮灭不传。后生小子,致不能举其名姓,可哀也。"②当明清鼎革之际,王夫之是最坚贞的学人。在清军"留发不留人,留人不留发"的高压下,唯独王夫之遗世独立,至死都没有薙发,临危前,自撰墓志铭曰:"有明遗臣行人王夫之字而农葬于此。"③其气节之坚贞,感天动地,高风亮节,引万世景仰。

作为一位学者,一位思想家,王夫之一生中的第三个时期最重要。当感到复明无望之时,王夫之遂把他的生活重心,转向了"为往圣继绝学"。

此时的他，曾经拟一联"颜于堂"，道出自己的思想："六经责我开生面，七尺从天乞活埋。"④ 表白自己以儒家"六经"为基本准则，将传承与光大华夏文明作为自己的职责和使命。这样的文化使命意识，使王夫之人生最后的几十年间，荆棘为席，苦菜为食，"退伏幽栖，俟曙而鸣"，笔耕不辍，为后人留下了皇皇数百卷的著作。

主要学术著述及其体现的思想体系

关于王夫之的主要著述及其要旨，《清史稿》本传说："（夫之）所著书三百二十卷，其著录于《四库》者，曰《周易稗疏》《考异》，《尚书稗疏》，《诗稗疏》《考异》，《春秋稗疏》。存目者，曰《尚书引义》《春秋家说》。夫之论学，以汉儒为门户，以宋五子为堂奥。其所作《大学衍》《中庸衍》，皆力辟致良知之说，以羽翼朱子。于张子《正蒙》一书，尤有神契，谓张子之学，上承孔、孟，而以布衣贞隐，无巨公资其羽翼；其道之行，曾不逮邵康节，是以不百年而异说兴。夫之乃究观天人之故，推本阴阳法象之原，就《正蒙》精绎而畅衍之，与自著《思问录》二篇，皆本隐之显，原始要终，炳然如揭日月。至其扶树道教，辨上蔡、象山、姚江之误，或疑其言稍过，然议论精严，粹然皆轨于正也。"⑤

关于王夫之的学术渊源、学术特点及其思想体系，我们可以从其学术著述及其先后次序中直观地窥见其厓略和形成并逐渐深化的过程。通过这些著述体现的学术内容及其思想旨趣的揭示，亦有裨于深化对《读通鉴论》中学术、政治与历史等方面的思想内容和特点之理解。

试将王夫之主要学术思想理论著述，按照撰述时间顺序择要列述如下：

清顺治十二年（1655），撰《周易外传》七卷、《老子衍》一卷。

时王夫之三十七岁，避兵常宁山寺。《周易外传》是王夫之研究《周易》的第一部著作，也是发挥其哲学思想的主要著作之一。该书"以推广于象数之变通，极酬酢之大用"⑥，是船山易学研究的核心著作，也是其经学诠释的经典之作。对易学变化的辩证思想及其方法的研讨，对于王夫之思考历史变化的问题，具有积极的意义。

八月，完成《老子衍》的写作。王夫之认为《老子》的注解，历代各派互相杂糅，众说不一，令今人无从依据，于是尽废诸家之短，扩展各家所长，展伸其旨，并杂儒说于其中。《老子》的研究，对王夫之的辩证思维亦不无裨益。

顺治十三年（1656），完成《黄书》一卷。

该书由《原极》《古仪》《宰制》《慎选》《任官》《大正》《离合》七篇论文组成，并附《后序》，是作者早年针对明朝政治的政论著作。书中，王夫之总结近两千年专制帝制社会政治，特别是明朝失败的教训，认为：以"天下私一人"的政治，国运不可能长久。秦朝私天下为其子孙，结果传二世即亡；宋朝之亡，亦因其"私天下而力自诎"，导致"一折而入于女直，再折而入于鞑靼"⑦。王夫之指出：统治者应正确处理"天下之公"与君主之私的关系，"不以一人疑天下，不以天下私一人"⑧，只有这样，才能"承天理民"，保证统治的长久。因此王夫之提出要限制君权，反对君主独裁，认为君位是"可禅、可继、可革"⑨；主张应实行相对的地方分权，增加边区防御实力。王夫之的这些思想，在《读通鉴论》的一些史论中，皆有不同程度的表述，同时这些思想在顾炎武、黄宗羲等思想家中也有类似的表述，体现了王夫之思想发展的时代性。

康熙二年（1663），完成《尚书引义》初稿六卷。

全书从哲学与政治的关系上总结历代兴亡的教训，着重对玄学、佛教和宋明理学等进行批判，集中地阐述了其认识理论。通过研讨天与人、己与物、能与所、心与事、明与诚、格物与致知、知与行以及名实、文质等诸对范畴，试图说明认识过程中主体与客体、认识与实践、感性与理性、形式与内容等矛盾关系，并提出"心有两端之用，而必合于一致"作为普遍的思维模式，蕴含着朴素的辩证逻辑思想⑩。阐明了"因所以发能""能必副其所"、"行可兼知，而知不可兼行"等著名命题；既反对宿命论，又否定唯意志论，强调人的认识和实践的能动性。在上述认识论的基础上，在历史理论上，该书提出了"理""势"相成、"即民以见天"等观点；以及在人性论上，提出关于"习与性成""已成可革"的观点，这些均属王夫之的创见，也是理解《读通鉴论》历史评论之理论体系及思想方法的重要材料。

康熙四年（1665），重定《读四书大全说》十卷，完成《永历实录》二十六卷。

《读四书大全说》是按照明永乐年间由胡广等人奉敕编纂的《四书大全》原篇章次序，以读书札记的形式，借用其中某些命题，来阐述自己的哲学思想观点，批判宋明理学。书中论证了"致知、格物亦有行"，批判理学家"知先于行"，强调"人欲之各得，即天理之大同"等，驳斥了宋儒所言之"存天理，灭人欲"；认为"言心、言性、言天、言理，俱必在气上说"，反对程朱"理能生气"的唯心论等。在历史理论方面，王夫之再次讨论了"理""势"等问题，明确提出"理势不可以两截沟分"，认为"理当然而然，则成乎势矣"；"势既然而不得不然，则即此为理矣"等非常深刻的历史哲学⑪。这些理论，在其晚年撰述的《读通鉴论》的史论中，皆有不同程度的展开论述。

《永历实录》乃记南明永历朝史事的纪传体史著，康熙二年开始动笔，越一年完成。

康熙七年（1668），修成《春秋家说》三卷、《春秋世论》五卷并完成《续春秋左氏传博议》二卷。

王夫之举业以《春秋》学起家。二十四岁那年，就曾以《春秋》试卷第一，高中湖广乡试第五。《春秋家说》乃其二十八岁那年遵父命所纂，至此完成。该书主要述其父王朝聘研治《春秋》的见解。《春秋世论》则与王夫之晚年撰述的《读通鉴论》《宋论》性质相类，体例在经义与史评之间，内容是对春秋时期离合之势、盛衰之迹进行评论，但又"非直一世之论"⑫，其中往往有感而发，借春秋史事，抒发自己对明朝覆亡的感慨，阐述常与变、经与权、谲与正、义与理等范畴之关系，从中总结"守经事"而"知宜"、"遭变事"而"知权"的历史经验，与以纲常褒贬说经者迥异。较之《读通鉴论》，可窥王夫之历史思想发展的轨迹。

是年王夫之还撰有《续春秋左氏传博议》二卷。《春秋》是王氏家学，崇祯十年（1637），王夫之结婚时，其叔王廷聘曾赋诗相贺，有"日成《博议》几千行"句。按其时王夫之正从之读史，故廷聘以此相勉。对于叔父的贺诗，王夫之随即以"愧无《博议》续东莱"相和⑬，说明他早就对讨论历史感兴趣，早已有续南宋吕祖谦《东莱左氏博议》之意。该书乃评述春秋史事之作。书中对《左传》中种种迷信思想予以批判，正确地阐述了天人关系。其中提出的"有即事以穷理，无立理以限事"的命题，以及强调"相天"（在认识自然的基础上来利用和改变自然），反对"任天而无能为"的思想等⑭，都是精彩之论，也是后来《读通鉴论》着意发挥之义。

康熙十二年（1673），《礼记章句》定稿，共四十九卷。

此前一年，王夫之已开始撰述，至此全部完成并定稿。

《礼记》为儒家经典之一。王夫之认为，"仁"与"礼"的关系是互为体用，二者中"仁"是体，是目的。也就是说，"礼"是为实现人之为人的"仁"的目的，即为实现社会文明而制定。《自序》云："自始制而言之，则《记》所推论者体也，《周官》《仪礼》用也；自修行而言之，则《周官》《仪礼》体也，而《记》用也。《记》之与《礼》相倚以显天下之仁，其于人之所以为人，中国之所以为中国，君子之所以为君子，盖将舍是而无以为立人之本，是《易》《诗》《书》《春秋》之实缊也。"又曰："夫之生际晦冥，遭闵幽怨，悼大礼之已斩，惧人道之不立，欲乘未死之暇，上溯《三礼》，下迄汉、晋、五季、唐、宋以及昭代之典礼，折衷得失，立之定断，以存先王之精意，征诸实用，远俟后哲，而见闻交诎，年力不遑，姑取戴氏所记，先为章句，疏其滞塞，虽于微言未之或逮，而人禽之辨、夷夏之分、君子小人之别，未尝不三致意焉。天假之年，或得卒业，亦将为仁天下者之一助。倘终不逮，则世不绝贤，亦以是为后起者迻言之资也。"⑮可见王夫之此著意在当明清"夷夏"鼎革之际，以"六经责我开生面"承担存续中华文化、儒家道统的意识。在王夫之看来，礼乐的精意是"征诸实用"，"将为仁天下者之一助"。表现出王夫之历史思想和政治思想中人本主义的取向。除此之外，王夫之在此书中提出"王者之治天下，不外乎政教之二端"的观点[16]，也是值得注意的。书中王夫之将教育同国家、民族的命运联系起来，强调教育与政治关系密切，二者中有着先后本末之别：论先后，则政权建立在先；论本末，则教育是根本，教育直接关系着社会稳定和政权兴衰。王夫之的这些思想，亦针对具体史事而时有阐发。

康熙十五年（1676）春，始撰《周易大象解》。

易学中，"象"是非常重要的术语，是古人的一种分类和分析事物的方法，是一种认识世界的手段和方法。《周易》各卦附有"象传"，其中总的说明一卦的叫"大象"，说明各爻的叫"小象"。历代易学家对《大象传》都有诠释，而对其中蕴含的思想阐发最多、最系统的，无疑则要属王夫之《周易大象解》。王夫之认为《周易》具有两方面学问，一是占筮之学，一是如《大象》的纯乎象理之学。其不仅是体悟"尽人而求合乎天德"的重要门径[17]，更是君子崇德广业、安身立命的终极准则。

康熙十八年（1679），著《庄子通》一卷。

此年王夫之已年六十，哲学思想愈趋成熟。在这部书《叙》中，王夫之针对庄子虚无主义，提出"以物为师"的唯物主义命题，批判了庄子的相对主义，认为"兼乎寡则多，兼乎短则长"，对立双方互相渗透，互相过渡；同时提出"天地无往而非其气，万物无往而非其机"，批判庄子"不谴是非"逃避现实的消极思想[18]。了解这部书的思想，可有助于理解王夫之认识论的基本取向，以及其分析事物和历史事件的理路。

康熙十九年（1680），修成《宋论》初稿。

王夫之向有"陋宋"之情，他在其《黄书·宰制》中即说道："圣人坚揽定趾以救天地之祸，非大反孤秦、陋宋之为不得延。"[19]而明亡于异族，宋亦亡于异族，故王夫之也有意从宋朝的兴亡史中寻找可资总结的历史教训，旨在"以上下古今兴亡得失之故，制作轻重之原"[20]。其《宋论》初修始于是年，但直到其临终的前一年方定稿，可见他的慎重。陈寅恪曾指出，"王船山之史论，明末之政论也"。此说颇有助于理解王夫之的史论。

康熙二十年（1681），完成《庄子解》三十三卷、《相宗络索》一卷。

《庄子解》是王夫之前著《庄子通》的姊妹篇。该著虽与《庄子通》一样，对庄子的唯心主义和相对主义进行了批判，但对庄子也表示了同情，认为其持论"皆通于一，而两行无碍"，"其高过于老氏，而不启天下险侧之机"，甚至说庄子"救道于裂"㉑。

王夫之思想之精深，得益于他对学术批判性地汲取。《相宗络索》一书，即王夫之读佛教相宗经论的笔记。全书二十九条，约一万九千字，对相宗唯识理论基本观点、方法分析精要，脉络分明，在批判其世界观的同时，对相宗理论思维上的成果，尤其认识论方面的分析方法多有汲取，显示王夫之既入佛又辟佛，及其基于儒家立场汲佛入儒的思想特色。

康熙二十一年（1682），完成《说文广义》二卷、《噩梦》一卷。

《说文广义》为王夫之研究文字学的著作。该书基于宗"六书"而不泥古之旨，对汉许慎《说文解字》所收字进行了整体的分析。

《噩梦》乃王夫之重要的政论著作。《自序》云："教有本，治有宗，立国有纲，知人有道。运天下于一心而行其典礼，其极致不易言也。所可言者，因时之极敝而补之，非其至者也。"其旨在救时政之"极敝"而"苏人之死，解人之狂"㉒。每章讨论一个问题，就事论事，各自成篇。内容涉及明代田制、赋役、吏治、科举、武备等诸多制度的评议和批判。其所论问题及所持见解，在《读通鉴论》史论中，亦时有阐发，体现了其政见及其思想发展的延续性。

康熙二十二年（1683），重定《诗广传》五卷。

原著乃王夫之阅读《诗经》的杂感集，为王夫之旧作，此时又重新订定。书中王夫之从个人的哲学、历史、政治、伦理和文学的观点出发，对《诗经》各篇加以引申发挥，故曰"广传"。作为善于独立思考和具有淑世情怀的哲人，王夫之总能发常人未发之思。此虽为研究《诗经》之作，但王夫之却从儒家"诗教"出发,对《诗经》抒发之情提高到"治道"层面予之阐发,认为"古之善用其民者,定其志而无浮情",主张"导天下以广心,而不奔注于一情之发"。值得注意的是,该著与《读通鉴论》思想的一致性,如称"善取民者,视民之丰,勿视国之急"的民本政治思想,强调"事起而时异,时异而道不可执"的历史变革思想,以及主张"善用人者无弃人,善用物者无弃物"等政治思想㉓。

康熙二十三年（1684）,完成《俟解》一卷。

按其"题词"所言:"窃恐解之者希也,故命之《俟解》。"㉔全书站在哲学的立场,对政治、社会、人生修养等问题提出了相当独到的见解,希望得到人们的理解和认同,故名曰《俟解》。该书从程朱理学的立场,批判了王阳明及其后学宣扬的"无善无恶心之体"的观点,让人们不要为"习气"所移,注重道德修养。反思王学"空谈"流弊对明朝衰亡的影响,是明清之际士人中的一种社会思潮,也是《读通鉴论》讨论政治兴衰的取向。

康熙二十四年（1685）,完成《张子正蒙注》九卷、《周易内传》六卷。

《正蒙》是张载最主要的著作,其哲学思想的精粹,主要表现在这部著作。王夫之一生以"希张横渠之正学"自任,《张子正蒙注》即是以注释《正蒙》的形式,阐发自己对张载哲学的继承与发展,同时亦对张载原著一些字句错误作出校正。

《周易内传》是王夫之系统研究《周易》的著作。作为其晚年所作,该著也可看作是他研究易学哲学的总结。王夫之认为:"若夫《易》之为道,即象以见理,即理之得失以定占之吉凶,即占以示学,切民用,合天性,统四圣人于一贯,会以言、以动、以占、以制器于一原。"又说:"《易》为君子谋,不为小人谋。君子之谋于《易》,非欲知吉凶而已,所以知忧知惧而知所择执也。"㉕即主张统一易学中象数与义理之学的所谓"占学一理"的观点。这是王夫之对待《周易》的基本取向,也是他撰述此书的主要原则。这部著作中,王夫之对其《周易外传》揭示的一些论点又作了进一步的发挥，希冀通过《周易》的研究"体天人之理"，以察"天道"以应人事。《周易》体现的宇宙观、方法论和认识论，对于王夫之的历史认识影响深远，并体现于《读通鉴论》史论中。

康熙二十六年（1687），完成《读通鉴论》初稿。

康熙二十八年（1689），重定《尚书引义》。

康熙二十九年（1690），重定《张子正蒙注》。

康熙三十年（1691），卒前七阅月，咳喘中定稿《读通鉴论》三十卷，《宋论》十五卷。

王夫之的重要著作，尚有《搔首问》和《思问录》两书。其中《搔首问》一卷，属笔记体，全书所记多崇祯一朝事，凡朝政时局、学术经济、臣像风操、遗民志节等均有论，是王夫之批判现实的政论著述，推测是其晚年之作。据该书民国初印本刘人熙序说："《搔首问》者，即屈子之《天问》。明社既屋，中原陆沉，志士仁人，肝脑涂地，无补天倾。抱孤心而诉苍旻，天帝亦疑于醉矣。然默赞神化以俟数百年之远复，则韦布之功，贤于台鼎。船山之搔首而问者，造物者不难一一条答，相视而笑，莫逆于心也。知此，然后可以见船山之心，学船山之学，读船山之《搔首问》。"㉖《思问录》分内外两篇，按王夫之之子王敔《大行府君行述》所云："至于守正道以屏邪说，则参伍于濂、洛、关、闽，以辟象山、阳明之谬，斥钱、王、罗、李之妄，作《思问录内外篇》，明人道以为实学，欲尽废古今虚妙之说而返之实。"㉗可见该著在王夫之思想体系中所占的重要地位。

从上述王夫之的著述情况可以看出，其学术路数是以经学入，同时涉猎老、庄，而最终落实于史学。其中如《读四书大全说》《礼记章句》《尚书引义》《周易内传》《周易内传发例》《张子正蒙注》《思问录》《宋论》等，对于理解王夫之学术思想的源流及其体系的形成和发展有着极重要的价值。王夫之这些开始于青年时代的一系列哲学、政治和现实问题的思考，经过不断理论深化和系统化，最终凝聚在其晚年撰述的《读通鉴论》之中，赋予该著极高的理论价值。因而，无论是从理解《读通鉴论》著作的本身，还是了解该著反映的历史思想理论体系及其特点的要求来看，这种按撰述年序条列给予读者的直观性，显然具有极重要的价值。

二、《读通鉴论》的成书和主要内容

从上列王夫之主要学术著述编年可以直观地看出，其思想体系有着明显的一致性、整体性，学术逻辑明显呈现从经学入而落脚于史学，基本上符合理学家的路数。其学术的进路大致这样展开：其学术之根是《春秋》学。《春秋》学也是王夫之的家学。《春秋》是史学，也是经学。《春秋》的特点是"道名分""严纲常"，其学术特点是以"笔削"的形式，对历史进行批判。这对王夫之日后写作《读通鉴论》，显然是会有影响的。《春秋》学之后，王夫之研究的重点转向易学、老庄之学和礼学，先后撰写了一系列的研究专著。与此同时，王夫之重点钻研了张载的《正蒙》，研究了《四书》等理学经典，并针对社会现实撰写了《黄书》《噩梦》《俟解》等讨论政治问题的著述。这些研究论著，无论是在理论思维方面，还是对社会政治问题的思考，养成了他深邃的理论见识。《宋论》的成稿虽然在《读通鉴论》之后，但其开始写作却在《读通鉴论》之前。宋代与明代类似，都是被少数民族政权取代，朝中也都存在激烈的党争，这些身世之感，必然会引起他的共鸣，所以大史学家陈寅恪有王夫之的《宋论》实为明论之说[28]。而这些对于自己生活时代的思考与批判，也深深地叠加入《读通鉴论》的史论之中，形成认识《读通鉴论》史论的底色。

据《年谱》记载，《读通鉴论》的初稿，大约完成于康熙二十六年（1687），这一年王夫之已经六十九岁高龄了。长期对于经史之学的研治，使得他的思想和学术的理论更为深刻，对于历史兴衰的思考也有了更为系统的认识，在这种情况下，王夫之虽"久病喘嗽"，但仍"吟诵不辍"。该年王夫之的《四月一日》诗中，有"韶华读史过"之句，《写恨》诗，亦有"云中读史千秋泪"句㉙。此后，王夫之虽衰病日重，但仍修订不辍，一直到了康熙三十年（1691）四月，王夫之最终在咳喘中完成了三十卷的定稿。《读通鉴论》作为中国古代史学中最宏大、最系统的史论著作，是凝聚了王夫之一生的读书、阅世与思考的著作，也是其整个学术体系的最终归依，即其经世致用思想的最终落实之处。

《读通鉴论》全书共三十一卷，其中秦一卷，西汉四卷，东汉四卷，三国一卷，晋四卷，宋、齐、梁、陈、隋各一卷，唐八卷，五代三卷，另附《叙论》四篇于卷末，乃王夫之阅读司马光《资治通鉴》有感而发的读史笔记。其顺序依照《资治通鉴》，与《资治通鉴》纪事始于周威烈王二十三年（前403）不同，王夫之《读通鉴论》截断众流，从中国古代帝制社会开始的秦始皇时代发论。王夫之这种作法，显然与其明确的现实借鉴目的有关。正是从秦始皇开始，中国开始步入专制帝制社会，此后近二千年都可谓是这个政治制度基本轨迹的延续，一直到王夫之生活的明清之际，其社会性质几乎没发生根本性的变化。社会结构的同质，决定了其所面临的问题必然有着很大的共性。这或许是王夫之从秦始皇时期的史事开始评议的考量。《读通鉴论》的具体内容，则是将秦始皇以下至五代的史事，概括为900多个专题，上下纵横，对比分析，引古鉴今，分析历代成败兴亡、盛衰得失，臧否人物，总结经验，阐述见解、主张和思想，既体现了宋儒朱熹所谓"读史当观大伦理、大机会、大治乱得失"㉚，把握历史枢机的史学方法，也体现了王夫之强烈的现实关怀的问题意识。此外，司马光的《资治通鉴》有着明确的旨趣指向，即"专取关国家兴衰，系生民休戚，善可为法，恶可为戒者，为《编年》一书"㉛。即其指导思想就是"资治"二字，所关注的是政治兴衰，而这也是经历了明清易鼎的王夫之所关心的问题。于是《资治通鉴》记载的史实，也就很自然地成了王夫之赖以发论的出发点和基本依据。

《读通鉴论》属于史部史评类。对于史评之书，《四库全书总目》史评类小序是这样说的："《春秋》笔削，议而不辨。其后'三传'异词。《史记》

自为序赞，以著本旨。而先黄老，后六经，退处士，进奸雄，班固复异议焉。此史论所以繁也。其中考辨史体，如刘知幾、倪思诸书，非博览精思，不能成帙，故作者差稀。至于品骘旧闻，抨弹往迹，则才绵史略，即可成文。此是彼非，互滋簧鼓。故其书动至汗牛。又文士立言，务求相胜。或至凿空生义，僻谬不情，如胡寅《读史管见》讥晋元帝不复牛姓者，更往往而有。故瑕类丛生，亦惟此一类为甚。"㉜显然，《读通鉴论》也属于"品骘旧闻，抨弹往迹"的著作，但它亦绝不是"四库馆臣"所批评的"文士立言，务求相胜。或至凿空生义，僻谬不情"之作。对此，见多识广的梁启超的评价可以参考。梁启超说："自将船山遗书刻成之后，一般社会所最欢迎的是他的《读通鉴论》和《宋论》。这两部自然不是船山第一等著作，但在史评一类书里头，可以说是最有价值的。他有他的一贯精神，借史事来发表。他有他的特别眼光，立论往往迥异流俗。所以这两部书可以说是有主义有组织的书。若拿出来和吕东莱的《东莱博议》、张天如的《历代史论》等量齐观，那便错了。"㉝作为一部卓越的历史评论著作，《读通鉴论》评议的内容，基本是围绕着历史上的人物和事件表达自己的事实判断和价值判断。在极具现实关怀的问题意识引领下，其议题涉及历代王朝的政治、经济、文化等各个领域。其立论之精当、新见之迭出、笔势之纵放、文采之飞扬，足以睥睨千古而为中国史学评论的一座高峰。其中尤为难能可贵的是，王夫之在对具体史实的评论中，能够将历史的整体发展趋势作为参照坐标与基准，再经由个案与整体的互动，不断深化对于历史整体运动的理解与阐释，并在此基础上去认识和揭示贯穿于历史之中的"道"与"理"。与此同时，王夫之也意识到这种提炼总结，可能会存在流于形而上学化的僵化、教条的潜在风险，因而强调论史要"就事论法，因其时而酌其宜"，绝不可试图"立一成之例"，"强天下以必从其独见"㉞。

　　当然，《读通鉴论》更是位满负淑世情怀的思想家的历史沉思录。王夫之不仅仅是位历史学家，也是明末清初的思想家。思想家的史论与纯粹的历史学者不同，尤其是王夫之这样一位经历明清之际天崩地坼般世变的士大夫，当时家国命运与时代的迁变，必然激发他对历史前途的深入思考，这些思考也就自然融入《读通鉴论》的历史评论之中。王夫之显然希望通过对历史的"推本得失之原"[35]，为后世提供有益的鉴戒，服务于"治身治世"。这些便使得《读通鉴论》处处反映着王夫之的政治思考，处处渗透王夫之强烈的现实关怀，同时又处处寄寓着王夫之对历史未来的思索与展望。从某种意义上说，王夫之希冀这部史著能够建构为一条历史与现实乃至未来的对话渠道，使读者在他对历史问题的思考中获取智慧，受到启发。

三、《读通鉴论》的学术成就、历史价值与局限

王夫之《读通鉴论》在中国古代学术史、思想史上之成就，可以用"崇高"二字概之。

从前列王夫之主要学术著述年表可以看出，除诗赋序跋等文学作品外，《读通鉴论》就是王夫之最晚出的著述。在撰述《读通鉴论》之前，王夫之已经广泛涉猎儒、释、道等诸家学术，也就是说《读通鉴论》凝聚了王夫之一生的学术积累、理论思考，加之其亲身经历的社会巨变引发的历史反思，这些无不为《读通鉴论》奠定下坚实的学识和理论的基础。正是抱着"六经责我开生面，七尺从天乞活埋"的诉求，在明清易代文化遭遇到前所未有的挑战之时，王夫之倾其毕生所学，以极大的文化担当精神和重振中华文化的深沉使命感，以历史为别开六经生面之"舟楫"，从六经到历史，对帝制社会的历史，进行深入的理论思考。

王夫之《读通鉴论》的学术成就和历史价值，突出表现在整体系统性和理论性方面，尤其表现在历史理论方面的深刻创见。这是中国以往史评所缺失或不足的，也正是这一点，构成了《读通鉴论》最突出的历史价值。

王夫之《读通鉴论》历史理论体系的构成，大致包含三个部分：一是对历史本体的形而上的理论思辨；二是对于历史的社会政治批判思想；三

是史学批评中体现的史学思想和史学方法论。

首先，《读通鉴论》关于客观历史形而上的理论思辨，是王夫之历史思想最突出的理论贡献。

中国有着古代世界最发达的历史学，但是对历史作出哲学思考和讨论的并不很多，更多是从政治伦理的视角作出经验主义的判断。即唐代史学理论家刘知幾所谓"史之为务，申以劝诫，树之风声"[36]的伦理道德评判的取向，而较少对历史自身规律予以探讨。因而所谓"史论"所呈现的历史思维，大多是经验的直观的而非思辨的，伦理及政治功用性的而非理论的。所谓史论，几乎全被政治的和伦理的是非争辩所填满。与这些相较，王夫之对历史的思考，则表现出浓重的形而上的思辨性和体系的完整性，代表着中国古代历史理论发展的最高峰。也正是这种历史问题讨论中表现出的思辨性，让王夫之被一些西方学者称作是"中国思想家中最'非中国式'的一个"[37]。而研治中西比较史学的杜维运则评议道："较正史论赞更接近西方史学中之历史解释者，则王夫之之《读通鉴论》《宋论》也。王氏之《读通鉴论》《宋论》，已无苏（轼）、吕（祖谦）史论之纵横捭阖之气，较诸正史论赞，亦精密深入，自其中可窥见历史演进之大端。盖王氏已具备极高明之历史解释艺术焉。"[38]

王夫之历史哲学的核心，是他在一些传统理论概念，诸如"理""势""天""时""幾"等概念及其关系分析的基础上，从历史哲学的高度对客观历史的运动及其规律作出探讨。

第一，在其"理依于气""道器相须"的唯物主义认识的基础上，王夫之指出，历史的运动皆受着某种必然趋势所支配，这种运动的趋势体现的，也是历史自身运动的"理"或法则，而"理"与"势"的统一相合者就是"天"。"天"是中国传统的范畴，这里则是指历史发展的必然趋势和客观规律，是支配历史运动的不可抗拒的客观力量。正是这种"理势合一"的客观之力，推动着历史不断地向前发展变化。王夫之这种"理势合一"的历史哲学，涉及历史运动的规律性及历史运动之动力等历史本体形而上的思辨内容。

第二，在"理势相成""理势合一"思辨的基础上，王夫之具体揭示了"秦以私天下之心而罢侯置守，而天假其私以行其大公"^㊴，这种暗含着类似于黑格尔"理性的狡计"——所谓"最大的'罪孽'反而最有益于人类"的思想，在主观动机与客观效果矛盾的现象背后，是不以人的意志为转移的客观支配力量的推动，只是黑格尔归之于"绝对精神""绝对理念"，王夫之则归之为"理"，而终之于"理势合一"的"天"，从而把历史运动的理解推到历史哲学的高度。此外，王夫之所谓"不令之君臣，役难堪之百姓，而即其失也以为得，即其罪也以为功，诚有不可测者矣"的认识^㊵，也揭示了历史之恶而非善对历史的推动作用，即历史的发展与伦理之间悖反问题。

王夫之对于历史形而上思辨的价值，在于认识到历史的发展自有其自身的客观规律，从根本上超越了以"圣君贤相""君子小人"等伦理价值来判断历史的认识传统，也超越了依附于宇宙论的"天人感应"史观和循环论史观，揭示了历史的进化史观。

王夫之历史理论的思辨性，与其批判地广泛吸收前人的思想精华分不开。王夫之的思想主要来源于宋儒张载，他明确表明他的学术是以张载为宗："希张横渠之正学而力不能企。"可见张载学术在王夫之心目中的地位。王夫之奉张载之学为圣学正宗、道统真传，曾专门研究张载思想，为张载哲学著作《正蒙》作注。其《张子正蒙注·序》称："张子之学，上承孔、孟之志，下救来兹之失，如皎日丽天，无幽不烛，圣人复起，未有能易焉者也。"^㊶但对于张载学术，王夫之也不是全盘接受，而是有选择地批判继承，其中主要继承和发展的，是张载以"气"为本体的唯物自然观和"一物两体"的辩证思想。张载学术思想之外，王夫之的历史理论还吸收了《周易》对立统一的变化理论，以及对《老》《庄》自然生化及相关辩证思想的扬弃。此外，亦与王夫之"栖伏林谷"，"随地托迹"，数十年辗转湘西以及祁、永、涟、邵间，对湘桂瑶、苗等少数民族地区的社会观察有关。

对当时湘桂少数民族生活的实地观察与历史文献研究结合，使王夫之对人类历史由野蛮到文明的进化过程多了些感性认识，为他大胆打破美化三代古史的迷信，驳斥"泥古薄今"的观点，提供了事实依据，使他对社会历史发展的阶段性有了切身体会，深化了他对社会历史进程问题的思考。

其次，《读通鉴论》对社会政治的批判及相关问题的理论探讨，是王夫之政治思想的精华。

这些社会政治批判，在《读通鉴论》的史论中随处可见。王夫之亲历了明末政治的腐败和改朝换代的社会动荡，晚年以"遗民"自居，窜伏湘西山间隐居，这些经历给他的心间留下深重的阴翳，也加深了他对历史治乱兴衰的思考，由明代兴亡的历史而想到历代的治乱兴衰，也加深了他社会政治批判的力度与深度。

王夫之政治思想的主旨是"循天下之公"。在这个主旨下，他在《读通鉴论》中，猛烈抨击"孤秦""陋宋"，深刻揭露了秦始皇及历代帝王把天下当作私产的做法，对专制皇朝宣扬的君臣之义提出怀疑，批评"为天子防其篡夺，情系于此，则天下胥以为当然，而后世因之以无异议"[42]。因此设想岳飞如果灭金，并因而篡宋，也是没有什么大不了。

在批判君主专制制度的同时，王夫之深刻认识到重民、保民才是稳定政权的根本，并提出了"天下者，非一姓之私也，兴亡之修短有恒数，苟易姓而无原野流血之惨，则轻授他人而民不病"[43]，"君以民为基……无民而君不立"等民本思想[44]。保民、养民、体民、安民是王夫之民本思想内容的基本概括，也是其民本思想的重要组成部分。"民为本"思想在王夫之的观念里贯穿始终，而在时代的背景下，他的民本思想也具有自己的特点。

王夫之民本思想与传统儒家民本思想最大的不同，是其中所带有的政治批判性。认为"倒行逆施，民重困而盗以兴，职此由矣"[45]，统治者倒行逆施的政策，使人们生活不堪重负是导致盗贼肆意兴起的重要原因。这种认为国家应以天下百姓的利益为重的认识，与王夫之一再强调的"以天下论者，必循天下之公，天下非夷狄盗逆之所可尸，而抑非一姓之私"的思想是一致的⑯，也是明清之际思想家的共同之处。这种以公私关系批判君权的不合理性，也是明清之际进步思想的特点。

公私之辨本是中国古代思想史上讨论的重要命题，自先秦以来一直有所论辩。然而这一命题针对的问题，到了明清之际开始显现出新的取向，从社会道德的视角转向以政治伦理的视角重新认识君权。在明清之际的思想家看来，一部君主专制主义的中国政治史，实际就是一部以天下为"一姓之私"的政治史，例如黄宗羲称："为天下之大害者，君而已也，向使无君，人各得自私也，人各得自利也……岂天地之大，于兆人万姓之中，独私其一人一姓乎？"认为"为人君者……以为我以天下之利尽归于己，以天下之害尽归于人，亦无不可。使天下之人不敢自私，不敢自利；以我之大私为天下之大公"（《明夷待访录·原君》），岂有这样的道理！而这样的逻辑，是在晚明兴起的"公私之辨"基于政治议题的展开。

王夫之等明清之际的思想家在"公私之辨"命题上的政治伦理转向，远因可以追溯到明太祖朱元璋的废相。朱元璋废相，从制度上将历代儒家士大夫追求的与君主共治天下的最后一点梦想彻底击破，在政治制度上形成了真正意义的"朕即国家"的"私天下"，即它仅仅代表政权意义的"国"，而不再代表"公"之意义的天下了。其结果是一旦政治出现重大危机，从权力与责任相符的角度，就会责之君主。所以黄宗羲认为"有明之无善治，自高皇帝罢丞相始也"（《明夷待访录·置相》），一再强调君与相之平等关系及"置相"的意义。晚明以降，皇权在立储、宦官弄权等政治行为，皇庄经济膨胀、矿监税使对地方的横征暴敛与民争利等经济行为，在引发种种社会危机之时，也使士大夫们将这种公私之辨转向对专制皇权的反思与批判，并形成富有启蒙色彩的新君主观。

概括说来，王夫之等明清之际的思想家这些基于公私之辨问题意识的反思，包括几个方面：第一，对君主专制制度的反思。主要围绕君主之私的批判，即谁的天下？是一姓之私还是天下之公？以及如何遏君主之私而行士大夫之公？并在此基础上，反思与公私问题相关的诸如君臣伦理、君臣分权共治、任法和任人等一系列政治问题。第二，在公私政治伦理反思基础上进一步提出"公天下"的制度构想。这些构想主要围绕着置相、相权与君权等议题，对巩固和加强相权等问题而提出设想。第三，在天下之公器的认识下，强调政治事务的公共意见即公议。第四，中央朝廷与地方政治、经济利益之分配及国家安全关系等问题。历史上关于郡县制与封建制的讨论，此时在公私问题意识下再次进入思想家的政治视野。他们提出诸如郡县公于封建、寓封建于郡县等观点。此外，讨论诸如宦官和胥吏问题、土地与赋税、商业与商人等问题。总之，明清之际士大夫公私观的变化，不仅导致了对旧专制君主观的否定，也促使士大夫在新观念支配下对一些重要制度提出改革设想，寻求建立儒家的以道统指导政统、与王者共治国是的政治秩序。这些在《读通鉴论》的历史思考、评议中，都有所体现。

除了社会政治批判外，王夫之随札撰写《读通鉴论》之时已是康熙年间，此时的他逐渐认识到，明朝的覆灭已成定局，清廷的统治日趋稳定。这种情况使得王夫之能相对客观地思考朝代兴衰治乱的因由，并把自己的思考注入对历史的理解之中，从一个儒者经世致用的立场，对《通鉴》史实进行分析，对政治、法律、军事、文化、经济等社会的各个方面提出许多有价值的观点。例如通过对秦汉以来历代盛衰兴亡之缘由的剖析，尤其反思了明朝灭亡的教训，并结合自己在南明永历小朝廷遭受奸臣构陷的亲身经历，突出地强调"法治"的必要性与重要性，以历史事实说明"治道之裂，坏于无法"[47]，提出治理国家应"任法"与"任人"相结合的观点；此外诸如立法应从简、执法应从公的思想；鼓励商业和轻徭薄赋的富民经济思想等等，都是其对历史进行社会政治批判的同时，提出的有益思考。

再次，《读通鉴论》研究历史的史学思想和方法，具有很强的方法论意义。

王夫之《读通鉴论》最突出的史学思想，是他鲜明的经世济民、经世致用思想。《读通鉴论》的史论中，处处显露出反思现实的痕迹。"所贵乎史者，述往以为来者师也。为史者，记载徒繁，而经世之大略不著，后人欲得其得失之枢机以效法之无由也，则恶用史为？"⁴⁸王夫之要寻找"得失之原"，要明白为什么会"得"，"得"于何处？为什么又"失"，"失"在何方？又怎样去"获得"，还要如何去"救失"？这是王夫之史论比一般就事论事的史论高出一筹的地方，也是其超越传统史学的地方。

王夫之这种经世致用思想的渊源，既有儒家内圣外王的传统，也有湖湘学派的影响。王夫之早年，曾于明崇祯年间求学岳麓书院，师从吴道行，直至崇祯十一年（1638）肄业。吴道行乃当时湖湘大儒，其学以朱熹、张栻为宗，所授即以南宋大儒朱熹及集湖湘学派之大成的张栻之学为基本脉络，其学的特点是贯通经史，"以经术为治术"，主张经世致用。因此湖湘之学，也是王夫之《读通鉴论》之经世致用思想的底色。

王夫之《读通鉴论》评议历史的最重要的方法是"通古今而计之"。王夫之说："以一时之利害言之，则病天下；通古今而计之，则利大而圣道以弘。天者，合往古来今而成纯者也。"⁴⁹所谓"通古今而计之"，就是包括了"古"与"今"，即包括"现在的视域"和"过去的视域"的一个大视域观察历史，从古往今来的连续性和统一体中看待历史事件和历史人物，从整个古今的连续、流变过程中理解历史。具体于王夫之的《读通鉴论》，就是把历史放在以"势"为基础和核心的"天"的整体中来考察，最终达到"合往古来今而成纯"的历史认识。王夫之所谓"'势'字精微，'理'字广大，合而名之曰'天'"⁵⁰，正是这个意思。

在《读通鉴论·叙论四》中，王夫之对自己的史论有过一个总体概述，就是："引而伸之，是以有论；浚而求之，是以有论；博而证之，是以有论；协而一之，是以有论；心得而可以资人之通，是以有论。道无方，以位物于有方；道无体，以成事之有体。"⁵¹其中"道无方，以位物于有方；道无体，以成事之有体"，就是说自己发论，是按照有方有体的原则进行，也就是要使所论述的问题按照自己所设置的"方"与"体"来"位物"与"成事"。"体"与"方"是王夫之的一种整体认识，或许是某种规律、趋势，或许是自我设置的某种原则规矩，使万事万物在他所设置的总体认识之下运动，成为一个有系统、有联系、有内在因果关系的统一体。这就使我们想到伽达默尔所谓："历史理解的真正对象不是事件，而是事件的'意义'。"[52] 只有通过整体与全面的研究，才能使历史成为"后事之师"。从这一研究方法与原则出发，王夫之分析某个制度，总要从不同历史时期的发展变化，从贯穿始终的历史延续性中来勾画其轨迹，从而寻找其中的"方"与"体"，再以此"方"与"体"去检验其他同类事物。

这样的例子在《读通鉴论》中可以举出很多，除了对秦始皇和汉武帝的评议外，如卷二十三评论唐肃宗自立曰："肃宗自立于灵武，律以君臣父子之大伦，罪无可辞也。裴冕、杜鸿渐等之劝进，名为社稷计，实以居拥戴之功取卿相，其心可诛也……肃宗亟立，天下乃定归于一，西收凉、陇，北抚朔、夏，以身当贼，而功不分于他人，诸王诸帅无可挟之勋名以嗣起为乱。天未厌唐，启裴、杜之心，使因私以济公，未尝不为唐幸也。"[53] 在王夫之看来，历史事件的深刻意义和历史人物的功绩，往往超出了历史事件本身和人物自己的意图。而这些意义，只有"协而一之"，然后"引而伸之""浚而求之""博而证之"，从历史的整体流变中才能得到对历史真正精髓的认识。

除"通古今而计之"的方法外，设身处地的内在体验方法，即心理参与历史的方法，也是王夫之评议历史的重要方法。

王夫之说："治之所资者，一心而已矣……设身于古之时势，为己之所躬逢；研虑于古之谋为，为己之所身任。取古人宗社之安危，代为之忧患，而己之去危以即安者在矣；取古昔民情之利病，代为之斟酌，而今之兴利以除害者在矣。得可资，失亦可资也；同可资，异亦可资也。故治之所资，惟在一心，而史特其鉴也。"[54] 这也就是说，要研究与评议历史，就必须将自己融入历史的环境之中，与古人融为一体，你中有我，我中有你。"设身于古之时势""宗社之安危""为己之所身任"是一种"移身"，"代为之忧患""代为之斟酌"就是"移心与移情"，置身于当时的时代之中，从当时特定的历史情境出发，用心体会之，达到与古人的利害、安危融为一体。这样才能理解历史并把握好古人的思想脉络、理解古人的真实思想，才能正确地评述历史上的人与事，也才可以从古人的得与失中获得资治。这使我们想到陈寅恪曾说："著者有意无意之间，往往依其自身所遭际之时代，所居处之环境，所薰染之学说以推测解释古人之意志……其言论愈有条理统系，则去古人学说之真相愈相远。""神游冥想，与立说之古人，处于同一境界，而对于其持论所以不得不如是之苦心孤诣，表一种之同情，始能批评其学说之是非得失，而无隔阂肤廓之论。"⑤

此外，分类归纳法和比较法，也是王夫之在《读通鉴论》评议历史的常见方法。

王夫之论史善于分析众多史实，并加以归纳，从而得出富有启发性的结论。如他归纳唐朝灭亡的原因为"唐之亡，亡于人之散"，也就是朝廷要员人心涣散，各自为政，不能团结起来共同为中央效力。还常常将同类事、同类人、同类制度与相关人、事、制度共议。如他评价："萧、曹、房、杜之治也；刘向、朱云、李固、杜乔、张九龄、陆贽之贞也；孔融、王经、段秀实之烈也……汉文、景、光武，唐太宗之安定天下也。"⑥王夫之《读通鉴论》，在纵论古今历史变迁、人物沉浮当中，亦常常采用比较之法，得出了许多与他人不同的认识。如前人对秦、隋灭亡进行了很多相似性的比较，而王夫之指明秦、隋亡国既有相同点，也有不同点。

当然，《读通鉴论》也存在着一些不足或时代局限。

第一，是在思想认识方面，尽管对待专制君主及所谓"纲常"的认识上，时时发出对君主专制的批判，但王夫之的这些批判仍具有相当的保守性。即一方面认为"生民之生死"重于"一姓之兴亡"，不满意于君主"任独断"和"擅天下之土"；另一方面又提出尊君是治道的基石，需设君民之大防，坚守旧秩序纲常，否定百姓反抗压迫斗争的意义；虽然对君主专制统治提出了质疑，提出了"循天下为公"的思想，提出了帝王、君臣应尽其义务和权利，但是对于君主的地位、君主专制存在的合理性等否认得并不彻底，更没有对君主专制政治从制度层面予以否定，表现出明显的时代局限。

第二，是在一些历史问题的分析方面，王夫之仍未能完全地跳出儒教道德的评价视角局限，对历史问题往往缺少从社会发展状况、社会经济情况等要素的分析，以科学理性的思辨，揭示其中的影响。

第三，是在民族问题的讨论中过于强调华夷之别，持论偏激。在王夫之所处那个时代，存在一定的民族情绪固然可以理解，但过于极端乃至僵化的"华夷之辨"，也必然妨碍了他对一些历史问题、历史人物的分析、评价的历史理性，导致其对于历史上的少数民族人物几乎是一概否定。

关于《读通鉴论》体现的思想局限，葛兆光在《一个思想家的历史沉思录——读王夫之〈读通鉴论〉》中，曾这样概括其思想中的这些内在矛盾——"封建君主不能变，能变的只是具体的措施与制度，封建思想观念不能变，能变的只是个别的方法与观点，这便成了王夫之思想中一个永远难以摆脱的矛盾……他是敏锐的，又是迂阔的，在总体的历史上看出了变革的必然，却在无数具体的史论上又被多年积淀的保守观念拖住了后腿。因此，当他尖锐地提出了不少新颖的思想时，也猛烈地抨击着同样新颖的异端思想。当张献忠请他加入起义队伍时，他'劓面伤腕，誓死不肯'，而清兵南下时，他却举兵反抗，将民族大义与忠君思想揉在了一起。这种充满了矛盾的行为，正是充满了矛盾的思想的产物。"⑤⑦

需要提出的是，王夫之的文字表述方面存在一些可商榷处：

第一，一些史论过度发挥、浮议离题，以致问题讨论不集中、论述的逻辑线索跳跃性过大。《读通鉴论》中，王夫之往往是史论开头提出问题，接下来却没有延续逻辑展开，其引证却转向与该问题相关度不高的史实，甚至跳到另一个问题的讨论。

第二，部分评论存在先入为主、持论过苛的不足。因为史评是以过来人的视角去评价当事者之所为，难免会出现"事后诸葛亮"的情况，会出现脱离实际语境，以后来全知者的立场苛责"当事者迷"的前人，从而难免会有违"论古必恕"的评史评人的原则。清代章学诚曾说："论古必恕，非宽容之谓也。敬非修德之谓者，气摄而不纵，纵必不能中节也。恕非宽容之谓者，能为古人设身而处地也。"⑱对于王夫之《读通鉴论》的这些不足，是我们应注意的。

第三，时有因记忆疏误错下断语的弊病。司马光《资治通鉴》卷帙浩繁，又是"系日月而为次，列时岁以相续"的编年体，叙事中往往其事起始在某年，而发展延续到其后数年，其间不免穿插他事，稍不注意，就难免记忆混淆。《读通鉴论》作为读史的随笔札记，前后写作持续十数年，加之王夫之思虑驰骋，每读一事，往往"思接千载"，前后引证，相互类比联系，于是其间难免会出现张冠李戴、混淆人和事的弊病。

第四，作为史论，《读通鉴论》的写作，亦难免濡染有苏氏父子及吕东莱等帖括文风的影响，全书往往为追求文势，引经据典，时用僻辞奥语，以致语句多有晦涩之弊，增添了今人阅读的困难。

四、《读通鉴论》的版本源流与研究概况

《读通鉴论》虽在王夫之生前即已成帙，但它的刊刻、流播则要到其逝世后很晚的时候。

由于其一直在乡间僻壤过着隐居著述的生活，故其名其学在清中期以前一直湮而不彰。对于王夫之，学术界实际上有一个从发现到声望日隆的过程。《清史稿·儒林一》王夫之本传说："当是时，海内硕儒，推容城、鳌峰、余姚、崑山。夫之刻苦似二曲，贞晦过夏峰，多闻博学，志节皎然，不愧黄、顾两君子。然诸人肥遁自甘，声望益炳，虽荐辟皆以死拒，而公卿交口，天子动容，其著述易行于世。惟夫之窜身瑶峒，声影不出林莽，遂得完发以殁身。后四十年，其子敔抱遗书上之督学宜兴潘宗洛，因缘得入四库，上史馆，立传儒林，而其书仍不传。同治二年，曾国荃刻于江南，海内学者始得见其全书焉。"⑲也就是说，王夫之一生虽著

述宏富，内容广涉经史子集四部，但是他的作品生前皆未刊行。直到道光十九年（1839），才由其裔孙王世全与邓显鹤搜集散佚，刻成《船山遗书》一百五十卷。这也是《读通鉴论》的首次刊刻，一般称邓显鹤刻本。到了同治年间，曾国藩、曾国荃重刻《船山遗书》，将原邓显鹤刊本增广至二百八十八卷。因此刻本竣工于曾国藩任总督的金陵节署，故称"金陵节署本"，《读通鉴论》是其主要部分。

1930年，谭延闿、胡汉民、于右任等重刊《船山遗书》，分经史子集四部，凡七十种，共三百五十八卷。1971年台北船山学会重印《船山遗书全集》，二十二册。中华书局从二十世纪五十年代开始对王夫之最主要的几种著作进行校勘、标点单行出版。岳麓书社出版《船山全书》，历十数春秋，于1996年分十六册全部出齐。无论是版本方面，还是校勘、标点方面，也是当时最为完备、质量最好的王夫之著作的整理本⑥。2005年杨坚先生着手《船山全书》的修订工作，使王夫之著作的整理进一步完善。

《读通鉴论》较之王氏其他著述流传广泛。坊间亦多有单行的《读通鉴论》，其中木刻、石印、铅排，不一而足。这些单行本，都是以同治四年（1865）金陵书局《船山遗书》作为底本。其中有光绪二十六年（1900）湖南经元书局、大文书局、澹雅书局出版的木刻《船山史论》本，有光绪三十一年（1905）上海环地福书局之石印《王船山先生经史论八种》本，有民国三年（1914）上海会文堂书局之石印《标目读通鉴论》本，有民国十年（1921）左右上海商务印书馆之铅印《王船山读通鉴论》本。此外还有民国二十年（1931）以后的各种铅排本，例如商务印书馆之《万有文库》本、中华书局之《四库备要》本、世界书局"国学整理社"本等等。1975年中华书局本，是市面上流行最广的版本，"是用1865年金陵刊刻的《船山遗书》本为底本，根据衡阳刘氏、邵阳曾氏的两钞本所写的校记作了校补"⑥。岳麓书社在整理出版《船山全书》时，又"以中华之繁体字标点本为底本，取嘉怡钞本逐字补校，仍取金陵本随时查照，并参阅其他各本"⑥。其中包括了马宗霍、周调阳等先生的成果，杨坚统计，该书对中华书局本改动的文字，有三类共590余处，940余字。我们采用岳麓书社《船山全书》本的《读通鉴论》作为释读的底本。

除版本的考量外，编排体例也是我们采用岳麓本为选篇底本的原因。岳麓本采用了湖南经元书局、大文书局和澹雅书局本目录，在帝王下有各篇标题。按照岳麓本《读通鉴论》的编校后记，该本对于各本缺漏的一些标题，又增补上海会文堂本的标题。不仅方便检索、阅读，也便于我们的选目、注释和评议。

随着王夫之著作的刊刻，相关王夫之的研究逐渐展开，其间经历了四个阶段，呈现不断深入的态势。

第一阶段大约始于清朝末年，其思想学术的论述者主要是一些晚清的理学家，其中以曾国藩为代表。自晚清始，长期压抑在清朝社会下面的社会危机开始逐渐显露，并引起士大夫的反思。其表现在学术方面，是兴盛于乾嘉时期的汉学或考据学衰落，具有浓重入世色彩、以义理讨论为主的宋明理学开始复兴。在这种情况下，力持理学、突出经世致用的王夫之学术开始被发现，功臣就是同为湖南人的曾国藩。王夫之著作的第一次较全面的收集和刻板印刷，就是由曾国藩的弟弟曾国荃主持。

第二阶段始于十九世纪二十世纪之交，阐扬王夫之学术的主要是革命党。革命党要推翻清朝，而王夫之有强烈的反清思想，可以其严华夷之辨的民族主义为帜推行反清斗争，于是《读通鉴论》《宋论》等著作大受追捧。对此，梁启超说："船山学术，二百多年没有传人，到咸同间，罗罗山（泽南）像稍为得著一点，后来我的畏友谭壮飞（嗣同）研究得很深。我读船山书，都是壮飞教我。但船山的复活，只怕还在今日以后哩。"又说："自将《船山遗书》刻成之后，一般社会所最欢迎的是他的《读通鉴论》和《宋论》……'攘夷排满'是里头主义之一种。所以给晚清青年的刺激极大。现在事过境迁。这类话倒觉无甚意义了。"[63]王夫之书中的民族主义倾向也为章太炎所推重，他说："康氏（有为）之门，又多持《明夷待访录》，余常持船山《黄书》相角，以为不去满洲，则改政变法为虚语，宗旨渐分。"⑥可见晚清学术与政治风气对于王夫之接受导向的影响。

尽管这时期对王夫之的接受主要是基于民族主义立场，但从学术的立场对王夫之的接受也开始出现。清光绪二十八年（1902），梁启超发表《论中国学术思想变迁之大势》，其中有对王夫之学术的讨论。民国三年（1914），浏阳人刘人熙创立船山学社，次年出版《船山学报》，正式提出"船山之学"，标志着研究王夫之学术的专门之学"船山学"形成。

第三阶段从二十世纪二十年代到1976年"文革"结束。随着五四运动前后中国现代学科体系的逐步建立，对于王夫之研究的民族主义色彩开始褪去，研究的学术性逐渐凸显。研究王夫之学术思想的著作，除梁启超、钱穆著述的两部《中国近三百年学术史》外，有王永祥《船山学谱》（1934年版）、嵇文甫《船山哲学》（1936年版）、王孝鱼《船山学谱》（1938年版）、张西堂《王船山学谱》（1938年版）、侯外庐《船山学案》（1944年版）。论文中最有影响和价值的，是贺麟《王船山的历史哲学》（《哲学评论》1946年第10卷第1期）和王孝鱼的《王船山的历史进化论》（《中山文化教育馆季刊》1935年第2卷第1期）等。

中华人民共和国建立后，王夫之研究的著述，如侯外庐《中国早期启蒙思想史》（1956年版）等。整体来说，有关研究相对寥落，且带有明显的教条主义倾向。

第四阶段从"文革"结束至今。"文革"结束后的改革开放和思想解放，使王夫之研究逐渐成为显学。《船山全书》的出版，为王夫之研究提供了完备的文献基础。1984年停办了近40年的《船山学报》复刊，1991年更名为《船山学刊》，由季刊改为双月刊，成为发表有关王夫之研究成果的重要阵地。迄今为止，包括《船山学刊》在内的各级学术刊物，每年发表的论文达百篇，出版的研究专著也很多。2010年湖南大学出版社出版朱迪光著《王船山研究著作述要》，对有关王夫之的研究成果进行了概括性介绍。

在众多研究成果中，关于《读通鉴论》的研究专著有李季平《王夫之与〈读通鉴论〉》（山东教育出版社1982年版）和宋小庄《读〈读通鉴论〉》

（云南人民出版社 1991 年版）。与专著相比，研究《读通鉴论》的论文则相当多⑥。此外，有关王夫之史学的研究成果，除贺麟《王船山的历史哲学》外，如台湾学者杜维运的《清代史学与史家》、白寿彝主编的《中国史学史》（第五卷）、吴怀祺的《中国史学思想史》等著作，对以《读通鉴论》为代表的王夫之史学有所阐述，皆可资参考。

五、有关本书体例的说明

中国古代的史论专著，大多采取札记的形式，一定意义上讲，《读通鉴论》可看作是王夫之阅读《资治通鉴》随札写下的读书笔记。其每节内容虽然并不引注《资治通鉴》原文，但其发论的论点或史论的基本依据，是由《资治通鉴》具体史实引出。一方面，读者如果不熟悉或者不参照《资治通鉴》原书，只是读《读通鉴论》，则很难全面准确地理解王夫之的观点，把握其所要表述的思想和旨趣。另一方面，作为读书笔记，《读通鉴论》的写作跨有数年，随着阅读与写作的深入，王夫之对许多问题的看法也在不断地丰富和深化。这种情况下，《读通鉴论》所论，前后往往存在抵触或重复之处。但是对于这些内容，到了晚年定稿之时，王夫之或已没有精力统一修订，或他是要本着"宁为无定之言，不敢执一以贼道"的想法而不去裁整，有意保持该著作为随札读史发论的基本样貌。这样的结果，确实给未读过《资治通鉴》或相应正史的人带来很大的理解困难。

除了对照参考司马光《资治通鉴》原著外，有兴趣的阅读者还可以对照参考一些其他的史评著作。史评在古代也是文人热衷的发挥议论的创作，所以尽管王夫之称自己不论"大美大恶"，不评妇孺皆知之人之事，强调评论历史应独出胸臆，评出常人未论之新意。但事实上，王夫之所评之人之事，有些并不是其他人从没有议论过，因此可以与南宋胡寅《读史管见》相比较。该书也是对《资治通鉴》记载的人物、事件评论的史论著作，且王夫之也曾明言，他欲超越胡寅的历史评述。而这对于有兴趣的人来说，参照阅读，确实是一件培养自己见识的有意义、有趣味的事。

最后需要说明的是，由于王夫之《读通鉴论》体现的学术思想体系庞大深刻，所涉及的内容广泛，远非浅陋如我之辈的学力所能评述，因此在解读时，参考了大量前辈、时贤的有关研究成果。这些成果对于我教益非常大，由于体例及篇幅的关系，我在解读中未能一一注明列出，只能在此表示诚挚的感谢。同时要感谢的还有审稿的瞿林东教授、赵轶峰教授和姜胜利教授，三位教授对书稿提出的宝贵修改意见，使我获得许多教益，也保证了全书的质量。

① （明）王夫之著，杨坚总修订：《船山全书》第十六册《船山先生传》，岳麓书社 2011 年版，第 89 页。

② 徐世昌等编纂，沈芝盈、梁运华点校：《清儒学案》卷一百六十七《船山著述目录识》，中华书局 2008 年版，第 6469—6470 页。

③ （清）王夫之：《王船山诗文集》，中华书局 1962 年版，第 116 页。

④ （明）王夫之著，杨坚总修订：《船山全书》第十六册《大行府君行述》，岳麓书社 2011 年版，第 73 页。

⑤ （清）赵尔巽等：《清史稿》卷四百八十《儒林一·王夫之》，中华书局 1977 年版，第 13107 页。

⑥ （明）王夫之著，杨坚总修订：《船山全书》第一册《周易内传附发例》，岳麓书社 2011 年版，第 684 页。

⑦ （清）王夫之著，王伯祥点校：《黄书·古仪第二》，中华书局 2009 年版，第 106 页。

⑧ （清）王夫之著，王伯祥点校：《黄书·宰制第三》，中华书局 2009 年版，第 117 页。

⑨ （清）王夫之著，王伯祥点校：《黄书·原极第一》，中华书局 2009 年版，第 103 页。

⑩ （清）王夫之著，王孝鱼点校：《尚书引义》卷一《益稷》，中华书局 1962 年版，第 34 页。

⑪ （明）王夫之著，杨坚总修订：《船山全书》第十六册《大行府君行述》，岳麓书社，2011 年版，第 48、599、601、718 页。

⑫ （明）王夫之著，杨坚总修订：《船山全书》第五册《春秋世论·叙》，岳麓书社 2011 年版，第 386 页。

⑬　（清）王夫之著：《王船山诗文集》，中华书局 1962 年版，第 512 页。

⑭　（明）王夫之著，杨坚总修订：《船山全书》第五册《续春秋左氏传博议》，岳麓书社 2011 年版，第 586、618 页。

⑮　（明）王夫之著，杨坚总修订：《船山全书》第四册《礼记章句·序》，岳麓书社 2011 年版，第 9 页。

⑯　（明）王夫之著，杨坚总修订：《船山全书》第四册《礼记章句》卷五《王制》，岳麓书社 2011 年版，第 334 页。

⑰　（明）王夫之著，杨坚总修订：《船山全书》第一册《周易内传附发例》，岳麓书社 2011 年版，第 675 页。

⑱　（清）王夫之著，王孝鱼点校：《庄子通》，中华书局 2009 年版，第 47—50 页。

⑲　（清）王夫之著，王伯祥点校：《黄书·宰制第三》，中华书局 2009 年版，第 107 页。

⑳　（明）王夫之著，杨坚总修订：《船山全书》第十六册《大行府君行述》，岳麓书社 2011 年版，第 81 页。

㉑　（清）王夫之著，王孝鱼点校：《庄子解》卷三十三，中华书局 2009 年版，第 354、358、359 页。

㉒　（清）王夫之著，王伯祥点校：《噩梦·序》，中华书局 2009 年版，第 141 页。

㉓　（清）王夫之著，王孝鱼点校：《诗广传》，中华书局 1964 年版，第 51、76、98、126 页。

㉔　（清）王夫之著，王伯祥点校：《俟解·题词》，中华书局 2009 年版，第 77 页。

㉕　（明）王夫之著，杨坚总修订：《船山全书》第一册《周易内传附发例》，岳麓书社 2011 年版，第 653、671 页。

㉖　（明）王夫之著，杨坚总修订：《船山全书》第十二册《搔首问·刘人熙序》，岳麓书社 2011 年版，第 649 页。

㉗　（明）王夫之著，杨坚总修订：《船山全书》第十六册《大行府君行述》，岳麓书社 2011 年版，第 73 页。

㉘　陈寅恪：《冯友兰中国哲学史上册审查报告》，《金明馆丛稿二编》，上海古籍出版社 1980 年版，第 247 页。

㉙　（明）王夫之著，杨坚总修订：《船山全书》第十六册《船山公年谱》，岳麓书社 2011 年版，第 371 页。

㉚　（宋）黎靖德编，王星贤点校：《朱子语类》卷十一《读书法下》，中华书局 1986 年版，第 196 页。

㉛（清）王梓材、（清）冯云濠编撰，沈芝盈、梁运华点校：《宋元学案补遗》卷八《涑水学案补遗下·进资治通鉴表》，中华书局 2012 年版，第 828—829 页。

㉜（清）永瑢等：《四库全书总目》卷八十八《史评类》，中华书局 1965 年版，第 750 页。

㉝ 梁启超：《中国近三百年学术史》，中华书局 2015 年版，第 80 页。吕东莱：即宋代史家吕祖谦。张天如：即明代文学家、史学家张溥。

㉞（明）王夫之著，杨坚总修订：《船山全书》第十册《读通鉴论》卷末《叙论四》，岳麓书社 2011 年版，第 1183 页。

㉟（明）王夫之著，杨坚总修订：《船山全书》第十册《读通鉴论》卷末《叙论四》，岳麓书社 2011 年版，第 1182 页。

㊱（唐）刘知幾著，张振珮笺注：《史通笺注》卷七《直书》，中华书局 2022 年版，第 330 页。

㊲ Dert Bodde, *Essays on Chinese Civilization*, P251 New Jersey，1981. 转引自李泽厚《中国古代思想史论》，人民出版社 1986 年版，第 289 页。

㊳ 杜维运：《清代史学与史家》，中华书局，1988 年版，第 21 页。

㊴（明）王夫之著，杨坚总修订：《船山全书》第十册《读通鉴论》卷一《秦始皇》，岳麓书社 2011 年版，第 68 页。

㊵（明）王夫之著，杨坚总修订：《船山全书》第十册《读通鉴论》卷三《汉武帝》，岳麓书社 2011 年版，第 138 页。

㊶（清）王夫之著，王孝鱼点校：《张子正蒙注·序》，中华书局 1975 年版，第 3 页。

㊷（明）王夫之著，杨坚总修订：《船山全书》第十册《读通鉴论》卷十三《东晋成帝》，岳麓书社 2011 年版，第 487 页。

㊸（明）王夫之著，杨坚总修订：《船山全书》第十册《读通鉴论》卷十一《晋武帝》，岳麓书社 2011 年版，第 416 页。

㊹（清）王夫之著，王孝鱼点校：《周易外传》卷二《大过》，中华书局 1977 年版，第 71 页。

㊺（明）王夫之著，杨坚总修订：《船山全书》第十册《读通鉴论》卷十七《梁武帝》，岳麓书社 2011 年版，第 650 页。

㊻（明）王夫之著，杨坚总修订：《船山全书》第十册《读通鉴论》卷末《叙论一》，岳麓书社 2011 年版，第 1177 页。

㊼（明）王夫之著，杨坚总修订：《船山全书》第十册《读通鉴论》卷十七《梁武帝》，岳麓书社 2011 年版，第 654 页。

㊽ （明）王夫之著，杨坚总修订：《船山全书》第十册《读通鉴论》卷六《后汉光武帝》，岳麓书社 2011 年版，第 225 页。

㊾ （明）王夫之著，杨坚总修订：《船山全书》第十册《读通鉴论》卷三《汉武帝》，岳麓书社 2011 年版，第 138 页。

㊿ （清）王夫之著，王孝鱼点校：《读四书大全说》卷九《孟子·离娄上》，中华书局 1975 年版，第 602 页。

[51] （明）王夫之著，杨坚总修订：《船山全书》第十册《读通鉴论》卷末《叙论四》，岳麓书社 2011 年版，第 1184 页。

[52] ［德］伽达默尔著，洪汉鼎译：《真理与方法：哲学诠释学的基本特征》上卷，上海译文出版社 2004 年版，第 426 页。

[53] （明）王夫之著，杨坚总修订：《船山全书》第十册《读通鉴论》卷二十三《唐肃宗》，岳麓书社 2011 年版，第 860—862 页。

[54] （明）王夫之著，杨坚总修订：《船山全书》第十册《读通鉴论》卷末《叙论四》，岳麓书社 2011 年版，第 1183—1184 页。

[55] 陈寅恪：《冯友兰中国哲学史上册审查报告》，《金明馆丛稿二编》，上海古籍出版社 1980 年版，第 247 页。

[56] （明）王夫之著，杨坚总修订：《船山全书》第十册《读通鉴论》卷末《叙论二》，岳麓书社 2011 年版，第 1179 页。

[57] 文载《文史知识》1986 年第 3 期。

[58] （清）章学诚著，叶瑛校注：《文史通义校注》卷三《文德》，中华书局 1985 年版，第 278 页。

[59] （清）赵尔巽等：《清史稿》卷四百八十《儒林一·王夫之》，中华书局，1977 年版，第 13107—13108 页。

[60] 关于《船山全书》从筹备到十六册全部出齐，其间经历曲折艰难，详情可参见其第十六册所载《船山全书编辑纪事》。

[61] 参见杨坚：《读通鉴论编校后记》，《船山全书》第十册，岳麓书社 2011 年版，第 1184 页。

[62] 参见杨坚：《读通鉴论编校后记》，《船山全书》第十册，岳麓书社 2011 年版，第 1186 页。

[63] 梁启超：《中国近三百年学术史》，中华书局 2015 年版，第 80 页。

[64] 汤志钧编：《章太炎年谱长编》卷二，中华书局 2013 年版，第 23 页。

[65] 相关内容可参见刘荣《近百年来王船山〈读通鉴论〉研究述评》，载《衡阳师范学院学报》2015 年第 4 期。

读通鉴论

卷一

秦始皇

变封建为郡县

两端争胜[1]，而徒为无益之论者，辨封建者是也[2]。郡县之制[3]，垂二千年而弗能改矣[4]，合古今上下皆安之，势之所趋[5]，岂非理而能然哉[6]？天之使人必有君也[7]，莫之为而为之[8]。故其始也，各推其德之长人、功之及人者而奉之[9]，因而尤有所推以为天子[10]。人非不欲自贵，而必有奉以为尊，人之公也[11]。安于其位者习于其道，因而有世及之理[12]，虽愚且暴，犹贤于草野之罔据者[13]。如是者数千年而安之

关于"封建""郡县"两种制度孰优孰劣的问题，是中国古代重大政治和历史理论问题，其背后体现的是不同历史观。对此，船山从"理势相成""理势合一"的历史哲学高度，论证了郡县制之所以出现并能够延续两千多年，是因为该制度符合历史的逻辑，即符合作为必然性的"天"。

郡县制革除了封建制各私其土的乱政之源，开创了一个"公天下"的世界。船山此论使我们联想到与其同时代的顾炎武提出的寓封建之意于郡县之中的思想，其旨都有着对于明代君主极度专权反思的取向，都有着试图在对所谓圣人三代封建之制理解的基础上，重新理顺"公"与"私"关系的倾向。

矣。强弱相噬而尽失其故[14]，至于战国，仅存者无几，岂能役九州而听命于此数诸侯王哉？于是分国而为郡县，择人以尹之[15]。郡县之法[16]，已在秦先。秦之所灭者六国耳，非尽灭三代之所封也[17]。则分之为郡，分之为县，俾才可长民者皆居民上以尽其才[18]，而治民之纪[19]，亦何为而非天下之公乎[20]？

古者诸侯世国[21]，而后大夫缘之以世官[22]，势所必滥也。士之子恒为士，农之子恒为农，而天之生才也无择，则士有顽而农有秀[23]；秀不能终屈于顽，而相乘以兴[24]，又势所必激也[25]。封建毁而选举行，守令席诸侯之权[26]，刺史、牧、督司、方伯之任[27]，虽有元德显功[28]，而无所庇其不令之子孙[29]。势相激而理随以易[30]，意者其天乎[31]！阴阳不能偏用[32]，而仁义相资以为亨利，虽圣人其能违哉！选举之不慎而守令残民，世德之不终而诸侯乱纪[33]，两俱有害，而民于守令之贪残，有所藉于黜陟以苏其困[34]。故秦、汉以降，天子孤立无辅，祚不永于商、周[35]；而若东迁以后[36]，交兵毒民[37]，异政殊俗，横敛繁刑，艾削其民[38]，迄之数百年而不息者亦革焉[39]，则后世生民之祸亦轻矣。郡县者，非天子之利也，国祚所以不长也；而为天下计，则害不如封建之滋也多矣。呜呼！秦以私天下之心而罢侯置守[40]，而天假其私以行其大公[41]，存乎神者之不测[42]，有如是夫！

世其位者习其道[43]，法所便也；习其道者任其事[44]，理所宜也。法备于三王，道著于孔子[45]，人得而习之。贤而秀者，皆可以奖之以君子之位而长民[46]。圣人之心[47]，于今为烈。选举不慎，而贼民之吏代作[48]，天地不能任咎[49]，而况圣人！未可为郡县咎也。若夫国祚之不长[50]，为一姓言也，非公义也。秦之所以获罪于万世者，私己而已矣。斥秦之私[51]，而欲私其子孙以长存，又岂天下之大公哉！

[注释]

[1]两端：指有关郡县制和宗法分封制辩论的两种对立观点。　[2]封建：这里指西周时实行的一种政治制度，君主把土地分给宗室和功臣，让他们在这土地上建国，享有世袭的统治权，而不是作为社会形态的封建主义。　[3]郡县之制：继宗法分

秦以私心而废血缘世袭的封建制，无非想建立其一家一姓的王朝。然而天道却借秦的手，借他的私心建立了选举制度的公道。这使我们想到黑格尔历史哲学中的"理性的狡计"：理性借助人人为自己私利奔忙的热情，达到其普遍性的目的。揭示了主观动机与客观效果矛盾的背后，有着不以人的意志为转移的支配力量在起作用，只是黑格尔归之于"绝对精神"，船山则归之为"理"，终之于"天"。这里，船山不仅把"封建论"的理论命题，提升到了历史哲学的高度，而且明确将一姓之国与大公之天下区分开来，体现出其思想的进步性。

船山认为，选贤任能的制度，符合社会发展的普遍理性，不能因有"选举不慎"的情况而归罪于郡县制。

这里所体现的天下利益高于一家一姓的王朝利益的民本思想，也是明清之际一些进步思想家的共识。

封制度之后出现的以郡统县的两级地方行政制度。　[4]垂：传下来，沿袭。　[5]势之所趋：发展趋势推动的历史走向。"势"，这里指事物发展的现实过程与趋势。　[6]岂非理而能然哉：难道不是因为符合事物的规律才长期存在吗？"理"，这里指事物内在的、自身固有的必然性。　[7]天：此指客观规律和形势。　[8]莫之为而为之：没有人有意去这样做而自然发生的。　[9]德之长（zhǎng）人、功之及人者：德行高于一般人、对大家有功的人。奉：拥戴，拥立。　[10]尤有所推：特别受推举的。　[11]人之公也：人们的共同意愿。　[12]世及：世袭。　[13]罔据者：无所依靠的人，此指无世袭地位的人。　[14]故：旧，指原来的分封制格局。　[15]尹：原指管理州郡的地方官，此处活用作动词，充任地方官。　[16]"郡县之法"二句：郡县之法并不始于秦。据史料记载，春秋时期已有县、郡的设置；战国时期有些诸侯国已经有了郡、县两级制的地方管理体系。但秦是第一个在全境内推行郡县制的朝代。　[17]三代：指夏、商、周三代。在中国传统文化中，这三代被认为是古代社会政治的黄金时期。　[18]俾（bǐ）才可长（zhǎng）民者皆居民上以尽其才：使有治民才干的人都担任郡县长官发挥他们的才能。　[19]纪：纲纪，法制。　[20]亦何为而非天下之公乎：又怎么不是天下为公呢。　[21]世国：世袭诸侯国的爵位。　[22]缘：沿袭，效法。　[23]顽：愚笨，顽劣。秀：聪敏。　[24]相乘以兴：乘势兴起。　[25]势所必激：事物发展的趋势必然产生新旧间的矛盾运动，形成推动事物变化的力量。激，激化，冲突。　[26]守令席诸侯之权：郡守、县令们享有原先诸侯手中的权力。席，席位，这里用作动词，意为享有、掌握。　[27]刺史、牧、督司、方伯之任：州郡长官掌管了诸侯们的职位。刺史、牧，古代地方行政长官。督，古代地方军事长官。方伯，殷周时代一方诸侯之长，后泛称地方长官。　[28]元德显功：大德与显赫的功业。元，大。　[29]不令：不善，不好。　[30]势相激而理随以易：在形势的冲击和推动下，（世袭等级制的）原则也随之改变。　[31]意者其天乎：想来，这就是天意（指客观规律）吧。意者，表示测度。　[32]"阴阳不能偏用"二句：阴和阳不能偏废，仁和义也要相互配合才能行得通。相资，相互配合，相互依存。亨利，顺利，行得通。　[33]世德之不终：祖先的德行不能被世袭者继承下去。　[34]有所藉于黜陟以苏其困：百姓（面对地方官员的贪婪、残暴），多少可以凭借官员（守令）的罢免、升迁来缓解自己的困境。黜陟，官吏的进退升降。苏，缓解。　[35]祚（zuò）不永于商、周：王朝的寿命不会像商和周朝那样长久。祚，君主的位置、政权统绪。　[36]东迁：即周平王于前770年从镐（hào）京（今陕西西安西南）迁都于洛邑（今河南洛阳）。平王东迁以后的周朝史称"东周"。　[37]交兵：交战，互相征伐。　[38]艾（yì）削：杀害。艾，通"刈"，宰割、斩杀。　[39]迄：经历，延续。　[40]私天下：把天下作为自己私有的东西。　[41]假：假借。　[42]存乎神者：处于神妙莫测中的事物，这里指人们尚未认识的客观事物及其规律。　[43]"世其位者习其道"二句：世袭职位的人熟悉政务运作，使法令执行便易。　[44]"习其道者任其事"二句：熟悉事务的人管理政务，合乎事理。　[45]著：显明。　[46]长民：为民之长，官长。　[47]"圣人之心"二句：圣人"选贤举能"的心愿，到现在就更为迫切了。烈，显赫，明显。　[48]代作：相继出现。　[49]任咎：承担过错。　[50]"若夫国祚之不长"以下三句：至于说国运不长，那是就一朝一姓的立场而说，并不是从公意出发。　[51]"斥秦之私"以下三句：斥责秦始皇私心，却想让自己的子孙永保皇位，又怎能说是出于"天下之大公"呢？

［点评］

这是《读通鉴论》的开篇。王夫之没有从《资治通鉴》纪事开始的周威烈王二十三年（前403）开始，而是选取秦始皇废分封行郡县的制度改革事件开始他的讨论，既体现了王夫之对于宋儒朱熹所说"读史当观大伦理、大机会、大治乱得失"（《朱子语类》卷十一）史学思想的领悟，也体现了王夫之深切的现实关怀。

关于分封制与郡县制的利弊得失问题，是秦汉以后长期争论的大问题，尤其是在因流弊丛生而致力变革的历史时刻。船山此论较之以往更深刻之处，就在于他既不是像汉儒董仲舒等人那样，将历史问题依附于宇宙论进行讨论，也不似宋明理学家那样，将历史问题置于伦理学的范畴下进行讨论，而是将这个问题上升到历史哲学的高度，深刻揭示了历史进程中所体现的必然性，以及历史的展开与道德之间所呈现的张力。

首先，船山从历史哲学的高度，肯定了秦始皇废分封立郡县的革新措施，认为这是符合历史发展趋势的变革，因而也是符合历史规律的变革。这里，船山以废分封行郡县制度的变革为例，再次阐述了他在其他著作中即已提出的"势理相成""理势合一"的历史哲学。

按照船山的观点，所谓"势"，指事物发展的过程和趋势，由各种主客观因素构成，决定着历史变化方向，且不以人的意志为转移。所谓"理"，指事物内在的、自身固有的必然性，是规定事物发展的内在规律或法则。船山认为，历史在发展过程中，每一时期都有因各种主客观因素合力构成的趋势，这种趋势同时也是历史发展之理，是历史发展的内在规律的外在表现。"势"与"理"二者相互依存，辩证统一。历史没有脱离"势"的"理"，也没有不体现"理"的"势"。"势"与"理"的关系包括两个方面：一是合"理"的必然会形成"势"，二是顺应"势"所趋向者也必然是合于"理"的。"势相激而理随以易"，"势"变"理"亦变。这种"势理相成"的结果就是"天"，即历史的必然性。所以船山说："郡县之制，垂二千年而弗能改矣，合古今上下皆安之，势之所趋，岂非理而能然哉？"有关封建、郡县两种制度利弊得失的争论虽持续了两千年，但历史决不能倒退，因为郡县制取代封建制是顺于历史发展之"势"，也是合于历史发展之"理"。

　　船山理势相成理论的意义，是它揭示了事物自身固有的必然性，一定是寓于事物发展的过程之中，而发展过程又必然受着事物内在必然性的支配，从而揭示了人类历史是独立于人的意志之外、不以人的意志为转移的客观运动，跳出了传统的各种唯心主义历史观的窠臼。

　　船山这篇史论，文采飞扬，议论纵横深刻，堪称一篇史评佳作，但也显出其一些思想的局限性。比如，对统治者的认识，此文中认为，统治者"虽愚且暴，犹贤于草野之罔据者"，其相比同时代的黄宗羲《明夷待访录·原君》所说的"古者以天下为主，君为客"的论断，这种观点则显得有些保守。

胡亥杀兄而亡

商始兴而太甲放[1]，周始兴而成王危[2]，秦并天下而扶苏自杀[3]，汉有天下而惠帝弗嗣[4]，唐则建成死于刃[5]，宋则德昭不令其终[6]，汔乎建文之变而憯尤烈[7]。天下初定，人心未靖[8]，则天命以之不康，汤、武且不能弭[9]，后代勿论已。然而胡亥杀兄[10]，旋以死亡；太甲、成王，终安其位；则伊尹、周公之与赵高，相去不但若霄壤也[11]。

秦始皇之宜短祚也不一[12]，而莫甚于不知人。非其不察也，惟其好谀也。托国于赵高之手[13]，虽中主不足以存[14]，况胡亥哉！汉高之知周勃也[15]，宋太祖之任赵普也[16]，未能已乱而足以不亡。建文立而无托孤之旧臣，则兵连祸结而尤为人伦之大变。徐达、刘基有一存焉[17]，奚至此哉？虽然，国祚之所以不倾者，无谀臣也。

"谀臣"祸国，居高位者焉可不思!

[注释]

[1]太甲：商汤嫡长孙，商朝第四位君主。即位不久，不遵祖

法，暴虐乱德，当时受命辅政的伊尹，将其放于桐宫，自己摄政当国。经三年，悔过自责后遂被还政。　[2]成王：即周成王，名诵，周武王姬发之子，西周王朝第二位君主。周武王灭商二年殁，即位的成王年幼，由武王之弟周公旦辅政，平定三监之乱。周成王亲政后，营造新都洛邑、大封诸侯，命周公东征、编订礼乐，加强了西周王朝的统治。　[3]扶苏：秦始皇长子。秦始皇在巡游途中病逝，死前诏令扶苏即位，中车府令赵高和丞相李斯等人矫诏迫扶苏自尽。　[4]惠帝：即汉惠帝刘盈，刘邦嫡长子，西汉第二位皇帝，在位七年逝，谥号孝惠。其在位时，大权实为其母吕后掌握。　[5]建成：唐朝开国太子，唐高祖李渊长子，唐太宗李世民之兄，"玄武门之变"中被李世民所杀。　[6]德昭：即赵德昭，宋太祖赵匡胤次子。因被宋太宗所疑，自刎而死。　[7]汔（qì）：接近，庶几。建文之变：指明燕王朱棣篡取其侄皇位的靖难事件。建文是明太祖之孙、明朝第二个皇帝惠宗的年号。憯：同"惨"。　[8]未靖：不安宁，骚乱。　[9]汤、武：即商汤和周武王，分别是商朝和周朝的开国之君。　[10]胡亥：秦二世。　[11]霄壤：天地。多形容差距极大。　[12]"秦始皇之宜短祚也不一"二句：秦始皇政权短命有多方面的原因，但最重要的莫过于不识人。宜，应该、当然。　[13]赵高：秦朝二世皇帝时的丞相，著名宦官（一说并非宦官）。　[14]中主：中等才智的君主。　[15]周勃：汉初将领、汉文帝时丞相。刘邦死前预言"安刘氏天下者必勃也"。吕后死后，与陈平等谋灭吕氏诸王势力，拥立文帝，后官至右丞相。　[16]赵普：字则平，北宋宰相，曾参与策划赵宋代周的陈桥兵变，宋太祖、太宗时出任宰相。　[17]徐达：明朝开国军事统帅，号称明朝开国第一功臣。刘基：字伯温，明朝开国元勋，以谋略著称于世。

[点评]

船山史评，最善以归纳的方法总结规律性认识，这篇史评即突出地显示了这个特点。船山这里由胡亥杀兄引出议题，依时间顺序，列举商、周、秦、汉、唐、宋、明诸朝开国君主殁后，其二三代子孙的命运，揭示天下初定，人心不安，在这种权位合法性与合理性（天命）都不那么确定，政治形势的走向十分微妙的时候，选任辅政大臣的德与才就显得非常重要了。然而，对于这些情况，一些君主，包括秦始皇，并非不清楚，但他们太喜欢阿谀奉承了，以致最终为假象所蒙蔽，作出错误的决定。因此船山的结论是："国祚之所以不倾者，无谀臣也。"对此，无论政治家还是企业领导，皆应引以为戒。

秦二世

李斯言古今人所不忍言

李斯之对二世曰[1]："明主灭仁义之途[2]，绝谏争之辩，荦然行恣睢之心[3]。"尽古今概贤不肖，无有忍言此者，而昌言之不忌[4]。呜呼！亦何至此哉！斯亦尝学于荀卿氏矣[5]，亦尝与始皇谋天下而天下并矣。岂其飞廉、恶来之所不忍言者而言之不忌[6]，斯之心其固以为然乎？苟非二世之愚[7]，即始皇之骄悖[8]，能受此言而不谴乎[9]？斯抑谓天下后世之不以己为戎首而无所恤乎[10]？无他，畏死患失之心迫而有所不避耳。

夫死亦何不可畏也。失不可患[11]，而亦何必于失也。前所以自进者非其道[12]，继所以自效者非其功，后所以自保者非其术，退所以自置者无其方，则失果可患而死果可畏。欲无畏无

船山论史，总是从历史事实中总结出某些理论来，且其结论还常常不同凡俗，说起来，总有一种不容置疑的架势，发语咄咄逼人，像"无他""虽欲……不得"等语言句式经常出现，给人一种雄辩的气势。

患、以不言其所不忍言，又奚得乎！天下无必死之涂，而亦无可几幸之得。正志于早而后无所迫，则不忍不敢之心以全。早之不能图度于正，迨其后失有形、死有机，虽欲不为此言而不得。不待上蔡东门之叹[13]，肺肝先已自裂。斯岂果无人之心哉[14]？《易》曰："履霜坚冰至[15]。"辨人于早，不若自辨于早也。

"辨人于早，不若自辨于早也"，即人贵有自知之明，此可谓至理名言。

[注释]

[1]李斯：秦代政治家，曾任秦宰相，始皇死，与赵高合谋伪造遗诏，迫令始皇长子扶苏自杀，立少子胡亥为帝，后被赵高谋杀。详参《史记·李斯列传》。二世：即"胡亥"，秦始皇少子。始皇死后，被李斯、赵高拥立为帝，实行比其父更严酷的苛政，陈胜、吴广起义后被赵高逼迫自杀。　[2]途：原文作"涂"，通假。　[3]荦（luò）然：卓绝，明显貌。恣睢（suī）：放纵暴戾。　[4]昌言：原指善言，引申为直言。不忌：无所顾忌。　[5]斯：即李斯。荀卿：即荀子，名况，战国赵人，世称荀卿。学宗儒术而言性恶。李斯曾师事其门。　[6]飞廉、恶来：二人为父子，皆为商纣王大臣，以善阿谀和勇力事纣。飞廉亦作"蜚廉"。　[7]苟：如果。　[8]骄悖：傲慢悖逆。　[9]谴：责备。　[10]斯抑谓天下后世之不以己为戎首而无所恤乎：莫非是由于李斯认为天下后世不把自己视为主谋而无所顾忌吗？戎首，首先挑起事端或带头做坏事的人。　[11]患：忧虑。　[12]"前所以自进者非其道"以下五句：从李斯当初进身之道，所享之功，到政治斗争中自保之术和其退身安排之路，都不是正道。　[13]上

蔡东门之叹：史载，李斯被以谋反罪名遭到腰斩灭族，临刑对其子感慨说，我想再也不能和你一起牵着黄狗出家乡上蔡城东门追猎兔子了。　[14]斯岂果无人之心哉：难道李斯真的是没有良知吗？　[15]履霜坚冰至：《周易·坤卦》初六爻辞谓，一旦脚踏着初秋的轻霜，也就预示着结冰的冬天快到了。意喻看到事物苗头就应对其发展有所警戒。

[点评]

人不能将一切寄托于侥幸，人开始就应该对自己的所作所为有自觉的认识，即所谓"辨人于早，不若自辨于早也"。船山的这篇史论，可谓是对李斯的"诛心之论"。李斯为了邀宠于专制昏庸的秦二世，在朝政斗争中苟且保位，竟然没有底线，连历史上最恶的人都"不忍言"的话都说得出口。这里船山虽将此归结是李斯在迫于生死之际不得已之言，但联想《史记》记载李斯所谓"人之贤不肖，譬如鼠矣，在所自处耳"的感慨，可见其作为一个利禄之徒，这样的表现又有其必然性。所以为人处事只有始终坚持正道，对自己的所作所为有所认识，才不会像李斯那样患得患失，为了一时一己之利违心地助纣为虐，最终在错误的路上越走越远，害人害己。

李斯以督责之术导谀劝淫

人皆有不忍人之心，而众怒之不可犯，众怨

李斯关于"督责之术"的主张，既有取宠于秦二世的一面，也有继承法家思想的一面，只不过李斯讲得更加露骨而已。昏庸的秦二世，竟然采用了李斯的"督责之术"。其结果是杀人多者为"忠臣"，残忍者为"明吏"，最终使天下怨声载道，也因此埋葬了秦朝。

一味任法虽有弊，但单纯强调任人而忽略任法，也是不行的。

之不可任，亦易喻矣[1]。申、商之言[2]，何为至今而不绝邪？志正义明如诸葛孔明而效其法，学博志广如王介甫而师其意[3]，无他，申、商者，乍劳长逸之术也。无其心而用其术者，孔明也；用其实而讳其名者，介甫也；乃若其不容掩之藏，则李斯发之矣。李斯曰："行督责之术，然后绝谏争之路。"申不害曰："有天下而不恣睢，命之曰以天下为桎梏。"谏争绝，桎梏脱，则虽日劳于刑名文籍之中，而耽酒嗜色、佚游骄乐，可晏享而不辍。苟未忘逸豫之情者，恶能不以此为两得之术哉！

任法，则人主安而天下困；任道，则天下逸而人主劳。无一切之术以自恣睢，虽非求治之主，不能高居洸濊于万民之上[4]，固矣。以孔明之淡泊而尽瘁也[5]，以介甫之土木其形而好学深思也，然且乐奉名法者，何也？俭以耳目，勤以耳目，而心思从其康逸也。贤者且然，况令狐绹、张居正之挟权势者哉[6]！使读李斯之言[7]，知其为导谀劝淫之术也，能勿腼然而汗下与？

[注释]

[1]喻：明白，了解。 [2]申、商之言：申不害、商鞅的言论。二人皆战国法家代表人物，讲究以严苛的刑罚治国。 [3]王介甫：王安石，字介甫。 [4]洸漾（guāng yǎng）：恣肆、放纵。 [5]"以孔明之淡泊而尽瘁也"以下四句：像诸葛亮那样淡泊名利而又为国家鞠躬尽瘁的人，像王安石那样不修边幅而又好学深思的人，竟然乐于奉行法家学说，这是为什么呢？ [6]令狐绹（táo）：晚唐大臣、政治家。张居正：晚明政治家。 [7]"使读李斯之言"以下三句：假如他们听了李斯的言论，知道这是引导阿谀奉承、鼓励骄奢的方法，能不感到羞惭难当、汗如雨下吗？腼然，惭愧的样子。

[点评]

秦二世而亡的历史教训，作为史鉴之镜，至今需要从不同角度进行思考。其中督责术的实施，就是一例。所谓督责术，即督察问责的管理方法，源自李斯为在政治斗争中自保而向秦二世上奏的《行督责书》。应该说，管理离不开督察问责。然而，李斯向秦二世提议的督责术实质是专制政治的统治术，其实施的前提，是建立在君主绝对正确和所有臣民肯定错误，其方式，是通过严刑酷法、"轻罪重罚"控制群臣，使"民不敢犯也"，来保证君主的绝对权力和为所欲为。昏庸、专制的秦二世，采纳这种"督责之术"的结果，是"税民深者为明吏""杀人众者为忠臣"。各级官吏为规责避罚，则竭力隐瞒真相，在"绝谏争之路"的同时，也使统治者看不到危机，出现"指鹿为马"而无人敢言的昏暗政局。

　　船山在痛斥督责之术的同时，还对"任法"还是"任道"，即法家和儒家两家治国理念，在理论层面作出了一定高度的反思。船山认为，由于"以法治国"的手段严厉、见效迅速，历代的统治者与政治家都对其情有独钟。但是以外在强制性的严苛之法治国，虽然看似是见效容易的"乍劳长逸之术"，即以强制性控制使统治者得以安图享受，不理朝政；但另一方面，繁苛的刑法，则使百姓更加困苦。而且，繁苛酷法使人们只考虑如何避免刑法，却无法激发其道德自觉。因此，无论在效果还是价值上，船山都认为，"以德治国"要优于"以法治国"，即便是汲取法治的观念，也一定以"德"为归宿。君主或政治家不能贪图"康逸"，而必须像周公或孔子那样富于忧患意识，德主刑辅，才能在如履薄冰的谨慎中修砺德性、施行仁政。

法密不能胜天下

　　孰谓秦之法密，能胜天下也？项梁有栎阳逮[1]，蕲狱掾曹咎书抵司马欣而事得免。其他请托公行、货贿相属、而不见于史者，不知凡几也。项梁，楚大将军之子，秦之所尤忌者，欣一狱掾[2]，驰书而难解。则其他位尊而权重者，抑孰与御之？法愈密，吏权愈重；死刑愈繁，贿赂愈章；涂饰以免罪罟^[3]，而天子之权，倒持于掾史。南阳诸刘屡杀人而王莽不能问^[4]，皆法密吏重有以蔽之也。

设大辟于此^[5]，设薄刑于彼，细极于牛毛，而东西可以相窜。见知故纵^[6]，蔓延相逮^[7]，而上下相倚以匿奸。闰位之主^[8]，窃非分而梦寝不安，藉是以箝天下，而为天下之所箝，固其宜也。受天命，正万邦，德足以威而无疚愧者，勿效尔为也^[9]。宽斯严，简斯定。吞舟漏网而不敢再触梁笱^[10]，何也？法定于一王，而狱吏无能移也。

基层制度执行者的作用焉可小觑？所谓小吏巨贪自古就是个值得注意的政治现象，对此，今天的制度建设，亦有必要思考和设计。

[**注释**]

[1]"项梁有栎阳逮"二句：项梁（项羽叔父）曾经因罪案被牵连，被栎阳县逮捕入狱，项梁乃请求蕲县狱掾曹咎写了封说情的信给栎阳狱掾司马欣，事情才得以了结。蕲（qí），同"祈"，祈求。狱掾（yuàn），狱曹的下属官吏。　[2]欣：即放掉项梁的狱掾司马欣。　[3]罟（gǔ）：此指法网。　[4]南阳诸刘：指的是以西汉末以刘秀、刘縯为首的南阳刘氏家族。　[5]"设大辟于此"以下四句：刑罚从轻到重，细密如牛毛，却往往矛盾，依由滑胥奸吏按照自己的利益随意解释，随意量刑。大辟，古五刑之一，谓死刑。　[6]见知故纵：明知故纵。　[7]蔓延相逮：串联勾结。相逮，相连。　[8]"闰位之主"以下五句：非正统窃取政权的君主，

因不具有合法性，而寝卧不安，意藉严刑密法钳制天下，反为此所制，也是其应得的。　[9]尔：如此。　[10]吞舟漏网：本指大鱼漏网，后常以喻罪大者逍遥法外。梁笱（gǒu）：泛指捕鱼具。梁，水中所筑捕鱼之坝。笱，安放在堰口的竹制捕鱼器。

［点评］

法典疏简的问题，是古代思想反复争论的一个重要问题，对于这个问题，船山显然主张法典以简且明为尚。秦朝是个推崇法家、鼓吹"以吏为师"、法网密织的时代。然而在船山看来，秦法虽严而密，却没能解决好如何制约法律执行者，最大限度地减少胥吏执法时违法操作空间的问题，以致出现"法愈密，吏权愈重；死刑愈繁，贿赂愈章；涂饰以免罪罟，而天子之权，倒持于掾史"，即法严吏重、君权下移的情况，以致像项梁这样的国家要犯，竟然也能在胥吏的操弄下轻易脱逃。针对此问题，船山认为应"简法治吏"，任法与任道并重，任法与任人结合，简化法律条文和办事程序，强化吏治，慎选贤吏，以杜绝社会贿赂公行、基层执法者恃权舞弊、上有制度下有对策的问题。而这也正是我们今天进行制度建设时值得深思鉴戒的问题。

卷二

汉高帝

沛公欲留居咸阳

有天下者而有私财，则国患贫以迄于败亡，锢其心，延及其子孙，业业然守之以为固[1]，而官天地、府万物之大用，皆若与己不相亲，而任其盈虚。鹿桥、巨台之愚[2]，后世开创之英君，皆习以为常，而贻谋不靖[3]，非仅生长深宫、习奄人污陋者之过也[4]。灭人之国，入其都，彼之帑皆我帑也[5]，则据之以为天子之私。唐克西京[6]，而隋氏之有在唐；宋入周宫[7]，而五代之积在宋；蒙古遁[8]，而大都之藏辇而之于南畿。呜呼！奢者因之以侈其嗜欲[9]，吝者因之以卑其志

船山一贯反对君主将天下视为一己之私物，认为只有将"天下之财供天下之用"，将天下视为天下人之天下，才能确保国富民康。

汉高祖刘邦当初正是压抑住当"富家翁"的浅见陋识才能最终取得天下；汉文帝、景帝，也是因为将天下财富置于皇家私利之上，才形成国家日渐富裕的盛况。船山以史实告诫君主不能无胸怀、无视野，惟斤斤计较于所得财富。

趣，赫然若上天之宝命、祖宗之世守，在此怀握之金赀而已矣。祸切剥床[10]，而求民不已，以自保其私，垂至其亡而为盗资，夫亦何乐有此哉！

汉王之入秦宫而有艳心，见不及此。樊哙曰[11]："将欲为富家翁邪？"英达之君而见不及哙者多矣[12]。范增曰[13]："此其志不在小。"岂徒一时取天下之雄略乎！以垂训后嗣，而文、景之治，至于尽免天下田租而国不忧贫，数百年君民交裕之略，定于此矣。

灭国之灾，正是在统治者专注敛财忽略国事之际一点点接近的。政权覆亡，财富随之转属他人，岂不悲哉！

天子而斤斤然以积聚贻子孙，则贫必在国；士大夫斤斤然以积聚贻子孙，则败必在家；庶人斤斤然以积聚贻子孙，则后世必饥寒以死。周有大赉[14]，散之唯恐不速，故延及三十世，而亡之日，上无覆宗之惨[15]，民亦无冻馁攘夺之伤。后之王者，闻樊哙富翁之诮，尚知惩乎！

［注释］

[1]业业然：危惧的样子。　[2]鹿桥、巨台：鹿台、巨桥之误。鹿台，别称南单之台，商纣王贮藏珠玉钱帛之地。巨桥，商纣王时的粮仓名。　[3]贻（yí）谋：指父祖对子孙的训诲。贻，遗留。靖：安定。　[4]奄人：也作"阉人"，古代称被阉割的男人，特

指宦官。 [5]帑（tǎng）：古代指收藏钱财的府库或钱财。 [6]西京：隋朝都城长安。 [7]周宫：此指五代后周政权的宫室。后周为赵宋所代。 [8]"蒙古遁"二句：明军北上进逼元大都，元惠宗北遁漠北，宫室之藏，尽被南运至当时的明都（今江苏南京）。大都，元都城北京。辇（niǎn），辇运，用车运输。 [9]"奢者因之以侈其嗜欲"以下四句：奢侈的人因此更加放纵其嗜欲，吝啬的人因此降低了自己的人生志趣，真好像上天赐予的天命和祖宗世守的基业，就是手中的这些财报而已。 [10]祸切剥床：大床已剥落，即将侵蚀到人体肌肤。比喻危及生存的灾害。语本《周易·剥卦》。剥，剥落。切，切近。 [11]樊哙：西汉开国元勋，曾在鸿门宴时出面营救汉高祖刘邦。 [12]英达：英明通达。 [13]范增：项羽的谋士，曾辅项羽称霸诸侯。 [14]大赉（lài）：犹重赏。 [15]覆宗：毁败宗族，灭族。

［点评］

船山等明清之际思想家新君主观的一个体现，就是反对君主将天下财物视为己有，据为一己之私。君主若如"富家翁"，斤斤于钱财的积累，势必于民勒索不已，其结果无不导致政权走向覆亡。晚明商品经济繁盛，皇庄遍布，明神宗朱翊钧更是敛财挥霍，"传索帑金，括取币帛"（《明史》卷二百三十四），一方面"大内金钱不啻山积"（《神庙留中奏疏汇要》户部类卷八），另一方面国库空虚。《庄子·大宗师》："其耆欲深者，其天机浅。"帝制社会统治阶级的利益，决定他们的利益不可能与"天下"的利益相一致。因此只有通过民主，使政府利益与人民利益保持一致时，才能使国家长治久安。

斩丁公忘恩非义

以大义服天下者，以诚而已矣，未闻其以术也[1]；奉义为术而义始贼[2]。义者，心之制也[3]，非天下之名也[4]。心所勿安而忍为之，以标其名，天下乃以义为拂人之心而不和顺于理[5]。夫高帝当窘迫之时，岂果以丁公为可杀而必杀之哉[6]？当诛丁公之日，又岂果能忘丁公之免己而不以为德哉？欲惩人臣之叛其主[7]，而先叛其生我之恩，且嚣然曰是天下之公义也[8]。则借义以为利，而吾心之恻隐亡矣。

夫义，有天下之大义焉，有吾心之精义焉。精者，纯用其天良之喜怒恩怨以为德威刑赏[9]，而不杂以利者也。使天下知为臣不忠者之必诛而畏即于刑，乃使吾心违其恩怨之本怀，矫焉自诬以收其利[10]。然则义为贼仁之斧而利之囮也乎[11]？故赦季布而用之，善矣，足以劝臣子之忠矣。若丁公者，废而勿用可也；斩之，则导天下以忘恩矣。恩可忘也，苟非刑戮以随其后，则君父罔极之恩，孰不可忘也？呜呼！此三代以下，以义为名为利而悖其天良之大蠹也[12]。

[**注释**]

[1]术:权术,心术。 [2]贼:伤害。 [3]心之制也:对(自我)思想和感情的制约、约束。 [4]非天下之名也:不是对外的宣称和标榜的虚名。 [5]拂:违背,不顺。 [6]丁公:项羽麾下将,曾追杀刘邦于彭城却放之,后项羽军败亡,丁公谒见刘邦,刘邦却认为丁公作为项王部下,却不能忠心护主,为惩戒以后人臣之不忠者,将丁公斩首。 [7]"欲惩人臣之叛其主"二句:要惩处对人君不忠的臣下,却先违背了曾救自己之恩。 [8]嚣然:傲慢轻狂的样子。 [9]天良:人之本然。 [10]矫:假托,强词夺理。自诬:自欺。 [11]然则义为贼仁之斧而利之罻(é)也乎:这样义就成了以害仁来获利的工具了。罻,用来诱捕同类鸟的鸟,称"罻子"。 [12]大慝(tè):极邪恶的人。

[**点评**]

在评价汉高祖杀丁公的问题上,船山与司马光的观点截然不同。《资治通鉴》这里的"臣光曰"是站在维护君臣纲常的立场,认为"进取之与守成,其势不同。当群雄角逐之际,民无定主;来者受之,固其宜也。及贵为天子,四海之内,无不为臣;苟不明礼义以示之,使为臣者,人怀贰心以徼大利",国家是不能得到长治久安的。船山则认为,忠君固然重要,但是也不能因此违背人之为人的普世道德。船山此观点,可与其《四书训义》所谓"孔子曰:吾之于《春秋》,笔则笔,削则削。有大义焉,正人道之昭垂而定(之)于一者也;有精义焉,严人道之存亡而辨于微者也。则丘也审之于心,揆之于理,窃取古之帝王所以肇修人纪者,而深切著明以示天下焉"相参照。这里船山显然认为，相较于君臣纲常之义，基本的人之为人的普世道德，具有更重要的地位。这一历史思想的提出，也可谓明清之际批判绝对君权思潮的体现。

鲁两生惑于管子衣食足而后礼义兴之邪说

鲁两生责叔孙通兴礼乐于死者未葬、伤者未起之时 [1]，非也。将以为休息生养而后兴礼乐焉，则抑管子"衣食足而后礼义兴"之邪说也 [2]。子曰："自古皆有死，民无信不立 [3]。"信者，礼之干也 [4]；礼者，信之资也 [5]。有一日之生，立一日之国，唯此大礼之序、大乐之和，不容息而已 [6]。死者何以必葬？伤者何以必恤 [7]？此敬爱之心不容昧焉耳 [8]。敬焉而序有必顺，爱焉而和有必浃 [9]，动之于无形声之微，而发起其庄肃乐易之情，则民知非苟于得生者之可以生 [10]，苟于得利者之可以利，相恤相亲，不相背弃，而后生养以遂 [11]。故晏子曰 [12]："唯礼可以已乱 [13]。"然则立国之始，所以顺民之气而劝之休养者，非礼乐何以哉？譬之树然，生养休息者，枝叶之荣也；有序而和者，根本之润也。今

当新旧时代嬗递，动乱未歇之际，亟须建立新的社会、政治秩序之时，才更能凸显出礼的价值。葬死、恤伤固然重要，怎样葬，怎样恤，也有必要明确，因为礼是社会和谐运行的秩序保证。所以王充《论衡·效力》认为，叔孙通"仪律之功，重于野战"，即其功高于搴旗伐城的将士。

使种树者曰：待枝叶之荣而后培其本根。岂有能荣枝叶之一日哉？故武王克殷，驾甫脱而息贯革之射[14]，修禋祀之典[15]，成《象武》之乐[16]。受命已末[17]，制作未备，而周公成其德，不曰我姑且休息之而以待百年也[18]。

[注释]

[1]鲁两生：鲁地的两个儒生。叔孙通：秦汉时儒生，曾事数主，从秦二世到项梁、项羽、刘邦，最后在刘邦初年以建立适应那个时代的礼制而居高位。事见《史记·刘敬叔孙通列传》。礼乐：礼节和音乐。古代帝王常用兴礼乐为手段以求达到尊卑有序远近和合的统治目的。　[2]管子：对春秋时期法家代表人物管仲的尊称。　[3]民无信不立：意思是如果老百姓对朝廷缺乏信任，政权就立不住。语出《论语·颜渊》。　[4]干（gàn）：事物的主体或重要部分。　[5]资：凭借的条件。　[6]不容息：不容缓。　[7]恤（xù）：救济，体恤。　[8]昧：糊涂，不明白。　[9]浃（jiā）：通达理解。　[10]苟：随便，轻率。　[11]遂：称心如意，使得到满足、成功实现。　[12]晏子：后人对春秋时期齐国大夫晏婴的尊称。　[13]已：止。　[14]驾：古代车乘的总称。甫：刚刚。息贯革之射：停止发射可穿透皮甲的利箭。　[15]禋祀：古代祭天的一种礼仪。典：标准，仪节。　[16]《象武》：周武王时代的乐舞。　[17]受命已末：受天之命已经到最后了。　[8]姑且：暂且。

秦之苛严，汉初之简略，相激相反，而天下且成乎鄙倍[1]。举其大纲，以风起于崩坏之余[2]，从历史的和政治的高度，而不是道德家的迂腐，来认识叔孙通因时制礼，对于稳定局势、迅速恢复社会秩序的必要性，正是船山见识的高明之处。

亦何遽不可[3]？而非直无不可也[4]；非是[5]，则生人之心、生人之理、日颓靡而之于泯亡矣。唯叔孙通之事十主而面谀者[6]，未可语此耳。则苟且以背于礼乐之大原[7]，遂终古而不与于三王之盛[8]。使两生者出，而以先王安上治民、移风易俗之精意[9]，举大纲以与高帝相更始[10]，如其不用而后退[11]，未晚也。乃必期以百年[12]，而听目前之灭裂[13]。将百年以内，人心不靖，风化未起，汲汲于生养死葬之图；则德色父而谇语姑[14]，亦谁与震动容与其天良[15]，而使无背死不葬、捐伤不恤也哉[16]？

卫辄之立[17]，乱已极矣。子曰："礼乐不兴[18]，则刑罚不中，民无所措手足。"务本教也。汉初乱虽始定，高帝非辄比也[19]。辄可兴而谓高帝不可[20]，两生者，非圣人之徒与？何其与孔子之言相刺谬也！于是而两生之所谓礼乐者可知矣，谓其文也，非其实也。大序至和之实[21]，不可一日绝于天壤[22]。而天地之产，中和之应，以瑞相祐答者，则有待以备乎文章声容之盛[23]，未之逮耳[24]。然草创者不爽其大纲[25]，而后起者可藉^[26]，又奚必人之娴于习而物之给于用邪^[27]！故两生者，非不知权也^[28]，不知本也。

两个儒生错误的关键，是不知道儒学的根本是其所具有的政治实践性。

[注释]

[1]鄙倍：浅陋背理。倍，通"背"。　[2]以风起：以使礼节、好的习俗在社会重新振起。崩坏：毁坏。　[3]何遽不可：怎么不行。　[4]而非直无不可也：而不是仅仅是可以不可以的问题。直，只，只是。　[5]非是：违背、不合，不这样。　[6]面谀：当面恭维。　[7]大原：根源，根本。　[8]不与：不给，达不到。　[9]先王：古代圣王。　[10]更始：革新，重新开始。　[11]退：隐退。　[12]期：寄希望。　[13]灭裂：犹败坏、毁灭。　[14]德色父而谇（suì）语姑：典出汉贾谊《治安策》，原文意思是，商鞅变法抛弃了礼义传统，废止仁德政策，导致秦国社会风气败坏。成语作"谇帚德锄"，指儿子借农具给父亲，脸上却显出给父亲恩德的表情，婆母前来拿簸箕扫帚，儿媳立即口出恶言。德色，自以为对别人有恩德而流露出来的神色。谇语，斥骂。姑，此指丈夫的母亲。　[15]谁与震动容与其天良：又有谁因感动而良心发现。　[16]背：转过身。捐：抛弃。　[17]"卫辄之立"二句：卫辄被拥立为君，标志着卫国的内乱已到了极点。卫辄，春秋时人，其父是卫国太子卫蒯聩，因违抗卫灵公之命出逃国外，后来他的儿子卫辄自己继了位，拒不接纳父亲回国，父子在即位问题上发生冲突。　[18]"礼乐不兴"以下三句：语见《论语·子路》。意思是说，礼乐制度确立不起来，刑罚就不会得当，老百姓也不知道如何是好。措，安置，安放。　[19]辄：卫辄。　[20]"辄可兴而谓高帝不可"以下四句：卫辄既然可以制礼作乐，为什么说汉高帝不行呢？那两个鲁地的儒生难道不是圣人孔子的门徒

吗？怎么他们的话与孔圣人相矛盾呢？　[21]大序至和之实：大秩序与充分和谐的效果。　[22]天壤：天和地。　[23]文章：德行事功、礼乐法度。声容：声势。　[24]逮：到，及。　[25]不爽：不差，没有差错。　[26]藉：凭借。　[27]奚：为什么。娴：熟练。物之给于用：物质充足够用。　[28]权：变通。

[点评]

对于叔孙通制礼之事，历代有不同的评价。司马迁赞其"希世度务，制礼进退，与时变化，卒为汉家儒宗"，开创了汉代及以后诸代的礼仪制度。司马光则称其毁"规矩、准绳以趋一时之功"，即为迎合当世，擅自变更古礼。相反，船山对叔孙通制礼之事则表示肯定，批评鲁地的那两个儒生不知儒学之本。这里的评价，船山并没有纠缠于叔孙通个人品质，而跳出道德家的古道热肠，以史家和政治家的慧眼，是将制礼这一事件，置于秦汉之际的具体历史背景下作出评价，认为：一、儒学及其所倡礼义在法家盛行的秦代，早已遭到重大破坏，加上连年战争，社会急需恢复正常秩序；二、刘邦将帅立功者，多出身鸡鸣狗盗之鲁夫莽汉，喜斗狠争功，若不以礼教化、节制，则来之不易的和平局面，很有可能因为其争强好胜而付之东流。船山曾辩证地指出："圣王之教，绝续之际大矣哉！醇疵之小大，姑勿苛求焉，存同异于两间，而使人犹知有则，功不可没已。其疵也，后之人必有正之者矣。故君子弗患乎人之议己，而患其无可议也。"（《读通鉴论》卷十七"梁修五礼贤于汉"条）即认为，在当时那种情况下，总要有人站出来提出权舆之策。

汉惠帝

惠帝时曹参不得不因

曹参因萧何之法而治[1]，非必其治也，唯其时之不得不因也。高帝初崩，母后持权于上，惠帝孱弱而不自振，非因也，抑将何为哉？鲁两生曰："礼乐百年而后兴。"唯惠帝之时言此为宜尔。周公之定礼也[2]，流言未靖，东郊未定，商、奄未殄，不遑及也。参非周公之德而值其时[3]，乃欲矫草创之失以改易一代之典，则人心不宁而乱即于此起。《易》于《益》之初曰[4]："利用为大作[5]，元吉无咎[6]。"元吉而后无咎[7]，利者非其利也。风淫于上而雷迅于下[8]，其吉难矣。

夫饬大法、正大经、安上治民、移风易俗[9]，有本焉，有末焉，有质焉[10]，有文焉[11]。立纲修纪，拨乱反正，使人知有上下之辨、吉凶之则

"时"或"时机"，也是各种改革得以实现的客观条件，其不仅是政治家的政治实践中要考虑的因素，也是历史学家在评价历史时有必要注意的问题。

文与质之关系的问题，也是内容与形式之关系的问题。二者间，内容的价值远胜于形式。

者，其本也。缘饰以备其文章[12]，归于允协者，其末也。末者，非一日之积也。文者，非一端之饰也。豫立而不可一日缓者[13]，其本质也。俟时而相因以益者[14]，其末文也。

高帝之时，不可待也，而两生之说非矣。无以植其本，则后起者无藉以兴，而锢人心风俗于简略慢易之中[15]，待之百年而民俗益偷[16]。虽有其志而无其征，虽有其主而无其臣。故迄乎武帝[17]，仅得董仲舒之疏漏[18]；而曲学阿世之公孙弘者且进也[19]，不足以有为矣。此高帝不夙、两生不出之过也[20]。

只有不断培植关乎社会秩序的道德风尚，社会才会健康有序。

惠帝、曹参之时，不可不因也。有周之遗文[21]，六国之遗老[22]，虽有存者，可与厘定萧何之法、叔孙通之礼[23]，以折衷三代[24]，昭示来兹[25]；而母后悍[26]，权奸张，内难且作[27]，更张未几[28]，而祸发于中，势将指创制显庸为衅端[29]，天下抑且以修明制作为戒[30]。其弊也，《诗》《书》道圮[31]，俗学苟容[32]，人心趋靡，彝伦日斁[33]，渐渍以益流为偷薄[34]，所必然矣。

当条件不允许时，一些不完善的改革措施往往会被批评者放大。

呜呼！方正学死[35]，而读书之种绝于天下，则汉之犹有贾、董、臧、绾以存古道于百一者[36]，非曹参有以养之乎[37]？故唯曹参者，可以因也，时也。前此而为高帝，当敦其质，后此而为文、景，必致其文，时也。两生傲而不出，文、景让而不遑[38]，违乎时，违乎道矣。

"因"也是有条件的，萧规曹随，是因为曹参之时具有"因"的条件。

[注释]

[1]曹参（cān）：字敬伯，西汉开国功臣，汉惠帝时官至丞相，以遵守首任汉相萧何的基本政策法规，有"萧规曹随"之称。　[2]"周公之定礼也"以下五句：周公制定礼乐的时候，有关周公要篡权的流言还没有平息，被迁到周王城东郊的殷商遗民和其他殷商人及奄等殷商属国的人，还没有平定。东郊，西周时特指其东都王城以东的郊外，周灭商后，迁殷民于此。奄，商末周初山东曲阜之东的一个小国，原为殷商属国。殄（tiǎn），灭绝。　[3]参：曹参。　[4]《益》：《益》卦，按经解，意思是减损上方，增益下方，使民快乐。初：即初九，六爻中爻位最下者。　[5]大作：兴作大事。　[6]元吉：大吉。咎：过失，灾祸。　[7]"元吉而后无咎"二句：（初始）大吉，之后（就）没有灾祸了，（否则）利就不是他的利了。　[8]"风淫于上而雷迅于下"二句：《益》的卦象是巽上震下，巽为风，震为雷电，（假若）风不断地在上面刮，雷电不停地在下面闪，要吉利就难了。淫，过多，过甚。　[9]饬：同"敕"，告诫，命令。　[10]质：本质，本体。　[11]文：表面的文采文饰，与"质"相对。　[12]"缘饰以备其文章"以下三句：把表面装饰得很华丽，看似完美无缺，应不是重要的。允协，确实符合。　[13]"豫立而不可一日

缓者"二句：先已计划好而不可延缓的事，便是关键的本质性的事。豫，预先，事先。　[14]"俟（sì）时而相因以益者"二句：可待日后增补的事，是末节补益的事。俟，等待。　[15]简略慢易：简陋粗略、怠忽轻慢。　[16]偷：苟且。　[17]武帝：汉武帝刘彻。　[18]董仲舒：西汉名儒，汉武帝下诏征治国方略，董仲舒上书提倡独尊儒术，著有《春秋繁露》等书。　[19]公孙弘：汉武帝时丞相，封平津侯，事迹详载《史记·平津侯主父列传》。　[20]此高帝不夙、两生不出之过：这是汉高祖不早觉悟、两个鲁儒不愿出山任事的过错。　[21]周之遗文：周代遗留下来的文献典籍。　[22]六国之遗老：还在世的六国的年老而经验丰富的人。　[23]厘定：整理订定。　[24]三代：夏商周三代。　[25]来兹：将来。　[26]母后：指吕后。　[27]且：尚，还。　[28]更张未几：变革没有多久。　[29]势将指创制显庸为衅端：势必指责改革创新制度中的明显不足而挑起事端。　[30]天下抑且以修明制作为戒：况且天下也都警戒改革的制度是否清明。抑且，况且，而且。　[31]《诗》《书》道圮（pǐ）：《诗》《书》所代表的儒家礼义之道毁坏。圮，塌坏，倒塌。　[32]苟容：屈从附和以取容于世。　[33]彝伦日斁（dù）：社会伦常一天天败坏。斁，败坏。　[34]渐渍以益流为偷薄：浸染而发展为浇薄的社会风气。渐渍，浸润，渍染。　[35]方正学：明初大儒方孝孺，事迹详见《明史·方孝孺传》。　[36]贾、董、臧、绾：即贾谊、董仲舒、王臧、赵绾等汉惠、文、景诸帝时期的著名儒者。　[37]非曹参有以养之乎：（这一线儒学传承之脉）没有曹参的扶持能够传承下来吗。有以，犹有为，有所作为。　[38]让：退让。不遑：无暇。

[点评]

评议历史应将事件置于特定的历史条件下"同情地

理解"，这也是历史主义的基本素养。对于"萧规曹随"的认识也应如此。船山此论所谓"曹参因萧何之法而治，非必其治也，唯其时之不得不因也"，正是体现了这一点。后之儒者往往以之指责曹参不作为，但船山则认为：汉高帝时有必要以儒学整顿礼义风俗，但是鲁儒生却说要等至百年之后。此后帝弱后强，根本就没有条件更张太后势力坚持的黄老意识形态，因而也无法获得礼乐制度改革的政治支持，在这种情况下，曹参采取保守的对前任政策的"因"，也就成为一种不得已的必须。这也是有时保守主义较之激进主义在政治实践中更有价值的原因所在。

汉文帝

文帝伪谦不终

在《周易》六十四卦中，很少有全吉或全凶者，《谦卦》六爻皆吉，可见谦虚品质的重要。船山此论的价值，就在他于一般《谦卦》字面解释之外，提出一个"诚"字，即包括君主，只有发自内心的真诚才是真的谦虚，否则卦辞虽然说是"吉无不利"，但是像汉文帝那样，以伪饰自己的真实来达到"征伐"的目的，并不是儒家的"君子之道"，而是黄老之术。

这篇史论同样体现了船山与那个时代不同的君主观。

《易》曰："谦亨[1]，君子有终。"君子而后有终[2]，非君子而谦，未有能终者也。故"扐"也、"鸣"也、"劳"也[3]，而终之以"侵伐"[4]。虽吉无不利[5]，而固非以君子之道终矣。君子之谦，诚也。虽帝王不能不下邱民以守位[6]，虽圣人不能不下刍荛以取善。理之诚然者，殚心于此[7]，而诚致之天下。见为谦而非有谦也[8]，而后可以有终。故让，诚也；任，亦诚也。尧为天下求贤，授之舜而不私丹朱[9]；与禹之授启、汤之授太甲、武王之授成王[10]，一也，皆诚也。舜受于尧，启受于禹；与泰伯之适句吴、伯夷之逃孤竹[11]，一也，皆诚也。若夫据谦为柄[12]，而"扐"之，而"鸣"之，而"劳"之；则姑以此谢天下而不自居于盈，则早已有填压天下之心，而祸机伏而必发，故他日侵伐而无不利。黄、老之术[13]，离诚而用伪久矣。取其"鸣谦"之辞，验其"侵伐"之事，心迹违[14]，初终贸，抑将何以自解哉！故非君子，未有能终其谦者也。

　　有司请建太子[15]，文帝诏曰："楚王，季父也[16]；吴王，兄也；淮南王，弟也。"诸父昆弟之懿亲[17]，宜无所施其伪者[18]。而以观其后，吴濞、楚戊、淮南长无一全其躯命者[19]。尺布斗粟之谣[20]，取疢于天下而不救[21]。然则诏之所云，以欲翕固张之术[22]，处于谦以利用其忍[23]，亦险矣哉！

　　且夫言者[24]，机之所自动也。吴、楚、淮南闻斯语而歆动其妄心[25]，则虽欲扑之而不得。故曰"火生于木而焚生火之木"，自生而自克也。文帝亦何利焉[26]？至于侵伐而天下亦殆矣[27]。君子立诚以修辞，言其所可行，行焉而无所避，使天下洞见其心，而鬼神孚之[28]；兵革之萌销于心，而机不复作[29]；则或任焉而无所用谦[30]，或让焉而固诚也，非有伪而托于"鸣"者也。何

此见汉文帝的假谦虚真虚伪。

跳出一般以君臣纲常的视角批判吴、楚、淮南诸王的僭越，指出汉文帝险恶纵容的虚伪，是船山历史见识的深刻。

侵伐之利哉[31]！

［注释］

[1]"谦亨"二句：见《周易·谦卦》，是说君子谦逊就会得到好的结果。谦，谦逊。亨，通也。　[2]"君子而后有终"以下三句：先要成为君子，其后才会得到善终。如果不是真正君子，即使谦逊，也不会得到善终。　[3]㧑（huī）：与下文"鸣""劳""侵伐"皆《周易·谦卦》解经的文字，其中"六二"爻曰"鸣谦，贞吉"；"六四"爻曰"无不利，㧑谦"；"九三"爻曰"劳谦君子，有终吉"；"六五"爻曰"利用侵伐，无不利"。㧑，谦抑。　[4]终之以"侵伐"：《谦卦》的最后一爻（上六）是"鸣谦，利用行师，征邑国"，故曰。　[5]"虽吉无不利"二句：虽说《谦卦》六爻都是吉利，但最后以"征伐"结束，肯定不是君子所追求的理想的归宿。　[6]"虽帝王不能不下邱民以守位"二句：虽尊为帝王，也不能不小民为上、甘居下位，才能守住位置；虽智为圣人，也不能不从割草打柴的人那里获取有益的知识。刍荛（chúráo），割草打柴的人。　[7]殚心：尽心。　[8]"见为谦而非有谦也"二句：表面看到的谦并不是真正的谦，最后还是要表现出来的。　[9]丹朱：尧的儿子。　[10]启：大禹之子。太甲：商王汤的孙子。　[11]泰伯之适句吴：泰伯乃周太王长子，有弟仲雍、季历。泰伯知太王欲立季历，以传其子昌，遂与仲雍奔荆蛮，以让季历。泰伯自号句吴，为春秋吴国的始祖。伯夷之逃孤竹：伯夷是商朝末年孤竹国君之子，他和弟弟叔齐，在周武王灭商以后，不愿吃周朝的粮食，一同饿死在首阳山（今山西永济南）。　[12]"若夫据谦为柄"以下五句：好比以谦虚作为把手、工具，广为散布，钓誉沽名，则不过是暂且告诉天下说自己是不会自满独享利益。谢，告诉。　[13]黄、老之术：战国、汉

初流行的学术流派。　[14]"心迹违"二句：心与行迹相违背，始与终不一致。贸，改变。　[15]有司：主管官吏。　[16]季父：称叔父，多指父亲兄弟中年纪最小者。　[17]诸父昆弟：指伯父、叔父及兄和弟。懿亲：至亲。　[18]宜无所施其伪者：应当不会是伪装骗人的人。　[19]吴濞：吴王刘濞。楚戊：楚王刘戊。淮南长：淮南王刘长。无一全其躯命者：没有一个能保住性命的。　[20]尺布斗粟之谣：《史记·淮南衡山列传》记载当时童谣说："一尺布，尚可缝；一斗粟，尚可舂；兄弟二人不相容。"[21]取疚于天下而不救：使天下都感到不好意思了却不去补救匡正。　[22]欲翕（xī）固张：语出《道德经》第三十六章："将欲歙之，必固张之。"翕，合。　[23]处于谦以利用其忍：使自己显得谦逊以利用对方的隐忍不发。　[24]"且夫言者"二句：语言（往往）能不自觉地透露出行为动机。　[25]歆动：欣喜动心。　[26]文帝亦何利焉：（汉）文帝又有什么好处可得呢。　[27]殆：危。　[28]孚：信用。　[29]机不复作：将发起战争的念头消弭在心底而且再也不起此意。　[30]"则或任焉而无所用谦"以下三句：要么由着自己本来的意思而不必伪饰谦逊，要么谦让就真诚相让，而不是假装地说一套做一套。　[31]何侵伐之利哉：诉诸武力的侵伐又有什么好处呢。

[**点评**]

　　船山对历史的评议，总是能透过现象，直揭历史事件背后的本质而与常人不同。就历史而言，吴、楚、淮南诸王之死，虽然与汉文帝对其骄纵行为的严厉惩治有关，但实质上却是西汉前期诸侯王国与中央皇权的矛盾冲突的必然结果。如何评价汉文帝对于这三王的征诛？

船山认识超越前人之处，在于他并不是简单从纲常伦理出发，对三王进行简单化的政治批判，而是特别从汉文帝的一方着眼，揭示出汉文帝在整个事件过程中所应负的历史责任，认为诸王肆行妄为，与汉文帝的故意放纵的虚伪有密切关系。在船山看来，文帝即位之初，在有司提出请建太子的要求后，就不应在答诏中强调楚王刘交、吴王刘濞和淮南王刘长三人都具有继承皇位的资格。认为汉文帝的这种做法，实际上是虚伪的权术，即通过刺激刘姓诸侯王们的政治野心，诱导诸王产生危险的非分之念，作出越轨的行为，其背后实际上早已酝酿了诛灭诸王的杀机。

尽管船山这种认识受时代的局限，坚持儒学思想本位，认为汉文帝玩弄的权术，与其受黄老思想影响有直接关系，而不能从根本上从皇权制度上寻找根源，但是其观点对后人深入认识西汉皇权政治的复杂性，仍有一定的启发性。

贾谊议益梁淮阳二国之封其言自相背盭

贾谊增益梁国和淮阳国封土的建议，事实上背离了他削弱地方封国力量、强化中央对地方控制的观点。

贾谊畏诸侯之祸[1]，议益梁与淮阳二国之封[2]，亘江、河之界，以制东方，何其言之自相背盭也[3]！谊曰："秦日夜苦心劳力以除六国[4]，今高拱以成六国之势。"则其师秦之智以混一天

下 [5]，不可掩矣。乃欲增益梁、淮阳而使横亘于江、河之间。今日之梁、淮阳，即他日之吴、楚也 [6]。吴、楚制而梁、淮阳益骄 [7]，而使横亘于江、河之间以塞汉东乡之户，孰能御之哉？己之昆弟 [8]，则亲之、信之；父之昆弟 [9]，则疑之、制之；逆于天理者，其报必速，吾之子孙 [10]，能弗以梁、淮阳为蜂虿而雠之乎？

夫封建之不可复也，势也。虽然，习久而变者，必以其渐。秦惟暴裂之一朝 [11]，而怨满天下。汉略师三代以建侯王 [12]，而其势必不能久延，无亦徐俟天之不可回、人之不思返 [13]，而后因之。七国之变未形 [14]，遽起而翦之 [5]，则亦一秦也 [16]。封建之在汉初 [17]，镫炬之光欲灭，而姑一耀其焰。智者因天 [18]，仁者安土，俟之而已。谊操之已蹙 [19]，而所为谋者，抑不出封建之残局，特一异其迹以缓目前尔。由此言之，则谊亦知事之必不可以百年 [20]，而姑以忧贻子孙也。封建之尽革，天地之大变也，非仁智不足以与于斯，而谊何为焉！

封建制不可能恢复是历史发展的必然趋势，汉初虽然有鉴于秦代废分封过于急剧造成社会动荡的教训，但是作为历史发展的必然方向，也不能过于放慢变革的脚步，甚至采取一些与此背道而驰的政策。

[注释]

[1] 贾谊：西汉初年著名政论家、文学家。　[2] 议益梁与淮阳二国之封：建议扩大梁国和淮阳国的封地。梁国为汉初分封的诸侯国，其详见《史记·梁孝王世家》。淮阳国亦为汉初分封同姓九国之一。　[3] 背盩（lì）：悖谬，相反。　[4]"秦日夜苦心劳力以除六国"二句：事见《资治通鉴》卷十五《汉纪七》。六国，战国七雄除秦之外的六个政权。高拱，两手高高地抱拳上举，表示妥协顺从。势，原文作"祸"。　[5]"则其师秦之智以混一天下"二句：仿效秦始皇的作法去统一天下的用心，不可掩饰。　[6] 吴、楚：汉初分封的诸侯国，景帝时，以吴王刘濞、楚王刘戊为首曾发动七国叛乱，叛乱平定后被废。　[7]"吴、楚制而梁、淮阳益骄"以下三句：吴、楚国被制服后，梁国和淮阳国更骄狂了，若让两国横亘在长江黄河之间以堵住汉朝廷通向东方的门户，那谁又能抵御呢。乡，通"向"。　[8] 己之昆弟：梁国和淮阳国的国君都是汉文帝的弟弟。　[9] 父之昆弟：是说吴、楚等国的国君都是汉景帝的叔叔。　[10]"吾之子孙"二句：自己的子孙能不视梁王和淮阳王为毒虫而仇视他们吗。蜂虿（chài），两种有毒刺的螫虫。　[11]"秦惟暴裂之一朝"二句：秦就是因为在极短的时间内通过暴力手段急剧改变了原七国分治的局面才使得天下充满怨恨的。　[12] 建侯王：封诸侯王。　[13] 徐俟：慢慢地等待。　[14] 未形：还没有表现出来。　[15] 翦：歼灭。　[16] 则亦一秦也：则也是和秦一样，即与秦没有什么不同。　[17]"封建之在汉初"以下三句：分封建国的制度在汉初，犹如快熄灭的灯烛，只是一闪之耀。　[18]"智者因天"以下三句：有智慧的人顺应天意（规律），有仁爱的人安于所居之地不扰民，是在静候时机。　[19]"谊操之已蹙（cù）"以下四句：贾谊操之过急了，而他出的计谋，仍没出封建制末期时思考问题的局限，不过是稍

微变一下做法，缓和眼前的形势罢了。蹙，急，紧迫。　[20]"则谊亦知事之必不可以百年"二句：贾谊也深知事情不在百年内解决，姑息任由事态发展，必将会遗患于子孙后代。

[点评]

这篇史论，船山在指出贾谊建议扩大梁和淮阳封地以控制东方的建议，与其所主张的消减诸侯封国势力、强化中央对地方控制的思想相矛盾的同时，更具历史思想价值的是他对历史发展总趋势的分析。船山认为，变革的目的，是使社会走上符合历史趋势的方向，任何逆历史趋向而动的作法，都是错误的，甚至是注定要失败的。尽管在注意历史总的趋势的时候，会出现对变革的时机和条件是否成熟的不同看法，但绝不能向着历史发展相反的方向逆向而动。此外，从船山这里富有历史哲理的论述中，我们还可以感受到：船山不仅懂得历史发展变化是有规律的，而且也很清楚客观事物的"质""量""度"，知道量的渐变与质变在社会历史发展变化中的作用。当事物将要出现质变之时，才是历史发展形成不得不然之"势"的时候。

文帝之筹七国非贾谊晁错所能测

文帝崩年四十有六，阅三年而吴王濞反 [1]。濞之令曰 [2]："寡人年六十有二。"则其长于文帝船山认为汉文帝未尝不知诸王欲反，只是认为时机不熟，乃取"以静待动，不为祸先"之策。此议认为，文帝此为与《左传》"郑伯克段于鄢"事类，言汉文帝心机之深。

事物的发展变化是客观的，但是把握行动与否则是由主观对形势的判断决定的。

世界固然处在变动不居的态势之中，但如果任由世界无导向无规则地变动，势必导致万物妄动，最终使事物的发展走向崩溃。所以船山强调静候事物发展，顺应而变，而不是在条件还不成熟时就贸然行动。

也，十有三年。当文帝崩，濞年五十有九，亦几老矣。诈病不觐[3]，反形已著，贾谊、晁错日画策而忧之[4]。文帝岂不知濞之不可销弭哉？赐以几杖而启衅无端[5]，更十年而濞即不死，亦以衰矣。赵、楚、四齐[6]，庸劣无大志[7]，濞不先举，弗能自动。故文帝筹之已熟[8]，而持之已定[9]。文帝幸不即崩[10]，坐待七国之瓦解，而折棰以收之[11]。是谊与错之忧，文帝已忧之。而文帝之所持，非谊与错所能测也。

吉凶之消长在天[12]，动静之得失在人。天者人之所可待[13]，而人者天之所必应也。物长而穷则必消[14]，人静而审则可动。故天常有递消递长之机[15]，以平天下之险阻，而恒苦人之不相待。智者知天之消长以为动静[16]，而恒苦于躁者之不测其中之所持。若文帝者，可与知时矣[17]。可与知时，殆乎知天矣[18]。知天者，知天之几也[19]。夫天有贞一之理焉[20]，有相乘之几焉。知天之理者[21]，善动以化物；知天之几者，居静以不伤物，而物亦不能伤之。以理司化者[22]，君子之德也；以几远害者，黄、老之道也；

降此无道矣。庸人不测^[23]，恃其一罅之知^[24]，物方未动，激之以动。激之以动，而自诧为先觉^[25]。动不可止，毒遂中于天下，而流血成渠。国幸存，而害亦憯矣。呜呼！谋人家国者，可不慎哉！自非桀、纣^[26]，必有怀来，有一罅之知者，慎密以俟之，毋轻于言，而天下之祸可以息。

[注释]

[1]阅：经历。吴王濞：即刘濞，刘邦的侄子，西汉景帝三年（前154）时发动吴楚七国之乱的主谋，详参《史记·吴王濞列传》。　[2]濞之令：刘濞发动战争的动员令。　[3]觐（jìn）：朝见君主或朝拜圣地。　[4]画策：制定计划、策略。　[5]几杖：坐几和手杖，皆老者所用，文帝赐吴王濞以示尊老。启衅：挑起争端。无端：没有尽头。　[6]赵、楚、四齐：指追随吴王刘濞谋反的六个诸侯国。四齐，为济南王辟光、淄川王贤、胶西王卬、胶东王雄渠，因旧皆属春秋齐国之域，故称。　[7]庸劣：平庸低劣。　[8]筹：筹划。　[9]持：掌握，控制。　[10]幸不即崩：有福不那么快就驾崩。　[11]折棰（chuí）以收之：朝廷会很轻松地平定叛乱。折棰，折断策马的杖。　[12]"吉凶之消长在天"二句：吉与凶的消长变化是客观必然的天道，是否采取行为的考虑则取决于人的主观认识。　[13]"天者人之所可待"二句：客观必然的天道是人不可改变不得不顺从依赖的，而人的主观对于客观天道则是必须有所回应，要采取对策。　[14]"物长而穷则必消"二句：事物发展到极致必然会向衰落变化，人沉静下来就能审慎地认清事物变化的形势采取有利的行动。　[15]"故天常

有递消递长之机"以下三句：客观事物的发展总是有消长变化的关节点，使事物在起伏变化中向前发展，但是人总是为没有耐心等待时机就采取行动的行为所害。　[16]"智者知天之消长以为动静"二句：有智慧的人知道要把握事物盛衰变化来决定自己是否要采取行动，总是因急躁而草率行动的人是把握不住事物变化的枢机。　[17]时：时机。　[18]殆：大概，几乎。　[19]几：苗头，预兆。　[20]"夫天有贞一之理焉"二句：客观天道有一定的规律，也有相互之间变化的节点。贞一，守正专一。相乘，交互侵袭。　[21]"知天之理者"以下五句：有洞察客观天道运行规律智慧的人，擅于以主动的行动转化事物的发展；有洞察客观天道发生变化枢机或变化萌芽智慧的人，会静候时机的到来而不是去主动改变事物的状态，事物也不能伤害于他。　[22]"以理司化者"以下四句：顺应客观事理静候应对变化的，是君子的品格；以把握事物变化征兆远离危害的，是黄、老之学采取的方式。　[23]不测：不去推测。　[24]恃：依仗。罅（xià）：缝隙。　[25]自诒：自欺。　[26]"自非桀、纣"以下六句：自己只要不是桀、纣那样的恶人，就一定会有人主动找上来。有一点见识的人，只要细致周到地做好准备耐心等待，不要轻易开口妄言，天下的祸事也就平息了下来。怀来，亦作"怀徕"，招来。

［点评］

　　船山于易学和老、庄之学皆有深入研究和相关著述，《周易》和老、庄思想的辩证观点，也影响了他对历史运动的观察。这篇史评所阐述的，也正是这种对于历史之动与静辩证关系的理解。就宇宙论层面而言，王夫之受宋儒张载的影响，主张气化生成、变化日新。落实于历史运动的认识，则形成其"动静皆动"的动静观。落实于二者之关系的理解，船山则认为，"静"是对形上之体所处状态、情势的描摹，是"本"；而"动"，则是形上之体的发用。这种以静为体、以动为用的观点，反映于船山的史论，就是扬静抑躁，肯定"静"的价值，认为政治上的丧乱败亡都是由于轻率躁动，未能掌握变化的时机所致。船山这一历史观点，有助于我们思考社会发展与保证社会政治稳定之关系的问题。

卷三

汉武帝

封建贡士之法不可行于郡县之世

董仲舒请使列侯郡守岁贡士二人，贤者赏，所贡不肖者有罚，以是为三代乡举里选之遗法也，若无遗议焉[1]。夫为政之患，闻古人之效而悦之[2]，不察其精意[3]，不揆其时会[4]，欲姑试之[5]，而不合，则又为之法以制之，于是法乱弊滋，而古道遂终绝于天下。

郡县之与封建殊，犹裘与葛之不相沿矣[6]。古之乡三年而宾兴[7]，贡士唯乡大夫之所择，封建之时会然也[8]。成周之制[9]，六卿之长[10]，非诸侯入相，则周、召、毕、荣、毛、刘、尹、

任何制度的设置，都不能违背实施的历史条件。脱离实际的复古，即使是出于高尚的道德理念，也注定要失败，而若以专制法令强制推行，其结果就是给社会带来更大的混乱。

单也。所贡之士，位止于下大夫[11]，则虽宾兴，而侧陋显庸者亡有[12]。且王畿千里[13]，侯国抑愈狭矣。地迩势亲[14]，乡党之得失是非[15]，旦夕而与朝右相闻[16]。以易知易见之人才，供庶事庶官之冗职[17]，臧否显而功罪微[18]。宾兴者[19]，聊以示王者之无弃材耳，非举社稷生民之安危生死而责之宾兴之士也。

郡县之天下，统中夏于一王。郡国之远者，去京师数千里。郡守之治郡，三载而迁[20]。地远，则贿赂行而无所惮[21]。数迁[22]，则虽贤者亦仅采流俗之论[23]，识晋谒之士[24]，而孤幽卓越者不能遽进于其前[25]。且国无世卿[26]，廷无定位，士苟闻名于天下[27]，日陟日迁[28]，而股肱心膂之任属焉[29]。希一荐以微非望之福[30]，矫伪之士[31]，何惮不百欺百售以迎郡守一日之知[32]，其诚伪淆杂甚矣。于是而悬赏罚之法以督之使慎，何易言慎哉[33]！

知人则哲[34]，尧所难也。故鲧殛[35]，而金曰试可者勿罪。生不与同乡，学不与同师，文行之华实[36]，孝友之真伪[37]，不与从事相觉察，

古与今时空的隔膜、对现实的种种不满，往往使后人对以往时代充满理想化的想象，这时就需要具有历史主义的清醒。历史地认识历史，也是船山史论能卓然高于其时代士人之上的重要特点。

识人难矣！其难一是举荐人难以准确识人，二是举荐人难去私心。船山此所例举，今天依然要有警觉。

这里船山的观点，应该有荀子性恶论的影响，即对于人性不是盲目乐观，而是更强调制度的重要。清代因礼学的兴盛而重新注意荀子思想的发掘，其思潮实在晚明已现端倪。

董仲舒请使列侯郡守岁贡士二人，用的是三代乡举里选的遗法，但这不意味着单纯的选举之法可行于郡县。只有将乡举里选与"推太学""建庠序"结合起来，才能理顺郡县制下的治理关系。在船山看来，在郡县制的条件下讨论封建制问题，就必须意识到教育在选拔人才中的重要地位。

偶然一日之知，举刑赏以随其后，赏之滥而罚者冤，以帝尧之难责之中材[38]，庸讵可哉[39]？其弊也，必乐得脂韦括囊之士[40]，容身畏尾[41]，持禄以幸无尤[42]。又其甚者，举主且为交托营护[43]，而摘发者且有投鼠忌器之嫌。则庸驽竞乘[44]，而大奸营窟，所必至矣。

闻一乡之有月旦矣[45]，未闻天下之有公论也。一乡之称，且有乡原[46]；四海之誉，先集伪士；故封建选举之法，不可行于郡县。《易》曰："变通者时也[47]。"三代之王者，其能逆知六国强秦以后之朝野[48]，而豫建万年之制哉[49]？且其后汉固行之矣[50]，而背公死党之害成，至唐、宋而不容不变。故任大臣以荐贤[51]，因以开诸科目可矣。限之以必荐[52]，而以赏罚随其后，一切之法，非所可执也。

封建也，学校也，乡举里选也，三者相扶以行[53]，孤行则踬矣[54]。用今日之才，任今日之事，所损益，可知已。而仲舒曰："三王之盛易为[55]，尧、舜之名可及。"谈何容易哉！

[**注释**]

[1]若无遗议：似乎没有异议。　[2]闻古人之效而悦之：听到古人的成功非常羡慕。　[3]精意：精深的意旨。　[4]不揆（kuí）：不揣测。时会：当时的机遇或特殊情况。　[5]姑：暂且，苟且。　[6]裘：皮衣。葛：葛麻布衣。相沿：递相沿袭。　[7]宾兴：周代举贤之法，谓乡大夫每三年自乡小学荐举贤能，以五礼中接待宾客的宾礼迎接所选贤能，所贡举的人选一由乡大夫决定。　[8]会：应当，一定。　[9]成周：西周，又特指周公辅成王之兴盛时代。　[10]"六卿之长"以下三句：执掌军政要权的六位长官，非诸侯拜相的，只有周公、召公、毕公、荣公、毛公、刘公、尹公、单公等几位公、伯。　[11]下大夫：先秦官职。　[12]侧陋显庸者亡有：微贱之人没有得到过重用。侧陋，微贱的地位。显庸，重用。庸，同"用"。　[13]王畿：天子都城附近的土地。《周礼》："方千里曰王畿。"　[14]地迩（ěr）势亲：地域近关系亲。　[15]乡党：古代居民单位。五百家为党，一万二千五百家为乡，合而称乡党。　[16]旦夕而与朝右相闻：很快朝廷的官员就知道了。旦夕，早晨和晚上，比喻很短的时间。朝右，朝廷大官。　[17]庶：众多、各种各样的。冗职：闲散的官职。　[18]臧否（zāng pǐ）显而功罪微：表现的好坏很明显却也没有什么功劳。臧否，褒贬。　[19]"宾兴者"以下三句：宾兴选举制度，不过是为了显示君王没有埋没人才而已，并不是要把江山社稷、人民生死安危委托给所选的人士。聊以，借以。　[20]迁：变动，古代称调动官职。　[21]惮（dàn）：怕，畏惧。　[22]数（shuò）：屡次。　[23]流俗之论：世俗的议论。　[24]晋谒：拜见。　[25]孤幽卓越者：个别隐藏的卓越人才。遽进于其前：很快被引进至面前。　[26]世卿：世代承袭的卿大夫。　[27]苟：如果。　[28]陟（zhì）：晋升。　[29]股肱（gōng）

心膂（lǚ）之任属焉：任命到关键重要的职位上。股肱心膂，分别为大腿和胳膊、心与脊骨，皆喻重要的部门或职任。　[30] 希一荐以徼（jiǎo）非望之福：有望能通过一次荐举而获得意想不到的好处。徼，侥幸，意想不到而得到的。　[31] 矫伪：作伪、虚假。　[32]"何惮不百欺百售以迎郡守一日之知"二句：为了能有朝一日获得郡守的赏识百般使用售奸诈骗的手段还有什么忌讳，其中的真伪混杂得太厉害了。欺，诈骗、蒙混。售，施展。中华书局本和同治刻本作"雠"，岳麓本作"售"。　[33] 何易言慎哉：说做到谨慎又谈何容易。　[34]"知人则哲"二句：能够知人是智慧，这点尧都感到困难。　[35]"故鲧殛（jí）"二句：所以当要治鲧死罪时，众人皆说再试他一试，成功了就不再治罪他了。鲧，传说是夏禹的父亲，因未能成功治理洪水为继尧位的舜殛于羽山。殛，诛杀。　[36] 文行之华实：文章与德行的华丽和质朴。　[37] 孝友：事父母、待兄弟的孝顺与友爱。　[38] 以帝尧之难责之中材：以帝尧都感到为难的事去要求中等之材的人。责，要求。　[39] 庸讵可哉：怎么可能呢。　[40] 脂韦：油脂和软皮，比喻处世圆滑阿谀。括囊：结扎袋口，喻缄口不言。　[41] 容身畏尾：为了保全自身而害怕有不好的结果，比喻害怕担当责任顾虑很多。　[42] 持禄以幸无尤：为保持官职和俸禄不求有功但求无过。　[43]"举主且为交托营护"二句：举荐的人还托付庇护被举荐的人，使揭发的人不免有投鼠忌器的顾虑。且，尚且，还。摘（tī）发，揭露。　[44]"则庸驽竞乘"以下三句：平庸无能的人竞相占据职位，大奸大恶之人结成团伙，这种结果势所难免。　[45]"闻一乡之有月旦矣"二句：曾听说一乡有品评人物的所谓月旦评，没听说过天下有什么公论。月旦，即月旦品评人物，典出《后汉书·许劭传》："初，劭与靖俱有高名，好共核论乡党人物，每月辄更其品题，故汝南俗有'月旦评’焉。”　[46] 乡原（yuán）：即“乡愿”，指乡里中言行不一、伪善欺世的“伪君子”。　[47] 时：时机，机会。　[48] 逆知：预知，逆料。　[49] 豫：预先，事先。　[50]“且其后汉固行之矣”以下三句：况且即使其后汉代仍坚持旧的乡举里选制度不变，违公意结死党的祸害也已形成痼疾，至唐宋时也不容不变了。　[51]“故任大臣以荐贤”二句：因此听凭大臣推荐贤才，以此来开考各种科目是可以的。　[52]“限之以必荐”以下四句：限令必须举荐贤才，而其后再紧跟着赏和罚来保证所选人的品行，不管采用什么方法，都不是能够实行的。　[53] 三者相扶以行：三种制度相互辅助推行。　[54] 踬（zhì）：不顺利，受挫折。　[55] 三王：夏禹、商汤、周文王三个开创盛世的圣王。

[点评]

　　船山对于历史的认识确实有一个大的前提：即他所谓“郡县之与封建殊，犹裘与葛之不相沿矣”。不过，这个事实判断，并不是船山对历史思考的要点，船山认为这里问题的关键，是从封建到郡县之变，究竟有什么样的历史条件，究竟有什么样的历史趋势的转机，进而由此讨论，作为政治文明体现的制度，其变化的理据是怎样发生的等等问题。按制度乃因事而设，而事则是随时代情势之变而变，这也是需要不断地根据时代的变化和新情况的出现进行调整和改革的理据。

　　应该说，船山史评的一个突出特点是它的历史主义，即认为客观的历史，是在时空中不断变动的客观进程，这也是认识和评价具体历史事物的前提。其中那些在国家形成后，逐步建立起来的，整合社会并保证其有序运行的政治、经济、军事、法律、文化等等制度，尤其具有历史性。按照历史唯物主义，制度作为社会构成中的上层建筑，既然是一定社会经济基础或历史条件下的产物，那么其中任何一个具体制度的提出与实施，必然不可能脱离原来的体系而存在，于是，当时代发生变化之时，也就是旧制度需要改革之时。这也就是变和时的辩证关系，即《周易》所谓"变通者，趋时者也""变则通"的变革观。船山的这篇史论还认为，在变动不居的历史处境中，最能审时度势并与时俱进的，终是贤者和能人。因此，衡量一种体制的优劣，就该看这种体制是否有助于选贤任能，是否有助于提拔像样的人才。封建制固守的是固定的宗法秩序，由此而建立的任人唯亲的选拔体制，必然极大地限制了人才的选拔，也局限了各级职能的绩效。因此，当封建宗法制度被历史抛弃之时，选贤任能的标准也要有所改变。

徐乐瓦解土崩之说非古今成败通轨

徐乐土崩瓦解之说[1]，非古今成败之通轨也。土崩瓦解，其亡也均[2]，而势以异[3]。瓦解者[4]，无与施其补葺，而坐视其尽。土崩者[5]，或欲支之而不能也。秦非土崩也，一夫呼而天下蜂起，不数年而社稷夷、宗枝斩[6]，亡不以渐，盖瓦解也。栋本不固[7]，榱本不安[8]，东西南北分裂以坠，俄顷分溃而更无余瓦，天下视其亡而无有为之救者；盖当其瓦合之时[9]，已无有相浃而相维之势矣[10]。隋、元亦犹是也。

　　周之日削，而三川之地始入于秦[11]；汉之屡危[12]，而后受篡于魏；唐之京师三陷，天子四出，而后见夺于梁；宋之一汴、二杭、三闽、四广，而后终沉于海。此则土崩也。或支庶犹起于遐方[13]，或孤臣犹守其邱垒[14]，城陷而野有可避之宁宇[15]，社移而下有逃禄之遗忠[16]；盖所以立固结之基者虽极深厚[17]，而啮蚀亦历日月而深[18]，无可如何也[19]。土崩者，必数百年而继以瓦解，瓦解已尽而天下始宁[20]。际瓦解之时[21]，天之害气[22]，人之死亡，彝伦之戕贼[23]，于是而极[24]。其圮坏而更造之君相甚重矣[25]，固有志者所不容不以叙伦拨乱自责也。

［注释］

[1] 徐乐：汉武帝重要文学侍臣之一，以一篇"臣闻天下之患，在于土崩，不在瓦解，古今一也"、反对汉武帝穷兵黩武的近千言上书而著名，该文详载于《汉书·徐乐传》。　[2] 其亡也

船山与徐乐对"土崩""瓦解"的理解迥异。徐乐以秦亡于秦末农民起义为土崩，以汉初吴、楚诸侯之乱为瓦解。船山则与之相反。

"土崩"乃社会矛盾的积累，"瓦解"实矛盾积累至极点的爆发。其时社会秩序遭到彻底的破坏，而政治、经济的旧秩序，在经过"瓦解"之后也就得到了新的洗牌，形成新一轮发展的局面。

均：其灭亡是一样的。　[3]势：表现出来的情况。　[4]"瓦解者"以下三句：瓦解，是指没有人出来与统治者一起施以补救局面的努力坐视其灭亡。　[5]"土崩者"二句：土崩，则是即使人们想去支撑局面也无能为力。　[6]夷：消灭。　[7]栋：房屋的脊檩。　[8]榱（cuī）：椽子。　[9]瓦合：与众人相合。　[10]浃：融洽。维：连结。　[11]三川：三条河流的合称，所指不一，西周以泾、渭、洛为三川；东周以河、洛、伊为三川。此所说为东周之事，故所指应大致是洛阳一带位置。　[12]"汉之屡危"以下七句：东汉为曹魏所代。唐的京城曾三次失陷，皇帝四处出逃，最后为后梁夺取了江山。宋一都开封，二都杭州，三都福建，四都广州，最后以怀宗赵昺投海自尽标志着政权灭亡。　[13]支庶：谓嫡子以外的旁支。遐方：远方。　[14]邱垄：坟墓。　[15]宁宇：安定的区域。　[16]社移：社稷易主，改朝换代。逃禄：指隐居不仕。　[17]固结：牢固结实。　[18]啮蚀：侵蚀。　[19]无可如何也：无可奈何的。　[20]瓦解已尽：瓦解达到了极点。　[21]际瓦解之时：到了瓦解的时候。际，交界或靠边的地方。　[22]害气：出现不正常的邪气、社会风气败坏。　[23]彝伦之戕贼：道德伦常遭到破坏。彝伦，伦常。戕贼，残害。　[24]于是而极：在这时到了极点。　[25]"其圮（pǐ）坏而更造之君相甚重矣"二句：（理顺天下充斥的戾气，拯救挣扎于生死之际的生民，重振社会道德伦常，）这对于前政权崩溃之后而建立新王朝的君主和辅佐之臣来说太重要了，这也一定是有志之士不得不将拨乱反正、重振社会伦常作为自己不容推卸的责任。圮，塌坏。

[点评]

　　船山这篇史论所讨论的是西汉徐乐给汉武帝的一篇奏文。徐乐这篇题为《上皇帝书》，针对的是汉武帝晚年的穷兵黩武，而阐述"天下之患，在于土崩，不在瓦解，古今一也"的观点。对于这个以往多被认同的观点，船山表达了不同看法。他以对明亡历史的切身体验，通过对历史上各个易代之际政治失序状况的分析，指出："土崩者，必数百年而继以瓦解，瓦解已尽而天下始宁。"认为在历史的长河中，"土崩"和"瓦解"不过是发展中社会政治矛盾变化的体现，"土崩"中已蕴含了最终"瓦解"的因素，而"瓦解"作为社会矛盾激化发展的结果，也是社会矛盾得以缓和或解决的开始。船山的这个看法，也是他对于明清之际易代巨变的思考：从漫长的历史进程看，明清之际政治秩序的巨变，不过是历史进程中的一个"土崩"，其后社会还会遭遇一个更为漫长而痛苦的"瓦解"过程，而否极泰来，社会政治秩序遭到破坏的局面，也必将在这矛盾彻底爆发之后再次复归安宁。

贾谊之策行于主父偃之时

分藩国、推恩封王之子弟为列侯[1]，决于主父偃[2]，而始于贾谊。谊之说至是而始售[3]，时为之也。当谊之时，侯王强[4]，天下初定，吴、楚皆深鸷骄悍而不听天子之裁制[5]，未能遽行也。武帝承七国败亡之余，诸侯之气已熸[6]，偃单车临齐而齐王自杀[7]，则诸王救过不遑[8]，而以分封子弟为安荣，偃之说乃以乘时而有功[9]。因此而知封建之必革而不可复也，势已积而俟之一朝也[10]。

高帝之大封同姓，成周之余波也。武帝之众建王侯而小之，唐、宋之先声也。一主父偃安能为哉！天假之，人习之，浸衰浸微以尽泯[11]。治天下者，以天下之禄位公天下之贤者，何遽非先王之遗意乎？司马氏惩曹魏之孤，欲反古而召五胡之乱，岂其智不如偃哉？不明于时故也。

郡县取代封建，虽然是历史发展之"理"所决定，但只有当发展因各种因素的积累而成为不得不然之"势"时，历史之"理"才可得以实现，这也就是船山所说的"天"。

[注释]

[1]推恩：汉武帝削弱诸侯国势力的措施。汉初诸侯势力强大。汉武帝为加强中央集权，于前127年采纳大臣主父偃的建议，颁布"推恩令"，准许诸侯王把自己的封地再分给子弟，建立侯国。一个王国分出许多小侯国，直属领地小了，就无力再与中央对抗了。　[2]主父偃：与徐乐、严安等同为汉武帝重要文臣。　[3]售：施展。　[4]侯王：诸侯王。　[5]深鸷（zhì）：非常凶残。鸷，凶猛的鸟，如鹰、雕、枭等，常喻凶猛残狠。骄悍：骄横凶悍。　[6]熸（jiān）：熄灭，溃败。　[7]偃单车临齐而齐王自杀：史载主父偃曾被任齐国为相，告齐王与姊通奸事，齐王惧，自杀。事详《史记·平津侯主父列传》。　[8]不遑：没有时间，来不及。　[9]乘时：乘机、趁势。　[10]俟之一朝：等待着那一天。　[11]浸衰浸微以尽泯：（诸侯国的势力）渐渐地衰微最后完全泯废了。

［点评］

在《读通鉴论》的开篇，《变封建为郡县》中，船山就从历史哲学的高度，进一步开拓唐代柳宗元以"势"论封建必废的观点，于"势"之后，揭一个"理"字，即历史变动趋势中所蕴含的规律，指出"理"与"势"相合就是"天"，也就是历史发展的必然规律，这样就从更高层次上，揭示"封建—郡县"之变背后的历史规律性问题。而这篇史论中，船山依然秉持着其历史发展不以人的意志为转移的观点，认为："武帝之众建王侯而小之，唐、宋之先声也。一主父偃安能为哉？天假之，人习之，浸衰浸微以尽泯。"深刻说明主父偃单车赴齐而使齐国归服，并不是主父偃个人力量所致，乃"天"借此实现历史演进的客观规律罢了，这也就从理论上肯定了汉代抑诸侯势力之举措。

武帝开辟遐荒为天所牖

遐荒之地[1]，有可收为冠带之伦[2]，则以广天地之德而立人极也[3]；非道之所可废[4]，且抑以纾边民之寇攘而使之安。虽然[5]，此天也，非人之所可强也。天欲开之，圣人成之；圣人不作，则假手于时君及智力之士以启其渐[6]。以一时之利害言之，则病天下；通古今而计之，则利大而

历史的表象背后，往往隐藏着必然性和规律性。历史运动最终是要受"天"的意志（历史规律）的支配，圣人也好，帝王也好，一切历史人物，不过是执行历史意志的工具，都是在不自觉地为历史的发展开辟道路。船山此说，大有黑格尔的历史理论以及马克思继承其合理因素而发展的历史唯物主义观点的意味。

船山认为，评价历史，应将事件的暂时影响与长远影响结合起来，不仅要考虑对当时的影响，更要观察在整个历史长河中的作用。

圣道以弘[7]。天者，合往古来今而成纯者也[8]。禹之治九州，东则岛夷，西则因桓[9]，南暨于交[10]，北尽碣石，而尧、舜垂衣裳之德，讫于遐荒。禹乘治水之功，因天下之动而劳之，以是声教暨四海，此圣人善因人以成天也。

汉武抚已平之天下，民思休息。而北讨匈奴，南诛瓯越[11]，复有事西夷，驰情宛、夏、身毒、月氏之绝域[12]。天下静而武帝动，则一时之害及于民而怨讟起[13]。虽然，抑岂非天牖之乎[14]？玉门以西水西流[15]，而不可合于中国，天地之势，即天地之情也。张骞恃其才力强通之，固为乱天地之纪[16]。而河西固雍、凉之余矣[17]。若夫嶲也、冉也、邛僰也、越巂也、滇也[18]，则与我边鄙之民犬牙相入[19]，声息相通，物产相资，而非有驵戾冥顽不可向迩者也。武帝之始，闻善马而远求耳，骞以此而逢其欲[20]，亦未念及牂柯之可辟在内地也[21]。然因是而贵筑、昆明垂及于今而为冠带之国[22]，此岂武帝、张骞之意计所及哉？故曰：天牖之也。

君臣父子之伦，诗书礼乐之化，圣人岂不

恶成为推动历史力量。船山这里表现出的历史思想，已从根本上背离了以伦理价值判断历史的儒学传统。

欲普天率土而沐浴之乎[23]？时之未至，不能先焉。迨其气之已动，则以不令之君臣[24]，役难堪之百姓[25]，而即其失也以为得[26]，即其罪也以为功，诚有不可测者矣。天之所启[27]，人为效之，非人之能也。圣人之所勤[28]，人弗守之，则罪在人而不在天。江、浙、闽、楚文教日兴[29]，迄于南海之滨、滇云之壤，理学节义文章事功之选，肩踵相望，天所佑也，汉肇之也。石敬瑭割土于契丹[30]，宋人弃地于女直，冀州尧、舜之余民，化为禽俗，即奉冠带归一统，而党邪丑正，与宫奄比以乱天下，非天也，人丧之也。将孰俟焉以廓风沙霾暗之宇[31]，使清明若南国哉！

[注释]

[1] 遐荒：边远荒僻之地。　[2] 冠带：帽子与腰带，引申为文明教化。　[3] 则以广天地之德而立人极也：扩大天地哺育万物的德性而建立起文明社会的准则。人极，纲纪纲常、社会准则。　[4] "非道之所可废"二句：这样的做法不是"夷夏之别"的原则被摈弃不施行了，而是这样能使边民安居免除外寇的劫掠侵扰。所，地方，处所。废，废止。纾，缓和，解除。寇攘，劫掠、侵扰。　[5] "虽然"以下三句：固然，这是天意（必然性决定的），而不是人的主观所能勉强的。　[6] 假手：假借他人力量。假，借用，利用。时君：当时或当代的君主。智力之士：有才智与勇力

的人。渐：成长，滋长。　[7]弘：扩充，光大。　[8]纯：专一不杂。　[9]桓：水名，即今白龙江，发源于甘肃西倾山。　[10]暨：到，至。　[11]瓯（ōu）：古代地名。故地在今浙江温州。一般瓯越连称，指古瓯越所居之地，即今浙江瓯江以东一带的地方。　[12]宛：即大宛。约位于今中亚费尔干纳盆地。夏：即大夏。古国名，约位于今阿姆河以南至阿富汗境内。身毒（yuān dú）：古代对印度次大陆上之文明区域称呼的音译词。其范围主要指今日印度河流域一带。月氏（zhī）：西域古国，位于阿姆河流域一带。　[13]怨讟（dú）：怨恨毁谤。　[14]天牖（yǒu）：上天在诱导。牖，本义为窗户，引申为"开通""诱导"义。　[15]"玉门以西水西流"以下四句：玉门以西的河水都向西流，而不能汇入中原，这是天地自然的形势，体现的也是天地自然的意志。　[16]固：本来、原来。纪：纲纪。　[17]而河西固雍、凉之余矣：而河西走廊地区本来就挨着雍州（今陕西凤翔南）、凉州（今甘肃武威）边上。　[18]駹（máng）：古部族名，属羌族，在今四川茂县、汶川、理县一带。冉：古蜀人的一支。邛僰（qióng bó）：汉代临邛、僰道的并称，约当今四川邛崃、宜宾一带，此指活动于当地的古蜀人中的一个部族。越巂（xī）：汉武帝时所置郡，辖境相当今云南丽江以东，金沙江以西，祥云、大姚以北和四川木里、石棉、甘洛、雷波以南地区。滇：古滇国。　[19]"则与我边鄙之民犬牙相入"以下四句：（以上诸地皆位于西南地区，）生活在这些边鄙地区的少数部族与中原边地的居民地域上犬牙交错，语言讯息上互通，物产上互补，不是野蛮无知、难以接近的人。鸷戾（zhì lì），横蛮无理且乖张、贪婪凶猛。冥顽，昏庸顽钝。向迩（ěr），靠近，接近。　[20]逢：迎合。　[21]牂（zāng）柯：郡名，位于今贵州贵阳附近。汉武帝元鼎六年（前111）开西南夷而置。　[22]贵筑：今贵州贵阳。冠带之国：指讲礼仪的国家和习于礼教的人民。冠，帽子。　[23]圣人岂不欲普天率土而沐浴之乎：圣人难道不想让普天下的人都沐浴在教化的雨露中吗？　[24]不令：不善、不贤、不好。　[25]难堪：难以忍受。　[26]即：即使。以为：已为，已是。以，通"已"。　[27]"天之所启"以下三句：天所开启、启示（给人）的，人只是照着做，但那并不是人的能力。　[28]"圣人之所勤"以下三句：圣人（曾）尽力而为的事，人们若不能遵守，那罪过只能说在人而不能怨天了。　[29]"江、浙、闽、楚文教日兴"以下六句：从江、浙、闽、楚，一直到南海和云南等边鄙地区，文明教化的兴盛发展，都是上天保佑的结果，亦皆有赖于汉所奠定的基础。　[30]"石敬瑭割土于契丹"以下九句：后晋皇帝石敬瑭割让燕云十六州给辽国，宋朝人听任大片领土为女真人占领，使得冀州（今河北一带）原受着尧、舜礼义教化的遗民，沾染夷狄的落后风俗，即使（日后）恢复了中原文明政权的统一，（那里的人们）依然与邪恶势力结党诋毁正义，与宫内的阉宦勾结扰乱天下，这并不是天意，而是人为所致。党，结伙为朋党。　[31]"将孰俟焉以廓风沙霾曀（mái yì）之宇"二句：将等谁来清除风沙灰尘蔽天的北国，使之清明如南方呢。孰俟，即俟谁，等谁。廓，清除。霾曀，指蔽天的灰尘或云翳，往往比喻社会政治黑暗。

[点评]

　　关于历史人物的作用问题，船山的看法颇类黑格尔，即把历史人物看作是历史在其发展过程中为自己开辟道路的工具和手段。船山认为，历史自有其"大公"的目的，这个目的所体现的，就是整个历史进程的合理性和进步性，而为了实现历史这一内在逻辑所规定的目的，历史往往利用所谓"时君及智力之士"的"私心""私欲"。当事者并不能对历史发展的客观趋势有所自觉,只有超越一时的利弊,"通古今而计之",从整个历史过程来认识,才可能认识到历史发展所体现的合理性和合目的性。船山这里所言之"天",就是历史发展的客观趋势,所言之"圣道",就是体现着这历史趋势的时代使命。历史是人的历史,而客观趋势的实现和时代使命的完成,也离不开历史人物的活动,但这种活动之所以能够取得成功并推动历史发展,归根结底决定于体现了历史趋势和时代要求。这里,船山在肯定了个人在实现历史使命中的作用的同时,并没有把这些人渲染成自觉按正确路线行动并决定历史进程的"天才""英雄";而是承认他们怀有自己的"私心""私欲",同时却合乎情理地揭示了他们所完成事业的历史进步性。船山此论,让我们想到德国哲学家黑格尔所说的:"人们以为,当他们说人本性是善的这句话时,他们就说出了一种很伟大的思想;但是他们忘记了,当人们说人本性是恶的这句话时,是说出了一种更伟大得多的思想。"以及恩格斯对这句话的评论:"在黑格尔那里,恶是历史发展的动力借以表现出来的形式。这里有双重的意思,一方面,每一种新的进步都必然表现为对某一神圣事物的亵渎,表现为对陈旧的、日渐衰亡的、但为习惯所崇奉的秩序的叛逆;另一方面,自从阶级对立产生以来,正是人的恶劣的情欲——贪欲和权势欲成了历史发展的杠杆,关于这方面,例如封建制度的和资产阶级的历史就是一个独一无二的持续不断的证明。"(《路德维希·费尔巴哈和德国古典哲学的终结》,《马克思恩格斯选集》第四卷, 人民出版社 1972 年版, 第 233 页) 船山史论中揭示出来的这一历史与道德的悖论, 显示了船山在他那个时代的思想高度。

武帝任才而绌于道 [1]

情之所发, 才之所利, 皆于理有当焉 [2]。而特有所止以戒其流 [3], 则才情皆以广道之用。止才情之流者, 性之贞也 [4]。故先王之情深矣, 其才大矣, 以通天下之志、成天下之务, 而一顺乎道。武帝曰:"朕不变更制度 [5], 后世无法; 不出师征伐, 天下不安; 为此者不得不劳民。若后世又如朕所为, 是袭亡秦之迹也。"有是心, 为是言, 而岂不贤乎? 戒后世以为情, 立大法、谨大防以为才 [6], 固通志成务者所不废也 [7]。然而终以丧德而危天下者 [8], 才利而遂无所择, 情动而因滥于他也。因是而慕神仙、营宫室、侈行游, 若将见为游刃有余之资 [9], 可以唯吾意而无伤; 而淫侈妖巫之气, 暗引之而流。无他, 才无所绌而忘其绌于道, 情无所定而不知定以性也 [10]。

统治者的才与情可以利国利民, 也可以导国与民入于水火之中, 所以统治者的才情, 必须坚定地依"道"而用, 而不能任由其泛滥无归。

历史的神奇之处, 就是政治文化生态往往折射反映出当时最高统治者的性格与气质。除了社会因素外, 汉武帝的才情和他的好大喜功的"多欲", 也意味着西汉政治将一改"文景之治"的内敛低调。

固其得于天者，偏于长而即有所短。而方其崇儒访道，董仲舒、儿宽之流[11]，言道言性，抑皆性道之郛郭[12]，而昧其精核，无能儆所不逮[13]，而引之深思以自乐其天也[14]。

虽然[15]，武帝之能及此也，故昭帝、霍光承之，可以布宽大之政，而无改道之嫌。宋神宗唯不知此[16]，而司马君实被三年改政之讥[17]，为小人假绍述以行私之口实[18]。则武帝之为此言也，其贤矣乎！

方针政策的实施应保持一定的连续性，不能随着新施政者的继任而遽随意颠覆。北宋后期新、旧党政争就是一个很好的教训。

[注释]

[1]诎(qū)：本义，言语钝拙。动词，通"屈"，弯曲。 [2]当(dàng)：适合，适当。 [3]"而特有所止以戒其流"二句：一定要有所节制防范向坏的方面转变，那么才和情才会都为张大"道"服务。特，仅仅，只是。流，向坏的方面转变。广，扩大，扩充。 [4]贞：坚定，有节操。 [5]"朕不变更制度"以下七句：语出《轮台诏》，是汉武帝刘彻于征和四年（前89）所下的诏书，又称"轮台诏令"。诏书中，武帝否决了桑弘羊等大臣在西域轮台地区屯田的提案，并对派遣李广利出征匈奴之事表示悔恨，同时仍要求各级官员提出补充武备的方法。事见《资治通鉴·汉纪十四》。 [6]大防：重要的、原则性的界限。 [7]通志成务：完成志向，成就事业。 [8]"然而终以丧德而危天下者"以下三句：此指汉武帝最终还是因为他的一些丧德的行为而危及天下，其原因在于他没能以"道"抑制、引导他的才、情所致。 [9]"若

将见为游刃有余之资"以下四句：好像要见到花不完的资财，可随心所欲挥霍也无碍，于是（使武帝）过度挥霍的妖巫之气，暗暗引诱（武帝的才情）肆意横流。淫，过多，过甚；放纵，沉溺。　[10]性：人（善）的本性，事物的本质。　[11]儿宽：亦作"倪宽"，汉武帝时吏，以善文辞、精经学和历法为汉武帝赏识。元鼎二年（前115），拜为御史大夫，随武帝东封泰山。后又与太史令司马迁等人同修订汉《太初历》。这是我国历史上第一部比较完善的历法。　[12]郛（fú）郭：外城，亦比喻屏障。此喻董仲舒、儿宽所言，皆未及道的根本内核，只是皮毛。　[13]儆（jǐng）：使人警醒，不犯过错。不逮（dǎi）：过错。　[14]引之深思以自乐其天也：引发武帝深思自觉按天道行事。　[15]"虽然"以下五句：尽管如此，汉武帝还是做到了这些，所以继其位的昭帝和辅佐昭帝的霍光能继承汉武帝（晚年与民休息）的宽大政策，坚持而不改变政策。霍光，字子孟，西汉平阳（今山西临汾南）人。武帝时，为奉常都尉，甚见亲信。昭帝时，为大司马、大将军，封博陆侯。秉政二十年，未尝有过。卒谥宣成。嫌，可疑之点。　[16]宋神宗：名顼，即位后，用王安石行新法，励精图治，在位十八年，惜以急于求成致败，饮恨而殁。　[17]司马君实：司马光，字君实。因反对王安石新政，自请离京，潜心编纂《资治通鉴》。元丰八年（1085）春，宋神宗赵顼病死，年仅十岁的哲宗即位，其祖母宣仁太后以太皇太后的身份执政，重新启用司马光等旧党，尽废王安石新政。被，遭遇，遭受。　[18]假：借用，利用。绍述：继承。口实：话柄。

［点评］

船山认为官吏的选拔事关国家长治久安甚至生民存亡。在人才的选拔上，船山主张德情才皆备的原则。在船山看来，"才情"对于一个当政者来说十分重要，"才"决定了当政者政治作为的能力，而"情"指情怀，决定了当政者政治作为的方式。有才能的当政者往往有许多有创见的思想，并能给国家民族带来全方位的发展，而既有才又有情怀的当政者还能以自身的人格操守和人格魅力领导民众；"德"或者"理"则决定了当政者的价值取向，是顺势而为、为民谋福祉，还是逆势而为、做民族罪人，这是由当政者的"德"决定的。如果，一个人的才情由德所统帅，便可大有作为，是国家民族之福，反之则是祸害。所以选拔官吏，要德才兼备，而尤以德为首。只有"德"才能将政治家的才情引向正确的、有利于国和民的方向发展。

卷四

汉宣帝

缓刑不如定律

路温舒之言缓刑[1]，不如郑昌之言定律也[2]。宣帝下宽大之诏，而言刑者益淆[3]，上有以召之也[4]。律令繁，而狱吏得所缘饰以文其滥[5]，虽天子日清问之[6]，而民固受罔以死[7]。律之设也多门[8]，于彼于此而皆可坐，意为重轻，贿为出入，坚执其一说而固不可夺。于是吏与有司争法[9]，有司与廷尉争法[10]，廷尉与天子争法，辨莫能折，威莫能制也。巧而强者持之[11]，天子虽明，廷尉虽慎，卒无以胜一狱吏之奸[12]，而脱无辜于阱[13]。即令遣使岁省而钦恤之[14]，

这里船山论述的虽是法律的制定必须要明确的问题，但是在不自觉间，也多少涉及法律需要具有相对独立权力的问题。

天下事物纷杂、无穷无尽，不可能对每一件细碎事情都进行刚性规定并以法律强制实施。法律要有原则性，立原则以明是非。这个原则就是"理"或"法理"，是天地人之共道。法律有了原则性，才能对不能穷尽的事事物物有抽象的指导性。

在船山看来，人为之法是有限的，人为之法不可完全凭恃，应当依据天道正义不断修正，并通过天道正义对其不足之处进行补救。当然，由于时代的局限，船山的法律思想最终仍是落实在儒家的仁政观上。

抑惟大凶巨猾因缘请属以逃于法[15]，于贫弱之冤民亡益也。唯如郑昌之说，斩然定律而不可移[16]，则一人制之于上，而酷与贿之弊绝于四海，此昌之说所以为万世祥刑之经也[17]。

夫法之立也有限，而人之犯也无方[18]。以有限之法，尽无方之慝[19]，是诚有所不能该矣[20]。于是而律外有例[21]，例外有奏准之令[22]，皆求以尽无方之慝，而胜天下之残。于是律之旁出也日增，而犹患其未备[23]。夫先王以有限之法治无方之罪者，岂不审于此哉？以为国之蠹、民之贼、风俗之蜚蜮[24]，去其甚者，如此律焉足矣[25]，即是可以已天下之乱矣[26]。若意外无方之慝，世不恒有，苟不比于律[27]，亦可姑俟其恶之已稔而后诛[28]，固不忍取同生并育之民，逆亿揣度[29]，刻画其不轨而豫谋操蹙也[30]。律简则刑清，刑清则罪允[31]，罪允则民知畏忌，如是焉足矣。

抑先王之将纳民于轨物而弭其无方之奸顽者[32]，尤自有教化以先之，爱养以成之，而不专恃乎此。则虽欲详备之，而有所不用，非其智虑弗及而待后起之增益也。乃后之儒者，恶恶已甚^[33]，不审而流于申、韩^[34]。无知之民，苟快泄一时之忿^[35]，称颂其摘发之神明^[36]，而不知其行自及也。呜呼！可悲矣夫！

[注释]

[1]路温舒：西汉著名的司法官。字长君，巨鹿（今属河北）人。出身贫微，少牧羊，取泽中蒲草编为小简，用以写书。学律令，治《春秋》。曾任县狱史，举孝廉，为山邑丞。昭帝元凤中守廷尉史。宣帝即位，上书言尚德缓刑，反对实行严刑峻法。宣帝善其言，迁广阳私府长。累迁临淮太守，卒于官。　[2]郑昌：西汉泰山刚人，字次卿。好学明经，通法律政事。宣帝时，为涿郡太守，颇有治绩。曾上疏建议删定律令。其条教法令，为后所称述。仕至谏大夫。　[3]言刑者益湧：论刑律的更加混乱。　[4]有以：有原因，有意。　[5]缘饰：文饰，修饰。文：法令条文。　[6]清问：清审详问。　[7]罔：诬，无中生有。　[8]"律之设也多门"以下五句：言律令出自不同部门机构，相互不统一，此法彼法皆可使用，以私情定罪轻重，看贿赂多少量刑不同，（定刑者）只要坚持其中一种说法，谁也无法驳倒。坐，定罪。　[9]有司：指主管某部门的官员。古代设官分职，各有专司。　[10]廷尉：九卿之一，是掌刑狱的最高官员。　[11]巧：恰好。　[12]卒：最终。　[13]脱无辜于阱：使无罪的人从这陷阱中逃脱。　[14]即令遣使岁省而钦恤之：每年派遣使臣检查，表示理狱量刑要慎重不滥，心存矜恤。即令，即便、即使。省，检查。　[15]因缘请属：由于请托的原因。请属：亦作"请嘱"。　[16]斩然：毅然

果决貌。　[17]祥刑：同"详刑"，谓善用刑罚。经：正常，经常。　[18]无方：无定例，无定规。　[19]慝（tè）：奸邪，邪恶。　[20]诚：实在，的确。该：完备。　[21]律：是律典各条的正文。例：指判例，是对律条正文的补充。　[22]令：为法规命令。　[23]患：忧虑。　[24]蜚蜮（fěi yù）：两种有害的昆虫。　[25]律：约束。　[26]已：止，罢了。　[27]苟：如果，假使。不比于律：不同于律，与律有差异，没有匹配律条的罪。　[28]俟（sì）：等待。稔（rěn）：事物酝酿成熟。　[29]逆亿：谓事先疑忌别人欺诈不正。揣度（chuǎi duó）：指考虑估量。　[30]蹙（cù）：局促不安。　[31]允：公平得当。　[32]弭（mǐ）：平息，停止，消除。　[33]恶恶（wù è）：憎恨邪恶。　[34]申、韩：战国时法家申不害和韩非的并称。后世以"申韩"代表法家。亦称申韩之学。　[35]苟：如果，假使。　[36]摘（tī）发：揭露。

[点评]

　　法律繁苛好还是宽简好，这在法律史上一直有所争议，船山也说，"故一兴一废一繁一简之间，难言之也"。在这篇史论中，船山提出了一个值得思考的观点。船山认为：缓刑，不如定律。船山认为执法放宽量刑的治罪标准，不如将法律条例制定得严谨准确。在船山看来，以"宽法"治天下，固然有其于民有利的一面，但法律量刑时一味地宽缓，也会产生许多弊病，例如船山这里就指出"宣帝下宽大之诏，而言刑者益淆"，怎么定罪更乱了。所以船山这里赞赏郑昌定律的意见，认为要把法律条文制定得清楚明白，易于执行，且制律的权力统一。其原因就是犯罪的方式和罪行难以预料，而法律条文却是死的，无法一一量刑对应，加之各个部门所定律条不同，导致在如何量刑定罪的问题上争论不休，所以只有刑律简明，定罪才会公正允当，百姓也会明确知道什么可做，什么不可做，法律能起到这样的作用也就够了。当然，船山在论述了人为法的有限性的同时，也意识到人为法不可完全凭恃，应当凭天道正义不断修正，并通过天道正义对其不足之处进行救济。船山的思考，对于今天建设法治社会依然有所启发。

元康之世谷石五钱盖史氏溢辞

史称宣帝元康之世，比年丰稔，谷石五钱，而记以为瑞，盖史氏之溢辞，抑或偶一郡县粟滞不行，守令不节宣而使尔也[1]。一夫之耕，上农夫之获，得五十石足矣。终岁勤劳而仅获二百五十钱之赀，商贾居赢，月获五万钱，而即致一万石之储，安得有农人孳孳于南亩乎[2]？金粟之死生[3]，民之大命也。假令农人有婚丧之事，稍费百钱，已空二十石之囷积[4]，一遇凶岁，其不馁死者几何邪？故善养民者，有常平之廪，有通粜之政[5]，以权水旱[6]，达远迩[7]，而金粟交裕于

虽不能真正从经济学的层面论证商品流通的重要，但直觉告诉船山，商品经济自有其积累财富的价值。

这里船山对腐儒的批判可谓一针见血！

民，厚生利用并行，而民乃以存。腐儒目不窥牖[8]，将谓民苟得粟以饱，而无不足焉；抑思无布帛以御寒，无盐酪蔬肉以侑食[9]，无医药以养老疾，无械器以给耕炊，使汝当之，能胜任焉否邪？

[注释]

[1]节宣：指或裁制或布散以调适之，使气不散漫，不壅闭。[2]孳孳：同"孜孜"，勤勉的。南亩：谓农田。南坡向阳，利于农作物生长，古人田土多向南开辟，故称。 [3]金粟：钱和粮谷。[4]囷（qūn）：古代一种圆形的谷仓。 [5]粜（tiào）：卖出。[6]权：权衡。 [7]远迩：远近。 [8]窥牖：从窗向外看。 [9]盐酪：盐和乳酪。侑（yòu）食：劝食，侍奉尊长进食。

[点评]

重本抑末是中国的传统文化，但时代使船山有了新的认识，他在重农的基础上，也意识到商业贸易的重要，不仅认为国内要通市贸易，甚至认为，即使是与敌国之间，同样也要通市，因为这是利国惠民的好事，为何不为呢？船山严厉地批评那些腐儒，什么也不懂，以为只要有饭吃就够了，岂有那样的道理？这篇史论中船山诘问：人能只吃饭不要穿衣？能不要盐酪蔬菜？能不要医药医生治病？能不要使用生产工具与器械去耕地？能不用铁锅煮食？这些诘问表明，船山已意识到，在以农为本的基础上，经商与发展手工业、采矿业同样不可偏废。

汉元帝

四科销天下之气节

元帝诏四科举士[1]，即以此第郎官之殿最，一曰质朴，二曰敦厚，三曰逊让，四曰有行。盖孱主佞臣惩萧、周、张、刘之骨鲠[2]，而以柔惰销天下之气节也。自是以后，汉无刚正之士，遂举社稷以奉人，而自诩其敦厚朴让之多福[3]。宣帝曰："乱我家者，必太子也。"其言验矣。

虽然[4]，有自来矣。极重必反者，势也。文、景、武、昭之世[5]，贤不肖杂进，而质朴未亡，君子无赫赫之名，而小人亦无难见之恶。气矜如汲黯[6]，名胜如贾谊，人主甚器其材，而终不显。至于逞风采以徼人主之知[7]，动天下之色[8]，如主父偃、徐乐、终军、东方朔[9]，以洎刑名聚敛之臣[10]，皆旋用而旋弃[11]。迨宣帝切于求治[12]，

事物的发展往往会物极必反，故而在解决问题时，就要尽量避免从一个极端走向另一个极端。

以文法为尚，而天下翕然从之[13]。于是而沽名衒直之士[14]，矫为人所不能以自旌[15]，气焰足以凌人主，而人主厌其苛核[16]，非但贵戚宦寺之疾之也[17]。魏相以之赤霍氏之族[18]，萧望之以之持丙吉之短[19]，张敞以之攻黄霸之私[20]，势已成乎极重，则其反而相奖以诡随也[21]，天下且乐其易与[22]，而况乎人主之与戚宦哉？

屈伸之理，一彼一此；情伪之迁[23]，一虚一盈。故人主驭天下之人材，不轻示人以好恶而酌道之平，诚慎之也。畏其流而尤畏其反也[24]。

[注释]

[1]"元帝诏四科举士"以下六句：事在汉永光元年（前43）春二月，时元帝下诏，每年由丞相、御史分质朴、敦厚、逊让、有行四类在光禄勋的属官中举荐官员，并以此考核官员。第，次序、评定。郎官，谓侍郎、郎中等职，秦、汉时属郎中令（汉武帝改为光禄勋），为皇帝左右亲近的高级官员，两汉郎官常有出任地方长吏的机会，时人视为出仕的重要途径。殿最，考核政绩或军功，下等称"殿"，上等称"最"。　[2]"盖孱主佞臣惩萧、周、张、刘之骨鲠"二句：孱弱的君主和奸邪的臣子警戒当朝的萧望之、周堪、张猛、刘向等大臣正直忠贞妨碍自己随心所欲，遂以柔怠之情消磨天下士人的气节。　[3]自诩（xǔ）：自夸。　[4]"虽然"二句：纵然如此，（这局面的出现）还是有原因的。　[5]"文、

景、武、昭之世”以下五句：汉文帝、汉景帝、汉武帝、汉昭帝时期，贤才和不肖之徒杂用，而质朴的风气还未销蚀，君子没有赫赫名声，小人也没有太过分的恶行。　　[6]“气矜如汲黯（jí àn）”以下四句：矜持气节者如汲黯，名满天下者如贾谊，虽然为君主所看重，却最终也没有被置于显要的位置。汲黯，西汉景帝、武帝时名臣。字长孺，濮阳人，生卒年不详。性刚直，守节死义，直言极谏，至为武帝所敬惮，世称“汲直”。贾谊，贾谊（前200—前168），洛阳（今河南洛阳东）人，西汉初年著名政论家、文学家，世称贾生，与屈原并称为“屈贾”。　　[7]逞：炫耀，卖弄。徼（jiǎo）：求取。　　[8]动天下之色：引动天下人注意。色，面容、神情。　　[9]主父偃：临淄（今山东临淄）人，早年学长短纵横之术，后学《易》《春秋》和百家之言，汉武帝时以上书得召见，与徐乐、严安同时拜为郎中，得破格任用，一年中升迁四次。后因胁迫齐王自杀，被族杀。徐乐：西汉右北平无终（今天津蓟县）人。辨知达理，善为文辞。武帝时，与严安、主父偃俱上书言世务。帝召见，拜郎中。终军：字子云，济南人，西汉著名的政治家、外交家。少好学，年十八选为博士弟子，为汉武帝赏识，封“谒者给事中”，后擢升谏大夫。曾先后成功出使匈奴、南越。元鼎五年（前112），为南越相吕嘉杀害，年仅二十余，时人称“终童”。东方朔：西汉文学家。字曼倩，平原厌次（今山东惠民）人。武帝时为太中大夫，性格诙谐滑稽，善辞赋。　　[10]洎（jì）：到，及。刑名：古时指刑律。[11]旋：立即，随即。[12]迨（dài）：等到，趁着。　　[13]翕（xī）然：忽然，一致。　　[14]沽名：故意做作或用某种手段谋取名誉。衒（xuàn）直：炫耀正直。　　[15]矫为人所不能以自旌：故意做一些别人做不到的来自我显示。　[16]苛核：过于严厉。　　[17]非但：不仅。宦寺：宦官。宦官古称寺人，故云。　[18]魏相：字弱翁，西汉济阴定陶（今山东定陶西北）人。

明《易》经，举贤良，为茂陵令。后迁河南太守，抑制豪强势力，以严著称。宣帝立，任大司农，迁御史大夫，继韦贤为丞相，封高平侯。霍光死，其家族骄奢，他劝帝损夺其权，并破其谋叛阴谋。赤：除掉，诛灭。　[19]萧望之：字长倩，西汉东海兰陵（今山东兰陵西南）人。治《齐诗》，又从夏侯胜问《论语》，时称名儒。宣帝时历任谏大夫、平原太守、少府、左冯翊、御史大夫、太子太傅等官。丙吉：字少卿，西汉鲁国（今山东曲阜）人。初为鲁狱史，积功迁廷尉右监。武帝末，治巫蛊之狱，曾救护武帝曾孙（即宣帝），后为大将军霍光长史，受重用，迁光禄大夫、给事中。昭帝死，他建议迎立宣帝。地节三年（前67）任太子太傅，数月迁御史大夫，封博阳侯，后代魏相为丞相。为人宽厚，不扬己善。政尚宽大，不问小事。　[20]张敞：字子高，西汉河东平阳（今山西临汾西南）人。宣帝时，任豫州刺史、太中大夫，与于定国并平尚书事，因得罪大将军霍光，出为函谷关都尉，徙山阳太守。自荐捕斩胶东群"盗"，被任为胶东相，后迁京兆尹。为人敏疾，赏罚分明，又以经术自辅。后因友杨恽被诛，受株连革职。不久起用任冀州刺史。打击豪强，清剿盗贼，为官有治绩。复为太原太守。黄霸：字次公，西汉淮阳阳夏（今河南太康）人。少学律令，武帝时为侍郎谒者。为人明察，治政宽平。宣帝时，任扬州刺史、颍川太守，务农桑，节财用，种树畜养，有治绩，户口岁增，为全国第一。后迁太子太傅、御史大夫。后代丙吉为丞相，封建成侯。为西汉时期"循吏"的代表。　[21]相奖以诡随：相互争着不顾是非去追随。　[22]乐其易与：喜欢它容易成功见效。　[23]情伪之迁：虚实真假的变化。　[24]流：变化。

［点评］

官吏的管理能力直接影响到行政机构的计划、组织、控制、协调等管理效果，是直接体现管理价值的载体，其中考核是一个重要的管理官吏的手段。由于官吏的考核直接关系到官吏职位的升降，于是采用什么标准考核、擢用官员，就有了影响官场风气导向的意义。汉自元帝始，一改"霸王道杂之"的统治方略，而"纯任德教"，大力提拔和任用经学之士，注重人才的德行道艺和学术水平，使大批儒生涌入政界，对于古代政治导向文官政治，摒弃以往旧的以家世、武功等为基础的世官、军功及吏进之制，在拓宽用人途径的同时，也一定程度上缓和社会矛盾。然而，不以行政实践才干，而单纯以"质朴、敦厚、逊让、有行"等带有强烈主观色彩的道德品行，作为遴选、擢用官吏的标准，其结果不但于施政无补，而且在利禄的诱惑下，也使得士风滑向虚伪，并因士风而殃及政治。所以船山认为，汉元帝以"四科"举士的实施，其真实目的不过是将士人束在利禄上，销蚀那些敢于批评朝政的耿直之士，结果就是"汉无刚正之士，遂举社稷以奉人，而自诩其敦厚朴让之多福"。所以，一切变法改制，都要注意到事物可能走向另一极端的变化。

卷五

汉成帝

何武请分置三公

这里船山揭示了帝制专制政治的两大矛盾：一是作为政治最高统治者的君权与政权行政首脑的相权之间的矛盾；一是文职官僚与军事官僚之间如何既保证效率又能相互制约之间平衡的矛盾。

何武欲分宰相之权而建三公[1]，自成帝垂及东汉，行之二百余年，至曹操而始革。丞相，秦官也；三公，殷、周之制也。古者合文武为一途，故分论道之职为三；秦以相治吏，以尉治兵，文武分，而合三公之官于一相。汉置相，而阃政专归于大将军[2]，承秦之分，而相无戎政之权[3]，大将军总经纬之任。故何武有戒心焉，分置三公[4]，以大司马参司空、司徒之间[5]，冀以分王氏之权。乃名乍易而实不可更[6]，莽之终以大司马篡也[7]，亦其流极重而不可挽也。然而武之法行之终代而不易者[8]，以防微杜渐之术[9]，固人主之所乐用也。

若以古今之通势而言之，则三代以后，文与武固不可合矣，犹田之不可复井，刑之不可复肉矣[10]。殷、周之有天下也以戎功[11]，其相天子者皆将帅[12]。伊尹、周公，始皆六军之长也[13]。以将帅任国政，武为尚而特缘饰之以文[14]；是取武臣而文之[15]，非取文臣而武之也。列国之卿，各以军帅为执政，敦诗书，说礼乐，文之于既武之后[16]，秉周制也[17]。所以必然者，三代寓兵于农，兵不悍，而治民之吏即可以治兵。其折冲而敌忾者[18]，一彼一此，疆埸之事，甲未释而币玉通[19]，非有犷夷大盗争存亡于锋刃之下者也[20]。而秦、汉以下不然，则欲以三公制封疆原野之生死[21]，孰胜其任而国不为之敝哉[22]？则汉初之分丞相将军为两途，事随势迁，而法必变。遵何武之说，不足以治郡县之天下固矣[23]。特汉初之专大政以大将军[24]，而丞相仅承其意指[25]，如田千秋、杨敞、韦玄成、匡衡[26]，名为公辅[27]，奉权臣以行法，则授天下于外戚、武臣之手，而祸必滋。故武之说[28]，可以救一时之敝重[29]，而惜乎其言之晚也！相不可分也，将相不可合也，汉以后之天下，以汉以后之法治之，子曰："所损益[30]，可知也。"

[注释]

[1] 何武：字君公，西汉蜀郡郫县（今四川郫县）人，成帝末为御史大夫，更为大司空，封泛乡侯。平帝时，王莽专权，阴诛不附己者，武被诬坐罪自杀。　[2] 阃（kǔn）：统兵在外的将军。　[3] 戎政：军政。　[4] 三公：西汉以大司马、大司徒、大司空为三公。　[5] 参：加入在内。　[6] 名乍易而实不可更：名号一下子改了很容易，但实际情况却不能一下随之发生变更。乍，忽然。　[7] 莽：王莽。字巨君，汉东平陵（今山东历城东）人。孝元皇后的侄儿。先为大司马，以恭俭收人望，平帝立，元后临朝称制，委政于莽，号安汉公。后假禅让之名，篡汉自立，国号新，法令繁苛，光武起兵讨之，王莽兵败被杀，在位十五年。　[8] 武之法：何武提出的以三公分宰相之权的办法。　[9] 防微杜渐：防备祸患的萌芽，杜绝乱源的开端。　[10] 肉：肉刑。《史记·孝文本纪》称法有肉刑三。注：黥劓二，左右趾合一，凡三。　[11] 戎：军队，军事。　[12] 相：辅助，亦指辅佐的人。　[13] 六军：天子所统领的军队。周制以一万二千五百人为一军，天子有六军，后因以为国家军队的统称。　[14] 武为尚：尊崇、注重武事。　[15] "是取武臣而文之"二句：选拔武臣而使之习文，并不是选拔文臣而使之习武。　[16] 既：已经。　[17] 秉：拿着。　[18] 折冲：克敌制胜。原意是指使敌方的战车折返，意谓

抵御、击退敌人。敌忾：共同抵御大家所愤恨的人。　[19]甲未
释而币玉通：战事还没有结束，双方的经济往来就开始了。甲未
释，铠甲尚未脱下，喻战事尚未结束。币玉，帛和玉，古代用以
祭祀的礼品，此喻商品交换。通，没有阻塞、流通。《周易·系
辞上》："往来不穷谓之通。"　[20]非有：没有。犷夷：粗野未开
化的人。　[21]制封疆原野：指统治一方的将帅，将某一地区
全权交给官吏管理。制，规划，管制。　[22]为之敝：使之衰
败。　[23]固：必定，一定。　[24]特：不过。专大政以大将军：
以大将军专断大政。　[25]承其意指：秉承其意旨。　[26]田千秋：
即车千秋，本姓田氏。武帝时为相十数年。杨敞：华阴人，汉昭
帝时曾任丞相。韦玄成：字少翁，鲁国邹人，丞相韦贤之子，精
儒学，元帝即位，为少府，迁太子太傅，至御史大夫，永光中为
丞相。匡衡：西汉东海承人，字稚圭。少好学。元帝时累迁至丞相，
封乐安侯。　[27]公辅：上古时以三公、四辅为天子之佐，后以
公辅借指宰相一类大臣。　[28]武：何武。　[29]敧（qī）重：偏重。
敧，同"攲"，倾斜不正。　[30]"所损益"二句：语出《论语·为
政》："殷因于夏礼，所损益，可知也；周因于殷礼，所损益，可
知也。其或继周者，虽百世可知也。"

[点评]

合理的政治制度设计，是保证政治长治久安的要素
之一。在从上古"三代"分封建侯的贵族分封制度，转
向秦汉以降的官僚帝制的历程中，汉代官僚体制的建设
具有关键地位。在汉代历史中，一开始就蕴含了整个帝
制时代体制的一些主要矛盾，其中，除了君与相，也就
是统治权和行政权的矛盾外，官僚体系中，文、武官员

权力分配的制约与平衡的问题，同样是困扰帝制政治运作的重要问题。

应该说，以文臣、武将、监司三大职官系统为基本框架，建构起"官分文武"的官僚制度，本是在脱离出上古贵族"文武合一"政治体制，士阶层分化文、武之后，秦汉统治者为了方便社会治理，实现权力分割和制约的良好设计，然而在以后整个帝制中国的实际政治运作中，由于最高统治者的多疑及现实的无奈，使得文、武关系往往处于一种失衡状态。于是，在考虑分割、削弱相权外，如何控制乃至抑制武将的权力，也就成了统治阶级制度设计中考虑的重要方面。尤其是隋唐科举制度确立，以及宋统治者提出"与士大夫治天下"，"文人治国"的取向在制度设计上表现得越来越明显。当然，武将权力敏重，肯定是不利于政权的稳定，但是过度地压抑武将，以致造成文、武官员之间的对立，或以文官节制对武官，对军事权力过度地侵入、干预，过度地"重文轻武"导致文、武失衡，同样不利于政权的稳定。

汉哀帝

限田之法扰民

限田之说，董仲舒言之武帝之世，尚可行也，而不可久。师丹乃欲试之哀帝垂亡之日[1]，卒以成王莽之妖妄，而终不可行。武帝之世可行者，去三代未远，天下怨秦之破法毒民而幸改以复古[2]；且豪强之兼并者犹未盛，而盘据之情尚浅[3]；然不可久者，暂行之而弱者终不能有其田，强者终不能禁其兼也。至于哀帝之世，积习已久，强者怙之[4]，而弱者亦且安之矣；必欲限之，徒以扰之而已矣[5]。

治天下以道，未闻以法也。道也者，导之也，上导之而下遵以为路也。封建之天下，天子仅有其千里之畿，且县内之卿士大夫分以为禄田也[6]；诸侯仅有其国也，且大夫士分以为禄田

无论是对政治现象，还是对经济现象，船山总能以一种发展的、历史的视野分析。

也；大夫仅有其采邑[7]，且家臣还食其中也；士仅有代耕之禄也[8]，则农民亦有其百亩也；皆相若也[9]。天子不独富，农民不独贫，相仿相差而各守其畴[10]。其富者必其贵者也，且非能自富，而受之天子、受之先祖者也。上以各足之道导天下，而天下安之。降及于秦，封建废而富贵擅于一人[11]。其擅之也，以智力屈天下也。智力屈天下而擅天下，智力屈一郡而擅一郡，智力屈一乡而擅一乡，莫之教而心自生、习自成；乃欲芟夷天下之智力[12]，均之于柔愚，而独自擅于九州之上，虽日杀戮而只以益怨，强豪且诡激以胁愚柔之小民而使困于田[13]。于是限之而可行也，则天下可徒以一切之法治，而王莽之化速于尧、舜矣。限也者，均也；均也者，公也。天子无大公之德以立于人上[14]，独灭裂小民而使之公，是仁义中正为帝王桎梏天下之具，而躬行藏恕为迂远之过计矣。况乎赋役繁，有司酷，里胥横，后世愿朴之农民[15]，得田而如重祸之加乎身，则强豪之十取其五而奴隶耕者，农民且甘心焉。所谓"上失其道，民散久矣"者也[16]。轻其役，

在船山看来，统治者以"大公"之名强夺富民之产的"限田"，其实质也是把"天下"之产视为自己的私产。

薄其赋，惩有司之贪，宽司农之考，民不畏有田，而强豪无挟以相并，则不待限而兼并自有所止。若窳惰之民[17]，有田而不能自业，以归于力有余者，则斯人之自取，虽圣人亦无如之何也。

只有承认私有财产存在的合理性，不再将之视为可以随时任意剥夺的"君产"，使"民不畏有田"，才能稳定民心，使生产资料得到充分的发挥，将农业生产力真正动员起来。

[注释]

[1]师丹：西汉琅邪东武（今山东诸城）人，字仲公。西汉大臣、政治家。元帝末为博士，成帝时，开始被重用。哀帝即位，为左将军，领尚书事，代王莽为大司马，封高乐侯，徙为大司空。曾提出"限田限奴"主张，以缓和阶级矛盾，因贵族官僚反对，未能实行。　[2]破法：劣法。幸：希望。　[3]盘据：盘结据守，此指占有土地。　[4]怙（hù）：依靠，仗恃。　[5]徒：只是、仅仅。　[6]禄田：古代国家按官品分给官吏以充俸禄的田地。　[7]采邑：古代君主或诸侯分给臣下或部将的领地。　[8]代耕：旧时官吏不耕而食，因称为官食禄为代耕。　[9]相若：相近，相仿。　[10]畴：同"俦"，匹配。　[11]擅：独揽，占有。　[12]芟夷（shān yí）：删除。　[13]诡激：怪异偏激，异于常情。愚柔：弱小愚昧。　[14]"天子无大公之德以立于人上"以下四句：天子立于万民之上，不能公平治理天下，却要求百姓在均田中做到公平，原因在于帝王仅仅把仁义中正作为束缚天下的工具，不切实际地进行错误的谋划，自己做不到，却以此要求别人去做。灭裂，败坏，毁灭。桎梏，束缚。躬行，亲身实行。藏恕，出自《大学》："是故君子有诸己而后求诸人，无诸己而后非诸人。所藏乎身不恕，而能喻诸人者，未之有也。"意为：自己先做到的而后再要求别人去做，不该做的自己先不做而后再要求别人不做。自身没有以己谅人的心而能够说服别人的人，是不存在的。迂远，不切合实际。

过计，错误的谋划。　[15]愿朴：朴实敦厚。　[16]上失其道，民散久矣：语出《论语·子张》。当政者丧失道义，不按正道行事，民心离散已经很久了。意谓在位者不能以身作则，就会失去民心。上，指在位者。　[17]窳惰（yǔ duò）：懒惰。

［点评］

在这篇史论中，船山以历史为据，从经济规律的角度，分析了西汉末世实行的"限田之法"不可行的原因。指出土地兼并激化问题的解决，要尊重历史变化的事实，遵循经济规律，即"治天下以道"，"道也者，导之也，上导之而下遵以为路也"。值得注意的是，船山这里提出的"土地民有"，即对土地私有的肯定，认为土地国有不等于王者私有。认为自"废封建"后，社会失去了"其富者必其贵者也，且非能自富，而受之天子、受之先祖者也"的贵族社会条件，从天子到各级官府，以权力强征赋税，以权力强制推行削富益贫的限田政策。船山这里批判了这种"天子无大公之德以立于人上，独灭裂小民而使之公"的行为，是"仁义中正为帝王桎梏天下之具，而躬行藏恕为迂远之过计矣"。指出，只有改革赋役政策的不合理，减轻苛重的赋役，抑制奸滑吏胥的不法行为，使"民不畏有田"，才是积极的发展农村经济、达到"限田"的良策。船山这种肯定土地私有的合理性，辩证看待"强豪"在社会经济中的积极性的思想，已相当接近18世纪西欧资本主义刚刚兴起之时一些资产阶级经济思想了，它既反映了中国明清之际商品经济发展的影响，也体现了船山对于社会问题认识的敏锐。

汉平帝

王莽窃君子之道以亡

君子之道以经世者，唯小人之不可窃者而已；即不必允协于先王之常道而可以经世[1]，亦唯小人之所不可窃者而已。君子经世之道，有质有文[2]。其文者，情之已深[3]，自然而昭其美者也[4]。抑忠信已浃于天下[5]，天佑而人顺之，固可以缘饰而增其华者也[6]。是则皆质之余，而君子不恃之以为经世之本[7]。于是而小人窃之，情隐而不可见，天命人心不能自显，则窃而效之，亦遂以为君子之道在于此而无惭。然则小人之所可窃者，非君子之尚[8]，明矣。

封建、井田、肉刑，三代久安长治，用此三者，然而小人无能窃也。何也？三者皆因天因人[9]，以趣时而立本者也[10]。千八百国各制

船山这里提出了一个外在形式（文）与事物本质（质）的问题。认为，各种制度或政策都有其外在的形式和本质两个方面。经世之道的根本，在于解决社会问题，在于有助于民生，决不能只固执"先王"所行的形式，而忽略"先王"之道的本质。

船山意识到国家制度或政策的历史性，以前的好制度好政策，不一定适合后来历史的发展和社会的变化，施政者必须依据历史条件和具体形势，即"因天""因人"的不同，作出适当的调整或改变，否则只会遭到失败。

其国[11]，而汉之王侯仅食租税；五刑之属三千，而汉高约法三章；田亩之税十一，而汉文二十税一，复尽免之；小人无能窃也。何也？虽非君子之常道，然率其情而不恤其文[12]，小人且恶其害己而不欲效也，非文也。《七月》之诗[13]，劝农之事也[14]，而王莽窃之，命大司农部丞十三人、人部一州[15]，以劝农桑，似矣。养生、送死、嫁娶、宫室、器服之有制，礼之等也，而王莽窃之，定制度吏民之品，似矣。若此类，君子之道盖有出于是者；而小人不损其欲，不劳其力，不妨其恶，持空文，立苛禁，一旦以君子之道自居而无难。则以此思之，君子经世之大猷不在此[16]，明矣。何也？农桑者，小民所自劝也[17]，非待法而驱也。制度者，士大夫遵焉，庶人所弗能喻[18]，惟国无异政，家无殊俗，行之以自然耳，非一切之法限之不得而继之以刑者也。然而窃仿之而即似，虽不效而可以自欺，遂以施施于天下曰[19]：吾既以行君子之道矣。故文者，先王不容已[20]，而世有损益，初不使后世效之者也。承百王之敝[21]，而仍有首出庶物之功名[22]，

乃能立高明阔远之崖宇，而小人望之如天之不可
企及。无他，诚而已矣。诚则未有可窃者也。

[注释]

[1] 即：即使。允协：确实符合。　[2] 有质有文：有实在的内
容，有适宜的表现形式。这里所谓"质"，是指事物的本质与内
在价值。按《礼记·乐记》"礼自外作，故文"之义，这里所谓
"文"，是指在"礼"指导、制约下展现于外的形式，即各种体现
"礼"的行为或制度。　[3] 情之已深：其用心用情已做到真诚深
切。　[4] 昭：彰显。　[5] 抑：抑或。浃（jiā）：深入，融洽。　[6] 缘
饰：文饰，修饰。　[7] 恃：依赖，仗着。　[8] 尚：尊崇，注
重。　[9] 天：此指客观条件。人：此指主观条件。　[10] 趣时：
谓努力与当时的形势、环境及条件相适应。　[11]"千八百国各
制其国"以下八句：夏商周三代时分封的上千诸侯各自治理自己
的诸侯国，而汉代的王侯仅食其封地的租税；三代时触犯墨、劓、
剕、宫、大辟五刑的条文多达三千，而汉高祖仅仅约法三章；三
代时田亩的租税率是十分之一，而汉文帝租税率是二十分之一，
后来还全部蠲免了，这些都是小人不能私自学到的。千八百国，
《文献通考·舆地考一》："周初，尚有千八百国。而分天下为九
畿。"五刑之属三千，出自《孝经·五刑章》："子曰：五刑之属
三千，而罪莫大于不孝。"　[12]"然率其情而不恤其文"以下三
句：仅仅按照实情行事而不去顾及行事的方式，小人往往会顾及
自己利益而不愿效法，（所以）这不是什么行事的外在形式的问
题。　[13]《七月》之诗：即《诗经·豳风·七月》。　[14] 劝：
勉励。　[15] 部：安置安排。人部一州：每人分管一州。　[16] 大
猷：治国大道。　[17] 自劝：自勉。　[18] 喻：明白，了

解。　[19]施施：洋洋得意的样子。　[20]不容已：不让其停止，此处指"文"（也就是形式）处于不断的变化之中。　[21]百王之弊：历史积累下来的弊政。语出《汉书·武帝纪第六》："赞曰：汉承百王之弊，高祖拨乱反正，文、景务在养民，至于稽古礼文之事，犹多阙焉。"　[22]首出庶物：出自《周易·乾卦》："首出庶物，万国咸宁。"对此通常的解释是：阳气为万物之始，故曰"首出庶物"；立君而天下宁，故曰"万国咸宁"。

［点评］

历史上一般人评价王莽改制的失败，大都从人品道德上作文章而否定之，但船山却能从历史的高度，给予了更深刻的分析。船山认为，古今风俗不同，环境各异，源于古制的新法，未必一切都合时合宜。不顾历史的变迁，不问经世之道的本质，徒袭古法的外在形式，所以王莽事事复古，脱离现实地推行"新政"，其结果必然会因违反历史规律而遭到失败。诚如史家钱穆所言："王莽的政治，完全是一种书生的政治。"（《国史大纲》上册，商务印书馆 1996 年版，第 153 页）

卷六

后汉光武帝

奖厚重之吏以扶难驭之众

所贵乎史者，述往以为来者师也。为史者，记载徒繁，而经世之大略不著，后人欲得其得失之枢机以效法之无由也，则恶用史为[1]？

光武之始徇河北[2]，铜马诸贼几数百万[3]；及破之也，溃散者有矣，而受其降者数十万人。斯时也，光武之众未集，犹资之以为用也。已而刘茂集众十余万而降之于京、密[4]；朱鲔之众且三十万而降之于雒阳；吴汉、王梁击檀乡于漳水，降其众十余万于邺东；五校之众五万人降之于箫阳[5]；余贼之拥立孙登者五万人，降之于河北；

史书的一个功能，就在于"述往以为来者师"，这就要求撰史者和读史者能够把握"经世之大略"，认识历史"得失之枢机"，为现实借鉴。船山善读史者，深得史学真谛。于此，今之研史者、从政者焉可不反思乎？

赤眉先后降者无算，其东归之余尚十余万人，降之于宜阳；吴汉降青犊，冯异降延岑、张邯之众，盖延降刘永之余，王常降青犊四万余人，耿弇降张步之卒十余万；盖先后所受降者，指穷于数。战胜矣，威立矣，乃几千万不逞之徒听我羁络[6]，又将何以处之邪？高帝之兴也，恒患寡而亟夺人之军，光武则兵有余而抚之也不易，此光武之定天下所以难于高帝也。

夫民易动而难静，而乱世之民为甚。当其舍耒而操戈[7]，或亦有不得已之情焉，而要皆游惰骄桀者也[8]。迨乎相习于戎马之间[9]，掠食而饱，掠妇而妻，驰骤喧呺[10]，行歌坐傲，则虽有不得已之情而亦忘之矣。尽编之于伍，而耕夫之粟不给于养也，织妇之布不给于衣也，县官宵夜以持筹不给于馈饷也[11]。尽勒之归农[12]，而田畴已芜矣，四肢已惰矣，恣睢狂荡、不能受屈于父兄乡党之前矣[13]。故一聚一散[14]，倾耳以听四方之动而随风以起，诚无如此已动而不复静之民气何矣！而光武处之也，不十年而天下晏然，此必有大用存焉。史不详其所以安辑而镇抚之者何若[15]，则班固、荀悦徒为藻悦之文、而无意于天下之略也[16]，后起者其何征焉[17]？

无已[18]，而求之遗文以仿佛其大端[19]，则征伏湛、擢卓茂[20]，奖重厚之吏，以调御其嚣张之气，使惰归而自得其安全；民无怀怨怒以摈之不齿[21]，吏不吝教导以纳之矩矱[22]，日渐月摩而消其形迹，数百万人之浮情害气，以一念敛之而有余矣。盖其觌文匿武之意[23]，早昭著于战争未息之日，潜移默易，相喻于不言，当其从戎之日，已早有归休之志，而授以田畴庐墓之乐，亦恶有不帖然也[24]？自三代而下，唯光武允冠百王矣[25]。何也？前而高帝，后而唐、宋，皆未有如光武之世，胥天下以称兵[26]，数盈千万者也。通其意，思其变，函之以量[27]，贞之以理[28]，岂易言哉！岂易言哉！

[注释]

[1]恶：哪里，怎么。　[2]徇（xùn）：攻占，掠取。　[3]铜马：即铜马军，新莽末年河北农民义军。　[4]京：京县，今河南荥阳东南。密：密县，今河南新密。　[5]羛（xī）阳，古地名，在今河南内黄西南。　[6]羁络：控制。　[7]耒（lěi）：古代的一种农

具，形状像叉。　[8] 要（yào）：重要的。游惰骄桀者：游手好闲、桀骜不驯的人。　[9] 迨（dài）：等到，趁。　[10] 喧呶（náo）：形容声音嘈杂。　[11] 持筹：手持算筹。多指理财或经商。馈饟（kuì yùn）：运送粮饷。　[12] 勒：强制。　[13] 恣睢（zì suī）：形容暴横、放纵。狂荡：狂妄放荡。乡党：家乡，乡里。　[14]“故一聚一散”以下三句：已经习惯动荡骚乱的社会，再让它复归于平静，实在不容易。　[15] 安辑：犹安抚，使安定。　[16] 班固、荀悦：二人皆东汉著名史学家。藻帨（shuì）之文：华美的修饰文章。帨，泛指巾帕，此引申为遮掩、掩饰。　[17] 征：验证。[18] 无已：不得已。　[19] 仿佛：原作“髣髴”。　[20] 伏湛：西汉经学家伏胜之后，东汉初年大臣，曾先后在新莽朝、更始帝朝任官。光武帝即位，征召为尚书，主持制定制度。卓茂：东汉初年名臣，精通儒学，光武帝即位，拜太傅，封褒德侯。　[21] 民无怀怨怒以摈之不齿：百姓不心怀怨恨而排斥鄙视他们。　[22] 矩矱（yuē）：规矩，法度。　[23] 觌（dí）文匿武：即偃武修文，觌，显示。　[24] 帖然：安定顺从的样子。　[25] 允：确实。　[26] 胥天下以称兵：全天下皆举兵。胥，全、都。　[27] 函：包含，容纳。　[28] 贞：假借为“正”或“定”。

[点评]

船山在这篇史论中，比较了东、西汉初年的形势，指出光武帝刘秀建立政权之初的社会局面，较之西汉高祖刘邦面临的社会局面更为难以处理。通过史论，我们看到，船山通过对历史事实的考察和比较，清醒地认识到，礼乐教化对于安定社会虽然重要，但在战后如何安置多余兵员，使社会重归秩序的问题上，船山还是非常明白地看到，还是"授以田畴庐墓之乐"，为百姓提供实在的物质生活的保障，才是切实可行的政策，即礼乐教化还是要建立在物质基础之上才能得以展开。光武帝的成功在于此，其所以"允冠百王"亦在于此。这也是船山从对历史的总结中得到的经验认识。

减省吏职非不易之法

建官之法[1]，与选举用异而体合[2]，难言之矣。省官将以息民，而士之待用者，滞于进而无以劝人于善。不省，则一行之士[3]，可自试以交奖于才能[4]；然而役多民劳，苦于不给，且也议论滋多，文法滋繁，责分而权不一，任事者难而事多牵制以疑沮[5]。吏省而法简，则墨吏暴人[6]，拥权自恣，无以相察[7]；而胥史豪强[8]，易避就以售其奸[9]。故一兴一废一繁一简之际，难言之也。

天下有定理而无定法。定理者，知人而已矣，安民而已矣，进贤远奸而已矣；无定法者，一兴一废一繁一简之间，因乎时而不可执也[10]。

乱之初息，不患士之不劝于功名也[11]，而患其竞。一夫有技击之能，一士有口舌刀笔之长，

中国自秦汉以来，依靠官僚治国，一直是国家的基本制度，因此官本位的形成也就是必然的了。在官僚体制下，官僚就是皇帝的手和脚，治理国家，非得靠他们不行。于是如何选取最佳人选的选官制度，就成了整个制度的关键。在这意义上，船山称"建官之法，与选举用异而体合"，可谓抓住了问题的核心。

从船山这里理解，法显然是有限的、具体的，相对于理是"用"和"器"层面上的，而理表现为一种超越于一时之事的普遍性的价值原则。

尝以试之纷纠之际而幸售，效者接踵焉；而又多与以进取之途，荡其心志，则捐父母、弃坟墓、舍田畴以冒进者不息。唯官省而难容，乃退安于静处，而爵禄贵、廉耻兴焉。且也民当垫隘之余[12]，偷安以自免之情胜。其有犯不轨者，类皆暴横恣睢，恶显而易见；不则疲敝亡赖而不知避就者[13]；未容有深奸奇巧，诡于法而难于觉察者焉。则网疏吏寡，而治之也有余。抑百务草创，而姑与天下以休息，虽有不举[14]，且可俟之生遂之余[15]，则郡县阔远而事为不详，正以绥不宁而使之大定，此则省官之法善矣。

若夫天下已定，人席于安矣，政教弛而待张矣；于斯时也，士无诡出歧途以幸功名之路，温饱安居而遂忘于进，则衣冠之胄，俊秀之子，亦且隳志于庠序[16]，而自限于农圃。非多为之员、广为之科，以引掖之于君子之途[17]，则朴率之风，流为鄙倍[18]，而诗书礼乐不足以兴方起之才。且强暴不足以逞，而匿为巧诈；豪民日以磐固[19]，而玩法自便[20]；则百里一亭，千里一邑，长吏疏[21]，掾督缺[22]，而耳目易穷[23]。乃官习

（旁注）以往人们总批判历史上的“冗官”的问题，但船山则认为问题不应简单化，而应根据不同时期的不同情况，辩证地看待官吏的“冗”和“简”的问题。

于简略，而事日以积，教化之详，衣袽之备[24]，官不给而无以齐民[25]，事不夙而无以待变[26]。是则并官以慎选，而不能尽天下之才；省吏以息民，而无以理万民之治；吝爵吝权之害，岂浅于滥冗哉？故曰：理有定而法无定，因乎其时而已。

光武建武六年，河北初定，江、淮初平，关中初靖，承王莽割裂郡县、改置百官、苛细之后，抑当四海纷纭、蛇龙竞起之余，徼幸功名之情，中于人心而未易涤，并省四百余县，吏职减损，十置其一，斯其时乎！斯其时乎！要之非不易之法也。

所谓"因乎其时"，也就是强调政策的制定和实施，必须要视具体的社会条件而为。

[**注释**]

[1]建官：设置官职。　[2]体：本质。　[3]一行：一种德行，一种特殊的行为。　[4]自试以交奖于才能：一齐通过考试显示自己才能。　[5]疑沮：恐惧沮丧。　[6]墨吏：贪官污吏。　[7]相察：互相监督。　[8]胥史：犹胥吏。　[9]避就：回避迁就，钻空子。售：引申为使得逞。　[10]执：坚持不变。　[11]劝：劝勉。　[12]垫隘：羸弱困苦。　[13]疲敝：形容穷困潦倒。　[14]不举：不检举告发。　[15]生遂：生育，生长。　[16]庠（xiáng）序：泛指学校。　[17]引掖：引导扶持。　[18]鄙倍：浅陋背理。倍，通"背"。　[19]磐固：如磐石般稳固，形容不可动

摇。　[20]玩：轻慢，轻视。　[21]长吏：地位较高的县级官吏。　[22]掾督：掾属和督邮，二者皆辅助长官的属史。　[23]耳目：审查。　[24]衣袽（rú）之备：或作"衣袽之戒"，谓对潜伏着的危机应有所戒备。袽，破旧的衣服，古人用来堵塞舟船的漏洞。　[25]不给（jǐ）：不足用，不能供应所需。齐民：谓治理人民。　[26]夙：平素，此处引申为早有准备。

[**点评**]

诚如这篇史论的标题"减省吏职非不易之法"，即减省官员的职位并不是一成不变的政策，一繁一简之间，政治和社会效果，还要看具体历史时期的社会现实。船山认为，"生之者寡，食之者众"，冗官冗职，人浮于事、机构臃肿，必然会给社会带来沉重的负担，但是简单地一味地减少官吏职位的设置，事实上也是存在问题的。如何把握"冗"与"省"的张力，对于今天的政治生态来说，同样是一个需要恰当处理的问题：即当一些人竭力呼吁建立"小政府大社会"之时，对于船山的议论，是不是也值得反思？传统政治思想中对官僚系统的分工、分权、制衡等提高官吏工作效率问题的讨论，也是一笔值得继承的政治文化遗产。

除了对官吏多少问题的讨论外，船山这里还从历史哲学的高度，对法与理作出了辩证的论述。认为：法是实现理这一原则和目标的做法，具体怎么做，要看当时的历史条件，因时而异，法总是已经显示为现实关系的人定法，而理是超越于一时一事利益关系和统治者单方意志的，不同历史阶段人同此心的价值共识。因此，现实的人定法要服从并服务于理，或者说是天道、天法、自然法。总之，在船山看来，作为普遍性价值依据的理大于法，也是法的依据和目的。从以史为鉴的层面看，船山显然注意到历史中的经验，有根本性的，也有派生性的，要有所分别及运用，即所谓"天下有定理无定法"。即以史经世，当因时立法，知人、安民、近贤远奸等，还要注意到具体历史条件下的经验，同样是事关盛衰的大问题。如果只是重复旧有的教条，而不能总结新鲜经验，重复这些一般性的结论，只能隔靴搔痒，无济于经世之用。

光武不听江冯请督察三公

治之敝也，任法而不任人。夫法者，岂天子一人能持之以遍察臣工乎？势且仍委之人而使之操法。于是舍大臣而任小臣，舍旧臣而任新进，舍敦厚宽恕之士而任徼幸乐祸之小人[1]。其言非无征也，其于法不患不相傅致也[2]，于是而国事大乱。江冯请令司隶校尉督察三公，陈元争之，光武听元而黜冯之邪说，可谓知治矣。臣下之相容[3]，弊所自生也；臣下之相讦[4]，害所自极也。如冯之言，陪隶告其君长[5]，子弟讼其父兄，洵

法再好最终还要由人来执行，在船山看来，任法而不任人"未足以治天下"，是"治之敝也"。

然三纲沦、五典斁[6]，其不亡也几何哉！

大臣者，日坐论于天子之侧者也；用人行政之得失，天子日与酬辨[7]，而奚患不知？然而疑之也有故，则天子不亲政而疏远大臣，使不得日进乎前，于是大臣不能复待天子之命而自行其意。天子既疏远而有不及知，犹畏鬼魅者之畏暗也，且无以保大臣之必不为奸，而督察遂不容已[8]。媚疾苛核之小人[9]，乃以挠国政而离上下之心[10]。其所讦者未尝不中也，势遂下移而不可止。藉令天子修坐论之礼[11]，勤内朝外朝之问[12]，互相咨访，以析大政之疑，大臣日侍黼扆[13]，无隙以下比而固党[14]；则台谏之设[15]，上以纠君德之愆[16]，下以达万方之隐，初不委以毛鸷攻击之为[17]，然而面欺擅命之慝[18]，大臣固有所不敢逞，又焉用督察为哉？

况大臣者，非一旦而加诸上位也。天子亲政，则其为侍从者日与之亲，其任方面者，以其实试之功能，验之于殿最而延访之[19]，则择之已夙[20]，而岂待既登公辅之后乎？唯怠以废政，骄以傲人，则大臣之得失不审，于是恃纠虔之

要保证法的公正有效地实施，就必须要建立起贤吏执法的官僚系统。

法^[21]，以为不劳而治也。于是法密而心离，小人进而君子危，不可挽矣。

【注释】

[1]徼幸：同"侥幸"，非分的贪求。　[2]傅致：附益而引致，罗织。　[3]相容：互相包容。　[4]讦(jié)：揭发别人的隐私或攻击别人的短处。　[5]陪隶：即陪台，臣之臣，末等奴隶；亦泛指微贱罪隶。　[6]洵然：确实如此。沦：沉没。五典：古代的五种伦理道德。致(dù)：败坏。　[7]酬辨：对答辨析。　[8]不容已：停不下来。　[9]媢(mào)：嫉妒。　[10]挠：扰乱。　[11]坐论之礼：唐五代之制，宰相上殿议事，赐茶命坐，谓之坐论。　[12]内朝外朝：旧时朝官有内朝外朝之分。大体属于丞相行政系统官职称外朝官，君主的近臣称内朝官。　[13]黼扆(fǔ yǐ)：古代帝王座后的画斧形花纹的屏风，亦指帝座。　[14]下比：庇护坏人。比，勾结，庇护。　[15]台谏：专司纠弹的官员。　[16]愆(qiān)：罪过，过失。　[17]毛鸷(zhì)：指猛禽捕食小鸟，用以比喻酷吏的凶狠残暴。　[18]慝(tè)：奸邪，邪恶。　[19]殿最：考课，评比。　[20]夙：早。　[21]纠虔：纠举督正。

【点评】

　　船山这篇史论，通过对汉光武帝的一些政策的分析，阐述了有善法还要有良吏与之相结合的观点，即法治和人治间的辩证关系。在船山看来，法是人君制定的，人君依靠法律饬吏治，但同时强调，"治之敝也"，亦在于"任法而不任人"。这是因为，法还需要人来实行，执法之吏的品德和才能，对于法治的实现格外重要，决不能

　　领导者只有通过切实的行政实践和近距离的接触，才能发现人品好和有才干的人才。

"舍大臣而任小臣，舍旧臣而任新进，舍敦厚宽恕之士而任徼幸乐祸之小人"。那么，如何才能选拔出品德好且有行政能力的良吏呢？船山认为，人君必须躬亲行政，在具体的行政实践中考察人才，识别人品贤否，而不能单纯以为制定法了，就"以为不劳而治也"，最终导致"法密而心离，小人进而君子危，不可挽矣"。

吴汉逼成都以取败

建武十二年，天下已定，所未下者，公孙述耳。三方竞进，麇之于成都，述粮日匮，气日衰，人心日离，王元且负述而归我，此其勿庸劳师亟战而可坐收也较然矣[1]。触其致死之心，徼幸而犹图一逞，未易当也。吴汉逼成都而取败，必然之势矣。光武料之于千里之外而不爽，非有不测之智也，知其大者而已。

故善审势者，取彼与我而置之心目之外[2]，然后笼举而规恢之[3]，则细微之变必察；耳目骛于可见之形，而内生其心，则智役于事中，而变生于意外。《诗》云："不出于颍[4]。"出于颍者，其明哲无以加焉。昆阳之拒寻、邑，邯郸之麇王

只有审时度势，将形势了然于胸，明了事物发生的细微变化，作长远规划，才可取胜。

郎，光武固尝以亟战得之矣，彼一时也。吴汉效之而恶得不败！

决策必须根据形势变化，决不得机械套用原来成功的经验。

［注释］

[1] 较然：明显。 [2] 心目：心中或视觉方面的感受。 [3] 笼举：即举笼，举起笼子，引申为提纲挈领。规恢：规划恢张。[4] 不出于颎（jiǒng）：出自《诗经·小雅·无将大车》，犹言不能摆脱烦躁不安的心境。颎，通“耿”，心绪不宁，心事重重。

［点评］

船山这里对“善审势者”的解释，就是“取彼与我而置之心目之外”，即摆脱内心或视觉方面直观感受对自己决策的影响，放之更长远的方向看问题，只有这样才能了解事物发展的大势，而不是简单机械地按照前人的行为行动。

卷七

后汉章帝

第五伦言刘豫驷协务为严苦

论守令之贤，曰清、慎、勤，三者修，而守令之道尽矣乎？夫三者[1]，报政以优，令名以立，求守令之贤，未有能置焉者也。虽然，持之以为标准，而矜之以为风裁[2]，则民之伤者多而俗以诡[3]，国亦以不康。矜其清，则待物也必刻[4]；矜其慎，则察物也必细；矜其勤，则求物也必烦[5]。夫君子之清、清以和，君子之慎、慎以简，君子之勤、勤以敬其事，而无位外之图。于己不浼[6]，非尽天下而使严于笾豆也[7]；于令不妄，非拘文法而求尽于一切也；于心不逸[8]，非颠倒

鸡鸣之衣裳，以使人从我而不息也。君子修此三
者，以宜民而善俗，用宰天下可矣。然而课政或
有所不逮，而誉望减焉，名实之相诡久矣^[9]。第
五伦言"陈留令刘豫、冠军令驷协务为严苦，吏
民愁怨，议者反以为能"^[10]，谓此也。使豫与
协不衔其曲廉小谨勤劳之迹^[11]，岂有予之以能
名者？欲矫行以立官坊而不学^[12]，则三者之蔽，
民愁而俗诡。故曰："君子学道则爱人^[13]。"弦
歌兴而允为民父母^[14]，岂仅恃三者哉！

船山这里提
出要把握有关清、
静、勤三个品格的
度而不走极端的问
题，认为官员的清
廉应当出之内心自
觉，不能有"位外
之图"，不能沽名
钓誉。

[注释]

[1]"夫三者"以下五句：对于官员上报的优异政绩，树立
的良好声望，并据此来寻求贤能的守令，清、慎、勤这三个方
面是必须要考虑的。　[2]矜：注重，崇尚。风裁：风纪，刚
正不阿的品格。　[3]诡：欺诈，奸滑。　[4]刻：苛刻，严
酷。　[5]烦：通"繁"，烦琐、繁多。　[6]浼（měi）：玷污，此
引申为贪腐。　[7]箪（dān）豆：比喻小利。箪，古代盛饭的圆
竹器。　[8]"于心不逸"以下三句：（守令）内心不放松管理，
并不是要使百姓天不亮就要起床，匆忙情急之中举止失措，跟
自己一样劳作不息。颠倒鸡鸣之衣裳，指鸡鸣天明时急促惶遽
中不暇整衣或匆忙情急之中举止失措。　[9]相诡：相违背、违
反。　[10]第五伦：东汉名宦。京兆长陵人，字伯鱼。少耿介有
义行，光武建武二十九年（53）举孝廉，后拜会稽太守。在郡查
禁巫祝，禁屠耕牛，百姓以安。章帝即位，擢为司空，上疏抑制

外戚擅权。奉公尽节，在任以贞白称。后老病乞归。 [11]曲：狭隘。 [12]"欲矫行以立官坊而不学"以下三句：想要通过矫正过失的行为来树立国家的评价标准却不去深入学习、明白其中的道理，就是清、慎、勤这三个方面的缺陷，也是使百姓愁苦，社会风气堕落的原因。官坊：官方树立的评价标准。坊：旧时标榜功德的建筑物。 [13]君子学道：语出《论语·子张》："子夏曰：'百工居肆以成其事，君子学以致其道。'" [14]弦歌：指代礼乐教化。典出《论语·阳货》。

[点评]

船山的吏治思想非常丰富，其中尤其重视官德，即官员的品德问题。在这篇史论中，船山认为，优秀的官员应具有清、慎、勤三项操守，即官员只有清廉、谨慎、勤政，才能取得好的政绩，获得好的官声。在三项操守中，船山认为，清廉应是政府官员铨选的第一要则，即"清其本矣"。在船山看来，最可怕的是一个官员不清廉却勤奋和谨慎，认为其"乃为天下之巨奸"。朝廷对他进行考核时，还会因其勤奋、谨慎而原谅他的贪腐行为。实际上，这种官员的勤奋和谨慎是"勤者非勤""慎者非慎"，实乃"孳孳为利"的"跖之徒"，具有很大的欺骗性和危害性，格外应将其剔除官员队伍。在船山认为，考核官吏，除了应具有清、慎、勤三大官德外，还需要将之与其他品德（和、简、敬其事）中和，这样才不会因做过了头而产生负面影响。此外，应当注意的是船山指出，要注意那些以清廉自我标榜的伪清廉人。清廉本是官员对自己的道德诉求，应以爱民为出发点。如果清廉仅仅是为了获取好名声，即如"清而矜""清而伪"的官员，其清廉并不是出自内心，而是沽名钓誉，这种"清官"，以清廉为旗号，"掣曳才臣以不得有为"，往往引起党争，其危害比贪腐之害更大。此类"清而钝"的大臣，"以清节著闻"，对别人提出过高的道德要求，干扰国家政策执行，以小节害大局。一遇合适时机，其"清廉"假象就会褪尽。这样的人，除了"以清节著闻"外，往往还以结党内讧为能事，遇事则颟顸踟蹰，不能有所作为，甚至妨碍别的官员作为。这一点，也应是我们的组织在考察干部时所应注意的。

直言极谏补外吏

纳谏之道，亦不易矣。君无爵赏以劝之，则言者不进；以爵赏劝之，言者抑不择而进；故纳谏难也。抑有道于此，士之有见于道而思以匡君者，非以言售爵赏也，期于行而已矣。故明君行士之言，即所以报士，而爵赏不与焉。子曰："君子不以言举人 [1]。"此之谓与！

且夫进言者，绳君之愆而匡之 [2]，则言虽未工而知其为忠直之士，心识其人，而以爵赏继其后，其失焉者鲜矣。若夫所言者，求群臣之得失

对于权力的所有者来说，如何纳谏，如何把握其中的度，确实是一门学问。此论可知船山深知人性。

而抑扬之，取政事之沿革而敷陈之[3]，其言允，洵可行矣[4]，而人之贤不肖未可知也。此而以爵赏酬焉，则佞人杂进而奚保其终哉？

抑其言是矣[5]，其人非不肖矣，因其言之不讳，而置之左右，使旦夕纳诲焉。上既唯言是取，人且引言为己任而欲终其敢言之名，于是吹求在位者无已[6]，而毛举庶务之废兴以为言资[7]。将有事止于此，而言且引之以无穷，非奸而斥之奸，非贤而奖之贤；事不可废而欲已之，事不可兴而欲行之；荒唐苛细之论，皆以塞言之责，而国是乱。故言者可使言也，未可使尽言也；可使尽言也，不可使引伸为无已之言也。斟酌之权，在乎主心，乐闻谏而不导人以口给[8]，爵赏之酬，其可轻乎哉！

章帝于直言极谏之士，补外吏而试其为，非无以酬之，而不引之以无涯之辩，官守在而贤不肖抑可征焉[9]，庶几得之。

虽然下属所谏不一定正确，但是要广开言路，就必须鼓励下属提出不同的意见。至于是否值得采纳，则就要靠领导者的智慧了。即所谓"斟酌之权，在乎主心"了。

[注释]

[1]君子不以言举人：语出《论语·卫灵公》："子曰：君子不以言举人，不以人废言。"邢昺《正义》曰：此章言君子用

人，取其善节也。有言者不必有德，故不可以言举人，当察言观行然后举之。夫妇之愚，可以与知，故不可以无德而废善言也。　[2]愆(qiān)：罪过，过失。　[3]敷陈：详细叙述。　[4]洵：诚然。　[5]抑：如果。　[6]吹求：吹毛求疵。　[7]毛举：粗略地列举。　[8]口给：口才敏捷，能言善辩。　[9]征：证明，验证。

[点评]

《论语·卫灵公》记载孔子说："君子不以言举人，不以人废言。"船山这篇史论，也正是围绕着孔子这个论断对纳谏问题展开的讨论。对于《论语》的这段语录，北宋学者邢昺是这样解释的："此章言君子用人，取其善节也。有言者不必有德，故不可以言举人，当察言观行然后举之。夫妇之愚，可以与知，故不可以无德而废善言也。"即对于统治者纳谏的问题，不能因人废言，只要说得对，有助于事务的处理，就"不可以无德而废善言"，就应当采纳，不应以"妄议"之说压制下属提批评和建议。

后汉和帝

汉儒专家相竞以意说为异端

船山认为，正直的学者就要与异端思想斗争，要有承担批判异端邪说的责任感和使命感。认为"圣学异端之辨"的实质，也是争夺社会话语权的问题。

何谓异端：船山对异端做了正反两方面的界定。认为异端并非指对某些问题有自己不同看法，更不是对一些学术问题的不同看法的排斥，而是那种"诬心性而毁大义者"，是从根本上动摇"圣学"基础的学说。

辟异端者[1]，学者之任，治道之本也。乃所谓异端者，诡天地之经[2]，叛先王之宪[3]，离析"六经"之微言，以诬心性而毁大义者也[4]。非文辞章句度数沿革之小有合离[5]，偏见小闻所未逮而见为异者也。"六经"当秦火之余，非汉儒则愈亡逸，不可谓无功；而专家以相竞[6]，不可谓无罪。善求益者，乐取其所不及以征所已及[7]，丽泽并行竞流以相度越而汇于大川[8]，朋友讲习之功，所为取诸"兑"也；见善而迁[9]，如风之下流，如雷之相应，而十朋之龟弗克违，所为取诸"益"也。汉之诸儒，各有师传，所传者皆圣人之道所散见也。而习气相沿，保其专家以相攻击，非其所授受者谓之异端，天子听其说而为之禁，不已陋与！

徐防位三公，天子所与论道者也。道论定而为天下则。乃首所建白禁博士弟子之意说[10]，坐以不修家法之罪，离析圣道，锢蔽后起之聪明，精义隐而浮文昌[11]，道之不亡也几何哉？宋承其弊，苏、王二氏之学迭为废兴[12]，而诐淫以逞[13]。延及于今，经义取士，各有师承。塾师腐士，拾残沈以为密藏[14]，曾不知心为何用、性为何体，三王起于何族，五霸兴于何世。画地为狱，徽缰不解[15]，非是者谓之破裂文体。因而狂迷之士[16]，请以雌黄帖括沉埋烟雾之老生从祀先师[17]。世教衰，正学毁，求斯人之弗化为异物也，恶可得哉？

[注释]

[1]辟（pì）：驳斥，排除。 [2]诡：违反。 [3]宪：法令。 [4]心性：本心，性情。 [5]度数：标准，规则。 [6]专家：指学术上的某一家。 [7]征：证明，验证。 [8]"丽泽并行竞流以相度越而汇于大川"以下三句：典出《周易·兑卦》："象曰：丽泽，兑。君子以朋友讲习。"《周易正义》孔颖达疏曰："'丽泽，兑'者，丽，犹连也，两泽相连，润说之盛，故曰'丽泽，兑'也。'君子以朋友讲习'者，同门曰朋，同志曰友，朋友聚

居，讲习道义，相说之盛，莫过于此也。"[9]"见善而迁"以下五句：典出《周易·益卦》："象曰：风雷，益。君子以见善则迁，有过则改。"孔颖达疏曰："《正义》曰：《子夏传》云：'雷以动之，风以散之，万物皆盈。'孟僖亦与此同其意。言必须雷动于前，风散于后，然后万物皆益。如二月启蛰之后，风以长物；八月收声之后，风以残物。风之为益，其在雷后，故曰'风雷，益'也。迁谓迁徙慕尚，改谓改更惩止，迁善改过，益莫大焉，故君子求益，以'见善则迁，有过则改'也。"十朋之龟弗克违，语出《周易·损卦》："六五，或益之十朋之龟，弗克违，元吉。"孔颖达疏曰："《正义》曰：六五居尊以柔而在乎损，而能自抑损者也。居尊而能自抑损，则天下莫不归而益之，故曰'或益之'也。'或'者，言有也，言其不自益之，有人来益之也。朋者，党也。龟者，决疑之物也。阴不先唱，柔不自任，'尊以自居，损以守之'，则人用其力，事竭其功，'智者虑能，明者虑策'，而不能违也。朋至不违，则群才之用尽矣，故曰'十朋之龟，弗克违'也。群才毕用，自尊委人，天人并助，故曰'元吉'。"[10]意说：凭个人臆见创立的说法。　[11]浮文：华而不实的文词。　[12]苏：此指三苏父子创立的苏氏蜀学。王：此指王安石创立的荆公新学。　[13]诐（bì）淫：佞辞淫说。　[14]残沈：即断管残沈，指残缺的东西。沈（shěn），墨汁。　[15]徽缥（mò）：指绑缚俘虏或罪犯的绳索。　[16]狂迷：狂妄昏乱。　[17]雌黄：古人抄书、校书常用雌黄涂改文字，因此称乱改文字、乱发议论为"妄下雌黄"，称不顾事实、随口乱说为"信口雌黄"。帖括：泛指科举应试文章，比喻迂腐不切时用之言。沉埋：埋首，谓专心工作。烟雾：此处引申为不得要领，认不清方向。从祀：配享，附祭。先师：此处指孔子。

［点评］

从一定的话语权出发，任何时代都有正统思想和异端思想的分别与争论。船山立足于他所处的时代条件，对异端邪说作了界定和分类，提出了圣学和异端的区别，阐述了异端思想的危害及克服异端的途径，认定圣学异端之辨的实质是话语权之争，克服异端的目的是维护以文化终极目标为导向的社会治理，批评异端邪说是正义的事业。一个多元化的社会当然会有不同的思潮、观念、思想，这也是正常社会的表现之一。但是，这样的不同思想、观念，并非没有任何限制，它们存在的首要条件，就是必须不危害社会稳定，不危害人民的福祉。如果一种思想，突破了这一底线，那就是异端邪说，就不能由其自然泛滥。因为异端思想，直至影响着人心的背向，影响社会的治理和政权的稳定性，即船山所谓"得失安危之本"。所以船山这里强调，正直的学者就要与异端思想作斗争，要具有承担批判异端邪说的责任感和使命感。船山的这一思想，对于当代社会治理，同样具有一定的现实意义。

后汉安帝

丞相三公之分合无关得失

治天下之纲纪，非徒以其名也。其实在，其名虽易，纲纪存焉。其实亡，其名存，独争其名，奚益哉！

宰相之任，唐、虞之百揆合于一[1]，周之三公分于三[2]；其致治者，非分合之为之，君正于上，而任得其人也。其合也，位次于天子；其分也，职别于专司。然而虽分，必有统之者以合其分。要因乎上所重，而天下之权归之。天子孚以一心[3]，而躬亲重任[4]，唯待赞襄则一也[5]。自汉以后，名数易而权数移，移之有得有失，论者举而归功过于名；夫岂其名哉？操之者之失其实，则末由以治也[6]。

西汉置丞相而无实，权移于大将军；故昌邑

国家行政有纲有目，层层分权，各司其职，而统归上，目的不过是保证行政效率。故设司任官不在其名，而在行政是否有效率。

之废^[7]，杨敞委随^[8]，而生死莫能自必。东汉立三公而无实，权移于尚书；故陈忠因灾异策免三公，上书力争，言选举诛赏不当一由尚书^[9]。两汉之异，丞相合而三公分，然其权之上移于将军、下移于尚书同也。晋之中书监，犹尚书也。唐之三省^[10]，犹三公也。宋以参知分宰相之权^[11]，南宋立左右相，而移权于平章。永乐以降^[12]，名为分任九卿，而权归内阁。或分或合，或置或罢，互相为监，而互相为因。

　　若其所以或治或乱者，非此也；人不择则望轻，心不孚则事碍，天子不躬亲，而旁挠之者，非外戚则宦寺也。使大将军而以德选，则任大将军可矣。使尚书中书而以德进，则任两省可矣。丞相三公其名也，唐、虞、殷、周不相师也。惩权奸而分任于参知，下移于内阁，恶在参知、内阁之不足以擅权而怀奸也？上移于大将军，而仅以宠外戚；下移于内阁，而实以授宦寺；岂其名之去之哉？实去之耳。天子不躬亲，而日与居者，婢妾之与奄腐^[13]；不此之防，徒以虚名争崇卑分合之得失，亦末矣^[14]。

君权与相权的矛盾，以及随之而来的相权的不断分解，直至最后被废除，可谓是汉代以来中国政治舞台上的一出重头戏。

君主专制制度的本质，决定了"日与"君主"居者"的那些宦官或外戚的弄权。

统治者只有
"励精亲政"，才能
在政治实践中选拔
出有德有才之人。

为公辅争名不如争实[15]；其争实也，争权不如争道；非励精亲政而慎选有德，皆末也。荧惑守心而翟方进赐死[16]，地震而陈褒策免[17]，其时独无天子乎？

[**注释**]

[1]唐、虞：唐尧与虞舜的并称。亦指尧与舜的时代，古人以为太平盛世。揆（kuí）：掌握，管理。后因称宰相、内阁总理的职位为揆。　[2]三公：古代中央三种最高官衔的合称。周以太师、太傅、太保为三公。　[3]孚：信服，信任。　[4]躬亲：亲自，亲身从事。　[5]赞襄：辅助，协助。　[6]末由：无由。　[7]昌邑：即昌邑王刘贺，汉武帝刘彻之孙，后汉昭帝驾崩，因无子，被征召入朝，立为皇太子，承袭皇帝称号，在位第27天被废，史称汉废帝。　[8]杨敞：汉昭帝丞相。委随：软弱无能。　[9]不当一由尚书：不应该一律任由尚书。　[10]三省：指中书、门下、尚书三省。　[11]"宋以参知分宰相之权"以下三句：宋代以参知政事为副宰相分割宰相的权力。南宋又设立左右丞相，权力则移到了同中书门下平章事。　[12]永乐：明成祖年号。　[13]奄腐：宦官。　[14]末：不是根本的、主要的事物。　[15]公辅：古代天子之佐三公、四辅的合称，借指宰相一类的大臣。　[16]荧惑守心：是指火星侵入心宿内的天文现象，是星占学上最凶的天象，预兆帝王驾崩。荧惑，古指火星。其色发红，荧荧似火，从地球上看，运行轨迹和亮度变化不定，令人迷惑，故名。　[17]策免：帝王以策书免官。

[点评]

这篇史论中，船山回顾东汉、唐等朝代的教训，尤其是明亡的深刻教训，认为这些朝代之所以亡国，与丞相三公之分合无关，关键在于人君亲信近侍贵戚，让宦官、外戚专了权。纵观西汉以来的历史，"若其所以或治或乱者"，并不是权移于大将军，或移权于平章，抑或权归内阁等行政权力的划分等宰相制度的变化不定，而是不注意选择有德才名望的人专心任事，君主既不能事必躬亲，身边的宠幸近侍就很容易干政。因此结论是：丞相三公之分合无关得失，关键是要有制度设置，防止人君宠幸近侍。这也是船山主张构筑法律、制度、道德三位一体的吏治思想的体现。

卷八

后汉桓帝

崔寔譬德教除残为粱肉治疾

读崔寔之《政论》，而世变可知矣。譬德教除残为粱肉治疾[1]，申、韩之绪论，仁义之蟊贼也。其后荀悦、钟繇申言之，而曹孟德、诸葛武侯、刘先主决行之于上，君子之道诎[2]，刑名之术进，激于一时之诡随[3]，而启百年严酷之政，亦烈矣哉！

司马温公曰："慢则纠之以猛，残则施之以宽，宽以济猛，猛以济宽，斯不易之常道。"是言也，出于左氏，疑非夫子之言也。夫严犹可也，未闻猛之可以无伤者。相时而为宽猛[4]，则矫枉

船山反对简单的"乱世用重法"之说。

过正，行之不利而伤物者多矣。能审时而利用之者，其唯圣人乎！非激于俗而毗于好恶者之所得与也[5]。若夫不易之常道，而岂若此哉！

宽之为失，非民之害，驭吏以宽，而民之残也乃甚。汉之季世，驭委其辔[6]，马骄其衔[7]，四牡横奔[8]，皇路倾险者[9]，岂民之遽敢尔哉？外戚、奄人作威福以钳天下，而任贪人于郡邑，使虔刘赤子[10]，而民日在繁霜积雪之下，哀我惮人[11]，而何忍言猛乎！严者，治吏之经也；宽者，养民之纬也；并行不悖，而非以时为进退者也。今欲矫衰世之宽，益之以猛，琐琐之姻亚[12]，呰呰薿薿之富人[13]，且日假威以蹙其贫弱[14]，然而不激为盗贼也不能。犹且追咎之曰：未尝束民以猛也。憔悴之余，摧折无几矣。故严以治吏，宽以养民，无择于时而并行焉，庶得之矣。而犹未也。

以汉季言之，外戚、奄人之族党肆行无惮，是信刑罚之所不赦也；乃诛殛以快一时之众志[15]，阳球用之矣，范滂、张俭尝用之矣，卒以激乎大乱而不可止。然则德教不兴，而刑罚过

船山同样不同意司马光所谓"相时而为宽猛"的机会主义刑法观，认为那也不是孔子提倡的"王道"。

船山敏锐地指出，汉末社会动荡，不在对民法宽，而是治吏不严，权贵作威福、任贪吏，官逼民反所致，因而提出与司马光"相时宽猛"相反的观点，认为应"无择于时"，坚持一以"严以治吏，宽以养民"的法治原则。

峻，即以施之殃民病国之奸而势且中溃。寔乃曰："德教除残，犹以粱肉治疾。"岂知道者之言乎？上之自为正也无德[16]，其导民也无教；宽则国敝而祸缓，猛则国竞而祸急[17]；言治者不反诸本而治其末，言出而害气中于百年，申、韩与王道争衡而尤胜[18]。鄙哉寔也，其以戕贼天下无穷矣。

且夫治病者而恃药石，为壮而有余、偶中乎外邪者言也。然且中病而止，必资粱肉以继其后。若夫衰老羸弱而病在府藏者[19]，禁其粱肉而攻以药石，未有不死者也。当世之季叶，元气已渗泄而无几，是衰老羸弱之比也。而寔尚欲操砭石、捣五毒以攻其标病乎？智如孟德，贤如武侯，而此之不审，天其欲以此时刈子遗之余民乎！夫崔寔者，殆百草欲衰而鹠鸩为之先鸣乎！[20]

[注释]

[1]譬：比喻，比方。粱肉：精米肥肉，指精美的膳食。　[2]诎（qū）：屈服，折服。　[3]诡随：诡诈善变。　[4]相时：观察时机。　[5]毗（pí）：接连，依附。　[6]委：抛弃，舍弃。　[7]骀（tái）：马衔脱落。　[8]四牡：四匹公马。　[9]皇路：君道，国

运。　[10]虔刘：劫掠，杀戮。　[11]惮人：劳苦之人。惮，通"瘅"。　[12]琐琐：人品卑微、平庸、渺小。姻亚：有婚姻关系的亲戚。　[13]伿（cǐ）伿蔌（sù）蔌：猥琐丑陋貌。　[14]蹙（cù）：逼迫。　[15]诛殛（jí）：诛杀。　[16]正：同"政"。　[17]竞：此处指繁忙。　[18]王道：儒家倡导的以仁义治天下的政治。　[19]府藏：即"腑脏"，五脏六腑的总称。　[20]鹈鴂（tí jué）：杜鹃鸟。屈原《离骚》："恐鹈鴂之先鸣兮，使夫百草为之不芳。"《后汉书·张衡传》："恃己知而华予兮，鹈鴂鸣而不芳。"李贤注："鹈鴂，鸟名，喻谗人也。"后遂以"鹈鴂雕卉"比喻谗言伤害正直的人。

[点评]

　　船山研究东汉中晚期朝政之弊，指出东汉王朝溃败的根本原因是"上之自为正也无德"，导致"外戚、奄人之族党肆行无惮"，而希冀用申不害、韩非的严刑苛法来治世，最终残害孑遗之余民，造成社会的更大动乱。他提出"严以治吏，宽以养民"，企望以削弱权贵势力、关注民生来缓和阶级矛盾，具有明显的民本主义色彩。在船山看来，"严以治吏，宽以养民"的原则，具有"非以时为进退"的普遍适用性，也就是说，在任何时候对官吏都要严，对民众都要宽。如果一个国家的法律更多是针对官吏们的，而不是整治民众的，那么在这样的国度内，人民的权利就有可能得到比较充分的保障了。这一点，对于我们今天，依旧具有启示意义。

卷九

后汉献帝

张纮遗笺抉治道得失之源

论治者言得言失，古今所共也；而得不言其所自得，失不言其所自失，故牍满册府[1]，而听之者无能以取益。张纮将死，遗笺吴主曰："人情惮难而趋易[2]，好同而恶异，故与治道相反。"斯言抉得失之机于居心用情之际，闻之者而能悟焉，反求之寸心，而听言用人立政之失焉者鲜矣。

夫人之情，不耽逸豫[3]，天下无不可进之善；不喜谀悦[4]，天下无不可纳之忠。然而中人之于此[5]，恒讳之也。乐逸豫矣[6]，而曰图难者之迂远而无益也；喜谀悦矣，而曰责善者之失理而非

空洞的治国理论无益有害。

办事，畏难趋易；听意见，喜闻与己相同而厌相异，这与治世法则正好相反。船山尤激赏张纮这句话。这对我们今天不也有着警戒的意义吗？

法也；反诸其心而果然乎哉？偷安喜谀，一妇人孺子之愚^[7]，而远大之猷去之。讳其偷安喜谀之情，则利害迫于身而不知避。其迹刚愎者，其情荏苒^[8]；急取其柔情而砭之于隐^[9]，然后振起其生人之气。而图治有本，非泛言得失者，令人迷其受病之源，而听之若忘也。奋耻自强，而矫其情之所流，虽圣王之修身立政，又何以加焉！

[注释]

[1]册府：古时帝王藏书的地方。　[2]惮（dàn）：怕，畏惧。[3]耽（dān）：沉溺。逸豫：安逸享乐。　[4]谀悦：谄媚讨好。[5]中人：一般人。　[6]"乐逸豫矣"以下五句：贪图安逸的人，就说解决困难的人迂阔没有用处；喜欢阿谀的人，就会说批评的人没有道理不合常理，（让他们）扪心自问真是那样吗？　[7]一妇人孺子之愚：与妇人小孩一样愚蠢。　[8]荏苒：柔弱。　[9]砭：此处义救治。隐：藏匿，不显露。

[点评]

"不喜谀悦，天下无不可纳之忠。"这里评论的是孙吴谋士张纮临终前向孙权的谏言。船山对张纮的临终谏言颇为赞赏，尤其对那句："人情惮难而趋易，好同而恶异，故与治道相反"（人之常情是畏难趋易，喜好相同的意见而讨厌不同的意见，这与治世法则正好相反）尤为赞赏。认为："这是张纮在总结自己治理国家的得失经验

大家都知道"忠言逆耳"那句名言，但是在现实中又有几人能够做到？了解人性的弱点，对自己保持清醒的认识，是获取正确意见的前提。

教训的基础上，经过动情的认真思考得出的结论。"船山
认为："人的情感，如果不沉溺于安逸和贪图享乐，天下
的一切善事都可以做；如果不喜欢那些阿谀奉承取悦于
己的人，天下的一切忠言都可以采纳。"大家都知道"忠
言逆耳"那句亘古名言，但是在现实中又有几人能够做
到？对于一个领导来说，能否接纳逆耳忠言，不以"妄
议"责人，实能看出他的胸怀和品行。

卷十

三国

武侯任马谡李严之失

武侯之任人[1]，一失于马谡，再失于李严，诚哉知人之难也。暗者不足以知，而明察者即以明察为所蔽；妄者不足以知，而端方者即以端方为所蔽[2]。明察则有短而必见，端方则有瑕而必不容。士之智略果毅者，短长相间，瑕瑜相杂，多不能纯。察之密，待之严，则无以自全而或见弃，即加意收录，而固不任之矣。于是而饰其行以无过、饰其言以无尤者，周旋委曲以免摘[3]；言果辨，行果坚，而孰知其不可大任者，正在于此。似密似慎，外饰而中枵[4]，恶足任哉？

故先主过实之论^[5]，不能远马谡，而任以三军；陈震鳞甲之言^[6]，不能退李严，而倚以大计；则唯武侯端严精密，二子即乘之以蔽而受其蔽也。于是而曹孟德之能用人见矣，以治天下则不足，以争天下则有余。蔽于道而不蔽于才，不能烛司马懿之奸，而荀彧、郭嘉、锺繇、贾诩，惟所任而无不称矣。

［注释］

[1]武侯：三国蜀诸葛亮死后谥为忠武侯，后世称之为武侯。　[2]端方：庄重正直，端庄。　[3]摘：指出，批评。　[4]枵（xiāo）：空虚。　[5]先主：此称三国蜀刘备。过实：超过实际，不真实。　[6]鳞甲：喻人机心深峻，不可逆犯。

［点评］

在有关历史兴衰的讨论中，船山十分重视人的历史作用，认为历史事物的发展变化"动静之得失在人"，这充分体现了他的历史理性。亦由于重视人的历史作用，船山从探讨政治兴衰的视角，格外强调知人善任的重要。关于如何识人？船山认为"识人"难。"识人"为何如此之难，船山认为透过现象看本质，其主要包含这几个方面的原因："暗者不足以知，而明察者即以明察为所蔽；妄者不足以知，而端方者即以端方为所蔽。"也就是说，这其中交缠着复杂的主观因素和客观因素，既有用人方的原因，也有被用方的原因。如果两方面因素交缠和叠加在一起，就会造成更多的困难，所以才会出现各种识人之难。然而尽管识人具有各种难处，还是要谨慎对待，力争做到知人善任，因为这是关系到家国命运的大事——"谋人之国者，可不慎哉"！因此，船山在论述"国之大事"，很多的落脚点是在于如何用人方面。这一点也是我们的执政者应引以为鉴。

魏矫汉末标榜而流为玄虚奔竞

　　国政之因革，一张一弛而已。风俗之变迁，一质一文而已。上欲改政而下争之，争之而固不胜；下欲改俗而上抑之，抑之而愈激以流；故节宣而得其平者[1]，未易易也[2]。

　　东汉之中叶，士以名节相尚，而交游品题，互相持以成乎党论，天下奔走如骛，而莫之能止。桓、灵侧听奄竖[3]，极致其罪罟以摧折之[4]，而天下固慕其风而不以为忌。曹孟德心知摧折者之固为乱政，而标榜者之亦非善俗也，于是进崔琰、毛玠、陈群、钟繇之徒，任法课能，矫之以趋于刑名，而汉末之风暂息者数十年。琰、玠杀，孟

以"文质世运"的交互转移来论说社会运动，是中国古代特有的历史辩证发展的理论。

对于一些社会风习的变化，要注意导引，不可轻易以权力压制。

德殁，持之之力穷，而前之激者适以扬矣。太和之世，诸葛诞、邓飏浸起而矫孟德综实之习[5]，结纳互相题表[6]，未尝师汉末之为，而若或师之[7]；且刓方向圆[8]，崇虚堕实，尤不能如李、杜、范、张之崇名节以励俗矣[9]。乃遂以终魏之世，迄于晋而不为衰止。然则孟德之综核名实也，适以壅已决之水于须臾，而助其流溢已耳。故曰抑之而愈以流也。

这里，船山提出的“文质相救相成”“两不相废”论，指出文与质之间区别与联系的辩证关系，既克服了孔子弟子子贡所谓“文质混同”论，又克服了墨家、法家的“重质轻文”说，更否定了道家对“文”的完全否定，充满了矛盾统一的辩证思想。

名之不胜实、文之不胜质也，久矣。然古先圣人，两俱不废以平天下之情。奖之以名者，以劝其实也。导之以文者，以全其质也。人之有情不一矣，既与物交，则乐与物而相取，名所不至，虽为之而不乐于终。此慈父不能得之于子，严师不能得之于徒，明君不能得之于臣民者也。故因名以劝实，因文以全质，而天下欢忻鼓舞于敦实崇质之中，以不荡其心。此而可杜塞之以域民于矩矱也[10]，则古先圣人何弗圉天下之跃冶飞扬于钳网之中也？以为拂民之情而固不可也[11]。情者，性之依也，拂其情，拂其性矣；性者，天之安也，拂其性，拂其天矣。志郁而勃然以欲兴，则气亦蝹蜦屯结而待隙以外泄[12]。迨其一激一反，再反而尽弃其质以浮荡于虚名。利者争托焉，伪者争托焉，激之已极，无所择而唯其所泛滥。夏侯玄、何晏以之亡魏，王衍、王戎以之亡晋，五胡起，江东仅存，且蔓引以迄于陈、隋而不息，非崇质尚实者之激而岂至此哉？

桓、灵激之矣，奄竖激之矣，死亡接踵而激犹未甚，桓、灵、奄竖不能掩其名也。孟德、琰、玠并其名而掩之，而后诡出于玄虚，横流于奔竞，莫能禁也。以傅咸、卞壸、陶侃之公忠端亮，折之而不胜，董昭欲以区区之辨论，使曹叡持法以禁之，其将能乎？圣王不作，礼崩乐坏，政暴法烦，只以增风俗之浮荡而已矣。

[注释]

[1]节宣：指或裁制或布散以调适之，使气不散漫，不壅闭。[2]未易易：不要轻易改动。 [3]侧听：从旁听到。 [4]罪罟（gǔ）：罪网。 [5]浸：逐渐。综实：综核实际。 [6]题表：标榜，吹嘘。 [7]若：如，好像。 [8]刓（wán）：削去棱角。 [9]李、杜、范、张：即东汉末著名党人李膺、杜密、范滂、张俭。 [10]矩矱（yuē）：规矩，法度。 [11]拂：违背，不顺。 [12]蝹蜦（yūn lún）：龙蛇行动貌。屯结：聚集，集结。

[点评]

名与实，指概念、名称与事物、实在。与此问题在理论上有着密切内在联系的是文与质，文指华采、外表，质指本质，也即形式与内容。正确认识名与实、文与质的关系，对规范人们自己的言行和处理实际问题有着指导意义。船山在继承和总结孔子的"正名""文质彬彬"的思想和《墨经》、荀子以来的唯物观的基础上，提出"因名以劝实，因文以全质"，不但出色地论证了实对名、质对文的第一性，而且辩证地分析了名、文以及它们各自对实、质的积极意义。船山的名实论、文质论有着发前人之未发的卓见。而船山以此运用于历史运动，则发挥传统以文质论历史，表述历史过程和特征的思想学说，提出了"质文代变，文质互救"的政治史观。即在社会历史中的社会政治及文化运动，正是通过文质两种因素的相互竞争，互有胜出实现的。而文质相胜，从社会政治变迁来看，其实质也是"文质互救"的历史过程。

魏刘邵作考课法

任人任法，皆言治也，而言治者曰：任法不如任人。虽然，任人而废法，则下以合离为毁誉，上以好恶为取舍，废职业，徇虚名，逞私意，皆其弊也。于是任法者起而摘之曰：是治道之蠹也，非法而何以齐之？故申、韩之说，与王道而争胜。乃以法言之，《周官》之法亦密矣[1]，然皆使服其官者习其事，未尝悬黜陟以拟其后[2]。盖择人而授以法，使之遵焉，非立法以课人[3]，必使与科条相应，非是者罚也。

法诚立矣，服其官，任其事，不容废矣。而有过于法之所期者焉，有适如其法之所期者焉，有不及乎法之所期者焉。才之有偏胜也，时之有盈诎也[4]，事之有缓急也，九州之风土各有利病也[5]。等天下而理之[6]，均难易而责之，齐险易丰凶而限之，可为也而惮于为，不可为也而强为涂饰以应上之所求，天下之不乱也几何矣！上之所求于公卿百执郡邑之长者，有其纲也。安民也，裕国也，兴贤而远恶也，固本而待变也，此大纲也。大纲弛而民怨于下[7]，事废于官，虚誉虽腾，莫能掩也。苟有法以授之，人不得以玩而政自举矣。故曰择人而授以法，非立法以课人也。

论官常者曰：清也，慎也，勤也。而清其本矣。弗慎弗勤而能清也，诎于繁而可以居要，充其至可以为社稷臣矣。弗清而不慎不勤，其罪易

见，而为恶也浅。弗清矣，而慎以勤焉，察察
孳孳以规利而避害[8]，夫乃为天下之巨奸。考课
以黜陟之，即其得而多得之于勤慎以堕其清，况
其所谓勤者非勤，而慎者非慎乎？是所谓孳孳为
利，跖之徒矣[9]。清议者，似无益于人国者也，
而国无是不足以立。恐其亡实而后以法饬之[10]，
《周官》《周礼》《关雎》《麟趾》之精意所持也。
京房术数之小人[11]，何足以知此哉？卢毓、刘
邵师之以惑魏主，不能行焉必也。虽不能行，而
后世功利刑名之徒，犹师其说。张居正之毒，所
以延及百年而不息也。

[注释]

[1]《周官》：即儒典《周礼》。 [2]悬：公开提示。黜陟：指
人才的进退，官吏的升降。 [3]课：考核。 [4]盈诎（qū）：充
盈与缺。 [5]利病：优劣。 [6]等：与下文"均""齐"皆为动
词，即使之等、均、齐。 [7]圮（pǐ）：塌坏，毁灭。 [8]察察：
分别辨析。孳孳：勤勉不息。规：谋划。 [9]跖：即上古大盗盗跖，
后用以形容残暴的人。 [10]饬：整顿。 [11]京房：西汉易学家，
长于灾变术数之学。

[点评]

船山认为，在"人治"与"法治"的关系上，无论

任人与任法都是治国理政的两个基本方面，二者缺一不可，正如车之两轮、鸟之两翼，任何一方的缺失或滥用，都会给国家治理带来严重后果。这里，船山力图从一个比较新意的角度辩证地剖析"任人"与"任法"、"人治"与"法治"的相互关系。船山清醒地认识到治理国家应该"任法"与"任人"相结合，两者皆是国家治理的方式，只讲"任人"，仅仅推行"人治"是片面的；不主张"任法"，不以"法治"制约"人治"是行不通的。"任人"与"任法"虽然都是治理国家的两种手段，都有其不可替代的重要性，然而关键仍是"任人"，选择贤能的人才去实施法律。当然，船山这里所提倡的"人治"为本"法治"为辅的思想，实质上还是建立在帝制时代"人治"为本的基础之上，这也是其所处时代导致的认识局限。

卷十一

晋武帝

晋封同姓害愈于魏削宗室

魏削宗室而权臣篡，晋封同姓而骨肉残，故法者非所以守天下也；而怀、愍陷没[1]，琅邪复立国于江东者几百年[2]，则晋为愈矣。天下者，非一姓之私也，兴亡之修短有恒数，苟易姓而无原野流血之惨，则轻授他人而民不病。魏之授晋，上虽逆而下固安，无乃不可乎！然而三代王者建亲贤之辅，必欲享国长久而无能夺，岂私计哉？

人之所以异于禽兽者，非其利病生死之知择也，则君子之为天下君以别人于禽兽者，亦非但恤其病而使之利，全其生而使无死也。原于天之

如果改朝换代能使人民生活得到安定，那么即便是篡是窃，又有何妨！船山这种思想，在当时真可谓是大胆之论了。

仁，则不可无父子；原于天之义，则不可无君臣。均是人而戴之为君，尊亲于父，则旦易一主，夕易一主，稽首匍伏，以势为从违而不知耻[3]，生人之道蔑矣[4]。以是而利，不如其病之；以是而生，不如其死之也。先王重不忍于斯民，非姑息之仁，以全躯保妻子、导天下于鱼虫之聚者，虑此深矣！然则晋保社稷于百年，而魏速沦亡于三世，其于君天下之道，得失较然矣[5]。

　　晋武之不终也，惠帝之不慧也，怀、愍之不足以图存，元帝之不可大有为也；然其后王敦、苏峻、桓温相踵以谋逆，桓玄且移天步以自踞[6]，然而迟之又久，非安帝之不知饥饱[7]，而刘裕功勋赫奕[8]，莫能夺也。谓非大封同姓之有以维系之乎？宋文帝宠任诸弟，使理国政、牧方州，虑亦及此；而明帝诛夷之以无遗，萧道成乃乘虚而攘之[9]。嗣是而掇天位者如拾坠叶[10]，臣不以易主为惭，民不以改姓为异。垂及唐、宋，虽权臣不作，而盗贼夷狄进矣。然则以八王之祸咎晋氏之非，抑将以射肩请隧咎文昭武穆之不当裂土而封乎[11]？法不可以守天下，而贤于无法。亦

　　国家并不是国君一家一姓的私产，立君的根本目的是利民，君子从道不从势。

一个社会之有法治总比无法治好。这从某些方面讲，也未尝不可引申到古代社会中儒家对于"礼"或"纲常"秩序之强调的理解。

规诸至仁大义之原而已。

［注释］

[1]怀、愍：晋怀帝司马炽、晋愍帝司马邺。　[2]琅邪：指晋元帝司马睿。　[3]从违：依从或违背。　[4]蔑：微小。　[5]较然：明显貌。[6]天步：指时运、国运等。踞：占据，霸占。[7]安帝：晋安帝司马德宗。　[8]刘裕：南朝宋开国皇帝。　[9]萧道成：南朝齐开国皇帝。　[10]嗣：继续，继承。　[11]射肩：典出《左传·桓公五年》。周桓王以郑庄公不朝，召集蔡、卫、陈等讨伐，败，郑军有猛士祝聃，以箭中周桓王肩。自此，周天子失去对诸侯国控制，历史进入"大国争霸"时期。请隧：典出《左传·僖公二十五年》。晋文公帮助周襄王在郏邑恢复王位后，要求襄王允许自己死后得以天子礼隧葬。后以指图谋统治天下。隧，掘墓道安葬，古时天子的葬礼。咎：怪罪。文昭武穆：原指文王的子孙众多，后则泛称子孙繁衍。

［点评］

"一切历史都是当代史。"意大利历史哲学家克罗齐的这一命题，或许可以作这样的理解：即人们研究历史和撰写历史总是从现实的兴趣出发为现实目的服务的。船山的史论亦可作如是解。船山的史论也是他对明代历史的深沉反思。明末清初另一位启蒙思想家黄宗羲曾说："有明之无善治，自高皇帝罢丞相始也。"对于古代士大夫来说，宰相作为"道统"的体现，也是与君主（政统）共治天下的集中体现，一定意义上也是政治统治权与政治行政权厘分，通过制度安排制约专制皇权的存在。然

而，自明太祖朱元璋废除宰相后，君主专制制度也发展
到了顶峰，形成了绝对的君主专制，加重了政治腐败。
晚明知识界出现的"公私之辨"的思潮，已蕴含了对专
制君权的批判。此后，随着明朝的明亡，这一思潮随着
政治反思的深化，反对专制君权的思潮也达到了高峰。
顾炎武、黄宗羲和船山先生便是这一思潮的思想代表。
船山"以天下论者，必循天下之公，天下非一姓私也"
的论述，在《读通鉴论》中比比皆是。这篇史论，船山
所谓："天下者，非一姓之私也，兴亡修短有恒数，苟易
姓而无原野流血之惨，则轻授他人而民不病。"亦是此反
对君主专制，将生民生存置于专制君主权力之上思想的
鲜明体现。

佞人祸甚于苛政

　　用人与行政，两者相扶以治，举一废一，而
害必生焉，魏、晋其验已。虽无佞人，而亟行苛
政以钳束天下，而使乱不起；然而人心早离，乐
于易主，而国速亡。政不苛而用佞人，其政之近
道，足以羁縻天下使不叛，然而国是乱[1]，朋党
交争，而国速以乱。
　　曹孟德惩汉末之缓弛，而以申、韩为法，臣

船山此用人与
行政二者不可偏废
是值得思考的命题。
用人不当，虽有佳
法而不能施行。

民皆重足以立；司马氏乘之以宽惠收人心，君弑国亡，无有起卫之者。然而魏氏所任之人，自谋臣而外，如崔琰、毛玠、辛毗、陈群、陈矫、高堂隆之流，虽未闻君子之道，而鲠直清严，不屑为招权纳贿、骄奢柔谄猥鄙之行，故纲纪粗立，垂及于篡，而女谒宵小不得流毒于朝廷[2]，则其效也。晋武之初立，正郊庙，行通丧，封宗室，罢禁锢，立谏官，征废逸，禁谶纬，增吏俸，崇宽弘雅正之治术，故民藉以安；内乱外逼，国已糜烂，而人心犹系之。然其所用者，贾充、任恺、冯紞、荀勖、何曾、石苞、王恺、石崇、潘岳之流，皆寡廉鲜耻贪冒骄奢之鄙夫[3]；即以张华、陆机铮铮自见，而与邪波流，陷于乱贼而愍不畏死[4]；虽有二傅、和峤之亢直[5]，而不敌群小之翕訾[6]；是以强宗妒后互乱，而氐、羯乘之以猖狂[7]。小人浊乱，国无与立，非但王衍辈清谈误之也。

是用人行政，交相扶以图治，失其一，则一之仅存者不足以救；古今乱亡之轨，所以相寻而不舍也[8]。

以要言之，用人其尤亟乎[9]！人而苟为治人也，则治法因之以建，而苛刻纵弛之患两亡矣。魏之用人，抑苟免于邪佞尔[10]，无有能立久长之本，建弘远之规者也。孟德之智，所知者有涯；能别于忠佞之分，而不能虚衷以致高朗宏通之士[11]；争乱之余，智术兴，道德坠，名世之风邈矣[12]。仅一管宁[13]，而德不足以相致也。晋承魏之安处，时非无贤，而奖之不以其道，进之不以其诚，天下颓靡，而以老、庄为藏身之固，其法虽立，文具而已。使二代之君，德修而勤于求治，天下群趋于正，而岂患法之不立乎？宋太祖、太宗之所以垂统久长，而天下怀其德于既亡之余，庶几尚已！

如何在现实政治中保持"任人"与"任法"的张力，而不偏颇一侧，也是达到长治久安的重要方面。

[注释]

[1]国是：国家的重大政策。 [2]女谒宵小：指女宠及小人、坏人。 [3]贪冒：指贪图财利的人。 [4]愍：同"悯"。 [5]二傅：指傅玄、傅咸二人。 [6]翕訾（ xī zī ）：小人相互勾结，出自《尔雅·释训》。 [7]氐、羯：氐人和羯人，皆当时的北方少数民族。 [8]相寻：相继，接连不断。 [9]亟：急切。 [10]邪佞：奸邪伪善，奸邪小人。 [11]虚衷：虚心。衷，内心。高朗：气质、风格高洁爽朗。宏通：心胸开阔，通达事理。 [12]邈：高远，超卓。 [13]管宁：汉末三国时期著名隐士。

[点评]

何谓任人任法？船山认为："任人任法，皆言治也。"即无论是选任贤人，还是运用法律和法令，都是治国之道。在这个问题上，中国古代存在两种对立的观点。法家强调"以法治国"，务使"境内之民，其言谈者必轨于法"。儒家强调贤人主政，"政者，正也，子帅以正，孰敢不正"。船山此论，在总结历朝治国经验的基础上，提出了"用人与行政，两者相扶以治，举一废一，而害必生焉"的辩证观点，即治理国家，要将选拔人才与行政实践相结合，其中以用人更为重要。因为"政"是需要人来行的。从行政角度看，"任人"与"任法"二者不可偏废，但任人更加重要。因为"政"及"法"皆要人来制定和执行的。所以，归根到底，安邦治国的关键是"任贤而已矣"。"是用人行政，交相扶以图治，失其一，则一之仅存者不足以救；古今乱亡之轨，所以相寻而不舍也。"历史地看，船山这里提出的任法与任人二者不可偏废，强调行政与法治重要性的观点，在当时的启蒙意义还是应该给予重视的。

罢州郡兵而大乱

秦灭六国而销兵[1]，晋平吴而罢州郡兵[2]，未几而大乱以亡。《泰誓》称武王克殷[3]，放牛归马[4]，衅甲囊弓，示天下弗用，秦、晋与周将无同道[5]，而成败迥异，何也？

纣之无道，虐加于民，而诸侯或西向归周，或东留事纣，未尝日寻干戈，竞起为乱也。天下之志相胥以静[6]，而弄兵乐祸之民不兴。及乎纣虐革，周政行[7]，而皆仍故服[8]，无与炀之[9]，不待扑之也。战国之争，逮乎秦、项，凡数百年，至汉初而始定。三国之争，逮乎隋末，凡数百年，至唐初而始定。安、史之乱，延乎五代，凡百余年，至太平兴国而始定[10]。靖康之祸[11]，延乎蒙古，凡二百余年，至洪武而始定。其间非无暂息之日若可以定者，然而支蔓不绝，旋踵复兴[12]。非但上有暴君，国有奸雄；抑亦人心风俗一动而不可猝静，虔矫习成[13]，杀机易发，上欲扑之而不可扑也。夫秦与晋恶能摄天下之心与气而敛之一朝哉[14]？故陈胜有辍耕之叹[15]，石勒有东门之啸[16]，争乘虚而思起。此兵之不可急弭者[17]，机在下也。

且夫周之兴也，文王受铁钺而专征[18]，方有事于密、阮、崇、黎[19]，而早已勤修文德，勤圣学，演《周易》，造髦士[20]，养国老[21]，

历史往往看起来相类，实际却有着迥异的结果，这就需要我们在研究历史之时，探讨其背后引起事物走向的具体的不同原因。

此称"机在下"与下面的"教在上"，表明船山看待和处理事物的两种态度。

采南国之风，革其淫乱，儿童嬉游而掇芣苢[22]，女子修事以采蘋蘩[23]，未尝投戈而始论道[24]，息马而始讲艺也[25]。优而柔之，以调天地和平之气，而于兵戎之事，特不得已而姑试之，上弗之贵，而下且贱之，圣人之所以潜移人心而陶冶其性者，如此其至也。而后戎衣甫著[26]，而弓矢旋弢[27]，天下以为实获我心[28]，可澡雪以见荣于文治[29]。秦之并六国、灭宗周，晋之篡魏而吞吴也，谋唯恐其不险，力唯恐其不竞，日进阴鸷残忍之夫[30]，皇皇以图弋获[31]，而又崇侈奔欲，以败人伦之捡柙[32]；其与于成功共富贵者，抑奢淫以启天下之忌，无以涤天下之淫邪，而畜其强狡于草泽[33]；幸而兵解难夷[34]，遂欲使之屈首以奉长吏之法[35]，未有能降心抑志以顺从者也。上无豫教[36]，而欲饰治安于旦夕[37]，召侮而已矣[38]。此兵之不可急弭者，教在上也。

乱世久矣，社会长期动荡，人心思治；而秦、晋以险诈获国，刚一统一，社会戾气尚未得到安抚，不宣德教、行教化，从根本上安抚民心，只想以销兵来缘饰社会安定，其失败也就会是必然之事了。

陶璜、山涛力排罢兵之议[39]，从事后而言之，验矣。然抑岂于天下甫离水火之日，寻兵不已，而日取其民纳之驰骤击刺之中乎[40]？盍亦求诸其本矣。故圣人作而乱不难已，商、周是也，道之驯也；圣人不作，待其敝之已极，人皆厌苦而思偃武[41]，帝王乃因而抚之，则汉、唐以后之一统是也，几之复也。庶几商、周之治者，其唯光武乎[42]？寇盗方横，而奖道敦礼[43]，任贤爱民，以潜消民气之戾于扰攘之中[44]，兵不待弭而自戢[45]。然而黎阳之屯[46]，固不敢藉口于放牛归马以自拟于周也。

怎样以史为鉴，船山此论的思考，可谓是个有益的例子。

[注释]

[1]秦灭六国而销兵：秦灭六国后，收缴天下兵器，铸成钟镶和十二铜人，置放于宫廷之中。　[2]晋平吴而罢州郡兵：西晋灭吴后，晋武帝罢州郡兵以示天下太平，在大郡置武吏百人，小郡五十人。　[3]《泰誓》：《尚书·周书》篇名。　[4]"放牛归马"二句：牛马放归原野，铠甲弓矢收藏起来，比喻战争结束不再用兵。衅甲，杀牲以血浇于铠甲。櫜（gāo）弓，将弓矢收藏起来。櫜，收纳弓矢的囊。　[5]将无同：大概没有什么不同。　[6]相胥：共同。　[7]纣虐革，周政行：纣王暴政被革除，周王德政得到推行。　[8]故服：原来的服饰。　[9]炀：焚烧。　[10]太平兴国：宋太宗年号。　[11]靖康：宋钦宗年号，凡二年。北宋为金所灭，史称"靖康之祸"。　[12]支蔓不绝，旋踵复兴：指大小战乱不断。支蔓，或作"枝蔓"，此喻小的战乱。旋踵复兴，形容战乱停歇时间很短就又开始。踵，脚跟。　[13]虔矫：假托上命夺取财物，泛指敲诈掠夺。　[14]恶：同"乌"，疑问词，哪，何。　[15]辍耕之叹：典出《史记·陈涉世家》。陈胜年轻时，曾受雇为人耕地。

劳作之时，忽然停下来，坐在田垄之上，对其他人说："如果我将来富贵了，不会忘掉你们。"与之同耕者嘲笑他说："你现在还被人雇佣，为人耕作，何谈富贵呀！"陈胜听了叹息说："唉，燕雀安知鸿鹄之志啊。" [16] 东门之啸：典出《晋书·石勒载记》。石勒十四岁时随同乡到洛阳做买卖。他倚着上东门长啸，晋大臣王衍看见了非常惊异，回头对身边的人说："刚才这个胡家孩子，我从他的啸声听出他胸怀奇志，恐怕将来会成为祸乱天下的人。"于是遣人急驰收捕，但这时石勒已经离去了。 [17] 弭：平息，停止。 [18] 文王：即周文王。铁钺：斫刀和大斧。古代征讨作战，帝王授统兵将领铁钺，以示授其行专征专杀之权。 [19] 密、阮、崇、黎：古方国名。 [20] 髦士：俊杰，杰出的人。 [21] 国老：告老退职的卿大夫。 [22] 芣苢（fú yǐ）：即车前草。 [23] 蘋蘩：蘋和蘩，两种可供食用的水草，古代常用于祭祀。 [24] 投戈：放下武器，指休战。 [25] 息马：使马休息，指休战。 [26] 戎衣：亦称戎服、戎装。指军装。甫：副词，才，刚刚。 [27] 弢（tāo）：弓袋，此引申为隐藏。 [28] 实获我心：确实合乎自己的心意。 [29] 澡雪：洗涤，清洗。 [30] 阴鸷：阴险凶狠。 [31] 弋获：射而有所获，泛指收获。 [32] 捡柙：规矩，法度。 [33] 强狡：壮佼、壮健。草泽：荒野。 [34] 夷：平息。 [35] 长吏：泛指上级官吏。 [36] 豫教：预先进行教育、感化。 [37] 饰：装饰，缘饰。 [38] 召侮：招致侮弄。 [39] 陶璜、山涛力排罢兵之议：指陶璜、山涛上书反对晋武帝罢州郡之兵事。陶璜，西晋将领。山涛，西晋名士，"竹林七贤"之一。 [40] 驰骤击刺：在此指驰骋厮杀的战乱。驰骤，驰骋。击刺，用戈矛作战。 [41] 偃武：停息战争。 [42] 光武：指光武帝刘秀。 [43] 奖道敦礼：奖励道德，尊崇礼教。 [44] 戾：乖张。扰攘：骚乱，纷乱。 [45] 戢：收敛。 [46] 黎阳之屯：指黎阳营。东汉置，统幽并精兵，因驻黎阳，故称。以中谒者监之，称监察黎阳营谒者。

［点评］

　　本篇史论的问题缘起是：秦、晋与周，皆在消灭敌国的情况下解除武装力量，为什么出现大相径庭的历史结局。船山以"罢兵"为切入点，于纵向上梳理周、秦、晋罢兵情况以及历朝历代的治乱状况，并于横向上比较周与秦、晋制度、政策乃至社会环境层面之间的异同。在对比分析之下，船山看到道德教化、收服民心的重要性。

　　从该篇史论可以看出，船山善于运用归纳、对比、总结的方法，观察和分析史事、人物与制度之间的联系与区别；亦善于运用动态、通变的眼光观察历史的兴衰成败，对于制度典章，对于历史人物，对于历史变革，作出合乎实际的评价。

卷十二

晋惠帝

琅邪王睿王导用老庄之术

宋高宗免于北行^[1]，而延祀于杭州，幸也；琅邪王免于刘、石之祸^[2]，而延祀于建康，非幸也。当颖、颙、腾、越交讧之日^[3]，引身而去，归国以图存，卓矣哉！王之归，王导劝之也。导之察几也审^[4]，王之从谏也决，王与导之相得自此始^[5]，要其所以能然者有本矣。八王衅争之日^[6]，晋室纷纭缪戾^[7]，人困于其中而无术以自免。乃王未归国之先^[8]，一若无所短长浮沉于去就者；导以望族薄仕东海^[9]，而邪正顺逆之交，一无所表见。呜呼！斯所以不可及也。

几者，乃关乎生存的隐微、细微的变化。《周易·系辞下》："几者动之微，吉之先见者也。君子见几而作，不俟终日。"船山此极言洞察事物几微变化之要。

老子曰："静为躁君。"非至论也。乃所谓静者，于天下妄动之日[10]，端凝以观物变[11]，潜与经纶[12]，而属意于可发之几，彼躁动者，固不知我静中之动，而我自悠然有余地矣。天地亦广矣，物变有所始，必有所终矣。事之可为者，无有禁我以弗为；所难者，身处于葛藟脆龁之中[13]，而酒食相縻，赤绂相系，于是而戈矛相寻不觉矣。静者日悠然天宇之内，用吾才成吾事者无涯焉，安能役役与人争潆洄于漩澓之中乎[14]！澄神定志于须臾[15]，而几自审，言之有当者，从之自决矣。此王与导之得意忘言而莫逆于心者也。是术也，老、庄以之处乱世而思济者也。得则驰骋天下之至刚；不得，抑可以缘督而不近于刑[16]。琅邪之全宗社于江东，而导昌其家世，宜矣。

虽然，此以处争乱云扰之日而姑试可也；既安既定而犹用之，则不足以有为而成德业。王与导终始以之，斯又晋之所以绝望于中原也。孔子思小子之简[17]，而必有以裁之，非精研乎动静之几、与时偕行者，不足以与于斯。

对老子"静为躁君"说的批评，体现了船山对事物静、躁变化理解的辩证思想。认为一味强调消极的"静"，就会忽略事物变化中主观意志的积极因素。

［注释］

[1]宋高宗：南宋开国皇帝赵构。　[2]琅邪王：此指建立东晋的司马睿，睿西晋时受封琅邪国。刘、石：指西晋末建立汉赵政权的匈奴人刘渊和建立后赵政权的羯人石勒。　[3]颖、颙、腾、越交讧：指西晋末八王之乱的司马颖、司马颙、司马腾和司马越。　[4]察几：明察苗头、预兆。　[5]相得：契合，投机。　[6]奰（bì）：怒而作气的样子。　[7]缪辖（jiāo gé）：纵横交错。　[8]"乃王未归国之先"二句：当琅邪王司马睿没有回到封国之前，作出一副好像不计较就职的利害的样子。　[9]"导以望族薄仕东海"以下三句：王导以望族身份在东海王那里担任个小官，无论与什么人交往，都不表露出自己的态度和看法。　[10]妄动：轻率、任意的行动。　[11]端凝：端正认真而注意力集中。　[12]经纶：整理蚕丝，引申为规划、治理。　[13]葛藟（gě lěi）虺隍（wù niè）：意为身处忧困与动荡不安的局势之中。葛藟：植物名，葡萄科葡萄属，蔓生藤本，有卷须。虺隍：惶惶不安。　[14]役役：劳苦不息或奔走钻营的样子。濚洄（yíng huí）：水流回旋的样子。漩澓（xuán fú）：水旋转回流。　[15]澄神定志：使心智和精神得以安静和澄清，集中意志，专心不受外物的干扰。　[16]缘督：守中合道，顺其自然，引申为循理，折衷。不近于刑：远离刑罚。　[17]孔子思小子之简：孔子考虑对学生的挑选。简，选择。

［点评］

船山此论通过对东晋开国皇帝司马睿以老庄之术偏安江东之事的评议，阐述了他有关事物变化的思想。一方面，船山肯定东晋统治者避难江东，保晋祚得以延续，一方面，船山又对东晋统治者一味坚持老子的"静为躁君"不以为然,认为不能只单方面保守地强调"静",而忽略积极性的"动"因素亦往往寓于"静"中,应于"静"中,主动寻绎、把握能使事物向着积极方向转变的"动"之"几"。东晋统治者只知安于江东,放弃积极的恢复之心,就是只知"静",不知洞察"动"之几微。"虽然,此以处争乱云扰之日而姑试可也;既安既定而犹用之,则不足以有为而成德业。"船山认为:"乃所谓静者,于天下妄动之日,端凝以观物变,潜与经纶,而属意于可发之几,彼躁动者,固不知我静中之动,而我自悠然有余地矣。"温习船山此论,难道不值得我们深思吗?

晋怀帝

王导不听陈頵改西晋旧制

　　王导秉江东之政，陈頵劝其改西晋之制，明赏信罚[1]，综名责实[2]，以举大义，论者韪之，而惜导之不从。然使导亟从頵言，大反前轨，任名法以惩创久弛之人心[3]，江东之存亡未可知也。语曰："琴瑟之不调，必改而更张之。"非知治之言也。弦之不调，因其故而为节其缓急耳，非责之弦而亟易其故也。不调之弦，失之缓矣，病其缓而急张之，大弦急，小弦绝，而况可调乎？

　　晋代吏民之相尚以虚浮而乐于弛也久矣，一旦操之已慼[4]，下将何以堪之？且当其时，所可资以共理者，周颛、庾亮、顾荣、贺循之流，皆雒中旧用之士[5]，习于通脱玄虚之风，未尝惯习羁络者；骤使奔走于章程[6]，不能祗承[7]，而固

船山认为为政必不可骤行骤改，大弛大张，应保持一定政策的连续性。

皆引去。于是虔矫束湿之人[8]，拔自寒流以各逞其竞躁，吏不习，民不安，士心瓦解，乱生于内而不可遏矣。夫卞壶、陶侃，固端严劫毖之士也[9]，导固引壶于朝端，任侃于方岳矣[10]，潜移默化，岂在一旦一夕哉？宋尝病其纪纲之宽、政事之窳矣[11]，王安石迫于改更而人心始怨；元祐、绍圣、建中靖国屡惩屡改[12]，而宋乃亡。锻铁者，急于反则折。褊人憾前图之不令[13]，矫枉而又之于枉，不可以治无事之天下，而况国步方蹙、人心未固之时乎[10]？

且不但此也，汉末尚声誉，而曹操矫之以严；魏氏急名实，而司马矫之以宽；彼皆乐翘前人之过[14]，形君人之非[15]，以快人心而使乐附于己。当导之世，王敦尝用此术矣；其后桓温又用此术矣；所以进趋利徼功之人而与为逆也[16]。导唯无此不轨之志，故即因为革，从容调御而不自暴其能[17]，夫导岂无颎之心哉？桓彝品藻之曰管夷吾[18]，则其不袭王衍诸人之荡泆以靡天下[19]，可知也。又恶知其不服膺陈頵之谏而特不露其锋铓尔。有当世之略者，好恶不激，张弛不迫；褊

改革要看时机和条件，"锻铁者，急于反则折"，骤然改之，难免一时难以适应，引人惶惶。

凡事不可从一个极端激转到另一极端，庶几可得"中庸"矣。

人不知，求快一时，而怪其弗能为也，愚者何足
与深言邪！

[注释]

[1]明赏信罚：同"赏罚分明"，形容处理事情严格而公正。
[2]综名责实：综合事物的名目和实际加以考核，以求名实相符。
[3]惩创：惩戒，惩治。　[4]蹙：紧迫，急促。　[5]雒：古都邑
名，今址河南洛阳。　[6]章程：指组织的规程或办事条例，也泛
指各种制度。　[7]祗（zhī）承：敬奉。　[8]虔矫束湿之人：以
严酷杀戮严饬下属官吏的人。虔，杀戮。矫，纠正。束湿，形容
旧时官吏驭下苛酷急切。　[9]端严劼毖（jié bì）：端正庄严、谨
慎。　[10]方岳：此指州郡。　[11]窳（yǔ）：（事物）恶劣，粗
劣。　[12]元祐、绍圣：北宋哲宗年号。建中靖国：北宋徽宗年
号。　[13]褊人：气量狭窄的人。　[14]翘：揭露。　[15]形：
使之现形，显露。君人：国君。　[16]徼（jiǎo）功：求功。　[17]调
御：调教驾御。　[18]管夷吾：管仲（管子）。　[19]荡洗：荡涤，
洗涤。

[点评]

船山《读通鉴论》史论中蕴含着丰富的君道政治思
想。作为一个儒者，船山的君道政治思想的核心，也必
然体现着儒家王道政治的特色。儒家王道政治的特点，
是以礼乐德政治国，注重从容调御教化、潜移默化，虽
有张弛，但不会操之过急而使政治举措与运行大起大落
之。这一点，与申韩之道一切断以刑名之教和严刑峻法，
为政大张大弛的政治思想正好相反。按《通鉴》记载，

东晋南渡，王导秉政。陈頵劝王导骤改政制，以申韩之法行于朝廷，但王导未从。船山以为，王导之决定是正确的，若行陈頵之言，则"江东之存亡未可知也"。按照船山的分析，晋南渡之前，政治氛围宽松，吏民于此已成习惯。东晋南渡，基本沿袭了此前的政治举措，遵循着儒家王道之基本理念。若此时大反前轨，一任名法，则社会上下将不堪此创。吏民两不安，人心震慑，乱生于内。此种政治生态根本上是悖离王道理念及实践的，也是不利于社会稳定和发展的。

卷十三

东晋成帝

庾亮引西阳王羕王导卞壶温峤郗鉴
并明帝遗诏辅政

少主立，而大臣尸辅政之名[1]，虽周公之圣，不能已二叔之乱[2]，况其下焉者乎？庾亮不专于己[3]，而引西阳王羕、王导、卞壶、郗鉴、温峤与俱受托孤之遗诏，避汉季窦、梁之显责，亮其愈矣。虽然[4]，恶有俱为人臣，徒崇此数人者持百尹之进退，而可以服天下哉？陶侃之贰[5]，祖约、苏峻之逆[6]，所必然矣。

夫主少则国政亦必有所裁，大臣不居辅政之任而恶乎可？而有道于此，则固无事立辅政之名，授之以独驭之权，而疑天下。无他，唯官常数定，官联相属，法纪豫立[7]，而行其所无事焉耳。三公论道，而使莅庶事，则下侵六卿；百执不相越，而不守其官，则交争。故六卿百执之可否，三公酌之；而三公唯参可否，不制六卿百执以行其意。则盈廷多士，若出一人，州牧军帅，适如其恒。天子虽幼，中外自辑以协于治，而恶用辅政者代天子而制命邪？

夫古之天子，未尝任独断也，虚静以慎守前王之法，虽聪明神武，若无有焉，此之谓无为而治。守典章以使百工各钦其职[8]，非不为而固无为也。诚无为矣，则有天子而若无；有天子而若无，则无天子而若有；主虽幼，百尹皆赞治之人，而恶用标辅政之名以疑天下哉？

是以三代之圣王，定家法朝章于天下初定之日，而行之百世，主少国疑之变，皆已豫持之矣。故三代千八百年，非无冲人践阼[9]，而大臣无独揽之威福。若夫周公之辅政，则在六官未建、宗礼未定之日，武王末受命而不遑[10]，不得已而使公独任之也。虽然，读《鸱鸮》之诗[11]，而

当船山推演更合理的治理秩序时，很自然地从自己的知识资源当中找到儒家理想中的"三代"。换言之，"三代之治"实际已内化为顾炎武、黄宗羲和船山等启蒙思想家的"宪政"记忆。

"夫古之天子，未尝任独断也，虚静以慎守前王之法"。无为而治，在船山这里获得了新的解释，即虚君而治，这也是明清之际启蒙思想家反对君主专制的政治设想的共同倾向。

周之危、公之难，亦可见矣。有圣主兴，虑后世不能必长君令嗣之承统也，豫定奕世之规[12]，置天子于有无之外，以虚静而统天下，则不恃有贵戚旧臣以夹辅。既无窦、梁擅国之祸，而亦不如庾亮之避其名而启群争。不然，主幼而国无所受裁，虽欲无辅政者，不可得也。

"置天子于有无之外"之说，或有学者认为其有清末立宪派之虚君宪政政治构想之义。此或为船山政治思想之一解。

[**注释**]

[1]尸：尸位，空占着职位而不做事。　[2]已：止。二叔之乱：周武王灭商不久病逝，成王年幼，周公旦摄政，成王的两个叔叔管叔、蔡叔在殷纣王子武庚的挑拨下发动的叛乱。　[3]"庾亮不专于己"以下四句：庾亮自己不专权，而是请西阳王司马羕、王导、卞壸、郗鉴、温峤与他一起接受明帝临死前的托孤遗命，避开像东汉末年专权的外戚窦氏和梁氏所受到的那样的指责，庾亮做得更到位。　[4]"虽然"以下四句：即使是这样，但哪有那么多大臣，却宠爱这几个，让他们掌握着官员的升迁，而可以使天下服气的事？恶有，哪有。　[5]陶侃之贰：陶侃的不专一。侃初为东海王司马越参军，后转投琅邪王司马睿。　[6]祖约、苏峻之逆：二人皆东晋将，曾以诛杀庾亮为由，起兵反叛。屡败后率众投后赵。　[7]豫：同"预"。　[8]钦：敬。　[9]冲人：年幼帝王的自称。践阼：即位登基。　[10]不遑：无暇，没有时间。　[11]《鸱鸮》：《诗经·豳风》中的一首诗。诗中描写母鸟在鸱鸮抓去它的小鸟之后，为了防御外来的再次侵害，保护自己的小鸟不怕辛劳的情景。　[12]奕世：累世，代代。

［点评］

我们如果去读明末三大儒——王船山、顾炎武与黄宗羲的著作，就会发现，他们早在十七世纪就不约而同地提出了一些具有积极意义的政治构想。例如船山在这篇史论提出的"豫定奕世之规，置天子于有无之外，以虚静而统天下"。这里的"豫定奕世之规"之说，是否可以嗅到"立宪"的味道虽可权备为一说，但是所谓"豫定奕世之规"，也确实表现出船山那个时代，有那么一些人在思考如何制定出一套不以统治者个人意志为转移、也不以统治权力的更替而改变的制度性构想，以期保证政治权力轮替之时，社会秩序依旧能相对稳定，即船山这里所谓"有天子而若无"的状况。"有天子而若无"政治的实现，就需要将法律置于君权之上，依法治国，保证在即使没有皇帝的情况下，行政、司法以及整个社会生活依然可以正常运行。这样既可以做到"有天子而若无"，避免绝对君权的随意妄为荼毒天下，也可以做到"无天子而若有"，即使没有君主亦能保持政令统一、社会稳定和民族的凝聚力。事实上，晚清时的魏源，也说过美国宪法"可垂奕世而无弊"。对于明清之际的进步思想家来说，在没有近代西方启蒙思想资源的情况下，西周封建制度自然也就成了他们政治思想的资源，所谓"古之天子，未尝任独断也，虚静以慎守前王之法"，在他们看来，实行的正是"无为而治"的贤人政治。这中间，当然既有社会发展的影响，也有经历了明清天崩地坼社会巨变后，对于明代"废相"之后形成的极端君主专制政治的反思。

卷十四

东晋孝武帝

除度田收租制

太元元年，谢安录尚书事，除度田收租之制[1]。度田收租者，晋之稗政[2]，鲁宣公税亩之遗弊也[3]，安罢之，可谓体天经以定民制矣。

王者能臣天下之人，不能擅天下之土。人者，以时生者也。生当王者之世，而生之厚、用之利、德之正，待王者之治而生乃遂[4]；则率其力以事王者，而王者受之以不疑。若夫土，则天地之固有矣。王者代兴代废，而山川原隰不改其旧[5]；其生百谷卉木金石以养人，王者亦待养焉，无所待于王者也，而王者固不得而擅之。故井田之法，

船山否定传统
"普天之下莫非王
土"的观念，肯定
土地私有制度存在
的合理性。

私家八而公一，君与卿大夫士共食之，而君不敢私。唯役民以助耕，而民所治之地，君弗得而侵焉。民之力，上所得而用，民之田，非上所得而有也。

　　助、彻者，殷、周之法也，夏则贡矣。贡者，非贡其地之产，贡其人力之所获也。一夫而所贡五亩之粟，为之制耳。曰五十而贡者，五十为一夫而贡其五也。若夫一夫之耕，或溢于五十亩之外，或俭于五十亩之中[6]，为之一易、再易、莱田之名以宽其征[7]。田则自有五谷以来民所服之先畴[8]，王者恶得有之，而抑恶得税之！地之不可擅为一人有，犹天也。天无可分，地无可割，王者虽为天之子，天地岂得而私之，而敢贪天地固然之博厚以割裂为己土乎？知此，则度而征之者，人之妄也；不可度而征之者，天之体也；此之谓体天经矣。

　　以治民之制言之，民之生也，莫重于粟；故劝相其民以务本而遂其生者，莫重于农。商贾者，王者之所必抑；游惰者、王者之所必禁也。然而抑之而且张，禁之而且偷[9]，王者亦无如民何。

船山这里"王者虽为天之子，天地岂得而私之"经济思想，与他反对君主专制的政治思想具有一致性。

帝制时代，君权在社会各个方面，包括人身，皆表现出支配性，而其中一切支配权力的基础，则是对国家土地的垄断。

反对君主专利，主张耕者有其田是船山社会经济思想的核心。

而惟度民以收租，而不度其田。一户之租若干，一口之租若干，有余力而耕地广、有余勤而获粟多者，无所取盈；窳废而弃地者[10]，无所蠲减；民乃益珍其土而竞于农。其在强豪兼并之世尤便也，田已去而租不除，谁敢以其先畴为有力者之兼并乎？人各保其口分之业，人各劝于稼穑之事，强豪者又恶从而夺之？则度人而不度田，劝农以均贫富之善术，利在久长而民皆自得，此之谓定民制也。

太元之制，口收税米三斛，不问其田也。不禁兼并，而兼并自息，举末世之制而除之。安之宰天下，思深而道尽，复古以型今，岂一切苟简之术所可与议短长哉！

[注释]

[1] 度田：丈量土地，也包括核实户口，目的是增加政府租税和赋役收入。　[2] 稗政：指不良的政治措施。　[3] 鲁宣公税亩：春秋时鲁国在宣公十五年（前594）实行的按亩征税的田赋制度。　[4] 遂：称心，如意，成功。　[5] 原隰（xí）：平原和低下的地方。　[6] 俭于：约于，少于。　[7] 一易、再易：根据土地肥瘠不同实行轮耕制的方式之一。种一年休耕一年者为一易之地，种一年休耕两年者为再易之地。莱田：荒地。　[8] 先畴：先祖所

遗留的田地。　　[9] 抑之而且张，禁之而且偷：越抑制（商人）越活跃，越限禁（游惰之民）越苟且（不事生产）。　　[10] 窳（yǔ）：恶劣，粗劣。

［点评］

　　船山在他的著作中，一再强调大公至正的公义是"古今之通义"，体现他对社会经济的认识，就是要在经济生活领域坚持基本的财富大家共享共有，反对只许自己占有，却不许他人维护自己的私产。尤其在土地等基本资源方面，船山认为只有实现普泛性的私有或均等性的私有，才算是真正意义的大公。公义应如天道一样具有普遍的均占性，大家既是它的受益者，同时也是它的维护者与建设者。从这种认识出发，船山反对"普天之下莫非王土"的土地占有制度，认为这种土地制度确保的只是统治者的一家之私，而挤压和强占了庶民百姓的利益，因此它只是一种用来确保"利于一事，则他之不利者多矣"（《四书训义》卷八）的自私自利的制度。

　　在船山看来，土地为天地所固有，因此任何人包括君王都不得擅自将天下的土地掠为己有。"王者能臣天下之人，不能擅天下之土……若夫土，则天地之固有矣。王者代兴代废，而山川原隰不改其旧；其生百谷卉木金石以养人，王者亦待养焉，无所待于王者也，而王者固不得而擅之。"认为君王可以管理天下之人，但是不能将天下之土地据归个人私有，因为土地是天地所固有的或自然生成的，应该使"有其力者治其地"，使农民有田可耕。"地之不可擅为一人有，犹天也。天无可分，地无可

割，王者虽为天之子，天地岂得而私之，而敢贪天地固
然之博厚以割裂为己土乎？"真正的公义是要兼顾众人
的私利，而不是剥夺众人的私利而成就一己之私。君权
在社会各个方面的绝对支配性：君主集权国家对人身的
支配、对土地的支配、对工商业的支配以及文化专制等
等，也正是其无法实现社会公平而必然引发社会危机的
根源。

东晋安帝

刘裕能料桓玄刘牢之

成败之数，亦晓然易见矣，而苟非间世之英杰，无能见者，气焰之相取相轧有以荡人之心神[1]，使之回惑也[2]。天下不可易者，理也；因乎时而为一动一静之势者，几也[3]。桓玄竖子而干天步[4]，讨之必克，理无可疑矣。然君非君，相非相，则理抑不能为之伸；以力相敌，而力尤不可恃；恶容不察其几哉[5]？

玄犯历阳，司马休之走矣，尚之溃矣[6]，玄所畏者，刘牢之拥北府之兵尔[7]。牢之固曰："吾取玄如反手。"牢之即有不轨之心，何必不诛玄而挟功以轧元显[8]，忽怀异志以附玄，甚矣牢之之诈而愚也。唯刘裕见之也审[9]，故与何无忌、刘敬宣极谏牢之，以决于讨玄。斯时也，刚决而

"几"者动之微，乃事物变化的预兆，将变未变的情态，历史变化的枢机。天下的变易，皆有迹可寻，"迹"之初显，即是变化之"几"。其改变之迹虽未完全显明，却体现了事变的"时"与"势"，即是天下之理的反映，故曰，能识"几"者，乃明成败之机者，成事之英雄也。

无容待也[10]，几也。玄已入建业，总百揆，督中外，布置腹心于荆、江、徐、兖、丹阳以为巩固，而玄抑矫饰以改道子昏乱之政[11]，人情冀得少安[12]。牢之乃于斯时欲起而夺之，不克而为玄所削，众心瓦解，尚思渡江以就高雅之于广陵[13]，其败必也。敬宣且昏焉[14]，又唯刘裕见之也审，直告牢之以不能，而自还京口，结何无忌以思徐图[15]。斯时也，持重而无患其晚也，几也。

夫几亦易审矣，事后而反观之，粲然无可疑者。而迂疏之士，执一理以忘众理，则失之；狂狷之徒[16]，见其几而别挟一机[17]，则尤失之；无他，气焰之相取相轧，信乱而不信有已乱之几也。裕告无忌曰："玄若守臣节，则与卿事之。"非伪说也，乱有可已之几[18]，不可逆也。又曰："不然，当与卿图之。"则玄已在裕目中矣。所谓间世之英杰能见几者[19]，如此而已矣，岂有不可测之神智乎？

事物发展刚显现某种苗头时，其趋向有多种可能，只有不为自己的情绪所扰，悉心观察，就有可能扭转不利局面，使事物朝着有利的方向发展。刘裕高于桓玄、刘牢之者，全在其能洞察事变之"几"，果断相"机"而动。

所谓英雄，也必然要受历史发展客观规律的制约。

[注释]

[1]相取相轧：互相攻取倾轧。荡：诱惑，迷惑。　[2]回惑：惶惑，犹豫。　[3]几（jī）：苗头；预兆。　[4]桓玄：东晋权臣，

大司马桓温之子，曾篡晋立桓楚政权，为刘裕所败，逃益州被杀。干：触犯，冒犯，冲犯。天步：指时运、国运等。　[5]恶：同"乌"，疑问词，哪，何。　[6]尚之：司马尚之，字伯道，晋朝宗室，桓玄起兵后，司马尚之率军讨伐，因部下叛变而战败。　[7]刘牢之：字道坚，东晋时期名将。　[8]元显：即司马元显（382—402），字朗君，河内郡温县（今河南温县）人。东晋宗室、权臣，晋简文帝司马昱之孙，晋孝武帝司马曜之侄，会稽文孝王司马道子之子。　[9]审：详细，周密。　[10]刚决：刚毅果断。　[11]道子：即司马道子，司马元显之父，东晋权臣。　[12]少安：稍安。　[13]高雅之：东晋将领，淮陵太守高素之子，名将刘牢之女婿。　[14]敬宣：即刘敬宣，东晋末将领，镇北将军刘牢之之子。　[15]何无忌：东晋末将领，刘牢之外甥。　[16]狂狡之徒：狂妄狡诈的人，此指叛乱者。　[17]挟（xié）：心里怀着（怨恨等）。　[18]已：停止。　[19]间世：指年代相隔之久。

[点评]

　　这篇史论，船山是在他理势合一、理势相乘的历史哲学，即认为社会历史有其不可改易的法则、规律和一定如此的必然趋势的基础上，着重讨论了把握历史变化的枢机或关节点，也就是"几"的问题。所谓"几"者，也就是事物将变未变的细微征兆。在船山看来，历史的变化充满着各种矛盾冲突和偶然性的因素，但这些看似偶然的变化，其实也是受着包括"时"和事物发展之"势"的制约，是历史运动必然之理在时和势中的表现。只有大智慧的人，才能透过纷杂的表面现象，凭藉历史运动中必然之理在时势中表现出来的"相乘之几"，审时度势，把握事物变化中的关键时机，才能成就大事业。

刘裕抗表伐南燕不当与桓温专擅并论

船山对"义"之层次的辨析，在中国伦理认识上极具意义。其中，超越一人一时之道义的"古今之通义"，本质上是一种大公至正的公义，是着眼于中华民族整体利益的至上道义。

"古今之通义"这种大公至正的公义，表现在政治生活领域，就是坚持天下共治原则，反对"家天下"和"私天下"的君主独裁专制。

有一人之正义，有一时之大义，有古今之通义；轻重之衡，公私之辨，三者不可不察。以一人之义，视一时之大义，而一人之义私矣；以一时之义，视古今之通义，而一时之义私矣；公者重，私者轻矣，权衡之所自定也。三者有时而合，合则亘千古、通天下、而协于一人之正，则以一人之义裁之，而古今天下不能越。有时而不能交全也[1]，则不可以一时废千古，不可以一人废天下。执其一义以求伸，其义虽伸，而非万世不易之公理，是非愈严[2]，而义愈病[3]。

事是君而为是君死，食焉不避其难，义之正也。然有为其主者，非天下所共奉以宜为主者也，则一人之私也。子路死于卫辄[4]，而不得为义，卫辄者，一时之乱人也。推此，则事偏方割据之主不足以为天下君者[5]，守之以死，而抗大公至正之主，许以为义而义乱；去之以就有道，而讥其不义，而义愈乱。何也？君臣者，义之正者也，然而君非天下之君，一时之人心不属焉，则义徙矣[6]；此一人之义，不可废天下之公也。

为天下所共奉之君，君令而臣共，义也；而夷夏者，义之尤严者也。五帝、三王，劳其神明，殚其智勇，为天分气，为地分理，以绝夷于夏，即以绝禽于人，万世守之而不可易，义之确乎不拔而无可徙者也[7]。《春秋》者，精义以立极者也[8]，诸侯不奉王命而擅兴师则贬之；齐桓公次陉之师[9]，晋文公城濮之战[10]，非奉王命[11]，则序其绩而予之；乃至楚子伐陆浑之戎[12]，犹书爵以进之；郑伯奉惠王之命抚以从楚[13]，则书逃归以贱之；不以一时之君臣，废古今夷夏之通义也。

桓温抗表而伐李势[14]，讨贼也。李势之僭，溃君臣之分也[15]；温不奉命而伐之，温无以异于势。论者恶其不臣，是也，天下之义伸也。刘裕抗表以伐南燕，南燕，鲜卑也。慕容氏世载凶德以乱中夏，晋之君臣弗能问，而裕始有事[16]，暗主不足与谋，具臣不足与议，裕无所可奉也。论者亦援温以责裕，一时之义伸，而古今之义屈矣。如裕者，以《春秋》之义予之，可也。若其

"公天下"和"天下为公"的"古今之通义"的提出，也是明清之际反思、批判君主专制思潮中最有价值的思想之一。

"一时之义"与"古今之义"之辨，就是要站在历史的高度，将之置于历史发展的长河中，认识和看待历史事件与人物的价值。

后之终于篡晋，而后伸君臣之义以诛之，斯得矣。于此而遽夺焉，将听鲜卑之终污此土，而君尚得为君，臣尚得为臣乎？

[注释]

[1] 交：同时，一齐。　[2] 严：重大。　[3] 病：祸害，损害。[4] 子路死于卫辄：事见《史记·仲尼弟子列传》。初，卫灵公有宠姬曰南子。灵公太子蒉聩得罪过南子，惧诛出奔。及灵公卒而夫人欲立公子郢。郢不肯，曰："亡人太子之子辄在。"于是卫立辄为君，是为出公。出公立十二年，其父蒉聩居外，不得入。子路为卫大夫孔悝之邑宰。蒉聩乃与孔悝作乱，谋入孔悝家，遂与其徒袭攻出公。出公奔鲁，而蒉聩入立，是为庄公。孔悝作乱时，子路在外，闻之而驰往。遇子羔出卫城门，谓子路曰："出公去矣，而门已闭，子可还矣，毋空受其祸。"子路曰："食其食者不避其难。"子羔卒去。有使者入城，城门开，子路随而入。造蒉聩，蒉聩与孔悝登台。子路曰："君焉用孔悝？请得而杀之。"蒉聩不听。于是子路要放火烧台，蒉聩害怕了，就叫石乞、壶黡到台下去攻打子路，斩断了子路的帽带。子路说："君子可以死，帽子不能掉下来。"说完系好帽子就死了。　[5] 偏方：一隅，一方。　[6] 徙（xǐ）：改变，变化。　[7] 不拔：不可动摇。　[8] 立极：树立最高准则。　[9] 齐桓公次陉之师：事见《春秋·僖公四年》："春王正月，公会齐侯、宋公、陈侯、卫侯、郑伯，许男、曹伯侵蔡。蔡溃，遂伐楚，次于陉。"　[10] 晋文公城濮之战：事见《春秋·僖公二十八年》："夏四月己巳，晋侯、齐师、宋师、秦师及楚人战于城濮，楚师败绩。楚杀其大夫得臣。"　[11] "非奉王命"二句：按照《春秋》笔法，"次陉之师"和"城濮之战"皆针对楚

国，而楚当时被视为蛮夷，次陉和城濮之战均在客观上起到了"尊王攘夷"的作用，虽未奉王命，但《春秋》"序其绩"。　[12]"楚子伐陆浑之戎"二句：事见《春秋·宣公三年》："三年春王正月⋯楚子伐陆浑之戎。夏，楚人侵郑。"后者用"楚人"而前者用"楚子"，表明对楚国伐陆浑的认可和赞许。　[13]"郑伯奉惠王之命抚以从楚"二句：事见《春秋·僖公五年》："秋八月，诸侯盟于首止。郑伯逃归不盟。"《左传》："秋，诸侯盟。王使周公召郑伯，曰：'吾抚女以从楚，辅之以晋，可以少安。'郑伯喜于王命而惧其不朝于齐也，故逃归不盟，孔叔止之曰：'国君不可以轻，轻则失亲。失亲患必至，病而乞盟，所丧多矣，君必悔之。'弗听，逃其师而归。"　[14]抗表：向皇帝上奏章。李势：十六国时成国国君，氐族，字子仁。　[15]溃：破坏，突破。　[16]有事：用兵。

[点评]

　明清易代所形成的天崩地解的情势，给船山极大的心灵震撼和价值撞击，也引发了他对价值的深入思考。因此，船山超越了传统的义利之辨的讨论，在对传统义利概念进行理性厘析的基础上，对义利的取向方面，进一步作出了价值层级的讨论，将传统的轻重之衡、公私之辨等论题，也纳入到义利之辨的框架内联系思考。在传统儒家理念里，"义"作为伦理价值观范畴，具有两重意蕴：一是指正当性，一是指适宜性。船山认为"义"的这种正当性和适宜性，在历史和现实生活中的体现，与轻重、公私之间，存在着高低不同的层次关联。其中，以"一人之正义"视"一时之大义"，"一人之正义"可谓是"私义"，其伦理价值断不能与"一时之大义"并论；

以"一时之大义"视"古今之通义","一时之大义"亦
不过为"私义"。由此,船山从义的公私之辨中引申出价
值的层次,而作为历史评价来说,绝"不可以一时废千
古,不可以一人废天下"。这一远超"一人之正义"和"一
时之大义"的"古今之通义",必然体现为超越了个人、
超越了具体皇朝的中华民族整体利益的核心价值观念和
伦理精神。在船山的这些论述中,我们也深切地感受到
明清之际顾炎武、黄宗羲等进步思想家共同的政治批判
问题意识与思想取向。

卷十五

宋武帝

论正统者不宜升晋黜宋

宋得天下与晋奚若？曰：视晋为愈矣，未见其劣也。魏、晋皆不义而得者也，不义而得之，不义者又起而夺之，情相若、理相报也。虽然，曹氏有国，虽非一统天下，而亦汔可小康矣。芳与髦[1]，中主也[2]，皆可席业以安。而司马氏生其攘心以迫夺之，视晋之桓玄内篡、卢循中起、鲜卑羌虏攘臂相加[3]，而安帝以行尸视肉离天下之心[4]，则固不侔矣。宋乃以功力服人而移其宗社，非司马氏之徒幸人弱而掇拾之也。论者升晋于正统，黜宋于分争，将无崇势而抑道乎？

这里，船山对政权是否具有正当性，即正统归属的标准问题：究竟是在"道"还是在"势"？其理论思考的着眼点，实际已触及历史与道德之悖论这一历史哲学的问题。

固将曰："晋平吴、蜀一天下矣，而宋不能。"魏、吴皆僭也，而魏篡，则平吴不可以为晋功；若蜀汉之灭，固殄绝刘氏二十余世之庙食[5]，古今所盡然而伤心者[6]。混一不再传而已裂，土宇之广，又奚足以雄哉？中原之失，晋失之，非宋失之也。宋武兴，东灭慕容超[7]，西灭姚泓[8]，拓拔嗣、赫连勃勃敛迹而穴处[9]。自刘渊称乱以来，祖逖、庾翼、桓温、谢安经营百年而无能及此。后乎此者，二萧、陈氏无尺土之展[10]，而浸以削亡。然则永嘉以降，仅延中国生人之气者，唯刘氏耳。举晋人坐失之中原，责宋以不荡平，没其挞伐之功而黜之，亦大不平矣。

君天下者，道也，非势也。如以势而已矣，则东周之季，荆、吴、徐、越割土称王，遂将黜周以与之等；而嬴政统一六宇，贤于五帝、三王也远矣。拓拔氏安得抗宋而与并肩哉？唐臣隋矣，宋臣周矣，其乐推以为正者，一天下尔。以义则假禅之名，以篡而与刘宋奚择焉？中原丧于司马氏之手，且爱其如线之绪以存之；徒不念中华冠带之区，而忍割南北为华、夷之界乎？半以

正统，或政权合法性评判的标准，究竟是在"道"还是"势"？船山的回答显然是"道"，即正义的一边。以道统制约政统，"道"才是为政权之合法性的标准。

委匪类而使为君，顾抑挞伐有功之主以不与唐、宋等伦哉？汉之后，唐之前，唯宋氏犹可以为中国主也。

[注释]

[1]芳与髦：即三国曹魏政权的第三位皇帝曹芳和第四位皇帝曹髦。　[2]中主：中等资质的君主。　[3]卢循：东晋末年群雄之一，曾随从孙恩发动天师道信徒起事，史称"孙恩卢循之乱"。孙恩败亡后，接任为首，趁着桓玄之乱，割据岭南地区。义熙六年（410），卢乘刘裕北伐南燕之际，进犯建康，连败东晋军队，后为凯旋的刘裕所败，自杀。　[4]安帝：东晋安帝司马德宗，与晋惠帝同为两个有名的白痴皇帝。　[5]殄（tiǎn）绝：灭绝。庙食：谓死后立庙，受人奉祀，享受祭飨。　[6]衋（xì）：悲伤，痛苦。　[7]慕容超：鲜卑族，北方十六国时期南燕末代皇帝。　[8]姚泓：北方十六国时期后秦末代皇帝。　[9]拓拔嗣：鲜卑族，北魏王朝第二任皇帝。赫连勃勃：十六国时期胡夏开国皇帝。　[10]二萧、陈氏：指齐、梁、陈南朝三朝。二萧，以南朝齐、梁两朝建立者皆萧姓故。

[点评]

何为"正统"？即何为历史上政权的合法性和合理性的标准？通过对正统之"正"的辨析，船山超脱出以得位之正否和统治者的夷夏来判定正统的传统标准，而是将治世、天下之公等理念与正统之"正"联系起来，从而将历史上对于正统之"正"的人为评价拉回到一定准则之内。他试图把社会的治理秩序以及儒家的政治理念纳入正统之"正"的内涵当中，指出正统应该更强调王道政治意义上的"正"而非"统"。在船山看来，正统之"统"具有两个面向：对于天下来说，它是实现大一统的中国君王以对道的践行为核心所构建出来的承继统系；对于一个王朝内部来说，本姓传位统系之"正"或"不正"涉及政权建立之后的礼的秩序。这两个统系的面向成立与否，最终都需要靠"正"的内涵来决定，即对道是否践行，以及是否符合礼的秩序。在此认识上，船山更是将公天下、治世纳入"正"的内涵之中，使得正统之"正"的问题延伸到政权建立之后的治理秩序方面，这就为儒家政治理念与正统内涵之间更深程度的联系得以升华。

宋孝武帝

郡县无擅兴专杀

郡县之天下有利乎？曰："有，莫利乎州郡之不得擅兴军也。"郡县之天下有善乎？曰："有，莫善于长吏之不敢专杀也。"诸侯之擅兴以相侵伐，三代之衰也，密、阮、齐、晋，莫制之也；三代之盛，王者禁之，而后不能禁也。若其专杀人也，则禹、汤、文、武之未能禁也，而郡县之天下得矣。

人而相杀矣，诸侯杀之，大夫杀之，庶人之强豪者杀之，是蛙黾之相吞而鲸鲵之相吸也[1]。夫禹、汤、文、武岂虑之未周，法之不足以立乎？自邃古以来，各君其土，各役其民，若今化外土夷之长，名为天子之守臣，而实自据为部落，三王不能革，以待后王者也。至于战国，流血成

这里船山再次肯定郡县制代替封建制的合理性，反映了船山的历史主义。

船山认为腐儒所一再称道的"三代"之制，不过是当时社会条件下的产物，绝不可能施行于早已发生巨大变化的后世。

渠，亦剥极而复之一机乎[2]！汉承秦以一天下，而内而司隶[3]，外而刺守[4]，若严延年、陈球之流[5]，亢厉以嗜杀为风采[6]，其贪残者无论也，犹沿三代之敝而未能革也。宋孝武猜忌以临下，乃定"非临军毋得专杀、非手诏毋得兴军"之制，法乃永利而极乎善，不可以人废者也。嗣是而毒刘之祸以减焉。至于唐、宋，非叛贼不敢称兵；有司之酷者，惟以鞭笞杀人，而不敢用刀锯；然后生人之害息，而立人之道存。不然，金、元之世，中国遗黎[7]，其能胜千虎万狼之搏噬乎[8]？

[注释]

[1]蛙黾（měng）：本谓蛙类动物。鲸鲵：即鲸。雄曰鲸，雌曰鲵。　[2]剥极而复：汉语成语，意思是剥卦阴盛阳衰，复卦阴极而阳复，比喻物极必反，否极泰来。　[3]司隶：周代、汉代官名，至唐代被废除。　[4]刺守：刺史和太守。　[5]严延年：西汉酷吏，后因遭人弹劾举报，以诽谤朝政之罪被弃市。陈球：东汉大臣，谋诛杀宦官，因谋泄被处死。　[6]亢厉：激扬，严厉。　[7]遗黎：亡国之民，劫后残留的民众。　[8]搏噬（shì）：搏击吞噬。

[点评]

封建有如半独立制度，诸侯得以擅兴兵戎，专权杀人；名为天子之守臣，而实自据为部落，虽王不能制之。郡县则不然，无擅兴兵戎之权，无专事杀人之权，且职非世袭，守令不洽天子之意，得随时更易之，显然有利于天下。古人向把禹、汤、文、武时期看作"三代盛世"，为后代所不可企及。然而，别具慧眼的王船山则指出那是相砍相伐的野蛮时代，船山虽然抽象地肯定禹、汤、文、武是明王圣君，但却具体指出，在他们治下是一片蛮荒景象。其情形同今之夷狄相似：古代诸侯不过类于"今化外土夷之长"，显示出他颇具历史主义的超越那个时代的卓越的历史思想。

卷十六

齐武帝

魏群臣议五德之次

正统之论，始于五德[1]。五德者，邹衍之邪说，以惑天下，而诬古帝王以征之，秦、汉因而袭之，大抵皆方士之言，非君子之所齿也。汉以下，其说虽未之能绝，而争辨五德者鲜；唯正统则聚讼而不息。拓拔宏欲自跻于帝王之列[2]，而高闾欲承苻秦之火德[3]，李彪欲承晋之水德[4]；勿论刘、石、慕容、苻氏不可以德言[5]，司马氏狐媚以篡，而何德之称焉？夏尚玄，殷尚白，周尚赤，见于礼文者较然。如衍之说，玄为水，白为金，赤为火，于相生相胜，岂有常法哉？天下

这里船山指出：以"五德终始说"为标志的"正统"论早已成了夷狄乱华、窃取华夏政权的借口，一针见血地指出正统论乃"非君子之所齿"之"邪说"。

之势，一离一合，一治一乱而已。离而合之，合者不继离也；乱而治之，治者不继乱也。明于治乱合离之各有时，则奚有于五德之相禅，而取必于一统之相承哉！

夫上世不可考矣。三代而下，吾知秦、隋之乱，汉、唐之治而已；吾知六代、五季之离[6]，唐、宋之合而已。治乱合离者，天也；合而治之者，人也。舍人而窥天，舍君天下之道而论一姓之兴亡，于是而有正闰之辨[7]，但以混一者为主。故宋濂作史[8]，以元为正，而乱大防，皆可托也。夫汉亡于献帝，唐亡于哀帝，明矣。延旁出之孤绪，以蜀汉系汉，黜魏、吴而使晋承之，犹之可也。然晋之篡立，又奚愈于魏、吴，而可继汉邪？萧詧召夷以灭宗国[9]，窃据弹丸，而欲存之为梁统；萧衍之逆[10]，且无以愈于陈霸先，而况于詧？李存勖朱邪之部落[11]，李昇不知谁氏之子[12]，必欲伸其冒姓之妄于诸国之上，以嗣唐统而授之宋，则刘渊可以继汉，韩山童可以继宋乎[13]？近世有李槃者云然。一合而一离，一治而一乱，于此可以知天道焉，于此可以知人治焉。

船山坚决反对以"五行生克"作为"常法"来解释社会历史现象。

在王船山看来，那种无论采取什么手段抢得天下、无论什么民族统治中国，都是正统的逻辑很荒谬。"混一说"的逻辑正是鲁迅所批判的那种"抢得了天下的便是王，抢不到天下的便是贼"的逻辑。

过此而曰五德，曰正统，嚣讼于廷，舞文以相炫，亦奚用此哓哓者为 [14] ！

[注释]

[1]五德：土德、金德、火德、水德、木德。战国阴阳家代表邹衍认为五行相生相克，五行又配之五德，每一个朝代都代表其中一德，如黄帝尚土德、夏尚木德、殷尚金德、周尚火德。五德循环往复，朝代便兴亡绝续。　[2]拓拔宏：北魏第七位皇帝孝文帝。　[3]高间：曾任北魏王朝宰相。符秦：即前秦，是氏族建立五胡十六国时期的政权之一。　[4]李彪：北魏大臣，曾和崔光一起与高间争论，是否应当承认西晋之后在北方建立政权的赵、燕、秦的正统地位的问题，认为应以十六国为僭逆，主张排斥赵、燕、秦，远承西晋之金德为水德。　[5]刘、石、慕容、符氏：分别指匈奴人刘渊建立的汉赵、羯人石勒建立后赵、鲜卑慕容氏建立的诸燕政权和氏人符坚建立的前秦政权。　[6]六代、五季：指魏晋南北朝和五代十国两个分裂时期。　[7]正闰之辨：中国历史上关于政权是否是正统和非正统的争辩。　[8]宋濂：明初修《元史》的主持人。　[9]萧詧：梁武帝萧衍之孙，以助西魏攻打并平定江陵，而被西魏立为梁主，年号大定，仅辖江陵一州之地，上疏称臣，奉西魏正朔，史称西梁（或后梁）。　[10]萧衍：即梁武帝，南朝梁开国皇帝。　[11]李存勖（xù）：后唐庄宗，本姓朱邪，字亚子，沙陀族，后唐太祖李克用之子。朱邪：亦作"朱耶"，唐时西突厥部族名，世居沙陀，后归唐，族人以朱邪为复姓，唐德宗时朱邪赤心以功赐姓李，名国昌，后唐庄宗李存勖即其后。　[12]李昇（biàn）：五代南唐开国皇帝。　[13]韩山童：元末农民起义领袖，自称是宋徽宗八世孙。　[14]哓（xiāo）哓：吵嚷，唠叨。

[点评]

五德终始的政治学说，发端于先秦，定型于汉代。中古世乱，一统局面被打破，政权转移既速，民族纠葛、华夷之别复掺杂其中。争正朔、明法统，就成了具有现实意义的政治问题。船山史评中最富哲学思想，也必然要思考这个历史哲学的问题。在船山看来，历史朝代更替，既无"统"，又何来"正统"？因而他反对正统论，并从历史形态着眼，认为一治一乱乃历史之必然，天地之大公。天下非夷狄盗贼所可长居，也不是一家一姓的私产。从一朝一代看，孤臣孽子不忍心本朝灭亡，更不忍心天下落于夷狄盗贼之手，常以正统自居，宣发流连、惋惜以至愤懑之情。但从历史的长时段看，朝代已改，天命已移，不能强使之存续，人无法以德之顺逆定天命之去留。言正统者，多为一家一姓的江山计，甚至是为了末代之暴君昏主延续国运，是不必要也不合理的。后世辩正统者多以夷狄、篡夺、盗贼之得国为不正，而王夫之认为，所谓"篡夺""盗贼"实难定义，所谓以"正"得国者，少之又少；夷狄入据中原，自不能长久，必为汉族所推翻、所驱逐，其"不正"自不待言，不能因为它"混一"中国就视为正统。究正统论之实，皆篡窃得国者为政权的合法性寻找借口而已。

卷十七

梁武帝

令史皆用士流不如法简之可久

在重"任人"的法治思想的基础上，这里船山在其不多的政治实践中，敏感地意识到，由于地方行政官员升迁除徙的流动性，加之"士流"不屑实务，从而在法的实际运作中，给负责实际事务的地方胥役小吏留出了很大的操弄空间。于是法律条文简明的问题也就被提了出来。

梁制：尚书令史，并以才地兼美之士为之，善政也，而亦不可继也。何也？掾史之任，凡簿书期要 [1]，豪毛委琐，一或差讹，积之久则脱漏大，而下行于州郡吏民者争讼不已，其事亵矣 [2]。故修志行者，不屑问焉。刑名钱谷工役物料之纷乱，无赏罚以督其后，则不肖者纵以行私，贤者抑忽而废事 [3]，若必核以赏罚，则以细故而伤清流之品行，人士终厌弃而不肯为；其屑为之者 [4]，必其冒昧而不惜廉隅者也 [5]。则其势抑必于令史之下 [6]，别委簿书之职于胥役，而令史但统其纲。是以今之部郎，仍置吏书以司案籍，则令史虚悬而权仍下替[7]。盖自有职官以来，皆苦胥吏之奸诡，而终莫之能禁。夫官则有去来矣，而吏不易，以乍此乍彼之儒生，仰行止于习熟之奸吏，虽智者不能胜也。于是而吏亦有三载考成、别迁曹署之例[8]，然而无补也。官者，唯朝廷所命，不私相授受者也；吏虽易，而私相授受者无从禁止。且其繁细之章程，必熟尝而始悉，故其练达者，欲弗久留其司而不得；易之，而欲禁其授受也，抑必不能；则其玩长上以病国殃民，如尸蚘之在腹[9]，杀之攻之，而相续者不息。此有职官以来不可革之害，又将奚以治之邪？

夫奸吏亦有畏焉，诃责非所畏也，清察非所畏也，诛杀犹非所畏也，而莫畏于法之简。法简而民之遵之者易见，其违之者亦易见，上之察之也亦易矣。即有疏漏，可容侵冈者[10]，亦纤微耳，不足为国民之大害也。唯制法者，以其偶至之聪明，察丝忽之利病，而求其允协[11]，则吏益争以繁密诘曲衒其慎而售其奸[12]。虽有明察之上官，且为所惑蔽，而昏庸者勿论矣[13]。夫法者，本简者也，一部之大纲，数事而已矣；一事之大法律贵在精简，一部法典，只要规定主要事类，抓住主题，而不应包罗万象、主次不分。针对一事，只需数条法规简明扼要地规定清楚即可。

船山的"法治"思想的重要内容之一，就是"法贵简"的立法原则。法治的两个重要因素：立法从简与执法从公。

纲，数条而已矣。析大纲以为细碎之科条，连章屡牍，援彼证此，眩于目而荧于心，则吏之依附以藏慝者，万端诡出而不可致诘。惟简也，划然立不可乱之法于此，则奸与无奸，如白黑之粲然。民易守也，官易察也，无所用其授受之密传；而远郊农圃之子，苟知书数，皆可抱案以事官。士人旦弦诵而暮簿领[14]，自可授以新而习如其故，虽间有疏脱，而受其愚蔽，不亦鲜乎[15]！则梁以士流充令史之选，治其末而不理其本，乍一清明而后必淆乱[16]，故曰不可继也。语曰[17]："有治人，无治法。"人不可必得者也，人乃以开治，而法则以制乱，安能于令史之中求治人乎？简为法而无启以乱源，人可为令史也，奚必士哉？

[注释]

[1]期要：约定共同遵守的事项。　[2]亵：轻慢，不庄重。[3]忽：不重视。　[4]屑：认为值得（做）。　[5]廉隅：比喻端方不苟的行为、品性。　[6]令史：掌文书事务之官，宋元以后为官府中胥吏的通称。　[7]下替：意谓权丧于下，犹云大权旁落。[8]考成：在一定期限内考核官吏的政绩。曹署：古代的官署。[9]蚘（huí）：同"蛔"。　[10]侵罔：擅权欺罔。　[11]允协：确实符合。　[12]则吏益争以繁密诘曲衒其慎而售其奸：则胥吏们

更争相以繁密绕弯子的话显示自己的谨慎，掩饰他们的欺诈行为。衒，同"炫"。　[13]昏窳（yǔ）：昏庸懒惰。　[14]旦弦诵而暮簿领：清早吩咐布置，到日暮就可以收回办公簿册了。　[15]鲜：少。　[16]乍：起初。　[17]语曰：俗话说。

［点评］

　　船山的"法治"思想的重要内容之一，是他提出"法贵简"的立法原则。其思想渊源，主要继承了儒家的"省刑"思想，儒家主张"省刑"就包含了法令简明、通俗易懂的意义。船山的思考，与明末刑法繁密残酷，导致吏治腐败、冤狱遍地、民怨沸腾的黑暗现实有密切的关系。正是在以史为鉴的思想下，船山提出"立法贵简"的原则，并以具体的史实作出理论的分析。在总结历史的基础上，船山提出了许多具体的观点。这篇史论，则从不同人的品性素质和法之繁简的影响角度，集中阐述了他立法从简的观点，认为：一、立法从简，民众既易于遵守，统治者也便于监督民众；二、立法从简，则社会是非、善恶，具有清晰的法律标准，民众易于理解和运用，便于普及，利于促进社会和谐，国家长治久安。其结论：立法简明既然能堵塞社会的乱源，人人皆可担任处理法律文书的小吏，那又何必非要士大夫去处理那些琐碎事务呢？

苏绰六条诏书首以清心次以敷化

　　苏绰之制治法[1]，非道也，近乎道矣。宇文泰命绰作《大诰》[2]，为文章之式，非载道之文也，近乎文矣。其近焉者，异于道方明而袭之以饰其邪伪也，谓夫道晦已极，将启其晦，不能深造，而乍与相即也。天下将向于治，近道者开之先，此殆天乎！非其能近，故曰近道。天开之，使以渐而造之[3]，故曰乍与相即也[4]。

治道自汉之亡而晦极矣。非其政之无一当于利病也[5]，谓夫言政而无一及于教也。绰以六条饬官常，首之以清心，次之以敷化[6]，非其果能也，自治道亡，无有以此为天下告者，而绰独举以为治之要领。自是而后，下有王仲淹[7]，上有唐太宗，皆沿之以起，揭尧、舜、周、孔之日月而与天下言之，绰实开之先矣。文章之体，自宋、齐以来，其滥极矣。人知其淫艳之可恶也，而不知相率为伪之尤可恶也。南人倡之，北人和之，故魏收、邢子才之徒，与徐、庾而相彷佛[8]。悬一文章之影迹[9]，役其心以求合，则弗论其为骈丽、为轻虚，而皆伪。人相习于相拟，无复有由衷之言，以自鸣其心之所可相告者。其贞也[10]，非贞也；其淫也，亦非淫也；而心丧久矣[11]。故弗获已，裁之以"六经"之文以变其习。夫苟袭矣，则袭"六经"者，亦未有以大愈于彼也[12]，而言有所止，则浮荡无实之情，抑亦为之小戢[13]。故自隋而之唐，月露风云未能衰止，而言不由衷、无实不祥者，盖亦鲜矣，则绰实开之先矣。宇文氏灭高齐而以行于山东，隋平陈而以行于江左，唐因之，而治术文章咸近于道，生民之祸为之一息，此天欲启晦，而泰与绰开先之功亦不可诬也。非其能为功也，天也。

嗚呼！治道之裂，坏于无法；文章之敝，坏于有法。无法者，惟其私也；有法者，惟其伪也；私与伪横行，而乱恶乎讫[14]！胡元之末，乱极矣，而吴、越之俊士，先出其精神以荡涤宋末淫靡繁乱之文，文章之系亦大矣哉！六代之敝[15]，敝于淫曼[16]；淫曼者花鸟锦绮为政[17]，而人无心。宋之敝，亦敝于淫曼；淫曼者多其语助[18]，繁其呼应，而人无气。无心而人寻于篡弒，无气而人屈于禽狄。徐、庾、邢、魏之流波，绰挽之矣。孰有能挽苏洵、曾巩之流波者乎？俟之来哲。

无法律的保证，"治道"，即政治原则将无法得到贯彻；有法而任意破坏，亦等于无法。

［注释］

[1]苏绰：南北朝时期西魏名臣。　[2]宇文泰：南北朝时期西魏的实际掌权者，北周政权的奠基者。《大诰》：帝王下达命令的文告。　[3]造：成就。　[4]乍与相即：刚与之相接近。即，接近，靠近。　[5]利病：利弊，优劣。　[6]敷化：布行教化。　[7]王仲淹：即隋朝名儒王通，字仲淹，又称文中子。　[8]徐、庾：徐陵和庾信。　[9]"悬一文章之影迹"以下四句：把一篇文章悬作样子，用心去模仿追求风格相合，无论是骈文还是一般俗浅之文，都是矫饰无真情的作品。　[10]贞：正。　[11]心丧：丧失自己的本心。　[12]愈：胜过。　[13]戢：收敛，约束。　[14]乱恶乎迄：乱怎么能完结终止。　[15]六代：此指三国吴、东晋和南朝之宋、齐、梁、陈六朝。　[16]淫曼：亦作"淫嫚"，淫秽，靡曼。　[17]政：正。　[18]语助：语言中不表示实在意义的虚词。

［点评］

文风也是所谓世风及"治道"的体现，因此船山反对竞尚浮华、着重形式而毫无内容的文风，认为浮华的文风会使社会腐化。这篇史论就是船山针对宋、齐浮艳文章之体提出批评，进而从中引出"法"的讨论。从总结历史经验的角度，船山提出法律对于治国的重要意义，认为"治道之裂，坏于无法"。认为法也是"治道"——政治原则的体现。与"文章之敝，坏于有法"即追求外在形式而妨碍文章内容的表达不同，社会混乱，仁政不能贯彻，则是无法的结果，即"治道之裂，坏于无法"。这里所讲的"无法"并不是说没有法律，而是"无法者，惟其私也"，即特权者惟自己意志任意胡作非为，而形成实际上的"无法"。

梁元帝

梁元帝读书万卷犹有今日

江陵陷，元帝焚古今图书十四万卷，或问之，答曰："读书万卷，犹有今日，故焚之。"未有不恶其不悔不仁而归咎于读书者，曰书何负于帝哉？此非知读书者之言也。帝之自取灭亡，非读书之故，而抑未尝非读书之故也。取帝之所撰著而观之，搜索骈丽、攒集影迹以夸博记者，非破万卷而不能。于其时也，君父悬命于逆贼，宗社垂丝于割裂，而晨览夕披，疲役于此，义不能振，机不能乘，则与六博投琼、耽酒渔色也[1]，又何以异哉？夫人心一有所倚，则圣贤之训典，足以锢志气于寻行数墨之中；得纤曲而忘大义，迷影迹而失微言，且为大惑之资也。况百家小道、取青妃白之区区者乎[2]！

此虽是指责梁元帝，实际则隐含着对于晚明时许多读书人的严厉批评。对当时研读程朱理学者也罢，信奉陆王心学者也罢，只知空谈义理，却置国事于不顾，即黄宗羲所谓"天崩地解，落然无与吾事"的批判。

　　呜呼！岂徒元帝之不仁，而读书止以导淫哉？宋末胡元之世，名为儒者，与闻格物之正训，而不念格之也将以何为。数"五经"、《语》《孟》文字之多少而总记之，辨章句合离呼应之形声而比拟之，饱食终日，以役役于无益之较订，而发为文章，侈筋脉排偶以为工[3]，于身心何与邪？于伦物何与邪[4]？于政教何与邪？自以为密而傲人之疏，自以为专而傲人之散，自以为动而傲人之惰，若此者，非色取不疑之不仁、好行小慧之不知哉[5]？其穷也，以教而锢人之子弟；其达也，以执而误人之国家；则亦与元帝之兵临城下而讲《老子》、黄潜善之虏骑渡江而参圆悟者[6]，奚别哉？抑与萧宝卷、陈叔宝之酣歌恒舞、白刃垂头而不觉者[7]，又奚别哉？故程子斥谢上蔡之玩物丧志[8]，有所玩者，未有不丧者也。梁元、隋炀、陈后主、宋徽宗[9]，皆读书者也；宋末胡元之小儒，亦读书者也；其迷均也。

　　或曰："读先圣先儒之书，非雕虫之比，固不失为君子也。"夫先圣先儒之书，岂浮屠氏之言书写读诵而有功德者乎？读其书，察其迹，析其字句，遂自命为君子，无怪乎为良知之说者起而斥之也。乃为良知之说，迷于其所谓良知，以刻画而仿佛者，其害尤烈也。

夫读书将以何为哉？辨其大义，以立修己治人之体也；察其微言，以善精义入神之用也。乃善读者，有得于心而正之以书者，鲜矣。下此而如太子弘之读《春秋》而不忍卒读者[10]，鲜矣。下此而如穆姜之于《易》[11]，能自反而知愧者，鲜矣。不规其大，不研其精，不审其时，且有如汉儒之以《公羊》废大伦[12]，王莽之以讥二名待匈奴[13]，王安石以国服赋青苗者[14]，经且为蠹[15]，而史尤勿论已。读汉高之诛韩、彭而乱萌消[16]，则杀亲贤者益其忮毒[17]；读光武之易太子而国本定，则丧元良者启其偏私[18]；读张良之辟谷以全身[19]，则炉火彼家之术进[20]；读丙吉之杀人而不问[21]，则怠荒废事之陋成。无高明之量以持其大体，无斟酌之权以审于独知，则读书万卷，止以导迷，顾不如不学无术者之尚全其朴也。故子曰："吾十有五而志于学。"志定而学乃益，未闻无志而以学为志者也。以学而游

船山这里实隐含了对于明代历史的揭露与批判：其中论读史为蠹的一段，令人联想到了朱元璋诛功臣的暴行；"读光武之易太子而国本定，则丧元良者启其偏私"，令人联想到明神宗因立太子事在朝廷间引发的"国本之争"；"读张良之辟谷以全身"事，则令人联想到了明太祖的崇佛、明世宗的奉道、大臣李仕鲁因辟佛而被朱元璋所杀、明世宗以道士邵元节为礼部尚书，自己深居西苑，专意斋醮，不问政事，竟死于方士所献的"仙方"诸事。

移其志，异端邪说，流俗之传闻，淫曼之小慧，大以蚀其心思，而小以荒其日月，元帝所为至死而不悟者也，恶得不归咎于万卷之涉猎乎？儒者之徒而效其卑陋，可勿警哉！

［注释］

[1] 六博：古代博戏名。共十二棋，六黑六白，两人相博，每人六棋，故名。投琼：即掷骰子。　[2] 取青妃白：意思是斟酌字句以使文句对偶工整，喻卖弄文字技巧。　[3] 侈筋脉排偶以为工：意思是（以文辞）骈丽对偶为精巧。　[4] 伦物：人伦物理。　[5] 色取不疑之不仁：语本《论语·颜渊》："色取仁而行违，居之不疑。"好行小慧：语本《论语·卫灵公》："群居终日，言不及义，好行小慧，难矣哉！"不知：同"不智"。　[6] 元帝之兵临城下而讲《老子》：事见《梁书·元帝纪》。黄潜善：宋高宗南渡时宰相。虏骑渡江而参圆悟：事见《宋史·黄潜善传》。　[7] 萧宝卷：南朝齐东昏侯，荒淫无度，为部下所杀。陈叔宝：陈后主，南朝陈末代皇帝。在位时盛修宫室，无时休止，隋兵临江，犹奏伎纵酒，后与贵妃逃于井中，被俘。　[8] 程子斥谢上蔡玩物丧志：事见《宋元学案》卷十四《明道学案下》。程子，即程颢，北宋理学家。谢上蔡，名良佐，字显道，上蔡（今属河南）人，程门弟子，学者称上蔡先生。　[9] 梁元：梁元帝萧绎。隋炀：隋炀帝杨广。　[10] "下此而如太子弘之读《春秋》而不忍卒读者"二句：等而下此的像唐太子李弘那样读《春秋》读到（楚世子芈商臣弑杀君王）的故事不忍卒读的也是少见的。弘为高宗子，武后所生，上元二年（675）从帝后出行洛阳猝死。　[11] "下此而如

穆姜之于《易》"以下三句：再等而下此的则像穆姜读《易》，能反躬自省感到羞愧的也是少见的。穆姜，春秋时鲁宣公夫人，鲁成公之母。　[12]汉儒之以《公羊》废大伦：指东汉光武帝时儒生以《公羊传》中"立子以贵"之义，认为光武帝将原皇太子刘彊降为藩王，改立新皇后之子刘庄为皇太子，这是违背当时的伦理。事见《后汉书·光武帝纪》："（建武十七年）废皇后郭氏为中山太后，立贵人阴氏为皇后。……（十八年）诏曰：'《春秋》之义，立子以贵。东海王阳，皇后之子，宜承大统。皇太子彊，崇执谦退，愿备藩国，父子之情，重久违之。其以彊为东海王，立阳为皇太子，改名庄。'"所谓"《春秋》之义，立子以贵"说见于《公羊传·隐公元年》："立嫡以长不以贤，立子以贵不以长。桓（鲁桓公）何以贵？母贵也。母贵则子何以贵？子以母贵，母以子贵。"汉光武将原皇太子刘彊降为藩王，而立刘庄为皇太子，因其母此时已贵为皇后了。　[13]王莽之以讥二名待匈奴：《汉书·匈奴传》载："（王）莽奏令中国不得有二名，因使使者以讽单于，宜上书慕化为一名，汉必加厚赏。"二名，两个字的名字。　[14]国服：谓服事于国，向国家缴纳租税。经文的说法见《周礼·地官司徒·泉府》。　[15]经且为蠹：言汉儒、王莽、王安石等妄用经义，犹如蠹鱼之蛀蚀经文。　[16]韩、彭：韩信和彭越。　[17]忮（zhì）毒：狠毒。　[18]元良：太子之代称。　[19]张良之辟谷以全身：史称张良于助刘邦取得政权后以退隐修道保住了性命。辟谷，不食五谷以养生的道术。　[20]炉火：指道家烧丹炼汞之术。彼家：儒家指佛、道为彼家。　[21]丙吉之杀人而不问：史载西汉名臣丙吉在路上看见有人群斗者死伤横道，过之不问，逢人逐牛，牛喘吐舌却上前询问，有人因此以讥讽丙吉，丙吉说：民斗相杀伤，是小事，自有地方官来处理，但是那时正是春耕时节，耕牛病了，就要使农事受到影响，影响民众的生计。时人认为丙吉知大体。

[点评]

"经世致用"是中国古代优秀的治学传统，也是船山的治学主张。这篇史论虽是从梁元帝沉迷于书籍，继而焚毁书籍谈起，但却并非就事论事，而是透过这层表象，从读书的方法着墨，对梁元帝进行了深入剖析，推论其败亡之由。梁元帝焚书之事，引出读书的问题，认为梁元帝的败亡，并不是读书本身造成的，而在于他错误的读书方法，由此点明立论的关键，即读书方法的重要性，指出：真正能从书中获得有益的知识来规范自己行为、恰当处理事务的人，少之又少；有些人甚至专门从书中寻找根据来为自己的错误行为辩护，这种错误的读书方法，只会带来损人害己、祸国殃民的严重后果。在船山看来，正确的读书方法，就是要先确定自己的志向，把问题考虑清楚，"无志而学"或喜异端邪说，则"大以蚀其心思，而小以荒其日月"，梁元帝的败亡，正是这个原因，可惜他至死不悟。船山认为，读书既不能"玩物丧志"，更不能不知鉴别导向错误，而要有"高明之量"和"斟酌之权"，以有益于身心和社会之用，表现了作者在读书问题上的卓识高见。除此之外，身处明清易代之际，此文对历代不善读书者的批评之外，还包含了对明末清初空谈性理之学风的严厉批判，并隐蔽地抨击了明代最高统治者的失德和弊政。

梁敬帝

宇文泰依周礼更定六官

法先王者以道，法其法，有拂道者矣；法其名，并非其法矣。道者因天，法者因人，名者因物。道者生于心，法者生于事，名者生于言。言者，南北殊地，古今殊时，质文殊尚；各以其言言道、言法，道法苟同，言虽殊，其归一也。法先王而法其名，唯王莽、宇文泰为然[1]。莽之愚，刘歆导之[2]；泰之伪，苏绰导之[3]。自以为《周官》而《周官》矣[4]，则将使天下后世讥《周官》之无当于道，而谓先王不足法者，非无辞也，名固道法之所不存者也。泰自以为周公，逆者丧心肆志之恒也[5]；绰以泰为周公，诌者丧心失志之恒也。李弼、赵贵、独孤信、于谨、侯莫陈崇[6]，何人斯而与天地四时同其化理[7]，悲夫！先王之道，陵夷亦至此哉[8]！

船山于法治与德治的关系问题上的贡献，一是论述了法与道的关系，二是强调了法的历史性。

相较于制度的形式，制度的精神才是最根本的，改革不能徒循其名，而应根据现实情况，在原精神的指导下做出相应的调整。

高洋之篡也[9]，梁、陈之偷也，宇文氏乃得冠猴舞马于关中，而饰其膻秽以欺世。非然，则王莽之首，剸于渐台[10]，泰其免乎？以道法先王而略其法，未足以治；以法法先王而无其道，适足以乱；以名法先王而并失其法，必足以亡。泰之不亡，时不能亡之也。至于隋，革泰之妄[11]，因时以命官，垂千余年，有损益而弗能改，循实之效可睹矣。《周礼》六官，有精意焉，知之者奚有于法，而况名乎？

[注释]

[1] 宇文泰：西魏的实际掌权者，北周政权的奠基者，姓宇文，名泰。　[2] 刘歆：西汉宗室、大臣，曾以古文经助王莽代汉，拜为国师，后又对王莽政治失望，谋诛王莽，事泄自杀。　[3] 苏绰：南北朝时期西魏名臣。　[4] 自以为《周官》而《周官》矣：自以为其官制符合《周官》就是《周官》了。　[5] 丧心肆志之恒：丧失理智地随心所欲的常态。　[6] 李弼、赵贵、独孤信、于谨、侯莫陈崇：皆被称西魏"八柱国"中人。[7] 化理：教化治理。　[8] 陵夷：由盛到衰，衰落。　[9] 高洋：北齐文宣帝。　[10] 剸（tuán）：割断，截断。　[11] 革泰之妄：革除了宇文泰制定的虚妄的制度。

[点评]

船山一贯认为，相比较于先王之德为本而言，法先王之道法是须结合当时之情势状况而来的。即便是作为教化之礼乐文章亦然，所以说徒法先王礼乐之文具，并不意味着能够成就一个治世。更不用说篡位之小人、夷狄之窃先王之道法而行己私者。因此，对于后世之徒窃先王之道法乃至礼乐之名器者，在这里，船山提出了严厉批评。船山认为所谓法三代者应是法其道。法其法，是有与道相悖者。至于法其名，连其法亦舍弃。道因天、生于心，乃是说先王之道是依禀受于天而含于人心之所固有者推而行之；法因人、生于事，乃是说法是因人而变，是针对于某件具体事情而制定具体制度；名因物、生于言，乃是说文具乃是需要器物之配，而随古今时地之风俗而不同。因此船山认为法先王有三种错误，其结果皆是不足以治理天下。一是仅法先王之法，而略其道者，其结果是导致国家混乱。二是只法先王之名，其结果必是败亡。后者是指王莽、宇文氏等窃先王礼乐之文，如修劝农之礼、作明堂、祀圜丘等，以为先王之道在此，而此仅为先王之名而已。还有复封建、肉刑、井田者，乃是徒法先王之法，而昧于其道，不精意会通于古今之别。三是徒法先王之道，如只任人而不任道法者，皆无当于治理，徒为任法者之耻笑而已。所以，在对待三代之治的问题上，船山较前辈理学家们有更清醒、更细化的认识，这也是我们今天的改革所应注意的问题。

临川民周迪起兵据上塘

权臣，国之蠹也，而非天下之害也，小则擅而大则篡，圣人岂不虑焉，而"五经"之文无防制权臣之道。胡氏传《春秋》[1]，始惴惴然制之如槛虎[2]，宋人猜忌之习，卒以自弱，而授天下于夷狄。使孔子之意而然也[3]，则为司寇摄相事之日，必以诛三桓为亟，而何恶乎陪臣执国命？何忧乎庶人之议也？故知胡氏之传《春秋》，宋人之私，非圣人之旨也。岳侯之死[4]，其说先中于庸主之心矣。

自晋东渡以来，王敦始逆，桓温继之，代有权臣，而司马、刘、萧之宗社以移[5]。其逆未成，而称兵构乱者，王恭、殷仲堪、刘毅、沈攸之、萧颖胄，皆愤起以与京邑相竞。然而兵屡乱、国屡危，而百姓犹能相保，乱民无掠夺之恶，羸弱无流离之苦，则祸止于上，而下之生遂不惊也。非其世族与其大勋，不秉朝权；非秉朝权，不生觊觎；草野非无桀骜之雄，慑伏下风而固不敢骋也[6]。至于侯景之乱，羊侃卒，韦粲死，柳仲礼

船山肯定安国的"著攘夷尊周之大义"，但对"兵权不可假人"，即所谓"权臣"的观点持有否定态度。

无能而败，萧氏子孙分典州郡，相寻自贼，而梁无虎臣，于是而陈霸先以吴下寒族[7]，岭表卑官[8]，纠合粤峤之民[9]，起救国难，王僧辩资之成功；于是而建业、荆江、北府、三吴之牧守[10]，皆倒授其权于山溪峒壑之豪。国无世族尊贵居中控外之大臣，而崛起寒微如霸先者，骎骎为天子矣；其次则分州典郡，握符分阃[11]，为重臣矣；然后权移于下，穷乡下邑之中，有魁磊枭雄之士[12]，皆翘然自命曰：丈夫何所为而不可成哉？故周迪、留异、熊昙朗、陈宝应奋臂以兴；乃至十姓百家稍有心机膂力者，皆啸聚其间井之人，弃农桑、操耰鉏以互相掠夺[13]。于斯时也，强者自投于锋刃，弱者坐受其刀铁[14]，而天下之乱极矣。弗待有建威销萌、卫社稷、安生民之大臣[15]，如刘弘、陶侃、谢玄、檀道济、沈庆之之流也；即有王敦、桓温、刘裕、萧道成之权奸，执魁柄以临之，亦安至是哉[16]？

以在下之义而言之，则寇贼之扰为小，而篡弑之逆为大；以在上之仁而言之，则一姓之兴亡，私也，而生民之生死，公也。故明王之莅臣民也，定尊卑之秩，敦忠礼之教，不失君臣之义，而未尝斤斤然畏专擅以削将相之权。子孙贤，何畏于彼哉？其不肖也，则宁丧天下于庙堂，而不忍使无知赤子窥窃弄兵以相吞啮也。鲁之末造[17]，三桓之子孙既弱[18]，阳虎、公山不狃狂兴，而鲁国多盗，孔子伤之矣！徒以抑强臣为《春秋》之大法乎？故以知胡氏之说，宋人之陋习也。

[注释]

[1] 胡氏：指宋儒胡安国，深研《春秋》，著《春秋传》，成为后世科举士人必读的教科书。   [2] 惴惴然制之如槛虎：像对付老虎一样惴惴不安地用笼子圈起来。   [3] "使孔子之意而然也"以下四句：假使孔子也这样认为的话，那他在当鲁国司寇代行相权时，就肯定会把诛杀权臣"三桓"（孟孙、叔孙、季孙）的事作为急务，那样还担心什么权臣掌朝政呢？   [4] "岳侯之死"二句：岳飞的死，是因为这种权臣篡权的观点已深植在昏君赵构的心中了，使他被猜忌。   [5] 司马、刘、萧：分别指东晋、南朝宋和齐、梁政权。   [6] 慑伏：同"慑服"，因畏惧而屈服。   [7] 吴下：泛指吴地。   [8] 岭表：岭外，即岭南地区。   [9] 粤峤：指五岭以南地区。   [10] 建业：南京在东吴时期的名称。荆江：长江自湖北枝江至湖南岳阳城陵矶段的别称。北府：此指东晋时京口（镇江古称）的别称。三吴：指代长江下游江南一个地域的名称，晋指吴兴、吴郡、会稽。   [11] 握符分阃（kǔn）：握兵符分军权。阃，指领兵在外的将帅或外任的大臣。   [12] 魁磊：形容

高超特出。　　[13] 穤鉏（yōu chú）：穤和鉏。碎土平地和锄田去草的农具。　　[14] 铁（fū）：铡刀，用于切草。古代也用为斩人的刑具。　　[15] 建威销萌：建功立威消除乱源。　　[16] 亦安至是哉：又怎能使（天下）乱到这个地步。　　[17] 末造：末世。指朝代末期。　　[18] 三桓：春秋时鲁国大夫孟孙（仲孙）、叔孙、季孙都是鲁桓公的后代，故称"三桓"。文公死后，三桓势力日强，分领三军，实际掌握了鲁国的政权。

[**点评**]

从文明史的宏阔视野来考察船山的政治伦理思想，可以更好地理解其启蒙思想提出的特殊历史情境。在当时民族矛盾上升为主要矛盾的特殊历史条件下，船山对儒家传统中的君臣之大伦的重要性开始新的理解，在君与民的天平上，君有所贬抑，至少是将君权放到了第二序的价值序列之上。这篇史论体现的正是这一价值取向。船山认为，从天下苍生福祉的角度看，只要不影响天下苍生的和平安宁生活，汉民族王朝内部的擅权与篡位是小事，问题的关键在于不能让政权落入夷狄之异族手中。所以，他敢于说："权臣，国之蠹也，而非天下之害也，小则擅而大则篡，圣人岂不虑焉，而'五经'之文无防制权臣之道。"当然，这种夷夏思想有其时代的局限性，但是从今天的角度看，当民族矛盾上升为主要矛盾之时，维护民族国家的主权必然应成为那特定时段的主要历史任务，任何与此主要历史原则相违背的做法，都必须受到严厉的批评、坚决的否定。

卷十九

隋文帝

定黄为上服之尊迄今不易

可以行之千年而不易，人也，即天也，天视自我民视者也[1]。民有流俗之淫与偷而相沿者矣，人也，非天也，其相沿也，不可卒革，然而未有能行之千年而不易者也。天不可知，知之以理，流俗相沿，必至于乱，拂于理则违于天，必革之而后安，即数革之，而非以立异也。若夫无必然之理，非治乱之司，人之所习而安焉，则民视即天视矣，虽圣人弗与易矣。而必为一理以夺之，此汉儒之所以纤曲涂饰而徒云云也[2]。

改正朔[3]，易服色，汉儒以三代王者承天之

天即理，民即情。在船山的政治学说中，天民关系才是奠基性的关系，比君民关系更为源初。而天民关系之所以必定是奠基关系者，这是理气这对基本关系在政治与历史领域中的体现。

精意在此，而岂其然哉？正朔之必改，非示不相沿之说也。历虽精，而行之数百年则必差。夏、商之季，上敖下荒[4]，不能厘正，差舛已甚[5]，故商、周之兴，惩其差舛而改法，亦犹汉以来至于今，历凡十余改而始适于时，不容不改者也。若夫服色，则世益降，物益备，期于协民瞻视[6]，天下安之而止矣。彼三王者，何事汲汲于此，与前王相竞相压于染绘之间哉[7]？小戴氏之记《礼》杂矣[8]，未见《易》《书》《诗》《春秋》《仪礼》《周官》之斤斤于此也。其曰夏尚玄、殷尚白、周尚赤，吾未知其果否也。莫尊于冕服，而周之冕服，上玄而下纁[9]，何以不赤也？牲之必骍也[10]，纯而易求耳，非有他也。夫服色者，取象于天，而天之五色以时变，无非正矣；取法于地，而地之五色以土分，无非正矣。自非厖奇艳靡足以淫人者[11]，皆人用之不可废，理无定，吾恶从知之？其行之千余年而不易者，民视之不疑，即可知其为天视矣。

开皇元年[12]，隋主服黄，定黄为上服之尊，建为永制。以义类求之，明而不炫[13]，韫而不

在船山看来，帝王选用何种服色，不过是根据祭祀天地、接近臣民的需要而确定的，并无神秘的意蕴。所谓"天理"，不过是人的共同意愿罢了。这就将"易服色"的含义，由玄妙的"天意"，拉回到平实的"人情之常"，从而证明"三统循环论"不过是"纤曲涂饰"的谬说。

幽[14]，居青赤白黑之间而不过，尊之以为事天临民之服可矣，迄于今莫之能易，人也，即天也。于是而知汉儒之比拟形似徒为云云者，以理律天，而不知在天者之即为理；以天制人，而不知人之所同然者即为天。凡此类，《易》《书》《诗》《春秋》《周官》《仪礼》之所不著，孔、孟之所不言，诎之斯允矣[15]。

[注释]

[1] 天视自我民视：语出《尚书·泰誓》，为周武王伐纣前告诫友邦诸侯和治事大臣语，其后一句是"天听自我民听"，意思是：上天所看到的来自我们民众所看到的，上天所听到的来自我们民众所听到的。其意是说，天意就是民意，君王要遵从百姓的意志办事。　[2] 纤曲：细密曲折。　[3]"改正朔"二句：改变历法，变换朝服、车马及祭祀的装饰颜色。　[4] 上敖下荒：上下荒怠。　[5] 差舛：差错。　[6] 协民：所有的民。协：和、合。　[7] 染绘：此指服色。　[8] 小戴氏之记《礼》：儒家经典《礼记》为西汉戴德、戴圣叔侄两人编订注释。其中戴圣选编注释的四十九篇本叫《小戴礼记》，经东汉末郑玄注解而盛行，逐渐由解经著作升为经典，即我们今天见到的《礼记》，唐代列为"九经"之一，宋代列入"十三经"。　[9] 上玄而下纁：指上衣和下裳的颜色。黑而赤者为玄，黄而兼赤为纁。　[10] 骍（xīng）：毛皮红色的（牛马等）。　[11] 厖奇艳靡：杂乱、奇特、艳丽、奢靡。　[12] 开皇：隋朝开国皇帝隋文帝的年号。　[13] 炫：艳丽。　[14] 韫：赤黄色。

幽：昏暗。　[15]诎（chù）：通“黜”。允：允当。

［点评］

这篇史论，船山在批判与“五德终始说”相联系的“正历朔、易服色”之说的同时，进一步阐述了其“即民以见天”的民本主义历史观。

在船山的整个历史思想体系中，中国悠久的民本主义传统也是他历史观的基石，其所提出的“理势合一”的历史发展规律论，与他的“即民以见天”的历史发展动力说实为一体。这里的“天”，既不是自然的天，也不是具有人格神的“天”，而是一种能动的、具有社会动力于其中的社会的天，也就是民意，反映、体现民意的也就是符合天意的，只有符合“民视”——人民意愿的行为，才是体现历史必然性——“天”的行为，所以“可以行之千年而不易，人也，即天也，天视自我民视者也”，即一种制度如果可以推行千年而不改变，那它一定是人民愿意接受的，人民愿意接受的，也一定是合乎天理的。

苏威仿《周官》置乡正里长徒以殃民

《周礼》[1]：乡则比、闾、族、党，遂则邻、里、酂、鄙，各有长司其教令，未详其使何人为之也。就农民而为之，则比户之中[2]，朴野之氓非所任也[3]，其黠而可为者，又足为民害者也。且比邻之长虽微，而列于六官之属[4]，则既列于君子而别于野人矣，舍其末耜而即与于班联[5]，不已媟乎[6]？意者士之未执贽以见君而小试之于其乡[7]，凡饮射宾兴所进于君之士，皆此属也，固不耕而有禄食，士也，非民也。唯然，则可士、可大夫，而登进之途远，则当其居乡而任乡之教，固自爱而不敢淫泆于其乡，庶几不为民病，而教化可资以兴。然《周礼》但记其职名[8]，而所从授者无得而考焉，则郡县之天下，其不可附托以立乡官也，利害炳然，岂待再计而决哉？

定制立法应与时俱进，从现实出发考虑而万不可泥古。郡县制度已行，则封建之下的制度自然就要变通。

成周之治，履中蹈和[9]，以调生民之性情，垂为大经大法以正天下之纲纪者，固不可以意言求合也[10]，故曰：人也，非政也。但据缺略散见之文，强郡县之天下，铢累以肖之[11]，王莽之所以乱天下也。而苏威效之，令五百家而置乡正，百家而置里长，以治其辞讼，是散千万虎狼于天下，以攫贫弱之民也。李德林争之，而威挟《周礼》以钳清议之口，民之膏血殚于威占毕之中矣[12]。悲夫！封建之天下分而简，简可治之以密；郡县之天下合而繁，繁必御之以简。春秋之世，万国并，五霸兴，而夫子许行简者以南面[13]，况合中夏于一王，而欲十姓百家置听讼之长以爓乱之哉[14]？周之衰也，诸侯僭而多其吏，以渔民而自尊[15]，蕞尔之邹[16]，有司之死者三十三人，未死者不知凡几，皆乡里之猾，上慢而残下者也。一国之提封[17]，抵今一县耳，卿大夫士之食禄者以百计。今一县而百其吏，禄入已竭民之产矣。卿一行而五百人从，今丞尉一出而役民者五百，其徭役已竭民之力矣。仁君廉吏且足以死民于赋役，污暴者又奚若也？况使乡里之豪，测畜藏以侧目，挟恩怨以逞私，拥子弟姻亚以横行，则孤寒朴拙者之供其刀俎又奚若也？《易》曰："通其变，使民不倦。"君子所师于三代者，道也，非法也。窃其一端之文具以殃民，是亦不容于尧、舜之世者也。

［注释］

[1]"《周礼》"以下四句：详见《周礼·大司徒》，据说这是周代施行的按户口计算划分地方组织的一种制度，乡下面设比、

船山认为，实行分封制的时候天下的区分简单，简单时治理起来措施要严密；实行郡县制的时候天下的区分比较繁杂，繁杂时治理起来措施要简明。

船山对于乡里基层职能的分析批判，值得我们借鉴思考。

师古或曰继承传统，要吸取其中蕴含的精神，要因时而变，作出符合现实的调整和改革，不能徒袭外在的形式。

间、族、党，遂下面设邻、里、酂、鄙，各设官长管理。　[2]比户：家家户户。　[3]氓（méng）：百姓。　[4]六官之属：六官的属下。六官，指《周礼》中的天官冢宰、地官司徒、春官宗伯、夏官司马、秋官司寇、冬官司空，又称为六卿。　[5]班联：朝班的行列，亦指朝官。　[6]媟（xiè）：狎，轻慢。　[7]"意者士之未执贽以见君而小试之于其乡"以下三句：考虑到士阶层那些尚未依照礼仪晋见国君的人，让他们在其乡里试用；凡是通过乡里的饮酒礼、射礼的测试，按照举贤的宾礼荐举而被国君任用的士人，都是这样的乡吏。执贽，古代交际礼仪。宾兴，周代举贤之法。　[8]但：仅仅，只。　[9]履中蹈和：躬行中庸之道，遵循谦和之道。　[10]固不可以意言求合也：绝不能凭猜臆求与之相符合。　[11]铢：小钱。肖（xiào）之：肖似。　[12]民之膏血殚于威占毕之中矣：百姓的血汗就枯竭在苏威固执古典文本以行于后世而不知变通的决策中。占毕，简策，即古代用竹片或木条所编成的书本。　[13]夫子许行简者以南面：孔子赞许用宽简的政治统治天下。　[14]爚（yuè）乱：炫惑扰乱。　[15]渔民：掠夺百姓。　[16]蕞尔：很小的样子。邹：古邹国。　[17]提封：版图，疆域。

［点评］

　　研究乡里制度是解读中国传统政治的一把钥匙。西周之时实行分封制，其天下权力分散，政事简单；秦以后实行郡县制，政事繁杂却难于全都统归之中央，于是如何处理中央与乡里基层组织之间的关系，便成为一个重要的政治问题。明代地方经济的长足发展，与所施行的绝对专制制度之间的紧张在晚明逐渐显现。于此，明清之际的思想家如顾炎武、黄宗羲等，都对乡里基层制度有很大的关注。船山长期流落乡野，自然对中国的基层政治有深刻的了解，此篇史论就是王船山研究乡里制度的力作。

船山为何斥责"苏威置乡正里长"是徒以殃民？这里应具有历史和现实问题两方面的批判。其中历史认识方面，船山秉持了他一贯坚持的"君子所师于三代者，道也，非法也"，反对泥古不化、"窃其一端之文具以殃民"的历史主义思想。在现实问题方面，船山作为一生流落乡野的思想家，以其对中国基层政治的深刻了解，对宋明以来"徒以殃民"的乡里制度，借助"苏威仿周官置乡正里长"之事，进行剖析和批判。值得指出的是，船山痛恶苏威仿《周官》置乡正里长的论著，对于我们今天如何定位乡一级的职能的政治改革，也具有借鉴意义。

隋均田为虐民之政

天下分争之余，兵戈乍息，则人民之生必蕃，此天地之生理，屈者极，伸者必骤，往来之数，不爽之几也[1]。当其未定，人习于乱，而偷以生，以人之不足，食地之有余，民之不勤于自养也，且习以为常。迨其乱定而生齿蕃[2]，后生者且无以图存，于斯时而为之君者将如之何？蕃庶而无以绥之则乱，然则人民之乍然而蕃育也，抑有天下者之忧也。虽然，王者又岂能他为之赐哉[3]？

抑岂容作聪明、制法令以为之所哉[4]？唯轻徭薄赋，择良有司以与之休息，渐久而自得其生，以相忘而辑宁尔[5]。

五代南北之战争，民之存者仅矣。周灭齐而河北定，隋灭陈而天下一，于是而户口岁增，京辅、三河地少人众[6]，且无以自给，隋乃遣使均田，以谓各得有其田以赡生也[7]。唯然，而民困愈亟矣。人则未有不自谋其生者也，上之谋之[8]，不如其自谋；上为谋之，且弛其自谋之心，而后生计愈蹙。故勿忧人之无以自给也，藉其终不可给，抑必将改图而求所以生，其依恋先畴而不舍，则固无自毙之理矣。上唯无以夺其治生之力，宽之于公，而天地之大，山泽之富，有余力以营之，而无不可以养人。今隋之所谓户口岁增者，岂徒民之自增邪？盖上精察于其数以敛赋役者之增之也[9]。人方骤蕃，地未尽辟，效职力于为工为贾以易布粟[10]，园林畜牧以广生殖者未遑，而亟登之版籍，则衣食不充。非民之数盈，地之力歉，而实籍其户口者之无余，而役其户口者不酌其已盈而减其赋也。乃欲夺人之田以与人，使相倾相

让农民"自谋其生"是船山土地思想的出发点和行动归宿。这里可以说包含着土地经济学、土地政治学、土地文化学、土地社会学和土地生态学等方方面面的内容丰富，言简意赅。

船山认为，让人"自谋其生"的唯一条件是"上唯无以夺其治生之力"。

怨以成乎大乱哉？故不十年而盗贼竞起以亡隋。民之不辑也久矣[11]，考其时，北筑长城，东巡泰岳，作仁寿宫，而丁夫死者万计，别宫十二，相因营造，则其搜剔丁壮以供土木也[12]，不待炀帝之骄淫，而民已无余地以求生矣。乃姑为均田以塞其句免之口[13]，故曰唯然而民困愈亟也。

　　夫王者之有其土若无其土也，而后疆圉以不荒；有其民若无其民也，而后御众而不乱；夫岂患京辅、三河地少而人贫哉？邓禹之多男子也[14]，各授以业，而宗以盛，不夺此子之余以给彼子也。宽之恤之，使自赡之，数十年而生类亦有序，而不忧人满。汉文、景得此道也，故天下安而汉祚以长。隋之速亡也，不亦宜乎！均田令行，狭乡十亩而籍一户，其虐民可知矣，则为均田之说者，王者所必诛而不赦，明矣。

船山力主无为而治，让"有其力者""自谋其生"，即治者不扰，民自得其生。均田虽然恢复了农业生产，反而使农民更加地贫困。

[注释]

[1]不爽之几：几乎不差。　[2]生齿：此指人口、家口。　[3]王者又岂能他为之赐哉：为君王的又怎能赐给他们（其他的土地）呢。　[4]抑岂容作聪明、制法令以为之所哉：或者又怎能制定出明智的法令，给他们提供新的地方呢。　[5]以相忘而辑宁尔：忘掉艰难，自求安宁了。　[6]京辅：国都及其附近地区。三河：旧

时河南、河东、河内的合称。 [7]赡生：生活所需。 [8]上之谋之：统治者为他们谋划。 [9]上精察于其数以敛赋役者之增之也：统治者所以这样精细地计算户口的增加，只是为了对增加的人口征收赋税徭役。 [10]效职：尽职。 [11]不辑：不安宁。 [12]搜剔：搜刮掠夺。 [13]匄（gài）：同"丐"。 [14]邓禹：东汉初年军事家，有子女十三人，令各习一艺，皆有成。

［点评］

从这篇史论中，可以看到，让农民"自谋其生"，是船山土地思想的出发点和行动归宿。船山认为，人的"自谋其生"之心是固有的，而人能够"自谋其生"的基础是"天地之大，山泽之富，有余力以营之，而无不可以养人"，人们通过地之"尽辟"，"园林畜牧以广生殖"，"效职力于为工为贾以易布粟"，"藉其终不可给，抑必将改图而求所以生"，直至迁徙，舍弃贫瘠的土地。至于让人"自谋其生"的唯一条件，船山认为是"上唯无以夺其治生之力"，专制政权不以强国的名义，随意征发劳役剥夺百姓。船山进一步主张土地所有权与使用权分离，淡化土地所有权，实行土地民有，免除农田租税，从而为市场农业开辟道路，体现了其在商品经济日益发达的时代敏锐的经济思想。

隋炀帝

王薄等聚众攻剽

　　秦与隋虐民已亟，怨深盗起，天下鼎沸而以亡国，同也。然而有异焉者，胡亥高居逸乐于咸阳，销兵孤处，而陈胜、吴广起于江、淮，关中悬远，弗能急为控制，迨其开关出击，而六国之兵已集，势不便也。隋方有事于高丽，九军之众一百一十三万人连营渐进，首尾千余里，会于涿郡，而王薄拥众于长山，刘霸道集党于平原，张金称、高士达、窦建德群起于漳南、清河之间，去涿数百里耳，平芜相属[1]，曾无险隘之隔；此诸豪者，不顾百万之师逼临眉睫，而纠乌合之众，暴立于其旌麾相耀、金鼓相闻之地[2]，则为寇于秦也易，而于隋也难。夫岂隋末诸豪之勇绝伦而智不测乎？迨观其后，亦如斯而已，而隋卒无如

世人皆以秦朝与隋朝类比，以为亡国原因同，而船山则独见其中之异。

之何，听其自起自灭、旋灭旋起、以自毙于江都。且逆广非胡亥匹也[3]，少长兵间，小有才而战屡克，使与群雄角逐于中原，未必其劣于群雄也，则隋末之起兵者尤难也。然而群雄之得逞志以无难者，无他，上察察以自聋[4]，下师师以自容[5]，所急在远而舍其近，睨盗贼为疥癣[6]，而自倚其强，若是者，乘其所忽而回翔其间，进可以徼功，退固有余地以自藏，而又何惴焉？

虎之猛也，而制于猵；即且之毒也[7]，而困于蜗；其所轻也。故杨玄感、李密以公侯之裔，世领枢机，门生将吏半于朝右[8]，金钱衣币富将敌国，而兵起两月，旋就诛夷，唯隋之忌之也夙而防之也深，一闻其反，全力以争生死，而山东诸寇起自草莱，不在独夫心目之中，夫且曰："以玄感之势倾天下而可如韩卢之搏兔[9]，此区区者其如予何哉！"故群雄败可以自存，而连兵不解，卒无如之何也。高颎、贺若弼而既诛夷矣[10]，正逆广骄语太平、鞭笞六宇之日也，群雄不于此而兴，尚奚待哉？于是而王薄等之起兵二年矣，仅有一张须陀者与战而胜，逆广君臣直视不足畏而

独裁专制者多自视高明而自塞其耳目，专制淫威下之众臣，为求自保，亦不敢以实情相谏，其结果便是积小乱而酿大祸。有国者于此焉可不引以为戒！

姑听之。然则诸起兵者，无汉高、项羽耳，藉有之，岂待唐公徐起太原，而后商辛自殪于牧野哉[11]？

至不仁而敛天下之怨，非所据而踞天位之尊，起而扑之，勿以前起者之败亡，疑其强不可拔也。杨玄感死，而隋旋以亡，大有为者，知此而已。

德不配位又自恃强不可拔，此隋炀帝之所以亡矣！

[注释]

[1]平芜：草木丛生的平旷原野。　[2]奡（ào）：同"傲"。　[3]逆广：指隋炀帝杨广。　[4]察察：明辨，清楚。　[5]师师：庄严恭敬貌。　[6]睨（nì）：视。　[7]即且：蝍蛆，蜈蚣的别名。　[8]朝右：位列朝班之右，指朝廷大官。　[9]韩卢：泛指良犬。　[10]高颎、贺若弼：二人皆隋名相、名将，以忤隋炀帝意被诛。　[11]商辛：商纣王，名受，号帝辛。

[点评]

船山多次讲到天下大势是一治一乱的循环，但是他又多次批评以往机械的、封闭式的历史循环论，主张历史是在一治一乱、一离一合中不断进步的，承认历代治乱是有所变化的。船山总是具体分析各王朝兴亡实情，比较兴衰之间的异同，力图从中得出更为客观的结论。其中此篇史论，就是针对秦、隋灭亡原因的探讨。世人皆以秦、隋之亡原因相类，如唐魏徵在《隋书》的史论中即认为："其隋之得失存亡，大较与秦相类。始皇并吞六国，高祖统一九州，二世虐用威刑，炀帝肆行猜毒，皆祸起于群盗，而身殒于匹夫。原始要终，若合符契矣。"而在这篇史论中，船山则经过对秦、隋历史的比较后认为：秦、隋灭亡的起因虽然都是农民起义，但具体情况并不相同，隋末的局势较秦要好得多，然而最终仍遭覆亡的下场，原因就在于"上察察以自聋，下师师以自容，所急在远而舍其近，睨盗贼为疥癣，而自倚其强"。这些评论说明，在船山看来，不同的历史原因可以造成相同的历史结局，而探讨历代兴亡，应当遵循"得可资，失亦可资"，"同可资，异亦可资"的原则，只有从具体的史实出发探讨历史，才有可能找到历史兴亡的真正原因。

大业之乱

　　圣人之大宝曰位，非但承天以理民之谓也，天下之民，非恃此而无以生，圣人之所甚贵者，民之生也，故曰大宝也。秦之乱，天下蜂起，三国之乱，群雄相角，而杀戮之惨不剧，掠夺之害不滋，唯王莽之世，隋氏之亡，民自相杀而不已。王莽之末，赤眉、尤来、铜马诸贼遍于东方，延于西陇，北极赵、魏，南迄江、淮，而无有觊觎天步僭名号以自雄者，赤眉将败，乃拥刘盆子以

政权何以具有合法性？唯民也！所谓"天视自我民视，天听自我民听"；所谓"民惟邦本，本固邦宁"；所谓"民为贵，社稷次之，君为轻"也！

盗名，而盆子不自以为君，贼众亦不以盆子为君
也。大业之乱，自王薄、张金称起于淄、济，窦
建德、刘元进、朱燮、管崇、杜伏威、刘苗王、
王德仁、孟让、王须拔、魏刀儿、李子通、翟让，
攘臂相仍[1]，凡六年矣，无有以帝王自号者。其
尤妖狂者，则有知世郎、历山飞、漫天王、迦楼
罗王之号，非徒无定天下之心，而抑无草窃割据
之志，非徒不为四海所推奉，而抑不欲为其类之
雄长[2]，于是而淫掠屠割，举山东、河北、淮左、
关右之民，互相吞龁[3]，而愿弱者缩伏以枕藉[4]，
流血于郊原，其惨也，较王莽之末而加甚焉。至
大业十二年，而后林士弘始称帝于江南，窦建德、
李密踵之，自命为王公，署官僚，置守令，虽胥
盗也[5]，民且依之以延喘息。而捋采既刘[6]，萌
蘖稍息[7]，唐乃起而收之，人始知得主之为安，
而天下以渐而定矣。

　　夫盗也，而称帝王，悖乱之尤，名实之舛甚
矣，然而虚拥其名，尚不如其无名也。既曰帝矣，
曰王矣，为之副者，曰将相矣，曰牧守矣，即残
忍颠越，鄙秽足乎讪笑，然且曰此吾民也，固不

仁政的普遍实现，需要以"义"和"礼"为原则建构社会群体的生存秩序。这也是儒家立君尊君的理论依据。

如公然以蛇豕自居、唯其突而唯其螫也^[8]。故位也者，名也，虽圣人有元后父母之实^[9]，而天下之尊之以位者，亦名而已。君天下而天下保之，君天下而思保其天下，盗窃者闻风而强效焉，则名位之以敛束暴人之虔刘^[10]，而翕合离散之余民者，又岂不重哉？宝也者，保也，人之所自保也。天下有道，保以其德；天下无道，保以其名；故陈胜起而六王立，汉室沦而孙、曹僭，祸且为之衰减。人不可一日而无君，天佑下民，作之君，作之师，伪者愈于无，况崛起于厌乱之余以乂安四海者哉！

[注释]

[1] 攘臂相仍：挽起袖子伸出胳膊（要起事）的人连续不断。[2] 雄长：指称霸或称雄者。　[3] 吞龁（hé）：啮咬吞食。　[4] 愿弱者：没有野心的人。　[5] 胥：表示范围的副词，相当于"都""皆"。　[6] 捋采既刘：典出《诗经·大雅·桑柔》，原文作"菀彼桑柔，其下侯旬。捋采其刘，瘼此下民"。意思是把桑叶都采走，树就很稀了，毒日将会晒伤树下乘凉的人。既刘，已经剥落凋残。　[7] 萌蘖：是指植物长出新芽。稍息：略微休养生息。　[8] 突：猛冲。螫（shì）：毒虫或毒蛇咬刺。　[9] 元后：天子。　[10] 敛束暴人之虔刘：约束强暴之人的劫掠和杀戮。

[点评]

船山的思想，虽然对传统的君权观有所突破，具有一定的批判性。但时代所限，船山批判专制君权的步伐，迈出得并不大，并没有从民主的层面真正否定专制君权存在的合理性，只是反对君主独裁，倡导"分权""众治"。而且他的这些限制君权说，也是建筑于"尊君"思想基础之上的。这既是社会政治视野下对政治秩序需求的考量，是儒家礼制思想提出的基础，也是传统儒家"天子者，天之所命也""原于天之义，则不可无君臣"的"君权天授"观的发挥。这里，船山从社会秩序稳定需求考量，认为，如果不尊君，则贼臣乱子就会肆无忌惮，君臣关系颠倒，必然会导致社会的祸乱，国家将无所依托。也就是说，船山这是从民本民生的立场出发尊君并伸张君权的。这一观点，在船山的著作中一直是反复出现。

广聚谷黎阳雒口诸仓

语曰："明君贵五谷而贱珠玉[1]。"五谷之所以贵者，不可不务白也[2]，迷其所以贵，而挟之以为贵，则违天殃人而祸必及身。所以贵者何也？人待之以生也。匹夫匹妇以之生，而天子以生天下之人，故贵；若其不以生天下之人而奚贵焉？积则不可以约为藏[3]，藏则易以腐败而不可

船山认为：要正确地看待并真正地理解为什么五谷贵重的意义。

久，不能如珠玉之韫千金于一椟[4]，数百年而缄之如新也[5]。故聚之则不如珠玉远矣，散之则以生天下而贵莫甚焉。《传》曰："财聚则民散[6]，财散则民聚。"谓五谷也。若夫钱布金银之聚散[7]，犹非民之甚急者也。聚钱布金银于上者，其民贫，其国危；聚五谷于上者，其民死，其国速亡。天之生之也，不择地而散，而敛之以聚，是违天也；人之需之也，不终日以俟，而积之以久，是殃民也；故天下之恶，至于聚谷以居利而极矣。

此孔颖达《礼记正义》曰："事不两兴，财由民立。君若重财而轻民，则民散也。若散财而周恤于民，则民咸归聚也。"

为国计者曰："九年耕[8]，必有三年之蓄。"此谓诸侯有百里之封，当水旱而告籴于邻国，一或不应，而民以馁死，故导民以盖藏[9]，使各处有余以待匮也。四海一王，舟车衔尾以相济，而敛民之粟，积之窨窬[10]，郁为麴尘[11]，化为蛾蚁，使三旬九食者茹草木而咽糠秕[12]，睨高廪大庾以馁死[13]，非至不仁，其忍为此哉？

隋之毒民亟矣，而其殃民以取灭亡者，仅以两都六军宫官匠胥之仰给[14]，为数十年之计，置雒口、兴雒、回雒、黎阳、永丰诸仓，敛天下之口食，贮之无用之地，于是粟穷于比屋[15]，一遇凶年，则流亡殍死，而盗以之亟起，虽死而不恤，旋扑旋兴，不亡隋而不止。其究也[16]，所敛而积者，只为李密聚众、唐公得民之资，不亦愚乎？隋之富，汉、唐之盛未之逮也，逆广北出塞以骄突厥，东渡海以征高丽，离宫遍于天下，锦绮珠玉狼戾充盈[17]，给其穷奢[18]，尚有赢余以供李密、唐公之挥散，皆文帝周于攘聚之所积也[19]。粟者财之本也，粟聚则财无不聚，召奢诲淫，皆此粟为之也。贵五谷者，如是以为贵，则何如无贵之为愈哉？

天子有四海之赋，可不忧六军之匮[20]；庶人有百亩之田，可不忧八口之饥[21]。靳枵腹者之饔飧[22]，夺勤耕者之生计，居贱籴贵[23]，徒以长子弟之骄奢，召怨家之盼望，何如珠玉者，非人之所待以生，而思夺之者之鲜也。上好之，下必甚焉，粟朽于仓，人殣于道[24]，豪民逞，贫民毙，争夺兴，盗贼起，有国破国，有家亡家，愚惛不知[25]，犹托之曰莫贵于五谷，悲夫！

隋朝灭亡之因，就是统治者对百姓的横征暴敛。

民富才可能有真正的国强。

［注释］

[1]明君贵五谷而贱珠玉：语出汉晁错《论贵粟疏》。　[2]务白：必须明白。　[3]约为藏：简单地收藏。　[4]韫（yùn）：收藏。椟：木柜，匣子。　[5]缄：封闭。　[6]"财聚则民散"二句：语出《礼记·大学》。　[7]钱布：钱币。布：古代一种铲形的货币。　[8]"九年耕"二句：语出汉晁错《论贵粟疏》。　[9]盖藏：储藏。　[10]窌（jiào）：收藏东西的地洞。　[11]郁：积聚。麴尘：亦作"麯尘"，酒曲上所生菌。　[12]三旬九食：十天为一旬，三十天中只能吃九顿饭，形容家境贫困，得食困难。茹：吃，引申为忍受。　[13]睨（nì）：斜着眼看。廪：米仓。庾（yǔ）：露天的谷仓。　[14]仰给：依靠别人供给。　[15]比屋：家家户户。[16]究：到底，最终。[17]狼戾：散乱堆积。[18]给（jǐ）：充足地供给。[19]周于：完备于。攘：侵夺。[20]六军：按《周礼·夏官·叙官》规定："王六军，大国三军，次国二军，小国一军，军将皆命卿。"　[21]八口之饥：见《孟子·梁惠王上》"百亩之田，勿夺其时，八口之家可以无饥矣"。　[22]靳：吝惜，不肯给予。枵（xiāo）腹：空腹，谓饥饿。饔飧（yōng sūn）：早饭和晚饭。　[23]居贱籴贵：意为穷苦百姓处于卑微的地位，却不得不以高价买粮。　[24]殣（jìn）：饿死。　[25]惽：同"昏"。

［点评］

　　国富民穷还是藏富于民，一直是中国古代治国理论和实践争论的两条路线。两条路线间，船山坚定站在儒家富民观的一边。这篇史论所说"财聚则民散，财散则民聚"，讲的是君王聚财敛货，民心就会失散；君王散财于民，民心就会聚在一起。其实，这句话的完整表达应该是：财聚人散，人散财散；财散人聚，人聚财聚。钱财，归根到底也只是一种资源。作为一种资源，往大处讲，它能够帮助人们实现自己的梦想；往小处讲，它能够让拥有它的人买得起房开得上车，过上幸福的生活。人们之所以会聚集在你的周围，往高处讲，是因为希望你能够带领他们实现自己的梦想；往低处讲，是因为人们希望通过你获得能够实现其幸福生活所需要的资源。所以，使人民富裕，人民才会认同你的统治，聚集在你的周围；但是，如果国家将财富都聚敛在自己手里，那么将没人跟随你，百姓就会毫不犹豫地离开你。《周易·系辞下》所谓："何以守位？曰仁。何以聚人？曰财。理财正辞，禁民为非，曰义。"讲的就是这个道理。

卷二十

唐高祖

高祖不遽取天下

《易》曰："汤、武革命，应乎天而顺乎人。"圣人知天而尽人之理，《诗》《书》所载，有不可得而详者，千世而下，亦无从而知其深矣。乃自后世观之，承天之祐，受人之归，一六宇而定数百年之基者[1]，必有适当其可之几[2]，盖亦可以知天、可以知人焉。得天之时则不逆，应人以其时则志定，时者，圣人之所不能违也。唐之取天下，迟回以起[3]，若不足以争天下之先，而天时人事适与之应以底于成[4]，高祖意念之深，诚不可及也。

天之理不易知矣，人之心不易信矣，而失之

英雄要建立功业，就需要认识和掌握时势与时机，相机而动，趁势而为。在船山看来，是否英雄，则在于是否能够把握时势与时机。

者恒以躁。杨广之播虐甚矣，而唐为其世臣，受爵禄于其廷，非若汤之嗣契、周之嗣稷[5]，建国于唐、虞之世[6]，元德显功，自有社稷，而非纯乎为夏、商之臣也。则隋虽不道，唐未可执言以相诘。天有纲，则理不可逾，人可有辞，则心不易服也。故杨广惎高祖而屡欲杀之[7]，高祖处至危之地，视天下之分崩，有可乘之机，以远祸而徼福[8]，然且敛意卑伏而不遽起；天下怨隋之虐，王薄一呼，而翟让、孟海公、窦建德、李密、林士弘、徐圆朗、萧铣、张金称、刘元进、管崇、薛举、刘武周、梁师都、朱粲群起以亡隋，唐且安于臣服，为之守太原、御突厥而弗动。至于杨广弃两都以流荡于江都[9]，李密已入雒郏[10]，环海无尺寸之宁土，于斯时也，白骨邱积于郊原，孤寡流离于林谷，天下之毒痛又不在独夫而在群盗矣[11]。唐之为余民争生死以规取天下者[12]，夺之于群盗，非夺之于隋也。隋已亡于群盗，唐自关中而外，皆取隋已失之宇也。然而高祖犹慎之又慎，迟回而不迫起，故秦王之阴结豪杰，高祖不知也，非不知也，王勇于有为，而高祖坚忍自持，姑且听之而以静镇之也。不贪天方动之几，不乘人妄动之气，则天与人交应之而不违。故高祖以五月起，十一月而入长安立代王侑，其明年二月，而宇文化及遂弑杨广于江都。广已弑，代王不足以兴，越王侗见逼于王世充，旦夕待弑，隋已无君，关东无尺寸之土为隋所有，于是高祖名正义顺，荡夷群雄，以拯百姓于凶危，而人得主以宁其妇子，则其视杨玄感、李密之背君父以反戈者，顺逆之分，相去悬绝矣[13]。

故解杨广之虐政者，群盗也，而益之深热；救群盗之杀掠者，唐也，而予以宴安。惟唐俟之俟之，至于时至事起，而犹若不得已而应，则叛主之名可辞；而闻江都之弑，涕泗交流，保全代王，录用隋氏宗支，君子亦信其非欺。人谓唐之有天下也，秦王之勇略志大而功成，不知高祖慎重之心，持之固，养之深，为能顺天之理、契人之情，放道以行[14]，有以折群雄之躁妄，绥民志于来苏[15]，故能折棰以御枭尤[16]，而系国于苞桑之固[17]，非秦王之所可及也。

呜呼！天子之尊，非可志为拟也；四海之大，

静候主客观条件皆成熟。

非可气为压也。相时之所疾苦，审己之非横逆，然后可徐起以与天下休息，即毒众临戎，而神人罔为怨恫[18]；降李密，擒世充，斩建德，俘萧铣，皆义所可为、仁所必胜也，天下不归唐，而谁归哉？慎于举事，而所争者群盗也，非隋也；非恶已熸而将熄之杨广也[19]，毒方兴而不戢之伪主也[20]。有唐三百载之祚，高祖一念之慎为之，则汤、武必行法以俟命，其静审天人之几者，亦可仿佛遇之矣[21]。

这里，船山又夸大了产生这种意念的主观性，归结于高祖有一颗"慎重之心"，即又转向了英雄史观，显出了船山历史思想的矛盾和时代局限。

[注释]

[1]一六宇：统一四方。六宇，谓天地四方。　[2]几：通"机"，事物的关键，枢纽。　[3]迟回：犹豫不定。　[4]底于成：或作"底成"，取得成功。　[5]契（xiè）：殷人的祖先，传说是舜的臣子。稷（jì）：即后稷，周人的祖先。　[6]唐、虞之世：唐尧、虞舜时代。　[7]惎（jì）：憎恨。　[8]徼（jiǎo）福：祈福，求福。　[9]两都：西都长安，东都洛阳。流荡：流浪。江都：今扬州。　[10]雒郛（fú）：洛阳外城。　[11]毒痡（pū）：痛苦。　[12]规取：设法夺取，谋求取得。　[13]悬绝：相差极远。　[14]放（fǎng）道以行：依据道来行动。　[15]绥民志于来苏：使百姓盼着从困苦中解脱的心愿得以实现。　[16]折棰（shé chuí）：又作"折捶"，折断策马的杖。枭尤：枭雄。　[17]苞桑：桑树的根，比喻根深蒂固。　[18]怨恫：亦作"怨痛"，怨恨，哀痛。　[19]熸（jiān）：熄灭。　[20]不戢：不检束，放纵。　[21]仿佛：隐约，依稀。

［点评］

如何认识社会历史变化的客观规律和人们创造历史的主观能动性的关系，即时势造英雄与英雄造时势的关系问题，是中国古代讨论的一个重要的历史理论问题。其中"时""势""几（机）"等，皆为讨论中涉及的核心范畴。如《战国策·秦三》就说到"圣人不能为时，时至而弗失"，《吕氏春秋·恃君览第八》也说到"圣人不能为时，而能以事适时，事适于时者其功大"，宋代的苏轼，亦在《论封建》中阐述其"圣人不能为时，亦不失时，时非圣人之所能为也，能不失时而已"的观点。这些观点皆认为圣人也无法创造适合其实施主张的时机，但圣人善于抓住历史发生变化的时机。作为一部深刻的历史理论著作，船山的《读通鉴论》当然会对这个历史哲学问题作出自己的论述。在这个问题上，船山的思想应该说是存在着矛盾的。其矛盾也体现在这篇史论中。例如他在分析李渊之所以能取天下的原因时，就认为历史上一些英雄之所以能建功立业，关键在于能够"乘势""趋时"。应该说，船山这里说的，基本上是时势造英雄的观点。但同时，船山又将唐朝的三百年基业全归功于高祖"一念之慎"，归结于高祖有一颗"慎重之心"，且"持之固，养之深，为能顺天之理，契人之情，放道以行"，"而系国于苞桑之固"，这样一来，英雄的"意念"并非来自对时势的正确判断，而是产生于自身的"恻隐之心""慎重之心""是非羞恶之心""久恭克让之心"，以至"能惧之心""贪功之心"等。如是一来，英雄们先天所具备的各式各样的心，就成了决定历史实际趋向和行程的因素，

而"时势"这一客观事物规律——或称之"理",却被说
成是"生于人之心","皆吾心之固有"等主观因素,于是,
船山这里的论述,也就超出了发挥人的主观能动性的范
围,变成了唯意志论,陷入英雄造时势的唯心史观了。

唐太宗

太宗从封德彝言不劳百姓以养宗室 [1]

宗室人才之盛，未有如唐者也，天子之保全支庶而无猜无戕，亦未有如唐者也。盖太宗之所以处之者，得其理矣。高祖欲强宗室以镇天下，三从昆弟之属皆封王爵 [2]，使循是而不改，则贵而骄，富而溢，邪佞之士利赖之而导以放恣，欲强之，适以贻其灾而必至于弱，晋、宋之所以自相戕灭而终于孤立也。太宗从封德彝之言，而曰天子养百姓，岂劳百姓以养己之宗族乎？以公天下者，即以安本支而劝进其贤能。德彝，佞人也，于此而几乎道矣 [3]。

为天子之懿亲 [4]，妾媵广 [5]，生养遂 [6]，不患其不蕃衍也；远于十姓百家鸡犬锥刀之鄙猥 [7]，不患其无可造之材也。而强慧者得势而狂，

天下之大公与一家一姓之小公，持天下者安可不辨。船山此论正是晚明以来反君主专制之"公私之辨"启蒙思潮进一步深化的产物。

愿朴者温饱而自废，于是乎非若刘濞、司马伦之自龁以亡[8]，则菽麦不分，如圈豚之待饲而已矣[9]。夫节其位禄之数[10]，登之仕进之途，既免于槁项无闻之忧[11]，抑奖之于德业文章吏治武略之美，使与天下之英贤夤进而无所崇替[12]，固将蒸蒸劝进而为多士之领袖以藩卫天家[13]。故唐宗室之英，相者、将者、牧方州守望郡者[14]，臻臻并起[15]，而耻以纨袴自居，亦无有梦天吷日、觊大宝而干甸师之辟者[16]。施及于今，陇西之族犹盛焉，不亦休乎！孟子曰："亲之欲其贵也，爱之欲其富也。"富贵者，其可以非所宜而长有之乎？制之有等，授之有道，而后欲贵者之果能贵，欲富者之果能富也，义之至、仁之尽也，大公行而私恩亦遂矣。

　　然则周道亲亲，而文昭武穆[17]，施及邢、茅、蒋、胙与毕、召之裔，皆分茅土[18]，岂非道与？曰：此武王、周公定天下之微权，而千古之未喻者也[19]。古之天下，人自为君，君自为国，百里而外，若异域焉，治异政，教异尚[20]，刑异法，赋敛惟其轻重，人民唯其刑杀，好则相昵，恶则

此富有历史进化意识的思想，乃是对视三代为黄金时代的倒退史观的批判。

相攻，万其国者万其心，而生民之困极矣。尧、舜、禹、汤弗能易也；至殷之末，殆穷则必变之时，而犹未可骤革于一朝；故周大封同姓，而益展其疆域，割天下之半而归之姬氏之子孙，则渐有合一之势；而后世郡县一王，亦缘此以渐统壹于大同，然后风教日趋于画一，而生民之困亦以少衰。

故孔、孟之言治详矣，未尝一以上古万国之制欲行于周末，则亦灼见武王、周公绥靖天下之大权[21]，而知邱民之欲在此而不在彼。以一姓分天下之半，而天下之瓦合萍散者渐就于合，故孟子曰"定于一"。大封同姓者，未可即一而渐一之也。春秋之战亟矣[22]，而晋、鲁、卫、蔡、曹、滕之自相攻也鲜，即相攻而无掬指舟中、焚茨侵海之虐[23]。当其时，异姓庶姓犹错立于外，而同姓者不能绝援以自戕，此周之所以亲亲；而亲亲者非徒亲也，实以一姓之兴，定一王之礼制，广施于四海，而渐革其封殖自私、戕民构乱之荼毒也。

至于汉，六国废，韩、彭诛[24]，而欲以周

道行之，则七国、衡山、淮南之祸[25]，骨肉喋
血而不容已。然则人主即欲建本支以镇天下，亦
无如节其位禄、奖其仕进、公其黜陟之足以育才
劝善，而祐子孙之令祚以巩固维城[26]，奚必侈
予以栈枥之豢养[27]，假借以优俳之衮黼[28]，使
之或偾而狂[29]，或苴而菱哉[30]？邓禹享大国之
封[31]，且使诸子各分一艺以自立，曾有天下者
以公天下为道，将使人竞于娇修[32]，而授子孙
以沉溺之具，亦仁过而流于不仁矣。是故亲亲之
杀，与尊贤互用而相成，唯唐为得之，宜其宗室
之多才，独盛于今古也。

[注释]
　[1]封德彝：唐初宰相。　[2]昆弟：同昆仲，指兄和弟。
[3]于此而几乎道矣：在这点上近乎（治理）之道了。　[4]懿亲：
至亲。　[5]妾媵：此泛指侍妾。　[6]遂：遂心如意。　[7]鸡
犬锥刀之鄙猥：指日常琐碎之事。　[8]刘濞：西汉宗室，汉高祖
刘邦之侄，西汉诸侯王，"七国之乱"的发起者。司马伦：西晋
宗室，藩王，八王之乱的参与者之一。自龁（hé）以亡：自残而
亡。龁，用牙齿咬东西。　[9]如圈豚之待饲：如圈中之猪等着喂
食。　[10]"夫节其位禄之数"二句：减少其所食爵位之禄，使
之走仕途之路。　[11]槁项：羸瘦貌。　[12]夤（yín）进：攀比
上进。崇替：兴废，盛衰。　[13]蒸蒸：纯一宽厚貌。　[14]方州：

指州郡。 [15]臻臻：众聚貌。 [16]大宝：皇帝之位。 [17]文昭武穆：原指周文王的子孙众多，后则泛称子孙繁衍。 [18]分茅土：指王、侯的封爵。古天子分封王、侯时，用代表方位的五色土筑坛，按封地所在方向取一色土，包以白茅而授之，作为受封者得以有国建社的表征。 [19]未喻者：不理解、不明白的缘故。 [20]尚：风尚。 [21]灼见：透彻的见解。绥靖：安抚，使地方保持安定。 [22]亟：急切。 [23]掬指舟中：典出《左传·宣公十二年》。掬，两手合捧。指可掬，形容军士扒住船舷争渡被砍掉的断指之多，后因以"掬指"形容战争的残酷和惨败的局势。焚茨侵海：大量焚烧的茅草房堆侵至海。 [24]韩、彭：韩信和彭越。 [25]七国、衡山、淮南：即汉初相继发生的七国之乱以及衡山王和淮南王等分封的诸侯王的叛乱。 [26]维城：典出《诗经·大雅·板》："怀德维宁，宗子维城。"意分封宗子，连城以卫国。 [27]栈枥：将牲畜圈养之。栈，养牲畜的竹、木栅栏。枥，喂马的槽。 [28]优俳之衮黼：艺人戏中扮演帝王或上公的礼服。 [29]偾（fèn）：紧张，激动。 [30]茸：草初生时细小柔软的样子。 [31]邓禹：东汉初名将，有子女十三人，令各掌握一门技艺，不为后代谋取私产私利，为后人称道。 [32]媺修：谓品德高尚美好。

［点评］

船山此篇史论，以具体的史实分析，再一次对那些赞美上古"三代"封建制观点进行了尖锐的批判，再一次强调了历史演进进化的历史观，非常明确地指出了历史发展的进程，是由远古时期到夏商周三代的野蛮状态，发展到春秋以后"道术始明"的文明社会，历史发展演变的过程，并非今不如昔，不应该"泥古过高，而菲薄方今"。这一通过以进化发展的眼光对中国历史上由分裂到统一、由封建到郡县的演变过程的分析，使得他的历史认识更趋客观实际。

魏徵淳浇之论

魏徵之折封德彝曰："若谓古人淳朴，渐至浇讹，则至于今日，当悉化为鬼魅矣。"伟哉其为通论已。

立说者之患，莫大乎忿疾一时之流俗[1]，激而为不必然之虑，以鄙夷天地之生人，而自任以矫异[2]；于是刻核寡恩成乎心，而刑名之术，利用以损天地之和。荀卿性恶之说，一传而为李斯，职此故也。且夫乐道古而为过情之美称者，以其上之仁，而羡其下之顺；以贤者匡正之德，而被不肖者以淳厚之名。使能揆之以理，察之以情，取仅见之传闻，而设身易地以求其实，则尧、舜以前，夏、商之季，其民之淳浇、贞淫、刚柔、愚明之固然[3]，亦无不有如躬阅者矣[4]。唯其浇

激赏魏徵的进步史观。

评价历史不能为一些社会表面现象所激愤、遮蔽，而是应从历史发展的大视野去认识，这也是船山一再强调的"通古今而计之"的历史认识的方法。

而不淳、淫而不贞、柔而疲、刚而悍、愚而顽、明而诈也，是以尧、舜之德，汤、武之功，以于变而移易之者，大造于彝伦[5]，辅相乎天地。若其编氓之皆善邪[6]？则帝王之功德亦微矣。

唐、虞以前[7]，无得而详考也，然衣裳未正，五品未清[8]，婚姻未别，丧祭未修，狂狂獉獉[9]，人之异于禽兽无几也。故孟子曰："庶民去之，君子存之。"舜之明伦察物，存唐、虞之民所去也，同气之中而有象，况天下乎？若夫三代之季，尤历历可征焉。当纣之世，朝歌之沉酗[10]，南国之淫奔[11]，亦孔丑矣[12]。数纣之罪曰"为逋逃薮渊薮"[13]，皆臣叛其君、子叛其父之枭与獍也。至于春秋之世，弑君者三十三，弑父者三，卿大夫之父子相夷、兄弟相杀、姻党相灭，无国无岁而无之，烝报无忌[14]，黩货无厌[15]，日盛于朝野，孔子成《春秋》而乱贼始惧，删《诗》《书》，定《礼》《乐》，而道术始明。然则治唐、虞、三代之民难，而治后世之民易，亦较然矣。

封德彝曰："三代以还，人渐浇讹[16]。"象、鲧、共、驩、飞廉、恶来、楚商臣、蔡般、许止、

船山这里对历史的认识，正是从他"通古今而计之"的"大视域"，体察到历史不断进步的足迹。

齐庆封、鲁侨如、晋智伯，岂秦、汉以下之民乎？子曰："斯民也，三代之所以直道而行也[17]。"春秋之民，无以异于三代之始。帝王经理之余，孔子垂训之后，民固不乏败类，而视唐、虞、三代帝王初兴、政教未孚之日，其愈也多矣[18]。战国之末，诸侯狂逞[19]，辩士邪诬[20]，民不知有天性之安，而趋于浇，非民之固然也。秦政不知而疾之如寇，乃益以增民之离叛。五胡之后，元、高、宇文駤戾相踵[21]，以导民于浇，非民之固然也。隋文不知而防之若雠，乃益以增民之陷溺[22]。逆广嗣之，宣淫长佞，而后民争为盗。唐初略定，夙习未除，又岂民之固然哉？伦已明、礼已定、法已正之余，民且愿得一日之平康，以复其性情之便，固非唐、虞以前茹毛饮血、茫然于人道者比也[23]。以太宗为君，魏徵为相，聊修仁义之文，而天下已帖然受治[24]，施及四夷，解辫归诚[25]，不待尧、舜、汤、武也。垂之十余世而虽乱不亡，事半功倍，孰谓后世之天下难与言仁义哉？

邵子分古今为道、德、功、力之四会[26]，

世之乱在于统治者的恶政而不在民，更不在社会的退步。

帝王何促而霸统何长？霸之后又将奚若邪？泥古过高，而菲薄方今以蔑生人之性[27]，其说行而刑名威力之术进矣[28]，君子奚取焉？腥风扇，民气伤，民心之待治也尤急，起而为之，如暑之望浴也，尤易于隋、唐之际哉！

[注释]

[1] 忿疾：忿怒憎恶。　[2] 矫异：故意与众不同，有意立异。[3] 淳浇：指风俗的淳厚与浇薄。浇，浮薄。　[4] 躬阅：亲眼看见。　[5] 大造：成就大功业。彝伦：常理常道，亦指伦常。　[6] 编氓：编入户籍的平民。　[7] 唐、虞：即尧和舜。　[8] 五品：指五常，指旧时的五种伦常道德。　[9] 狉（pī）狉獉（zhēn）獉：草木丛杂，野兽出没。　[10] 朝歌：商朝国都。　[11] 南国：古指江汉一带的诸侯国。　[12] 孔丑：很丑。　[13] 为逋逃薮渊薮：成为逃亡者集聚之地。　[14] 烝报：乱伦行为，谓与母辈或晚辈亲属淫乱。[15] 黩货：贪财。　[16] 浇讹：浮薄诈伪。　[17] 直道而行：沿着直的道路走，比喻办事公正。出自《论语·卫灵公》。　[18] 其愈也多矣：要好多了。　[19] 狂逞：放肆。　[20] 邪诬：胡说假话。　[21] 元、高、宇文：北魏、东魏和西魏政权统治者的姓氏。駤戾（zhì lì）：蛮横凶暴。　[22] 陷溺：比喻深深陷入错误的泥淖而无法自拔。　[23] 人道：人伦。　[24] 帖然：顺从服气，俯首收敛。　[25] 解辫归诚：指北方少数民族改变原结发辫的习俗归附中原皇朝统治，接受中原文明。　[26] 邵子：宋儒邵雍，著有《皇极经世书》，运用易理和易教推究宇宙起源、自然演化和社会历史变迁，将历史分为道、德、功、力四个发展阶段。　[27] 蔑：

无视，轻视。　[28] 刑名威力之术：法家学术。

[点评]

应该说，古代中国的思想家当中，船山对历史发展的论述最精当，而这篇著名的史论则是他进步史观的充分体现。这篇史论中，船山对那些盲目赞美上古三代的腐儒作出了鲜明的批判，非常明确地指出，历史发展的进程，也是不断进步演变的过程，人类社会总是沿着由蒙昧而渐至文明的道路不断进化发展的。对于历史，船山之所以能够得出超出时代一般人的认识，一个重要方面就是他继承司马迁"通古今之变"的思想，坚持"通古今而计之"的历史认识方法，将历史运动看作一个生命整体，以"通古今"的"大视域"观察历史，"合往古今来而成纯"，从而得出对于历史运动的正确认识。

卷二十一

唐高宗

魏玄同改铨选为辟召实不可行

魏玄同上言欲复周、汉之法[1]，命内自三公省寺[2]，外而府州，各辟召僚属[3]，而不专任铨除于吏部[4]，其言辩矣，实则不可行也。一代之治，各因其时，建一代之规模以相扶而成治，故三王相袭，小有损益，而大略皆同。未有慕古人一事之当，独举一事，杂古于今之中，足以成章者也。王安石惟不知此，故偏举《周礼》一节，杂之宋法之中，而天下大乱。

周之所以诸侯大夫各命其臣者，封建相沿，民淳而听于世族，不可得而骤合并以归天子也[5]。故

"法贵因时"是船山总结历史所一再强调的，体现了他的历史主义的思想方法。

孔子之圣，天子不得登庸[6]，求、路之贤[7]，鲁、卫之君不能托国，三代之末流亦病矣。汉制：三公州郡各辟掾曹[8]，时举孝廉以贡于上，辟召一听之长官，朝廷不置冢宰[9]，盖去三代未远，人犹习于其故，而刺史太守行法于所部，刑杀、军旅、赋役、祀典皆得以专制，则势不得复为建属吏以掣之[10]。其治也，刑赏之施于三公、州郡者，法严明，而诬上行私者不敢逞；迨其乱也，三公、州郡任非其人，而以爱憎黜陟其属吏[11]，于是背公死党之习成，民之利病不得上闻，诛杀横行，民胥怨激[12]，而盗贼蜂起，则法敝而必更，不可复矣。

汉之掾吏，视其长官犹君也，难而为之死，死而为之服衰[13]，各媚其主，而不知有天子。然则使为公敛处父之据成不堕，祝聃之射王中肩[14]，皆可自命为忠而无忌，大伦不明，倒行逆施，何所不可哉？且其贡于天子者[15]，一唯长吏之市恩，而天子无以知其贤奸，抑无考核之成宪以衡其愚哲，三公之辟召，则唯采取名誉于州郡，于是虚誉日张，雌黄在口，故处士之权日重，朋党兴而成乎大乱。故曹孟德惩其敝而改之，

船山这番议论确实精当，古今差别如此，中外差别亦有如此情况。

总其任于吏部，此穷则必变之一大机会也，既变矣，未有可使复穷者矣。

时异则势异，世异则事异，天下有定理而无定法。这是船山评议历史的方法，也是我们思考现实问题所当注意的。

法无有不得者也，亦无有不失者也。先王不恃其法，而恃其知人安民之精意；若法，则因时而参之。礼乐刑政，均四海、齐万民、通百为者，以一成纯而互相裁制。举其百，废其一，而百者皆病；废其百，举其一，而一可行乎？浮慕前人之一得，夹糅之于时政之中，而自矜复古，何其窒也！

魏、晋以下，三公牧守不能操生杀兵农之权[16]，教化不专司于己，而士自以其学业邀天子之知；乃复使之待辟于省寺府州之众吏[17]，取舍生乎恩怨，奔竞盛于私门，于此不售，自媒于彼，廉耻丧，朋党立，国不能一日靖矣。唐之乱也，藩镇各树私人以为爪牙，或使登朝以为内应，于是敬翔、李振起而亡唐。他如罗隐、杜荀鹤、韦庄、孙光宪之流，皆效命四方，而不为唐用，分崩瓦解，社稷以倾，亦后事之明验矣。

夫吏部以一人而周知士之贤否，诚所不能如玄同之虑者。然士之得与于选举也，当其初进，亦既有诸科以试之矣。君子不绝人于早，而士之才能亦以历事而增长，贪廉仁暴，亦以束于法而磨砺以劝于善。其有坏法乱纪、蠹政虐民者，则固有持宪之臣，操准绳以议其后。若夫偏材之士，有长此短彼之疑，则因事旁求，初不禁大臣之荐举。然则吏部总括登进之法，固魏、晋以下人心事会之趋，而行之千年不可更易者也。

读古人之书，以揣当世之务，得其精意，而无法不可用矣。于此而见此之长焉，于彼而见彼之得焉，一事之效，一时之宜，一言之传，偏据之，而曰：三代之隆、两汉之盛恃此也。以固守而行之者王安石，以假窃而行之者王莽而已。何易由言哉？知人安民，帝王之大法也，知之求其审也，安之求其适也，所以知、所以安，非一切之法窜乱于时政变迁之中，王不成王，霸不成霸，而可不偾乱者也[18]。庸医杂表里、兼温凉以饮人，强者笃，弱者死，不亦伤乎！

此乃读史经世之要旨也。

[注释]

[1]魏玄同：唐高宗时宰相。　[2]三公省寺：泛指朝廷中央机构。　[3]辟（bì）召：征召。僚属：旧时指下属的官吏。　[4]铨

除：犹选授。　[5]骤合：犹趋附。　[6]登庸：选拔任用。　[7]求、路：孔子弟子冉求和子路。　[8]掾（yuàn）曹：犹掾史，古代分曹治事，故称。　[9]冢宰：周官名，为六卿之首，亦称太宰。[10]掣（chè）：牵制，控制。　[11]黜陟（chù zhì）：指人才的进退，官吏的升降。　[12]民胥：百姓及下级小吏。　[13]服衰：服丧。[14]使为公敛处父之据成不堕：典出《左传·僖公三十三年》。公，指晋襄公。处父，晋臣阳处父。祝聃之射王中肩：事见《左传·桓公五年》。两件事皆是旧秩序混乱的表现。　[15]"其贡于天子者"二句：长官推荐到朝廷的人，只对推荐人感恩戴德。市恩，谓以私惠取悦于人。　[16]牧守：指州郡的长官。　[17]辟：征召来授予官职。省寺府州：此泛指中央或地方各级官吏。　[18]偾（fèn）：败坏，搞糟。

[点评]

船山论史论治论学，旨多相通，即源于他对世界的基本认识——物质是不断变化的，其发展变化是有规律可循的，就是说法制不能泥古，即所谓"法贵因时"。由此，船山反对一切守旧复古的政策，认为制度应适应时代发展，统治者应该重视历史的演变，而不能人为地因革制度，"顺必然之势者理也，理之自然者天也"。在这篇史论中，船山亦明确指出：每一代制度，都是因不同时代而自成系统，不能割取某个片段予以施行。惟因如此，与同时代的思想家黄宗羲、顾炎武相比，船山更能以历史哲学的眼光来看待与评议历史与政治。黄、顾二人亦深恶宋明专制之弊，故极力抨击君主专制，而船山则更在此历史哲学认识的基础上，不专对一时一代之得

失，而是着眼整个客观历史之进程，以历史的视角予以
分析。故钱穆先生说，船山本此而论封建与郡县之不同，
推及于井田、取士、兵农分合诸端，极指昔人慕古之病，
而平心考核各时代法制之利弊得失。其立论精密，多合
于人情时势，其识盖超出同时梨洲、亭林、习斋之上矣。

唐中宗

上表请改唐为周者六万人

王莽之后，合天下士民颂功德劝成篡夺者，再见于武氏[1]，傅游艺一授显秩[2]，而上表请改唐为周者六万人，功若汉、唐，德若汤、武，未闻有此也。孟子曰："得乎邱民为天子[3]。"其三代之余，风教尚存，人心犹朴，而直道不枉之世乎[4]！若后世教衰行薄，私利乘权[5]，无不可爵饵之士[6]，无不可利囮之民[7]，邱民亦恶足恃哉？[4]盗贼可君，君之矣；妇人可君，君之矣；夷狄可君，君之矣。孔子曰："天下有道，则庶人不议。"后世庶人之议，大乱之归也。且与之食，而旦讴歌之；夕夺之衣，而夕诅咒之；恩不必深，怨不在大，激之则以兴，尽迷其故。利在目前而祸在信宿[8]，则见利而忘祸；阳制其欲而

盖船山此论，所持仍在儒家纲常名分说之轨，言邱民之不可恃，故其仍以治民之责寄望于君，表明其思想的局限性。

阴图其安，则奔欲而弃安。赘婿得妻，而谓他人为父母；猾民受贿，而讼污吏之廉平。上无与惩之，益进而听之，不肖者利其易惑而蛊之，邱民之违天常、拂至性也，无所不至，而可云得之为天子哉？

以贤治不肖，以贵治贱，上天下泽而民志定。泽者，下流之委也，天固无待于其推崇也，斯则万世不易之大经也。

[注释]

[1]武氏：武则天。　[2]傅游艺：唐武后朝同平章事。以逢迎武则天由京县主簿于一年之内超常擢拔为宰相，由下位直达三品，《新唐书》归于奸臣传。　[3]得乎邱民为天子：得到百姓拥护的就是天子。语出《孟子·尽心下》。邱民，众民。邱，同"丘"，孔子名丘，因避讳，清雍正三年（1725）上谕除四书五经外，凡遇"丘"字，并加"阝"旁为"邱"。　[4]直道：犹"正道"，指确当的道理、准则。不枉：不冤枉，表示事情没有白做。　[5]乘权：利用权势。　[6]爵饵：以官爵引诱。　[7]囮（é）：用来诱捕同类鸟的鸟，称"囮子"。　[8]信宿：两三日。

[点评]

近人刘师培，曾"搜国籍得前圣曩哲言民约者若干篇"，结合传入中国的西方社会契约理论发挥己意，撰为《中国民约精义》一书，曰船山"于立君主之起原言之甚晰，但于立君主之后则仅以通民情、恤民隐望之君，而于庶民之有权尤斥之不遗余力"。刘氏举船山此篇所言，称其与卢梭《民约论》之旨大殊说："今船山之旨即以伸民权为大非。夫君之所以不敢虐民者，虑民之有权以抗上也。今也据名分之空言，以夺国人之权柄，则君虽施虐政于民，彼为民者赤手空拳，无复抗君之具，亦将屈服于下，奴隶自甘。虽有通民情、恤民隐之政，亦不过一姓之私恩已耳，于人民何利焉？"认为"船山既知民之不可弱，而复言权之不可分，则所谓通民情、恤民隐、公天下者，不过防民罹虐政，起倡革命耳。以之保人君私产则可，以之谋万众公益则奚可哉？盖船山惑于名分之言，复鉴于民情之难恃，故仍以治民之责望之君"。刘氏此论可与船山此言相参理解。

卷二十二

唐玄宗

杨相如疏言法贵简而能禁

言治道者，至于法而难言之矣。有宋诸大儒疾败类之贪残，念民生之困瘁[1]，率尚威严，纠虔吏治[2]，其持论既然，而临官驭吏，亦以扶贫弱、锄豪猾为己任，甚则醉饱之愆、帝帱之失[3]，书箧之馈[4]，无所不用其举劾，用快舆论之心。虽然，以儒者而暗用申、韩之术，将仁恕宽平之言，尧、禹、汤、文、孔、孟其有奖乱之过与？

仁而弱，宽而纵，崇情以舋法[5]，养奸以病民，诚过矣。然使其过也，果害于国，果贼于民，则先王既著之于经，后世抑守之以律，违经破律，

如何把握执法的宽严之度，是治国理政中难以处理的问题。

船山法律思想的核心是:"法贵简而能禁,刑贵轻而必行。"

取悦于众,而自矜阴德[6],则诚过矣。欲谢其过,抑岂毛举瘢求、察人于隐曲[7],听惰民无已之怨詈[8],信士大夫不平之指摘[9],辱荐绅以难全之名节[10],责中材以下以不可忍之清贫,矜纤芥之聪明,立难撄之威武也哉[11]?老氏以慈为宝,以无为为正,言治言学者所讳也[12]。乃若君子之言,曰宽、曰简、曰不忍人、曰哀矜而勿喜[13],自与老氏之旨趣相似而固不同科,如之何以羞恶是非之激发妨其恻隐邪[14]?绝人之腰领[15],死者不可复生矣;轻人之窜逐[16],弃者不可复收矣;坏人之名节,辱者不可复荣矣。唯夫大无道者,怙终放恣[17],自趋死而非我杀之,自贻辱而非我辱之,无所容其钦恤耳[18]。苟其不然,于法之中,字栉而句比之;于法之外,言吹而行索之;酒浆婢妾之失,陷以终身,当世之有全人者,其能几也?恶非众恶,害未及人,咎其已往,亿其将来[19],其人虽受罚而不服,公议亦或然而或否[20],欲坚持以必行而抑自诎矣[21]。徒为繁密之深文[22],终以沮挠而不决[23],一往恶恶之锐气,亦何济于惩奸,而只以辱朝廷羞当世之士邪？夫曰宽、曰不忍、曰哀矜，皆帝王用法之精意，然疑于纵弛藏奸而不可专用。以要言之，唯简其至矣乎！八口之家不简，则妇子喧争；十姓之间不简[24]，则胥役旁午[25]；君天下，子万民，而与臣民治勃溪之怨[26]，其亦陋矣。简者，宽仁之本也；敬以行简者，居正之原也。敬者，君子之自治，不以微疵累大德；简者，临民之上理，不以苛细起纷争。礼不下于庶人，不可以君子之修，论小人之刑辟；刑不上于大夫，不可以胥隶之禁，责君子以逡巡。早塞其严刻之源，在创法者之善为斟酌而已。

玄宗初亲政，晋陵尉杨相如上言曰："法贵简而能禁，刑贵轻而必行。小过不察，则无烦苛；大罪不漏，则止奸慝。"斯言也，不倚于老氏，抑不流于申、韩，洵知治道之言乎！后世之为君子者，十九而为申、韩，鉴于此，而其失不可掩已。

[注释]

[1]困瘁：困顿劳苦。 [2]纠虔：纠举督正。 [3]帷帏：帷幕，指寝室、私密内室。 [4]书箑（shà）之馈：书画扇子等文玩小礼品。箑，扇子。 [5]骫（wěi）法：枉法。骫，曲，枉。 [6]自矜：

法律的实施关乎社会治乱大矣。

在船山看来，执法者竞相以法察奸，士大夫又赞成法治，故在主持舆论或担任公职时也不免刻薄寡恩，故船山认为，持法的尺度，最好是保持在道家的"宽简"与法家的"严苛"之间。

自夸，自尊自大。阴德：暗中做的有德于人的事。　[7]毛举瘢求：犹言吹毛求疵。隐曲：鲜为人知的苦衷，难言之隐。[8]怨讟(dú)：怨恨诽谤。　[9]指摘(tī)：指出，挑出缺点错误。　[10]荐绅：指有官职或做过官的人。荐，通"搢"。　[11]撄：触犯。　[12]言治言学者所讳也：(老子清净无为的学说)是谈论治国和治学的人所避而不谈的。[13]哀矜：哀怜。　[14]妨：妨害，阻碍。　[15]腰领：腰部与颈部。两者为人体重要部分，断之即死，故常喻致命之处。　[16]窜逐：放逐，流放。　[17]怗终：有所仗恃，终不改悔。　[18]钦恤：谓理狱量刑要慎重不滥，心存矜恤。　[19]亿：通"臆"，臆测，预料。　[20]或然而否：有说对的又有说是错的，评议不一。　[21]自诎：自屈，自辱。　[22]深文：含意深远或艰奥的文章。指法律条文苛细严峻。[23]沮挠：破坏阻挠。[24]闾：古代二十五家为一闾。　[25]旁午：(事物)交错、纷繁。　[26]勃溪：吵架，争斗。

［点评］

　　法制体系几乎总是朝向复杂化、繁密化发展。这种发展，从乐观的角度看，代表了法制日益完备、法律体系日渐周延，所以若在实施中发现旧法有弊端，也会不断修正，以臻于完善。但如何把握简繁的度，则是在法律实施中有必要注意的问题。尤其是在法律相对稳定而需要不断以条例或法令以适应社会变化的情况下。船山此论亦有感而发。明中叶以后，律例并行，随着社会发展，条例日益增多，奸宦滑吏往往借以深文周纳，致"以例代律"以售其奸，既造成律与例的冲突，也破坏了社会的正常秩序。《明史·刑法志一》："而后乃滋弊者，由于人不知律，妄意律举大纲，不足以尽情伪之变，于是因律起例，因例生例，例愈纷而弊愈无穷。"此后，朝廷虽屡有申令，然"英、宪以后，钦恤之意微，侦伺之风炽。巨恶大憝，案如山积，而旨从中下，纵之不问。或本无死理，而片纸付诏狱，为祸尤烈"。所以顾炎武谓："夫法制繁，则巧猾之徒皆得以法为市，而虽有贤者，不能自用，此国事之所以日非也。"又谓："前人立法之初，不能详究事势，豫为变通之地。后人承其已弊，拘于旧章，不能更革，而复立一法以救之，于是法愈繁而弊愈多，天下之事日至于丛脞。"（《日知录集释》卷八）黄宗羲认为："法愈密而天下之乱即生于法之中，所谓非法之法也。"（《明夷待访录·原法》）。明清之际思想家的这些对法律制度的批评与反省，确实针砭到了要处。

发粟太府及府县粟敛民间恶钱销毁

经国之远图，存乎通识。通识者，通乎事之所由始、弊之所由生、害之所由去、利之所由成，可以广恩，可以制宜，可以止奸，可以裕国，而咸无不允[1]。于是乎而有独断。有通识而成其独断，一旦毅然行之，大骇乎流俗[2]，而庸主具臣规目前之损益者[3]，则固莫测其为，而见为重有损，如宋璟发太府粟及府县粟十万石粜之，敛民

> 船山这里阐述了"通识"与"独断"的关系，及其在认识与实践的价值。

间恶钱送少府销毁是已 [4]。

散粟于民 [5]，而取其值，疑不足以为仁之惠；君与民市 [6]，疑不足以为义之宜 [7]；以粟易钱而销毁之，徒取值于民而无实于上，疑其病国而使贫；一旦为之，不可测而可骇，庸主具臣闻言而缩舌 [8]，固其所必然矣。以实求之，夫岂然哉？取值不有 [9]，而散十万之粟于待食之人，不费之惠也；下积恶钱，将随敝坏，上有余粟，将成红朽 [10]，而两易之，制事之宜也。乃若大利于国者，则尤非浅见褊衷之所易知也 [11]。恶钱之公行于天下，奸民与国争利，而国恒不胜，恶钱充斥，则官铸不行；人情趋轻而厌重，国钱之不能胜私铸久矣。恶钱散积于人间，无所消归，而欲人决弃之也，虽日刑人而不可止；发粟以收恶钱者，使人不丧其利而乐出之也。销毁虽多未尽，而民见上捐十万粟之值付之一炬，则知终归泯灭而不肯藏，不数年间，不待弃捐而自不知其何往矣 [12]。恶钱不行则国钱重，国钱重则鼓铸日兴，奸民不足逞，而利权归一，行之十年，其利百倍十万粟之资，暗偿之而赢余无算，又岂非富国之永图乎？

政策的制定必须要有长远的考虑，不能逞一时之快，暂时似乎压制了矛盾，最终酿为动摇国本的大患。

乃当其时，愚者不测也，吝者不决也，非玄宗之倚任，姚崇、苏颋之协恭，则璟言出而讪笑随之矣。司国计而知大体者之难，小人以环堵之识[13]，惜目睫之锱铢[14]，吝于出而急于纳，徒以削民敛怨[15]，暗耗本计于十年之后[16]，而吮之如蜜，王安石之以病宋者此也。不耕而思获，为盗而已，为乞而已；盗与乞，其可与托国哉！

一般人的性情，往往被眼前的事物所局限，被周围的事物所迷惑，当然也就没有足够的水平来对形势作出正确的判断。

[注释]

[1]允：允当。　[2]骇：惊惧。　[3]庸主具臣：平庸或昏庸的君主和备位充数之臣。规：谋划。　[4]恶钱：质料低劣的钱币。　[5]"散粟于民"二句：抛售粮食给百姓，收取他们等值的钱币。　[6]市：交易。　[7]疑不足以为义之宜：怀疑这样做不足以作为正当行为的合适理由。　[8]缩舌：形容吃惊得说不出话。　[9]不有：无有，没有。　[10]红朽：谓米粟陈腐变红色。　[11]褊（biǎn）衷：意思是褊狭的内心。褊，本意指衣服狭小，引申泛指狭小，又引申指急躁。衷，本义为贴身的内衣，衍义为通"中"，内心。　[12]弃捐：抛弃；废置。　[13]环堵之识：狭小的见识。环堵，四周环着每面一方丈的土墙，形容狭小、简陋的居室。　[14]目睫之锱铢：眼前的钱财。　[15]削民敛怨：搜刮百姓，收聚怨恨。　[16]本计：根本之计。

[点评]

"通识"与"独断"是中国古代认识事物的重要观

念和方法，它所体现的是透过表面现象准确抓住事物发展的本质与趋势。二者之间，"通识"，即"通乎事之所由始"，贯通事物发展的完整过程去认识事物；"独断"，不是独断专行的独裁，而是在正确认识事物发展趋势并广泛汲取各方面意见的基础上坚毅果断地决策。即《管子·明法解》所谓："明主者，兼听独断，多其门户，群臣之道，下得明上，贱得言贵，故奸人不敢欺。"领导干部必须具有远见卓识的战略眼光，在复杂多变的形势下，透过现象抓住事物本质。在纷杂的各种意见中，清晰地抓住最有效的意见，排除纷扰意见，果敢决断地施行。治理国家要有长远计划，要能从长远看问题。具有通识的人，在于了解事情从何开始，弊端是怎样产生的，危害是怎样消除的，利益是怎样得到的，只有具备这样的通识的人，才能具有整体的眼光又独断果敢地作出适宜的决策。所以独断与通识是相互为用的。只有具有通识的领导，才能作出符合客观情势的独断决策，反之，只有独断的见识和意志，才能有效地将通识施之于时政。独断必须建立在通识的基础上才能保证独断的正确性，否则只是独断专行的刚愎自用，最终导致事物不断向着坏的方向发展。

裴耀卿漕运可法万世

唐多才臣，唯其知通也。裴耀卿之于漕运，

非可为万世法者乎？壅水以行舟[1]，莫如易舟以就水；冒险以求便，莫如因时而避险；径行以求速[2]，莫如转递以相续[3]。江河各一其理，南北舟工各一其习，水之涨落各一其时，舟之大小各一其制。唯不知通也，以一舟而历数千里之曲折，崖阔水深，而限之以少载；滩危碛浅，而强之以巨艘；于是而有修闸之劳，拨浅之扰，守冻之需迟，决堤之阻困；引洪流以蚀地，乱水性以逆天，劳劫生民[4]，糜费国帑，强遂其径行直致之拙算，如近世漕渠，历江、淮、汶、泗、河、济、漳、沽，旷日持久，疲民耗国，其害不可胜言，皆唯意是师，而不达物理者也。

> "通变"是古代重要的思想，制定政策也是这样，应依据客观情势而定。

成天下之务者，因天之雨旸[5]，就地之险易，任人之智力，为其所可为，不强物以自任；则以理繁难、试艰危、通盈虚、督偷窳、禁盗侵[6]，无不胜也。自宋以后，议论猥多[7]，而不可用者，唯欲以一切之术，求胜于天时、人事、物力，而强以从己而已矣。唯唐有才臣，方之后世，何足述哉！

> 唯才是举，知人善任，择人任势，此亦值得今天任事者鉴。

[注释]

[1] 壅水：堵住水流使水位升高。 [2] 径行：任性而行。 [3] 转递：传送。 [4] 劤（guì）：精疲力尽。 [5] 雨旸（yáng）：谓雨天和晴天。 [6] 偷窳（yǔ）：苟且懈怠。 [7] 猥多：众多，繁多。

[点评]

在这里，船山实际上提出了一个发挥人的主观能动性的问题。他认为事物有其自身的规律，不能强之以从己。其所谓："成天下之务者，因天之雨旸，就地之险易，任人之智力，为其所可为，不强物以自任。"即肯定人能够认识客观规律，如果注意并做到这一点，就有利于"成天下之务"。对于那些仅仅"知乱知治"，临事而仍用其故心的读史者，他讥之为"玩物丧志"，认为这些人对于历史，仅仅如将镜子悬挂在房间，"无与炤（照）之者也"。

贡举改授礼部

帝王立法之精意寓于名实者[1]，皆原本仁义，以定民志、兴民行，进天下以协于极[2]，其用隐而化以神，固不在封建井田也。井田封建，因时而为一切之法者也。三代贡举之法不传[3]，唯周制之散见者，有大略之可考。任以其职，正以其名，寓其纳民于善之心，使习之而相因以兴行，且以昭示人君君师天下，非徒会计民产以求利用，故领之以司徒，而冢宰宗伯不偏任焉。其意深远，虽百世可师也。

夫贡举者，一事而两道兼焉。选天下之才，任天下之事，以修政而保国宁民，此一道也。别君子于小人，荣之以爵，养之以禄，俾天下相劝于善，而善者不抑，不善者以悛[4]，此又一道也。两俱道，而劝民以善之意，尤圣人之所汲汲焉。人劝于善，国以保，民以宁，此本末之序也。故冢宰者[5]，任治者也；宗伯者[6]，任已登已进之贤才[7]，修其轨物者也；而进贤之职，一任之司徒。徒之为言，众也，合君子野人而皆其司；司君子之教，以立野人之则[8]，而天下万有之众庶，皆仰沐风化以成诚和[9]。徒岂易司者哉？乃其鼓之、舞之、扬之、抑之，不待刑而民自戒，不待礼而民自宾[10]，则唯操选举之权，以为之枢机，一授之司徒[11]，而天下咸谕天子之心[12]，曰：上之使牧我养我而疆理我者[13]，莫匪欲吾之善[14]，而咸若于君子之道也。故选举领于司徒，其措意之深切而弘通，诚万世不易之至道与！

制度是应时而变的，而仁政的施政目的是不应改变的。只有真正实现"仁政"，才能安定民众的志向，才能使民众养成良好德行，才能使政治实践达到化行俗美、政通人和。

重视"教化"，强调选人理政，"原本仁义"与"慎乎德"的统一，体现了船山对儒家"德化政治"的思考。

唐之旧制，贡举掌于考功[15]，是但为官择人，而非求贤于众矣。开元二十四年，改以授礼部侍郎，是以贡举为缘饰文治之事[16]，而浮华升进，民行不兴矣。风俗之陵夷，暗移于上之所表著[17]，而不知名之所存，实之所趋，未有爽焉者也[18]。自贡举不领于司徒[19]，而贡举轻，一人之予夺私，而兆民之公理废矣。自司徒不领贡举，而司徒轻，但为天子头会箕敛之俗吏[20]，而非承上天协君叙伦之天秩矣[21]。士竞于浮华，以弃其实行；民迫于赋役，以失其恒心。一分职任事之间，循名责实，治乱之大司存焉。良法改而精意亡，孰复知先王仁义之大用，其不苟也如此乎[22]！善师古者，凡此类勿容忽焉不察也。其他因时随土以立一切之法者，固可变通以行其化裁者也，而又何成法之必仿乎？

船山认为，时势随时在变，但儒家仁政德治的根本政治宗旨不可变。

［注释］

[1]名实：名目与实际。 [2]协于极：调和、和谐至极致。 [3]贡举：旧时拔举人才的方法。 [4]悛（quān）：悔改。 [5]冢宰：周官名，亦称太宰，为六卿之首。 [6]宗伯：官名，西周置，位次三公，为六卿之一，掌邦礼。 [7]任已登已进之贤才：任用那

些已被录用的贤才。　[8] 野人：此指庶人、平民。　[9] 诚和：同"咸和"，协和，和睦。　[10] 自宾：自归于道。宾，服从，归服。　[11] 司徒：官名，掌管全国土地和人民。　[12] 咸谕：都明白。谕，告也。　[13] 疆理：划分，治理。　[14] 莫匪：无不是。匪，副词，不。　[15] 考功：官名，三国魏尚书有考功、定课二曹，隋置考功郎，属吏部，掌官吏考课之事，历代因之，清末废。　[16] 缘饰：文饰。　[17] 表著：显扬昭著。　[18] 爽：差错。　[19] 不领：不掌管。　[20] 头会箕敛：形容赋税繁重苛刻。头会，按人头征税。箕敛，用畚箕装取所征的谷物。　[21] 叙伦：亦作"伦叙"，有条理，顺序。　[22] 不苟：不随便，不马虎。

［点评］

作为儒者，船山一再强调修己与治人、道德与政治的统一，体现了船山对儒家"德化政治"，即为政"何以为此"的思考。即一切政治制度、政策法规等的制定和实施，必须"原本仁义"，才能安定民众的志向，才能使民众养成良好的德行，也才能使政治活动达到化行俗美、政通人和之极致。天之所命与人的"仁义"，不仅是修己道德活动的根本原则，也是治人政治活动的根本依据。"仁义"不仅是修身之道德哲学的根本原则，而且也是治国平天下之政治哲学的根本之理。这也就是儒家传统中所谓的政治与道德（德性或美德）相统一的思想：即一方面，政治活动必须保有其相对独立的具体原则和价值规范；另一方面，政治又必须是在道德原则制约下的政治，才能顺应民情民意，才能形成"大公至正"的政治举措，人民才会归顺，才会实现社会的有效治理。

开元之治不终

唐政之不终者凡三[1]：贞观也，开元也，元和也。而天宝之与开元，其治乱之相差为尤悬绝[2]。夫人之持志以务修能[3]，亦难乎其始耳，血气未定，物诱易迁，智未开，守未固，得失贞淫治乱之故未熟尝，而易生其骄惰；及其年富力强，见闻益广，浮荡之志气已敛，声色之娱乐已厌，而好修之成效有可居，则靡而淫，玩而弛，纵而暴，皆日损以向于善；此中人之恒也。太甲、成王终为令主[4]，亦此而已矣。唐之三君，既能自克以图治于气盈血溢、识浅情浮之日矣，功已略成，效可自喜，而躁烈之客气且衰[5]，渔色耽游之滋味已饫[6]，乃改而逆行，若少年狂荡之为者，此又何也？于是而知修德之与立功，其分量之所至，各有涯涘[7]，而原委相因也。

夫苟以修德为心与？德者[8]，无尽之藏也，未之见，则一善成而已若有余矣，天下之可妨吾善者[9]，相引以迁而不自觉[10]；既见之矣，既习之矣，仁不熟不安于心，义未精不利于用，浩乎其无涯矣，

儒家追求的是"内圣外王"，惟先做到"内圣"，才可扩及事功。即修德与立功虽各有涯涘，但终应以修德为基。

森乎其不可犯矣[11]，亹亹乎相引以深密[12]，若登高山，愈陟而愈见其峻，勿容自释也[13]。故所患者，始之不自振也，继之不自省也，而不患其终之不自保也。师保在前[14]，疑丞在后[15]，古人之遗文，相督而不假[16]，一窥其精意，欲从而末由[17]，则虽未日进于高明，而可不失其故步，奚忧末路之猖狂哉？苟其以立功为心，而不知德在己而不在事与？则功者，有尽之规也，内贼未除，除之而内见清矣；外寇未戡[18]，戡之而外见宁矣；百姓未富，富之而人有其生矣；法制未修，修之而国有其典矣。夫既内无肘腋之奸，外无跳梁之敌[19]，野鲜流亡，而朝有纲纪，则过此以往，复奚事哉[20]？志大而求盈，则贪荒远之功；心满而自得，则偷晏安之乐；所愿者在是，所行者及是，所成者止是，复奚事哉？邪佞进，女宠兴，酣歌恒舞，而曰与民同乐；深居晏起，而曰无为自正。进厝火积薪之说者[21]，无可见之征；抱蚁穴金堤之虑者[22]，被苛求之责。智浅者不可使深，志小者不可使大，度量有涯，淫溢必泛，盖必然之势矣。

　　是以古之圣王，后治而先学，贵德而贱功，

德、才之间，德为基础。选贤任能，首先是选有贤德之人。

望之天下者轻，而责之身心者重，故毫修益勤，死而后已，非以为天下也，为己而已矣。为己者，功不欲居，名不欲立，以天子而无殊于岩穴之士[23]，志日专，气日敛，欲日憺忘[24]，心日内守，则但患其始之未正也，师保任之也；不患其终之不永也，无可见之功勋，则无告成之逸豫也[25]。唐以功立国，而道德之旨，自天子以至于学士大夫置不讲焉，三君之不终，有以夫！

[注释]

[1]不终：没有结果，没有到底。　[2]悬绝：相差极远。　[3]修能：施展才能。　[4]太甲：子姓，名至，商汤嫡长孙，商朝第四位君主。成王：周成王，名诵，周朝第二位君主，周武王姬发之子。令主：贤德的君主。　[5]客气：一时的意气，偏激的情绪。　[6]饫(yù)：饱，厌。　[7]涯涘(sì)：边际，界限。　[8]"德者"二句：道德涵括的方面很多。　[9]妨：妨碍。　[10]迁而不自觉：发生转变而没有觉察。　[11]森：森严。　[12]亹(wěi)亹：形容向前推移、行进。　[13]自释：自行宽解。　[14]师保：古时任辅弼帝王和教导王室子弟的官，有师有保，统称"师保"。　[15]丞：古代帮助帝王或主要官员办事的官吏。　[16]不假：不凭藉。　[17]末由：没有门径或机会。　[18]戢(jí)：停止。　[19]跳梁：即"跳踉(liáng)"，窜跳、跳跃之意。　[20]奚：怎么，为什么。　[21]厝火积薪：把火放在柴堆下面，比喻隐藏着很大的危险。　[22]蚁穴金堤：比喻可以酿成大祸的小漏洞。　[23]岩穴之士：指隐士。古时隐士多山居，

故称。 [24] 憺（dàn）: 安定。 [25] 逸豫: 闲适安乐。

[点评]

作为一位道德理想主义者，船山对道德的价值、作用及地位都赋予极高的评价。他所理想的社会就是一个道德高尚的社会，其中政权的最高统治者及其各级官吏，尤应以严格的道德标准要求自己。不难看出，船山的治国模式是圣贤治国，其逻辑是：只有道德品行最高的圣人或贤人，才能制定出好的国家政策。圣贤治国作为一种道德政权模式，对不同的人有不同的标准。作为一国之主的帝王，必须是德高望重的道德楷模，要让天下归心，赢得老百姓的拥护与支持，没有道德是不行的。但圣贤并非天生造就的，必须通过后天的学习并不断地进行自我修养，即这篇史论所说的"是以古之圣王，后治而先学，贵德而贱功"。应该说，这种强调道德的政权模式，集中体现了中国传统文化的特点，而这种只有品格最高尚的人才能担负起领导责任的政治文化观，也是建立于对早期宗族社会之认识的一种假设上观念，即公平、公正、仁慈是团结众人、领导团体兴旺发达的基础。

崔昌请求殷周汉后为三恪

大义不可易，显道不可诬[1]，苟且因仍，无能改者，不容终隐于人心，而不幸发自德薄望轻之口，又或以纤曲邪妄之说附会之，遂以不伸于天下，君子之所重叹也。

商、周之德，万世之所怀，百王之所师也。祚已讫而明禋不可废[2]，子孙不可替，大公之道也。秦起西戎，以诈力兼天下，蔑先王之道法，海内争起，不相统一，杀掠相寻，人民无主，汉祖灭秦夷项，解法网，薄征徭，以与天下更始[3]，略德而论功，不在汤、武下矣。汉祚既终，曹魏以下二百余年，南有司马、刘、萧、陈氏，皆窃也；北有五胡、拓拔、宇文，皆狄也；隋氏始以中国种姓一天下，而天伦绝，民害滋；唐扫群盗为中国主，涤积重之暴政，予兆民以安，嗣汉而兴，功亦与汉埒等矣[4]。

天下之生，一治一乱，帝王之兴，以治相继，奚必手相授受哉[5]！道相承也。若其乱也，则天下无君，而治者原不继乱。故夏之末造[6]，有韦、顾、昆吾，乘暴君而霸；殷之将殄[7]，崇、密攘臂而争；周之已衰，六国、强秦、陈涉、项籍，挟兵以逞；汉之已亡，曹、吴、司马、刘、萧、陈、杨、五胡、索虏、宇文，割裂僭号；皆彗孛

船山从正统是"道"出发，提出"治道"，认为有"治道"才有正统。而"治道"的核心，就是君心之仁爱，用贤人，治天下。

船山史论的特点，是他总是用整体统一的理论来衡量与分析历史，从整个历史的长河中看待单个的历史事件、历史制度，将不同或相近的历史事实联系起来，体现了其历史认识的系统性。

之光[8]，前不继西没之日，后不启东生之月者也。若以一时僭割、乘郄自雄者[9]，可为帝王授受之统系，则三蘖、崇、密[10]，可为商、周之所绍嗣矣[11]，而岂天之所许、人之所怀哉？

王者褒崇先代[12]，隆其后裔，使修事守[13]，待以宾客，岂曰授我以天下而报其私乎？德足以君天下，功足以安黎民，统一六宇，治安百年，复有贤子孙相继以饰治[14]，兴礼乐，敷教化[15]，存人道，远禽兽，大造于天人者不可忘[16]，则与天下尊之，而合乎人心之大顺。唐欲法古帝王之德意，崇三恪之封[17]，自应以商、周、汉为帝王相承而治之绪，是不易之大义，不诬之显道也。

自武德至天宝，百余年矣，议礼之臣，无能昌言以厘正，犹奉拓拔、宇文犬羊之族、杨氏悖乱之支、为元后父母之渊源，何其陋也！天宝九载，乃求殷、周、汉后立为三恪，而废拓拔、宇文、杨氏之封，虽曰已晚，堂堂乎举久湮之坠典，立百王之准则，亦伟矣哉！乃非天子所能念也，非大臣所能正也，非儒者所能议也，而出于人微言轻之崔昌。又以以土代火，五德推迁[18]，袭邹

正统论作为与政权的合法性密切相关的论题，船山认为正统并不是仅仅"手相授受"，更应是"以治相继"，"道相承也"。是否给社会以"治"，才是评价政权是否具有"正统"的标准。即政权正统与否，与其是否施仁义，行仁政分不开。施仁政的，有利于民的，就是治，就是正统正宗或治道，反之就不是。

对传统正统论，船山一直持批判的态度，鲜明反对荒谬的"天人感应"正统观。

衍之邪说参之。为儒如卫包者，抑以"四星聚尾"无稽之言为征[19]，不能阐元德显功、民心天理之秩序以播告来兹者为永式，主之者又李林甫也。故林甫死，杨国忠之党又起而挠之，后此弗能伸其义者；圣帝明王之祀荫，永绝于世，不亦伤乎！

船山的"治统"说，并不像传统正统论那样，不加分析地将历代王朝衔接，为一家一姓的统治者登台寻找根据，而是以是否符合社会发展趋势作为评判标准。

唐之既亡，朱温以盗，朱邪、臬捩鸡以夷[20]，刘知远、郭威琐琐健儿，瓜分海内，而仅据中州，称帝称王，贱于丞尉；至宋而后治教修明，贤君相嗣，以为天下君师。是于周、汉与唐，犹手授也。曾不能推原治统[21]，自跻休美[22]；而以姑息之恩[23]，独崇柴氏[24]。名儒林立，此议无闻，大义隐，显道息，垂及刘伯温、宋景濂，不复知有乾坤之纲纪，弗能请求刘、李、赵氏之裔以作宾于王家，而不正奇渥温氏蚩尤之罚[25]，曾李林甫之弗若，岂非千古之遗憾哉！虽然，人纪不容终绝，王道不容永弛，豪杰之士申其义，明断之主决于行，夫岂难哉？敬以俟之来哲。

[注释]

[1]显道：明确的道义准则。　[2]明禋（yīn）：指明洁诚敬地献享祭祀。　[3]更始：重新开始，除旧布新。　[4]埒（liè）等：相等，

相比。　[5]奚：文言副词，怎么、为什么。　[6]末造：犹末世，尤指朝代末期。　[7]殄（tiǎn）：消灭，灭绝。　[8]彗孛（bèi）：彗星和孛星，旧谓彗孛出现是灾祸或战争的预兆。孛，古人指光芒四射的一种彗星。　[9]僭割：僭伪割据。郄（xì）：同“隙”。　[10]三蘖（niè）：谓一本生三蘖。原指韦、顾、昆吾，皆桀之党，后亦泛指三个结党的恶人。　[11]绍嗣：传宗接代，继承。　[12]褒崇：赞扬推崇。　[13]事守：指应当遵守的法度。　[14]饰治：粉饰太平。[15]敷教化：布施教化。[16]大造：大功劳，大恩德。[17]三恪：周朝新立，封前代三王朝的子孙，给以王侯名号，称三恪，以示敬重。　[18]五德：古代阴阳家把金、木、水、火、土五行看成五德，认为历代王朝各代表一德，按照五行相克或相生的顺序，交互更替，周而复始。　[19]四星聚尾：一种特殊天象。所谓“四星”指的是北斗七星中的“斗魁”四星。尾，指二十八宿中的“尾宿”。　[20]朱邪：亦作“朱耶”，唐时西突厥部族族名，世居沙陀，后归唐。族人以朱邪为复姓，唐德宗时该族朱邪赤心以功赐姓“李”，名“国昌”，五代后唐开国皇帝李存勖乃其后人。臬捩鸡：沙陀人，后晋开国皇帝石敬瑭之父。　[21]推原：从源头或本原上进行推究。治统：治理国家的一脉相传的统系。　[22]休美：美好善良的样子。　[23]姑息：不讲原则地迁就。　[24]柴氏：五代时期后周皇室。　[25]奇渥温：成吉思汗一族蒙古人的姓氏。

［点评］

　　船山史论的特点，是以整体视野衡量、分析历史，将历史事件、历史制度置于整个历史的长河中认识，将不同或相近的历史事实予以联系分析，体现了其历史认识的系统性。这篇史论即充分反映出这一特点。正统论作为关系政权转移的理论问题，具有两面性：既是历史评判的尺度，也是现实政治的工具。不少史家和政治家都对这个问题进行过细致的探讨，其目的也主要是通过论证，来为其所认定的政权是否具有合理性，从而为所在现实或所持理想张目。在有关政权转移的正统论问题上，船山认为治乱离合是天下之势，而势之必然处也是理的体现；认为只要凭借道德、功业或政绩，给天下带来福利，都宜为天子，都在正统之列。即所谓正统，并不是仅仅"手相授受"，而应是"以治相继"，"道相承也"，即在正义的大德大公方面是一致的。由此篇史论可知，船山所说的治统，必须具备的条件是以汉族为君、统一、祚久这三项，其实质是社会之"治"，但其所论亦反映出船山民族思想的局限性。

天子出奔避寇乱不至亡

天子出奔以避寇，自玄宗始。其后代、德、僖三宗凡四出而卒返：虽乱而不亡。平阳之青衣行酒 [1]，五国之囚系终身 [2]，视此何如邪？《春秋传》曰："国君死社稷 [3]，正也。"国君者，诸侯之谓也，弃其国，寓于他人之国，不得立宗庙、置社稷，委天子之命 [4]，绝先祖之祀，殄子孙之世 [5]，不若死之愈矣。诸侯之侯度固然 [6]，非天子之谓也。自宋李纲始倡误国之说[7]，为君子者，喜其词之正，而不察《春秋传》大义微言之旨，欲陷天子于一城而弃天下，乃以终灭其宗庙之血食。甚矣！持一切之论者，义不精，学不讲，见古人之似而迷其真，以误天下有余矣。

天子者，天下之望也，前之失道而致出奔，诚不君矣；而天下臣民固倚以为重，而视其存亡为去就；固守一城，而或死或辱于寇贼之手，于是乎寇贼之势益张，而天下臣民若丧其首，而四支亟随以仆[8]。以此为正，而不恤四海之沦胥[9]，则幽王之灭宗周[10]，元帝之斩梁祀[11]，可许以不辱不偷之大节乎？天子抚天下而为之主，京师者，其择便而安居者尔。九州莫非其土，率土莫非其人，一邑未亡，则犹奉宗祧于一邑[12]，臣民之望犹系焉，弗难改图以光复也。而以匹夫硁硁之节[13]，轻一死以瓦解天下乎？

呜呼！非徒天子然也。郡县之天下，守令为天子牧民，民其所司也，土非其世守也。禄山之乱，守州郡者如郭纳、达奚珣、令狐潮之流，望风纳款[14]，乃至忠贞如颜杲卿、袁履谦、张巡者，

作为一个政权合法性的符号，在非民选政权的古代，只要"天子"存在，其政权的合法性即在。因而其统治虽"不君"，却是"天下臣民固倚以为重"。

亦初受胁迫而始改图，困守孤城而不知变计，几陷于逆，莫能湔涤[15]。力不能如颜鲁公之即可有为也，则何如洁身以避之，徐图自效可也。身居危困之外，自有余地以致身尽瘁；而濡忍不决[16]，势迫神昏，自非与日月争光之义烈、"艮其限，厉熏心"[17]，亦危矣哉！不保其终无玷也。故守令无三军之寄[18]，而以失城坐大辟[19]，非法也。去亦死，守亦死，中人之情[20]，畏死其恒也，迫之以必死，则唯降而已矣，是驱郡邑以从逆也。故曰非法也。

［注释］

[1] 平阳之青衣行酒：典出《晋书·孝怀帝纪》："刘聪大会，使帝著青衣行酒。侍中庾珉号哭，聪恶之。"即指晋怀帝被俘受辱事。又见《通鉴》卷八十八《晋纪十》。　[2] 五国之囚系终身：指靖康之难后，徽钦二宗被掳，辗转被囚五国城，事见《宋史》卷二十二。　[3] "国君死社稷"二句：出自《公羊传·襄公六年》："【经】：十有二月，齐侯灭莱。【传】：曷为不言莱君出奔？国灭，君死之，正也。"国君死社稷，《礼记·曲礼下》国君去其国，止之曰："奈何去社稷也？"大夫，曰："奈何去宗庙也？"士，曰："奈何去坟墓也？"国君死社稷，大夫死众，士死制。《礼记正义》卷四《曲礼下》"国君去其国"，孔颖达《正义》曰"国君去其国"者，谓诸侯去国，而其臣民止留殷勤之辞也。故下文曰"国君者，诸侯之谓也"。　[4] 委：抛弃，舍弃。　[5] 殄（tiǎn）：灭绝。　[6] 侯度：为君之法度。　[7] 自宋李纲始倡误国之说：

指金兵犯宋，李纲坚持钦宗固守京城，终有靖康之难，使宋徽宗、钦宗二帝蒙尘，事见《宋史》卷三百五十八。　[8]四支：即四肢。仆：向前跌倒。　[9]不恤：不顾及，不忧虑，不顾惜。沦胥：泛指沦丧、沦陷。　[10]幽王之灭宗周：因周幽王废嫡立庶导致西周灭亡。　[11]元帝之斩梁祀：指西魏攻南朝梁，元帝困守江陵，城破被擒后遇害。元帝，梁元帝萧绎。　[12]宗祧：宗庙。　[13]硁（kēng）硁：形容浅陋固执。　[14]纳款：归顺，降服。　[15]湔（jiān）涤：洗雪。　[16]濡忍：柔顺忍让。　[17]艮其限，厉熏心：出自《周易·艮卦》"九三：艮其限，列其夤，厉薰心"。此处引用，意在说明困守孤城，君臣上下隔绝之危。　[18]寄：托付，依靠。　[19]大辟：古五刑之一，谓死刑。　[20]中人：常人。

［点评］

　　此篇船山论述了政权存续及其合法性问题。对于这个问题的理解，亲身经历明清鼎革之际南明几个政权与清政权相持并立情势的王夫之、黄宗羲、顾炎武等思想家，更能体会君主作为一个政治符号，对于政权存在之合法性以及由此所起到的凝聚人心、号召民众的重要意义。在以血缘作为政权合法性依据的前民主时代，儒家所谓"得民心者得天下"，以民心归附作为政权合法性依据，在实际政治中就是句空话，最终仍是"你方唱罢我登场"的王朝兴亡轮替，以武力攘夺政权并以此占取合法性的道德高位，始终是历史出演的剧本。船山此篇史论，既表明他对帝制社会君主作为政治符号对于维系政权重要意义的理解，也表明他那个时代所具有的政治认识的局限。

卷二十三

唐肃宗

李长源制治未乱

"制治于未乱，保邦于未危"[1]，乃可以为天子之大臣。《易》曰："其亡[2]！其亡！系于苞桑。"九四捍御之功[3]，不如上九之豫防[4]，足以倾否，九五之不亡[5]，上九系之也，李长源当之矣。

其与肃宗议功臣之赏，勿以官而以封邑，故贼平而无挟功以逼上之大臣，此之谓保邦于未危。不然，则如刘裕之诛桓玄、李克用之驱黄巢，社稷随之以倾矣。

其谏肃宗以元帅授广平、勿授建宁也[6]，故

船山认为，能防患于未然，知微察著，防微杜渐，是为臣的重要的政治素质，这也是今天需要继承的思想遗产。

国储定而人心一。全二王兄弟之恩，息骨肉猜疑之衅，此之谓制治于未乱。不然，则且如太宗宫门流血之惨，玄宗、太平构祸之危，家国交受其伤矣。

太原之起，秦王谋定而乃以告；韦氏之诛，临淄不告相王而行[7]；非嫡非长而独建大功，变起宫庭，高祖、睿宗亦无如之何也，非君父之舍嫡长而授庶少以权也[8]。使肃宗以元帅授建宁，则业受命于己矣，是他日之争端，肃宗自启之也。乃肃宗之欲命建宁，非有私宠之情，以建宁英果之姿，成功较易，则为当日平贼计者，固得命帅之宜，廷臣自以为允。乃长源于图功之始，豫计未有之隙，早涂墍以泯其迹[9]，决之一言，而乱萌永塞，所贵于天子之有大臣者，唯此而已矣。事已舛[10]，祸已生，始持正以争于后，则虽以身殉，国家不蒙其佑，奚足赖哉？

且夫逆贼有必亡之势，诸将有克敌之能，广平虽才让建宁，亦非深宫豢养无所识知者也。假元子之宠灵，为将士先，自可制贼之死命，无待建宁而始胜其任，长源知之审矣。广平为帅，

只有真正以国
家利益为重，才能
做到知深识远。

两京旋复，亦非拘名义以隳大功[11]。知深虑远，与道相扶，仁人之言其利溥，此之谓也。故曰必如是而后可以为天子大臣也。

[注释]

[1] 制治于未乱，保邦于未危：语出《尚书·周书·周官》。[2] "其亡"以下三句：语乃《周易·否卦》九五爻辞，意思是："警惕！警惕！才能稳固！"亡，失也。苞桑，本义桑树之本，引申比喻牢固的根基。　[3] 九四：否卦之九四爻，该爻意思是：因获众人依附而得福。　[4] 上九：否卦之上九爻，该卦呈现的是事物要出现转机之象，此时尤需审时度势。　[5] 九五：否卦之九五爻，此爻处于阴气渐消阳气渐盛之位。　[6] 广平：广平王李豫，唐肃宗长子，继肃宗位为代宗。建宁：建宁王李倓，唐肃宗三子，于平安史之乱有功。　[7] 临淄：此指时为临淄王、后即皇位的唐玄宗李隆基。相王：此指武则天四子，李隆基之父李旦。　[8] 庶少：非嫡配所生的和年龄小的孩子。　[9] 涂墍（xì）：涂抹，涂饰。　[10] 舛（chuǎn）：差错。　[11] 隳（huī）：毁坏，损毁。

[点评]

作为有目的的存在者，人类除了关心自我生存的意义，同时也关怀着走向未来的目的。目的的追求也是追问意义的动力。我是谁？我将怎么做？当面对茫茫未来的未知与种种敞开的可能，人只能转向曾经走过的道路张望，希冀从过往中领悟到他继续前行的意义。而回顾张望与领悟，就意味着在混沌中寻找秩序和意义，总结

出可资借鉴的规律。只有对盛衰兴亡历史走势与规律有
所领悟，才能使未来走向坦途。从这一意义上说，船山
既继承了前人，又超越了前人。他主张君主治理国家，
就应该知微察著，防微杜渐，"制治于未乱，保邦于未
危"，"知深虑远，与道相扶"。船山的历史评论，反映出
他着眼未来，对于国家与民族前途的思考和真切的企盼。

唐代宗

广德户口凋耗非尽由死亡

广德二年，户部奏户口之数二百九十余万，较天宝户九百六万九千有奇，仅存者三之一也，而犹不足。叛贼之所杀掠，蕃夷之所蹂践[1]，乱军之所搜刷[2]，死绝逃亡，而民日以耗，固也。然天地之生，盈而必消，消而抑长，民之自惜其生，惊窜甫定[3]，必即谋田庐、育妇子，筋骸以习苦而强[4]，婚嫁以杀礼而易[5]，亦何至凋零之逮是哉[6]？

盖国家所以安集其人民而足其赋役者，恃夫法之不乱、政之不苛，污吏无所容其奸，猾胥无所售其伪耳。丧乱猝兴而典籍乱，军徭数动而迁徙杂，役繁赋重，有司以消耗薄征输不及之责而利报逃亡[7]，单丁疲户，徼幸告绝，而黠民乘

政策的制定一定要以民为本，亦要保持一定的延续性。

之，以众为寡[8]，以熟为莱[9]，堕赋于僻远愿朴之乡[10]，席腴产、长子孙者[11]，公为籍外之游民，墨吏鬻版籍，猾胥市脱漏，乃使奉公畏法之愿民，代奸人以任国计，户日减，科敛不得不日增，昔以三而供太平之常赋[12]，今以一而应军兴之求索[13]，故其后两税行而税外之苛征又起，杜甫所为哀寡妇诛求之尽者，良有以也。

民之重困，岂徒掠杀流亡之惨哉？第五琦、元载之箕敛愈酷，疲民之诡漏愈滋，官胥之欺诬愈剧，此二百九十余万者，犹弗能尽隐而聊以塞上之搜求者也。以此知广德之凋残，上损国而下病民，诚有以致之，盖乱世必然之覆轨矣。赋轻役简，官有篴，民有耻，虽兵戈之余，十年而可复其故，亦何至相差之邈绝乎？

民为国本，强军须先富民，民安则军强则国安。

[注释]

[1]蹂践：踩踏，践踏。　[2]搜刷：搜刮。　[3]甫：刚刚，开始。　[4]筋骸：犹筋骨。　[5]杀礼：减省礼仪。　[6]逮（dài）：达到。　[7]有司以消耗薄征输不及之责而利报逃亡：掌管户籍的官员害怕因户籍减少受到责罚而转报成逃亡以有利自己。　[8]以众为寡：把多说为少。　[9]以熟为莱：以熟田说是荒地。　[10]愿朴：朴实敦厚。　[11]"席腴产、长子孙者"以下四句：把占有肥

沃土地、继承家产的长子长孙的人，登记为没有户籍的游民，贪官污吏售卖户籍和田产登记簿册，刁滑的小吏出售脱漏的户籍田册。　[12]三：三成，十分之三。　[13]军兴：谓征集财物以供军用。

［点评］

船山有许多关于国家兴衰的论述，仅《读通鉴论》一书就有数十处。此所谓"盖国家所以安集其人民而足其赋役者，恃夫法之不乱、政之不苛，污吏无所容其奸，猾胥无所售其伪耳"即其重要观点。

第五琦行什一中正之法民多流亡

读古人书，不揆其实，欲以制法，则殃民者亦攀援附托以起，非但耕战刑名之邪说足以祸天下也[1]。

以史为鉴必须建立在真实的历史之上，读书就要弄清历史的真实，连基本历史事实都不清楚，就要进行改革或变法，只能祸国殃民。

三代取民之法，皆曰什一[2]，当其时必有以处之者[3]，民乃不困。其约略可考者，则有中地下地、一易再易、田莱相参之法[4]，名为什一，非什一也。以国之经费言之，天下既自上古以来封建相沿，而各君其国，以与天子相颉颃[5]，以孟子所言，率今一小县，而有五世之庙[6]，路寝三门之制[7]；百官有司，则以周初千八百国计之，以次国二卿为准，南不尽楚塞，西不逾河、陇[8]，东不有吴、越，中原侯甸未讫六州[9]，而为卿者已三千六百人，人食一千六百之粟，而大夫士府史胥徒坐食无算[10]，今天下十不得一也；币帛饔飧见于聘礼者[11]，如此其繁，比年三年数举而遍于友邦[12]，皆民之昼耕夕织、勤苦而仅获者也。后世而幸免此矣，则无三王宽恤之仁，而欲十取其一，以供贪君之慢藏[13]，哀哉！苟有恻隐之心者，谁忍言此哉？

　　然而第五琦窃其语以横征，欲诘其非，则且曰此禹、汤、文、武，裁中正之法以仁天下，而孟子谓异于貉道者也[14]，胡不可行也？乃代宗行之三年，而民皆流亡，卒不可行而止。以此推之，后世无识之士，欲挠乱成法，谓三代之制一一可行之今，适足以贼民病国，为天下僇，类此者众矣。不体三代圣人之心，达其时变，而徒言法古者，皆第五琦之徒也，恶逾于商鞅矣。何也？彼犹可钳束其民而民从之，此则旦令行而夕哭于野，无有能从之者也。三十取一，民犹不适有生，况什一乎？

"师古"只能是"师其意"，绝不可"泥古"。

[注释]

[1]非但：不但，不仅。　[2]什一：古代赋税制度，十分税一。　[3]有以：有因。　[4]中地下地、一易再易、田莱相参之法：（采用）土质中等和土质下等的土地、休耕轮耕的土地、熟田和未耕种过的荒地相互掺杂的方法定收税标准。　[5]颉颃（xié háng）：互相抗衡。　[6]五世之庙：五代的宗庙。　[7]路寝：古代天子、诸侯的正厅。古礼天子五门，诸侯三门，大夫二门。　[8]河：黄河。　[9]侯甸：侯服与甸服的合称，为古制中王畿以外区域的名称。未讫六州：没有达到古代九州中之六州的区域。　[10]坐食：不劳而食。　[11]币帛饔飧（yōng sūn）：此指古代用于祭祀、进贡、馈赠的礼物及馈食宴饮之礼。　[12]比年：每年。　[13]慢藏：疏于治理或保管。　[14]貉（mò）道：同"貊道"，旧时对北方少数民族的习俗、制度的贬称。

[点评]

　　船山的经世思维，凸显出重今务实的观念。"读古人书，不揆其实，欲以制法……适足以贼民病国，为天下僇……恶逾于商鞅矣"。时代不同，环境不同，就不能一概而论。依船山看，复古者欲依古代治法处理他们所身处的时代之问题，是缺乏历史的观点。腐儒常不通世务而好言经世，每因对身处时代不尽满意，感时伤乱，生民胞物与之怀，发为万世开太平之想，其用心殊可尊敬，加之后人或诵读其遗文，遥想其道德风骨，道德上"政治正确"，常以其言未得用为憾。然揆之事实，其时局虽萌乱象，然毕竟尚未尽乏规矩，若一旦采用其言，流毒可能会更大矣。此执政者亦不可不察。

杨绾行法于可行之日

法未足以治天下，而天下分崩离析之际，则非法不足以定之。故孟子言仁天下而归之法，为七国分争十二失守不定之天下而言也。有法不可施之日，而后法亦无能以行，则孔北海欲复王畿千里之制[1]，徒为空言，而身以丧，国终以亡。若其犹可治也，法可施，而恶容不亟建乎？

唐自天宝以后，天下分裂而无纪，至于大历，乱少息而泮散尤甚。虽然，可为之几正在是矣。逆臣之逆横已极矣，唯意所为，而不能以非法之法乱法也；邪臣之邪贪已极矣，唯利是崇，然其乱法者，莫能改法也。故杨绾一相，三月之间，而天下为之震动恪共以从乂[2]，绾于是得立法之本，而行之有序；绾不死，知其可以定天下矣。河北之逆末也，西川、岭南之乱尤末也，凤翔、泾原、汴宋、河阳之蜂起，犹非本也。三竖乱于前，元载乱于后，朝廷无法，而天下从风。绾清修自饬[3]，立法于身，而增百官之奉以养官廉；罢团练守捉以肃军政[4]；禁诸使之擅召刺史，

法赖人而治，先自治以治人，先治近以及远。治理国家应选贤与能、任法与任道并重。

以孤悖逆之党；定诸州兵数，以散聚众之谋。行之朝廷，可行而行矣；行之内地，可行而行矣。且姑置抗拒之逆藩于不论，使其允行之，十年之后，内宁而外患亦无藉以生，天下将秩秩然，兵有制，吏有守，则据土叛君者，明其为化外之迹，而不敢以中逆貌顺、觊朝廷之宠命，河北梗化之凶竖[5]，不敛手而听命者，未之有也。

夫代宗非果无能为者，一受制于李辅国，而二竖因之[6]，元载乘之，怀情以待，得缙以相而志将伸[7]，缙遽卒，常衮不足以胜任，而代宗又崩矣，唐之不振，良可悼已！然建中之初，天下姑安者，犹缙之余休也[8]。法先自治以治人，先治近以及远，缙清慎自持，汾阳且为之悚惕，孰敢不服哉？法犹可行，治犹可定，天夺缙而代宗终为寄生之君，过此无可为矣。

制定了"良法"，统治者还必须从自身做起，"先治近以及远"，才能重振社会秩序。

[注释]

[1]孔北海：汉末文学家孔融，因其曾为北海相，故称。[2]恪共：恭谨。 [3]清修：操行洁美。自饬：自行整肃、儆戒。 [4]守捉：唐制，军队戍守之地，较大者称军，小者称守捉，其下则有城有镇。 [5]梗化：谓顽固不服从教化。 [6]二竖：

指时弄权的两宦官程元振和鱼朝恩。　　[7]相:辅助。　　[8]余休:
浓密的树荫,引申指荫庇。

[**点评**]

　　船山鉴于明末统治者肆行暴政,交相为恶,以至法
纪荡然,民心尽丧,深感"治道之裂,坏于无法"。因此,
他引古筹今,论证了治乱世与立国之始,必须重视立法。
船山认为,法虽不是善的东西,但是没有法的约束和规
范,整个社会就将处于一种无序的混乱状态。在社会秩
序将"天下分崩离析之际",尤"非法不足以定之"。只
有确立了"天下之公"的法律,才能使君知有法,使民
知有守。船山虽看重法律所能发挥的稳定秩序的社会功
用,但他又不是绝对的法律至上论者,认为治天下不仅
先要有制定良法的能人贤士,还要统治者从自身做起,
"先治近以及远",给社会树立了遵法执法的榜样,维护
法的严肃性。

卷二十四

唐德宗

德宗初政过骤不克有终

骤为震世之行者，其善必不终。震世之善，骤为之而不疑，非其心之能然，闻人之言善者，亟信之也。闻人之言善而信以为必行，则使闻人之言不善者，抑不审之于心而亟从之。闻人不善之言而信，则人之言善者，无不可疑也。交相疑信，而善者恒不敌不善者之巧给，奚望其善之能有终邪？且夫事之利病，岂其有常，人之贤不肖，岂易以一概论哉？胥一善[1]，而或为之而效，或为之而不效，义难精也[2]；亟于信者，期其必效矣，期之太过，不遂其望，而或至于隳功，遂以

决策者必须要有自己的是非曲直的判断，必须具有透过现象看本质的素质。

疑善之不足为也。胥为君子，而或不爽其名[3]，或大爽于其名，志难知也；亟于信者，期君子之必善矣，期之太过，不慰其所求，而或至于败行，遂以疑君子之不可用也。若此者，欲其善之终也，必不可得矣。夫明主之从善而进贤，宽之以取效之涂，而忍其一时之利钝；谅小人之必不仁[4]，而知君子之有不仁者，但黜其人，而不累于其类；然后其决于善也，以从容而收效，决于用贤也，以阔略而得人[5]。无他，审之于心，百折迂回，详察乎理之必有与事之或然，而持其志以永贞，非从人闻善而遽希骤获之功也。

唐德宗之初政，举天宝以来之乱政，疾改于旬月之中，斥远宦寺，闲制武人[6]，慎简贤才以在位[7]，其为善也，如日不足，察常衮之私[8]，速夺其相位，以授所斥责之崔祐甫，因以震动中外，藩镇有聪明英武之言，吐蕃有德洽中国之誉[9]；乃不一二年而大失其故心，以庇奸臣、听谗贼，而海内鼎沸，几亡其国。人徒知其初吉终乱之善不长，而不知其始之善非固有之，道听而袭取之；迨乎物情之变[10]，固不可知，期效

用人要有博大胸怀，不因一时的失利而责之，要分辨成败中的必然与偶然因素。

迫而不副其所期[11]，则惩往而急于改图，必然之势也。罢转运盐铁使而省职废；命黜陟使巡天下[12]，而洪经纶激田悦之军[13]，使之痛哭；任文臣以分治，而薛邕以文雅旧臣，盗隐官物巨万，张涉以旧学师友，坐赃放黜。所欲行者龃龉，所相信者二三，犹豫于善败臧否之无据[14]，奸佞起而荧之[15]，无惑乎穷年猜忌，内蛊而外离也。

向令德宗于践阼之始，曲体事几之得失[16]，而权其利害之重轻；深察天人之情才，而别其名实之同异；析理于心，穷心于理，郑重研精，不务皎皎之美名，以需效于岁月。则一事之失，不以沮众事；一人之过，不以疑众人。其失也，正其所以得也；其可疑也，正以无不可信也。尧不以共、骥而防舜、禹[17]，周公不以管、蔡而废亲亲[18]；三折肱为良医[19]，唯身喻之而已。躁人浮慕令名，奚足以及此哉？故于德宗之初政，可以决其不克有终也[20]。

不追求虚名，但求实效，求长远意义。不因一事的失利而一概否定。

[注释]

[1]胥：通“须”，等待。　[2]义难精也：事理难周全。　[3]不爽：不差，不错。　[4]谅：料想。　[5]阔略：宽恕，宽容。　[6]闲

制：制约。　[7] 慎简：谨慎简选。　[8] 常衮：中唐时期的大臣。　[9] 德洽：恩惠周遍广博。　[10] 迨：等到。　[11] 不副：不相称，不相符合。　[12] 黜陟使：官名，唐太宗时设，职考察官吏。德宗时为推行"两税法"，又在各道设置以统一税制，同时考察地方官吏政绩。后废。　[13] 洪经纶：唐德宗建中初，以河北黜陟使至魏博（今河北大名）履职，因不晓时务激魏博节度使田悦兵变，被罢职。　[14] 善败：成败。　[15] 荧：眩惑。　[16] 曲体：深入体察。事几：事情的苗头、征兆。　[17] 共、驩（huān）：共工和驩兜。共工为古代传说中的天神，与颛顼争为帝，有头触不周山的故事。驩兜为中国古代传说中的三苗部落首领，传说因为与共工、鲧一起作乱，而被舜流放至崇山。　[18] 管、蔡：周武王弟管叔鲜与蔡叔度，两人皆为周武王之弟，武王死，挟纣子武庚叛变，周公将其讨平，管叔被杀，蔡叔被放逐。　[19] 三折肱为良医：几次断臂，就能懂得医治断臂的方法。后比喻对某事阅历多，富有经验，自能造诣精深。　[20] 不克：不能。

[点评]

　　船山对于历史不仅富有哲思，亦多能洞达人情世故，往往透过历史事实的表面现象抓住事物本质。此段史评所论用人之事，所表现的即船山这一历史及社会见识。在船山看来，唐德宗虽极力想做个至圣至明的天子，然实际效果恰恰相反，原因全在其不能识人。他昏庸地用了许多小人，仅靠着幸运才维持了统治。船山告诫，执政者决不能仅凭一时震烁骇人的言论而重用一个人，因为突然做了一件使人震惊之事的人，必然不能坚持到底，反之，亦不能仅凭一时失误而否定一个人，识人也要透过表面现象看到其本质，即所谓"曲体事几之得失，而权其利害之重轻；深察天人之情才，而别其名实之同异；析理于心，穷心于理，郑重研精，不务皎皎之美名，以需效于岁月。则一事之失，不以沮众事；一人之过，不以疑众人。其失也，正其所以得也；其可疑也，正以无不可信也"。

杨炎两税基后世之赋役虐民

政莫善于简，简则易从。抑唯上不惮其详，而后下可简也。始之立法者，悉取上下相需、大小常变之条绪而详之，乃以定为画一，而示民以简，则允易从矣[1]。若其后法敝而上令无恒，民以大困，乃苟且以救一时之弊，舍其本，而即其末流之弊政，约略而简之，苟且之政[2]，上与民亦暂便之矣。上利其取给之能捷，下利其期会之有定，稍以戢墨吏、猾胥、豪民之假借[3]，民虽殚力以应，而亦幸免于纷扰。于是天下翕然奉之[4]，而创法者遂自谓立法之善，又恶知后之泛滥而愈趋于苛刻哉[5]！

盖后世赋役虐民之祸，杨炎两税实为之作俑

"政莫善于简，简则易从"，是船山重要的政治思想。

矣。夫炎亦思唐初租、庸、调之成法，亦岂繁苛以困民于旬输月送乎？自天宝丧乱以后，兵兴不已，地割民凋，乃取仅存之田土户口，于租、庸、调之外，横加赋敛，因事取办而无恒，乃至升斗锱铢皆洒派于民[6]，而暴吏乘之以科敛，实皆国计军需，在租、庸、调立法之初，已详计而无不可给者也。举天下之田亩户口，以应军国之用，而积余者尚不可以数计。量其入以为出，固不待因出而求入也。因出以求入，吏之奸，民之困，遂浸淫而无所止[7]。然一时丧乱之权计[8]，有司亦乘时以破法，而不敢以为一定之规。民虽劳，且引领以望事之渐平[9]，而输正供者犹止于其数也[10]。两税之法，乃取暂时法外之法，收入于法之中。于是而权以应迫者，皆以为经[11]。当其时，吏不能日进猾胥豪民而踪指之[12]，猾胥豪民不能日取下户朴民而苛责之，膏血耗而梦寝粗安[13]，故民亦甚便也。非时非法之箕敛并于上[14]，而操全数以待用，官亦甚利也。乃业已为定制矣，则兵息事已，国用已清，而已成之规不可复改。人但知两税之为正供，而不复知租、

船山一针见血地指出，两税法的制定，不过是将不合法的赋税合法化的敛财之法。

庸、调之中自余经费，而此为法外之征矣。既有盈余，又止以供暴君之侈、污吏之贪，更不能留以待非常之用。他日者，变故兴，国用迫，则又曰"此两税者正供也，非以应非常之需者也"，而横征又起矣。以此思之，则又何如因事加科，旬输月送之无恒，上犹曰此一时不获已之图，不可久者也；民犹知租、庸、调之为正供，而外之苛征，事已用饶[15]，可以疾苦上闻，邀求蠲贷者也[16]。唯据乱法以为法，则其乱不已。呜呼！苟且以图一时之便利，则其祸生民亦至此哉！

两税之法行之数百年，至宋而于庸外加役焉，役既重派于民，而作辍犹无定也[17]。至成化中[18]，而朱都御史英者，又为一条鞭之法，于夏秋税粮之外，取滥派之杂徭，编于正供，箕敛益精，而漏卮愈溃[19]。迨乎兵兴用棘[20]，则就条鞭之中，裁减以输京边，而地方之经费不给，又取之民，而莫能禁制。英且以法简易从[21]，居德于天下，夫孰知其为杨炎之续以贻害于无穷乎！

夫立法之简者，唯明君哲相察民力之所堪，与国计之必畜[22]，早有以会其总于上；而瓜分缕别，举有司之所待用者，统受于司农；以天下之富，自足以给天下之需，而不使群司分索于郡县，则简之道得矣。政已敝，民已疲，乃取非常之法，不恤其本，而横亘以立制。其定也，乃以乱也：其简也，乃以繁也；民咸死于苟且便利之一心，奚取于简哉？杨炎以病民而利国，朱英以利民而害民，后之效之者，则以戕民蠹国而自专其利，简其可易言乎？炎不足诛，君子甚为英惜焉。

专制帝制农商社会的性质，决定了其统治者的"理财"，不过是要以政府持续加税的方式敛财于中央。因此不改变君主专制制度，不改变帝制官僚政治，就不会改变其"量出制入"，以加敛的形式解决政府财政困难的思想原则。

［注释］

[1]允：适当。 [2]苟且：勉强。 [3]戢：收敛，约束。 [4]翕然：一致貌。 [5]恶：同"乌"，疑问词，哪，何。 [6]洒派：分派，分摊。 [7]浸淫：渐渐。 [8]权计：权宜之计。 [9]引领：伸颈远望，多以形容期望殷切。 [10]输正供者犹止于其数也：意谓交给官府的就这么多了，不再增加。 [11]经：历久不变的，正常的。 [12]踪：事物的痕迹。 [13]膏血耗而梦寝粗安：(百姓)虽受到盘剥但基本还能安寝。 [14]箕敛：以箕收取，谓苛敛民财。 [15]饶：多。 [16]蠲贷：谓免除租税，借放钱粮。 [17]作辍犹无定：时作时辍还不能持久。 [18]成化：明宪宗年号。 [19]漏卮（zhī）：有漏洞的盛酒器，比喻使国家利益外溢的漏洞。 [20]用棘：财政困难。 [21]英：即前所说的行一条鞭法的明都御史朱英。 [22]国计：国家的经济，国家的财富。畜：积聚，后作"蓄"。

[点评]

在政治思想领域，儒、道、法三家，虽然同归于"无为而治"命题，但在思路上存在不同的侧重，其中儒家倡导"无为而治"，概括说就是"行简"，即化繁为简，以最小的政策和管理行为获取最大的政治效果。对此，范祖禹曾解释说："为政以德，则不动而化，不言而信，无为而成。所守者至简，而能御烦；所处者至静，而能制动；所务者至寡，而能服众。"（宋朱熹撰《四书章书集注·论语集注》卷一引范祖禹语）即"行简以临民，则事不烦而民不扰"（同上，卷三注）。船山在此也强调说："政莫善于简，简则易从。抑唯上不惮其详，而后下可简也。始之立法者，悉取上下相需、大小常变之条绪而详之，乃以定为画一，而示民以简，则允易从矣。"在此认识的基础上，船山批评中唐时期杨炎的两税改制："乃取暂时法外之法，收入于法之中"，将征租庸调时那些临时性的没有法律依据的苛捐杂税一并收进两税之中。"法"似变而盘剥之"政"不变，反而使法外之征变为合法的法内之征，开启了以后国家随意敛财的恶政。"两税"似简，其实质却违背了"简者，宽仁之本"的儒家行政旨趣，因此也必然遭到船山及黄宗羲等明清之际思想家的批判。

论刘晏者不得以其理财为小人

言治道者讳言财利，斥刘晏为小人。晏之不

得为君子也自有在，以理财而斥之，则倨骄浮薄之言[1]，非君子之正论也。夫所恶于聚财者，以其殃民也。使国无恒畜，而事起仓卒，危亡待命，不能坐受其毙，抑必横取无艺以迫民于死[2]，其殃民又孰甚焉？故所恶于聚财之臣者，唯其殃民也，如不殃民而能应变以济国用，民无横取无艺之苦，讵非为功于天下哉？

晏之理财于兵兴之日，非宇文融、王铁、元载之额外苛求以困农也，察诸道之丰凶[3]，丰则贵籴，凶则贱粜，使自有余息以供国，而又以蠲免救助济民之馁瘠[4]，其所取盈者，奸商豪民之居赢，与墨吏之妄滥而已[5]。仁民也，非以殃民也。榷盐之利，得之奸商，非得之食盐之民也；漕运之羡[6]，得之徒劳之费，非得之输挽之民也[7]。上不在官，下不在民，晏乃居中而使租、庸不加，军食以足。晏死两年，而括富商、增税钱、减陌钱、税间架[8]，重剥余民之政兴，晏为小人，则彼且为君子乎？抑考当日户口虚盈之数，而晏体国安民之心，不可没矣。兵兴以来，户不过二百万，晏任财赋之季年，增户百万，非

与横征暴敛贻害于民相比，刘晏提出的"以爱民为先"，"因民所急而税之，则国足用"的理财思想与实践谁更殃民？谁更能稳定社会？治国者焉可"讳言财利"？在船山看来，为官者必须以治国安民为职守，空言道德无济于事。

船山强调刘晏理财自有其"兵兴之日"的特殊历史背景。其理财之策是"仁民"之策而非"殃民"之举。

从理财的效果论证刘晏理财理念及其措施的正确。

晏所统者不增，夫岂晏有术以饵之，使邻民以归己邪？户口之耗，非果尽死亡也。贪污之吏，举百费而一责之农民，猾胥持权，以私利为登耗[9]，民不任其诛求，贿吏而自诡于逃亡死绝[10]，猾胥鬻天子之民以充囊橐[11]，偷窳之守令[12]，亦以户少易征，免于催科不足之罚，而善匿者长子孙[13]，据阡陌，征徭不及，以为法外之民，其著籍而重受荼毒[14]，皆穷乡愿朴者尔[15]。户日耗，赋必日增，仅存之土著，日毙于杖棰囚系之下，此其所以增者百一、而减者十三也。晏唯通有无、收盐利、清挽兑、以给军用，而常赋有经以不滥[16]；且所任以理租、庸者，一皆官箴在念之文士[17]，而吏不得以持权。则彼民也，既优游于奉公之不扰，自不乐受猾胥之胁索[18]，抑安居晏寝，无漏逃受戮之隐忧，有田而租，有口而庸、调，何惮而不为版籍之良民[19]，以康乃身心邪？然则非晏所统而户不增者，非不增也，增于吏而不增于国也。晏得其乐于附籍之本情，以杜奸胥之诡，使乐输者无中侵之伤，故民心得而户口实，仁人君子所以体民而生聚者，亦

船山认为国富民穷绝非为政之道。

此而已。岂乞灵于造物而使无夭札[20]，遥呼于胡、越而使受戎索哉[21]？然则晏之于财赋，君子之用心也，不可以他行之瑕责之也。

[注释]

[1]倨骄：骄傲不恭。　[2]无艺：没有极限或限度。　[3]道：行政区域名称，在唐代相当于现在的省。丰凶：丰年与灾年。　[4]馁瘠：贫困饥饿。　[5]墨吏：贪官污吏。　[6]羡：多余。　[7]输挽：运送物资。　[8]减陌钱：又称"除陌钱"，唐代杂税之一。德宗建中四年（783）征收，规定凡属公私贸易，每一贯收税二十文，后增至五十文；物物交换则折钱计税。税间架：唐代杂税之一，犹今之住房税。其法：屋二架为间，屋分上中下三等，上间出钱二千，中间一千，下间五百，隐匿一间者，杖六十，告者赏钱五十贯，由犯家付款。　[9]登耗：犹增减。　[10]自诡：自己诡称。　[11]囊橐（tuó）：盛物的袋子。大称囊，小称橐；或称有底面的叫囊，无底面的叫橐。　[12]偷窳（yǔ）：苟且懈怠。　[13]长子孙：子孙繁衍。　[14]著籍：登记在户籍上。　[15]愿朴：朴实敦厚。　[16]常赋有经以不滥：一般的赋税都是常量，没有任意巧立名目的赋税。　[17]一皆官箴在念之文士：一概都是遵守官府制度的文人。　[18]胁索：胁迫勒索。　[19]版籍：登记户口、土地的簿册。　[20]夭札：遭疫病而早死。　[21]遥呼于胡、越而使受戎索哉：求救于野蛮人而受他们法令的管制吗？胡、越，泛指北方和南方的少数民族。

[点评]

中唐杰出理财家刘晏，从760年任户部侍郎，充度支、铸钱、盐铁等使，到 779 年为止，主管全国财政工作长达二十年之久，在盐政、漕运、赋税、铸币、平抑物价等方面进行了一系列的财政经济改革。刘晏理财以"以爱民为先"，提出了"因民所急而税之，则国足用"的理财思想。刘晏主持财政时，正是唐王朝财政极为窘困的时期，刘晏以他的杰出才干，采取了一系列的财政经济改革措施，为中唐经济的恢复和振兴作出了重要贡献。同时刘晏在那个时代亦是颇有争议的人物，他的理财观念曾受到很多腐儒的批评。这里，船山和司马光一样，反感那些指责刘晏为小人的说法，指斥这"非君子之正论也"。船山具体分析了刘晏理财的具体政策，认为刘晏理财实践无不是"仁民"之举，是"君子之用心"，而那些反对者才是"殃民"，从社会实践和历史的高度，肯定"晏体国安民之心，不可没矣"。船山这种观念，也是进入帝制社会后期启蒙思潮的产物。

刘晏榷盐之法百王莫易

无利于国，无补于民，听奸人之挟持，为立法禁，以驱役天下而桎梏之，是谓稗政。能知此者，可与定国家之大计矣。

刘晏庀军国之用[1]，未尝有搜求苛敛于民，而以榷盐为主。盐之为利，其来旧矣。而法愈繁

是否有利于民，是船山辨别善政还是稗政的重要标准。

则财愈绌，民愈苦于淡食，私贩者遂为乱阶[2]，无他，听奸商之邪说，以擅利于己，而众害丛集矣。官榷之[3]，不能官卖之也；官卖之，而有抑配、有比较、有增价、有解耗[4]，殃民已亟，则私贩虽死而不惩。必也，官于出盐之乡，收积以鬻于商，而商之奸不售矣。统此食盐之地[5]，统此岁办之盐，期于官无留盐、商无守支、民无缺乏[6]，踊贵而止耳[7]。官总而计之，自灶丁牢盆薪刍粮值之外[8]，计所得者若干，足以裕国用而止耳。一入商人之舟车，其之东之西，或贵或贱，可勿问也。而奸商乃胁官以限地界。地界限，则奸商可以唯意低昂，居盈待乏，而过索于民。民苦其贵，而破界以市于他境，官抑受商之饵，为之禁制，徽缠日累于廷[9]，掠夺日喧于野，民乃激而走挺，于是结旅操兵，相抗相杀，而盗贼以起。元末泰州之祸，亦孔烈矣。若此者，于国无锱铢之利，君与有司受奸商之羁縻，以毒民而激之乱，制法之愚，莫甚于此，而相沿不革，何也？朝廷欲盐之速售，不得其术，而墨吏贪奸商之贿，为施网罟，以恣其射利之垄断，民穷国乱，皆所弗恤也。

反对政府过度干预市场的行为。

晏知之矣，省官以省鞫查支放之烦，则商既不病；一委之商，而任其所往，商亦未尝无利也。相所缺而趋之，捷者获焉，钝者自咎其拙，莫能怨也。而私贩之刑不设，争盗抑无缘以起。其在民也，此方挟乏以增价，而彼已至，又唯恐其售之不先，则踊贵之害亦除。守此以行，虽百王不能易也。晏决策行之，而后世犹限地界以徇奸商，不亦愚乎？

持其大纲，疏其节目，为政之上术也。统此一王之天下，官有煮海之饶，民获流通之利，片言而决耳，善持大计者，岂有不测之术哉？得其要而奸不能欺，千载莫察焉，亦可叹已！

掌握住大纲要，末节细目可粗疏些，是从事政事的高明办法。

[注释]

[1]庀（pǐ）：治理。　[2]乱阶：祸端，祸根。　[3]官榷：官府专卖。　[4]抑配：强行摊派。比较：一种准暴力的限时催税方法，三日为一比，五日为一较。解耗：押运中的损耗。　[5]统：统领，管辖。　[6]守支：指盐商凭盐引等候领盐。　[7]踊贵：谓物价上涨。　[8]牢盆：煮盐器具。　[9]徽缧：古代狱具，缚绑俘虏或罪犯的绳索。

[点评]

《读通鉴论》中，船山以大量历史事实说明"民为邦

本，本固邦宁"的道理，反复强调民心的向背才是政治成
败、社会治乱的根源。告诫君主："惟仁者念民之足而不
忍其不足，则生之为有道而不徒聚之于上，则民心得为，
国势昌焉，而身受无疆之福。"（《四书训义》卷一）因此，
君主应当"与民同好恶而不专其利"（《四书章句集注·大
学章句》），否则就无法避免"张角起而汉裂，黄巢起而
唐倾"的结局。在船山看来，用各种手段盘剥人民束缚人
民的就是恶法、恶政，"无利于国，无补于民，听奸人之
挟持，为立法禁，以驱役天下而桎梏之，是谓稗政"。其
将"利民"，作为划分政治好坏的标准，体现了船山突出
的民本主义的政治思想。从民本思想出发，船山对于那些
忌讳言商言利的观念深不以为然，竭力表彰中唐理财专家
刘晏的种种不伤民而致国富的理财措施，十分精辟而生
动地论述了其市场调节对平抑物价、促进流通的巨大作
用，高度提倡了实行自由竞争的经济政策："相所缺而趋
之，捷者获焉，钝者自咎其拙。"只有这样才能让"民获
流通之利"。这是任何圣王、君主都不能改变的客观经济
规律。这些论述，体现了船山反对国家垄断经济的思想。

盗贼以利饵众

　　乱与治相承，恒百余年而始定，而枢机之
发，系于一言，曰利而已。盗贼之与夷狄，亦何
以异于人哉？志于利，而以动人者唯利也。唐自

在船山看来，
理欲、义利不可不
辨，不能没有原则、
突破伦理道德的底
线去单纯言利。

安、史以后，称乱者相继而起，至于德宗之世，而人亦厌之矣。故田悦、李惟岳、朱滔、李怀光之叛，将吏士卒皆有不愿从逆之情，抗凶竖而思受王命；然而卒为所驱使者，以利唉之而众暂食其饵也。田绪杀田悦，虑将士之不容，乃登城大呼，许缳钱千万[1]，而三军屏息以听；李怀光欲奔据河东，众皆不顺，而许以东方诸县听其俘掠，于是席卷渡河。嗣是以后，凡据军府、结众心以擅命者[2]，皆用此术而盅众以逞志。呜呼！此以利贸片时之欢者，岂足以窥非望而成乎割据哉？以此为藏身之固，利尽人离，旋以自灭，盖亦盗贼之算而已矣。

老子曰：“乐与饵[3]，过客止。”夫君子岂不知人情之且然哉[4]？乃得天下而不为，身可死，国可亡，而必不以此欣合于愚贱之心者，则所以定天下之志而安其位也。以利动天下而天下动，动而不可复止，有涯之金粟，不足以填无涯之溪壑，故唐之乱也无已期。利在此而此为主矣，利在彼而彼为主矣，鬻权卖爵之柄，天子操之，且足以乱，庶人操之，则立乎其上者之岌岌何如

有大志、行大事者，不会以利蛊惑、笼络人。

也？天子听命于藩镇，藩镇听命于将士，迄于五代，天子且以贿得，延及宋而未息，郊祀无名之赏，几空帑藏，举天下以出没生死于钱刀。呜呼！利之亡国败家也，盗贼一倡其术，而无不效之尤也，则乱何由已也，而其愚已甚矣！

盗贼散利以饵人，夷狄聚利以制人，皆利乘权以制生人之命也[5]。谁生厉阶[6]，意者其天乎！抑亦宇文融、王铁、杨慎矜、杨炎之徒导其源邪？是故先王贱利以纳民于名义，节其情，正其性，非计近功者所能测。而孟子三斥梁王，杜篡弑夺攘之萌，其功信不在禹下也。

[注释]

[1]缗钱：用绳穿连成串的钱。　[2]擅命：擅自发号施令，不受节制。　[3]"乐与饵"二句：语见《道德经》第三十五章，意思是路过的人如果听到了美妙的音乐，看到了好吃的东西，往往会停下脚步。　[4]且然：谓亦将如此，犹言尚且如此。　[5]乘权：利用权势。　[6]厉阶：祸端、祸患的由来。

[点评]

治乱总是事出有因的。在分析安史之乱后的形势时，船山认为治乱的枢机在于"利"字，为此，他主张贱利重义说："是故先王贱利以纳民于名义，节其情，正其性，非计近功者所能测。而孟子三斥梁王，杜篡弑夺攘之萌，其功信不在禹下也。"认为实用性地诱人以"利"以达到政治目的，既摧残国力也是致乱之由。船山如此重视义利之辨的心曲，乃因他认为这种"喻义喻利"一旦成为社会风气，"人禽之辨"的"大防"将会随之化为乌有，社会也将陷入混乱，乃至于连"夷夏之辨"的"大防"都守不住。船山理欲观和义利观的论述中，反映了那个时代思想家社会反思的矛盾：一方面毕竟是深研理学的思想家，使他坚守理义至上；一方面社会经济引发的社会变化又使他产生了对人性与欲利之关系的反思。进而在此基础上展开他对历史经验教训的总结，形成了他既强调用理、用义来规范被统治者的思想和行为，又强调统治者应尽可能满足被统治者的欲望，充分重视财利对于人民生活的重大意义，以求得社会政治统治秩序的稳定。

德宗谓姜公辅指朕过以求名

名者，实之所自薄也[1]，故好名为士之大戒。抑闻之曰："三代以下，唯恐不好名。"斯亦非无谓之言，盖为人君取士、劝奖天下于君子之途而言也。士以诚自尽而远乎名，则念深而义固；上以诚责下而忌其名，则情睽而耻刓[2]；故名者，

真正的豪杰之士，干一番事业者，莫不是具有真诚的精神，绝非那些追求虚假的名利心者所能成就的。

亦人治之大者也。因义而立，谓之名义；有节而不可逾，谓之名节；人君之求于士者，节义而已。名固有相因而起者矣[3]，皋、夔、逢、比[4]，皆名之可慕者也。惟所好在名，则非必皋、夔，而必为皋、夔之言；彼固不足为皋、夔，而君可与于尧、舜矣。非必逢、比，而必为逢、比之言；彼固不足为逢、比，而君可免于桀、纣矣。夫导君以侈，引君以贪，长君之暴，增君之淫，雠害君子而固结小人，取怨兆民而邀欢戚宦，亦何求而不得，所不得者名耳；则好名者，所畏忌而不欲以身试者也。于名而不好，则好必有所移。荣宠，其好矣；利禄，其好矣；全身保妻子，其好矣。人君而恶好名，将谓此仳仳有屋、蔌蔌有谷、享厚实之小人[5]，为诚朴无饰而登进之乎？

夫所言非道，不足以为名；君未有过，不足以为名；时未有危，不足以为名。取善言而效之，乘君瑕而攻之，知时危而先言之；既而其言验矣，天下相与传诵之，然后忠直先识之名归焉。夫士苟非自好之有素，忧国之有诚，但以名之所在，不恤恶怒，不避罪罟[6]，而力争于廷，诚为

用人应首重人品，对于邀名故作惊世言行者，必须有所警觉。但对于那些忠悃诚悫之言，虽逆耳亦有必要反思。

臣之末节，而君子之所耻为。然其益于人主也，则亦大矣。忠信诚悫[7]，端静和平，格心非而略人政，以远名而崇实者，间世而一遇[8]。如有其人，固宅揆亮工、托孤寄命之选也[9]。谏省部寺以降[10]，有官守言职者[11]，岂必尽得此而庸之乎[12]？则汲汲焉求好名之士，唯恐不得；而加之罪名曰"沽直好名"，安得此亡国之语哉！

德宗恶姜公辅之谏[13]，谓其指朕过以求名。诚指过以求名，何惜不予之名，而因自惩其过乎？陆敬舆曰："掩己过而过弥著，损彼名而名益彰。"所以平慑谏者之浮气也，实不尽然也。予士以名，则上收其实也。

只要是于天下有益，给他个虚名又何妨！

[注释]

[1] 薄：轻视，看不起。　[2] 情睽而耻刓（wán）：违背常情而玩弄。刓，同"玩"。　[3] 相因：相袭，相承。　[4] 皋、夔、逢、比：皋陶、夔、关龙逢和比干，皆上古冒死向君主进谏的直臣。[5] 佌（cǐ）佌有屋、菢（cè）菢有谷：《诗经·小雅·正月》："佌佌彼有屋，菢菢方有谷。"佌佌，渺小微贱。菢菢，猥琐丑陋貌。　[6] 罪罟（gǔ）：罪网。　[7] 诚悫（què）：诚朴，真诚。　[8] 间世：间隔几世，意谓不常有、难得的。　[9] 宅揆：谓总领国政。亮工：谓辅佐天子以立天下之功。　[10] 谏省部寺以降：御史台、六部以下。谏省，御史台的别称。　[11] 言职：言官的职

务。　[12]庸：任用。　[13]姜公辅：唐德宗时宰相。因言辞触怒德宗，罢为太子右庶子，再贬泉州别驾。

[点评]

孔子说："君子疾没世而名不称。"可见"名"在古人心中的重要地位。在这种情况下，难免会有些投机之人，用各种心机为邀名而做出惊世之言之举。如此一来，如何辨明官员做人行事，辨明其言行虚实，便成为衡量行政者用人能力的重要标准。因为忠厚朴实者还会屈头干实事，而狡黠者则往往多是些投机取巧、弃实务名之徒。对于一些谏官来说，因好名而直言敢谏，还可能会因此挽回君德之失，但那些妄加罪名只为沽名钓誉者，实则亡国之语也。同理，为学之态度亦复如是。彼专为学而学，不求闻达者，同属最上乘，然为好名而学，卒以有成，亦值得颂扬。南北朝时期颜之推《颜氏家训·名实篇》，曾将士分三等曰："上士忘名，中士立名，下士窃名。忘名者，体道合德，享鬼神之福祐，非所以求名也；立名者，修身慎行，惧荣观之不显，非所以让名也；窃名者，厚貌深奸，干浮华之虚称，非所以得名也。"此可与船山此论等观比较看。

敬舆不条陈进取规画戒德宗以中制

德宗以进取规画谋之陆敬舆[1]，而敬舆无所条奏，唯戒德宗之中制[2]，俾将帅之智勇得伸[3]，以集大功。其言曰："锋镝交于原野，而决策于九重之中[4]；机会变于斯须[5]，而定计于千里之外；上掣其肘，下不死绥[6]。"至哉言乎！要非敬舆之创说也。古者命将推毂之言曰[7]："阃以外，将军制之。"非帝王制胜之定法乎？而后世人主遥制进止之机以取覆败，则唯其中无持守，而辩言乱政之妄人惑之斯惑也。

战场情况的变化，在于"呼吸之间"，如果"锋镝交于原野，而决策于九重之中"，必然会贻误战机，影响战局走势，也因此有"将在外君命有所不受"之说。此亦敬舆"唯戒德宗之中制"，即妄以主观私意随意干预下属日常行政的弊病。

惑之者多端，而莫甚于宦寺。宦寺者，胆劣而气浮，以肥甘纨绣与轻佻之武人臭味相得[8]，故辄敢以知兵自命[9]。其欲进也如游鱼，其欲退也如惊鹿，大言炎炎[10]，危言恻恻[11]，足以动人主之听。人主习闻之，因以自诧曰[12]："吾亦知兵矣。"此祸本也。既已于韬钤之猥说略有所闻矣[13]，又以孤立于上，兵授于人，而生其猜防[14]。弗能自决也，进喋喋仡仡之士[15]，屑屑以商之[16]，慎重而朴诚者弗能合也。于是有甫离帖括[17]，乍读孙、吴者[18]，即以其章句声韵之小慧，为尊俎折冲之奇谋[19]。见荷戈者而即信为兵也；见一呼一号一跳一击者，而即诩为勇

夸夸其谈者绝不可用。

也[20]；图画之山川，管窥之玄象[21]，古人偶一试用之机巧，而宝为神秘。以其雕虫之才、炙毂之口[22]，言之而成章，推之而成理，乃以诮元戎宿将之怯而寡谋也[23]，竞起攘袂而争之[24]。猜闇之君一入其彀中[25]，遂以非斥名帅，而亟用其说以遥相迫责[26]。军已覆，国已危，彼琐琐云云之子，功罪不及，悠然事外，彼固以人国为嬉者，而奈何授之以嬉也？庸主陋相以寡识而多疑者，古今相袭而不悟，呜呼！亦可为大哀也已。

一彼一此者，死生之命也；一进一退者，反复之机也；一屈一伸者，相乘之气也。运以心，警以目，度以势，乘以时。矢石雹集、金鼓震耳之下，蹀血以趋而无容出诸口者[27]，此岂挥麈拥炉于高轩邃室者所得与哉[28]？以敬舆之博识鸿才，岂不可出片语以赞李晟、浑瑊之不逮，而杜口忘言[29]，唯教其君以专任。而白面书生，不及敬舆之百一，乃敢以谈兵惑主听，勿诛焉足矣，而可令操三军之生死、宗社之存亡哉？宦寺居中，辩言日进，亡国之左券[30]，未有幸免者也。

为何"古今相袭而不悟"？专制之弊也！

这种审时度势的思考，充分体现了船山的认识哲学和社会实践精神：主动发挥人在认识上的主观能动性，把握历史发展的规律，并指导于社会实践。

［注释］

[1]陆敬舆：中唐贤相陆贽，字敬舆。 [2]中制：谓从中干预。 [3]俾（bǐ）：使。 [4]九重：指宫禁，朝廷。 [5]斯须：片刻，一会儿。 [6]不死绥：将领不当治罪。 [7]命将：任命将帅、派遣将帅。推毂之言：指古代帝王在任命将帅的隆重礼仪时说的话。 [8]肥甘纨绣：肥美香甜的食物、华美的绣服。 [9]知兵：通晓军事。 [10]炎炎：形容气焰很盛。 [11]恻恻：悲痛，凄凉。 [12]自诧：自欺。 [13]韬钤：古代兵书《六韬》《玉钤篇》的并称，后因以泛指兵书，亦借指用兵谋略。 [14]猜防：猜疑防范。 [15]喋喋仡（yì）仡：喋喋不休说着大话。 [16]屑屑：琐屑，猥琐。 [17]甫：刚。帖括：泛指科举应试文章。 [18]乍读孙、吴：刚读孙子、吴起的兵书。 [19]尊俎折冲：比喻在宴席谈判中制胜对方。 [20]诩（xǔ）：说大话，夸耀。 [21]玄象：天象。 [22]炙毂（gǔ）：又作"炙輠"，輠，古时车上盛贮油膏的器具，比喻言语流畅风趣。 [23]诮元戎宿将之怯而寡谋：讥诮统军老将胆小无谋。 [24]攘袂：捋上衣袖，形容奋起貌。 [25]猜闇：猜疑糊涂。彀（gòu）：圈套。 [26]迫责：用强力压制、迫害。 [27]蹀血：同"喋血"，意谓流血很多，踏血而行。 [28]挥箑（shà）拥垆（lú）：摇着扇子围坐在酒台。箑，扇子。拥，围着。垆，酒店里安放酒瓮的土台子，亦借指酒店。高轩邃室：高大深广的厅堂宫室。 [29]杜口忘言：闭口而不说。忘言，谓心中领会其意，不须用言语来说明。 [30]左券：契约。古称契约为券，用竹做成，分左右两片，左片叫左券，为索取、偿还的凭证，后谓有把握称"操左券"。

［点评］

船山对于历史的认识，充满了辩证的变通思想，以变通的眼光讨论历史，丰富了中国古代强调通识的历史认识观。这篇史论总结："一彼一此者，死生之命也；一进一退者，反复之机也；一屈一伸者，相乘之气也。运以心，警以目，度以势，乘以时。"充分体现了船山的历史认识哲学，究其精髓，就是将感性认识和理性认识相结合，审时度势，理性思考种种现象，做到知己、知人、知天，即发挥主观能动性，认识世界，把握历史发展规律与现实之间的辩证关系，指导不同层次的社会实践。从领导艺术来说，船山这篇史评也道出了这样一个道理，即领导者不可事事躬亲，应给予具体的执行者一定机动的权力。然而一些专制者多意识不到这一点，既刚愎自用，又无主见地听信附和谄媚之言，"遥制进止之机以取覆败，则唯其中无持守，而辩言乱政之妄人惑之斯惑也"，最终导致失败。

邲侯言君相造命

君相可以造命[1]，邲侯之言大矣[2]！进君相而与天争权，异乎古之言俟命者矣[3]。乃唯能造命者，而后可以俟命，能受命者[4]，而后可以造命，推致其极，又岂徒君相为然哉！

天之命，有理而无心者也。有人于此而寿矣，有人于此而夭矣，天何所须其人之久存而寿之？

发挥主观能动性积极地"造命"，而非消极等待地"俟命"，是船山主张的人生观。

何所患其人之妨己而夭之？其或寿或夭不可知者，所谓命也。而非天必欲寿之，必欲夭之，屑屑然以至高大明之真宰与人争蟪蛄之春秋也[5]。生有生之理，死有死之理，治有治之理，乱有乱之理，存有存之理，亡有亡之理。天者，理也；其命，理之流行者也。寒而病，暑而病，饥而病，饱而病，违生之理，浅者以病，深者以死，人不自知，而自取之，而自昧之，见为不可知，信为莫之致，而束手以待之，曰天之命也。是诚天命之也。理不可违，与天之杀相当，与天之生相背，自然其不可移矣，天何心哉？

夫国家之治乱存亡，亦如此而已矣。而君相之权藉大，故治乱存亡之数亦大，实则与士庶之穷通生死、其量适止于是者，一也。举而委之于天，若天之有私焉，若天之纤细而为蟪蛄争春秋焉。呜呼！何其不自揣度，而谓天之有意于己也！故邺侯之言非大也，非与天争权，自知其貌然不足以当天之喜怒，而天固无喜怒，惟循理以畏天，则命在己矣。

虽然，其言有病，唯君相可以造命，岂非君

天命自然的必然性并不具有明确的目的性，不过是依照其固有的法则运动变化；人则是有意识、有目的的活动主体，能够在自然天地所给予的环境和情况中，依据自身需要作主动之选择。

船山认为，不仅君相可"与天争权""造命"，且老百姓亦可"造命"。即老百姓与君一样，都具有平等地创造自己命运的权利。船山的这一思想，凸显了那个时代思想家的主体自觉。

相而无与于命乎？修身以俟命，慎动以永命，一介之士，莫不有造焉。祸福之大小，则视乎权藉之重轻而已矣。

［注释］

[1] 造命：意思是掌握命运。　[2] 邺侯：唐朝中期名相李泌，以累封邺县（今河南安阳）侯故，时人呼其"邺侯"。　[3] 俟命：等待天命，即听天由命。　[4] 受命：受天之命。　[5] 屑屑：劳瘁匆迫貌。真宰：宇宙的主宰。螗蜩：蝉的一种。

［点评］

命运问题是哲学问题，也是古今人们所关注、讨论的问题。这篇史论，船山发挥唐代政治家李泌所谓"君相可以造命"的观点，认为人不同于自然，不同于动植物，具有能动性和有为性，可以在认知和把握天命的必然性、法则性的基础上，利用和改造自然和社会，即所谓"造命"。船山的命运观，也是在其天人观基础上的发挥。船山洞悉天人二者间关系之微，充满了辩证色彩。一方面，船山认为，人之可以"造命"，与天争权、争胜，是主体人之能动性、创造性的结果；另一方面，船山也注意到了客体自然天地及其运动变化所具有的必然性、法则性，使其并不能完全依照主体人的意志而改动。认为过分强调前者，便会忽视自然天地的固有法则，违背自然法则，而产生破坏自然天地之弊；反之过分强调后者，人只能服从、顺应自然天地，甘受自然天命的支配和做自然的奴婢。船山反对这两种偏颇，主张两者相互结合、相互协调，即命与力的统一。船山历史理论的核心，所谓理、势合一之说，也是基于此之天人之说。同样除上述之外，船山这里还指出，不仅君相可"与天争权""造命"，平民百姓只要注重修身养性，培植道德，同样可以"造命"，体现了那个时代一些思想家对于君主专制的反省。

召募屯田胜府兵番戍

陆敬舆请罢关东诸道防秋戍卒，令供衣粮，募戍卒愿留及蕃、汉子弟，广开屯田，官为收籴，自战自耕于其所守之地，此亦以明府兵番戍之徒劳而自弱[1]，不如召募之得也。论者于敬舆所陈，则韪其说[2]，而惜德宗之不从；乃于府兵，则赞其得三代之良法而谓不可易。贪为议论，不审事理，自相龃龉[3]，罔天下后世以伸其无据之谈[4]，如此者，亦奚必他为之辩哉？即其说以破之而足矣[5]。

夫折中至当之理，存其两是，而后可定其一得；守其一得，而后不惑于两是。诚不易也，就今日而必法尧、舜也，即有娓娓长言为委曲因时之论者，不可听也。诚不容不易也，则三代之所

历史是发展变化的，切不可泥古，一切皆应因时因势而通权达变而取其宜。

任何事情皆有两面，船山这里折中而定其是，乃有价值之辩证方法和注重实效的理性精神。

仁，今日之所暴，三代之所利，今日之所害，必因时而取宜于国民，虽有抗古道以相难者，不足听也。言府兵则府兵善，言折衣粮以召募则召募善，心无衡而听之耳，耳无准而听纸上之迹与唇端之辩，受夺于强辞，而傲岸以持己之是，唯其言而自谓允惬于天下。呜呼！小言破道，曲说伤理，众讼于廷，文传于后，一人之笔舌，旦此夕彼，其以万世之国计民生戏邪！不然，奚为此喋喋哉？持其前后彼此之论以相参，则其无目无心，如篱竹得风之鸣，技自穷矣。

[注释]

[1]番戍：轮流戍守。　[2]韪（wěi）：是，对。　[3]龃龉（jǔ yǔ）：上下牙齿对不齐。比喻意见不合，互相抵触。　[4]罔：蒙蔽。　[5]即：就着。

[点评]

船山历史理论的一个重要思想，就是在实践中应做到因时因势，不拘泥于古之成说，通权达变而取其宜。关于这一强调通变的历史思想，船山在许多著述中皆有阐发，如其《四书训义》卷七《论语三》所谓"生乎今之世，则必由乎今之道"。在《读通鉴论》卷二十《魏徵淳浇之论》中亦批评那些"泥古过高，而菲薄方今以蔑生人之性"的错误言行。《读通鉴论》卷末《叙论四》也说"以古之制，治古之天下，而未可概之今日"，"以今之宜，治今之天下，而非可必之后日"，如果"以古之宜，治今之天下"，违反了"就事论法，因其时而酌其宜"的原则，就是"执一以贼道"。在船山看来，生于斯时，就须遵循斯时之道，即这篇史论所说的"必因时而取宜于国民"，即使是有人以"抗古道"相责难，也是"不足听也"。总之，在船山看来，一切事物都是在不断发展进步的，一成不变的东西是没有的。基于这一思想，他竭力主张革除那些不合时宜的制度，强调治理天下应采取"无定法"的实事求是的态度。

绢缯纩布令仍输本色事理未允

人民的利益应高于一切。利民即是利国。民不利而国利者，未之有也。船山的民本思想在这里得到充分的体现，迥异于那些主张取富于民的国富民穷论者。

这里船山对"常理"和"事理"的区分，很具有实事求是的方法论意义。

自米粟外，民所输者，本色折色奚便[1]？国之利不宜计也，而必计利民。利民者，非一切之法所可据为典要，唯其时而已。唐之初制，租出谷[2]，庸出绢，调出缯、纩、布，其后两税法行[3]，缯、纩、布改令纳钱。陆敬舆上言："所征非所业[4]，所业非所征，请令仍输本色。"执常理以言之，宜无以易也；揣事理以言之，则有未允者焉[5]。绢、缯、纩、布之精粗至不齐矣，不求其精，则民俗之偷也[6]，且以行滥之物输官，而吏以包容受赇[7]，既损国计、导民奸[8]；而取有用之丝枲，为速敝之绢布，灭裂物产，于民亦病矣。如必求其精且良与？而精粗者，无定之数也，墨吏、猾胥操权以苛责为索贿之媒，民困不可言矣。钱则缗足而无可挟之辞矣[9]，以绢、布、绵、缕而易钱，愚氓虽受欺于奸贾，而无恐喝之威，则其受抑者无几，虽劳而无大损也，此折钱之一便也。

树桑者先王之政，后世益之以麻枲、吉贝今绵花[10]。然而不能所在而皆植也。桑枲之土，取给也易，而不产之乡，转买以充供，既以其所产者易钱，复以钱而易绢、缯、纩、布，三变而后得之，又必求中度者，以受奸商之腾踊[11]，愚氓之困，费十而不能得五也。钱则流通于四海而无不可得，此又一利也。

丁田虽有定也，而析户分产，畸零不能齐一，势之所必然也。绢、缯、纩、布必中度以资用[12]，单丁寡产尺寸铢两之分，不可以登于府库[13]，必计值以求附于豪右[14]；不仁之里，不睦之家，

这里，船山分析了赋税以货币交纳的四个利民优点：一、可使百姓免受墨吏滑胥的欺诈。二、可使百姓免受奸商的高价剥削。三、可使单丁寡产孤寒之家免受层层豪右官吏的暴虐。四、可使百姓免受转输之役的苦痛。

挟持以虐孤寒，无所控也。钱则自一钱以上，皆可自输之官，此又一利也。

丝枲者，皆用其新者也，民储积以待非时之求，而江乡雨湿，山谷烟蒸，色黯非鲜，则吏不收，而民苦于重办；吏既受，而转输之役者民也，舟车在道，雾雨之所沾濡[15]，稍不谨而成䵂敝[16]，则上重责而又苦于追偿。其支给也，非能旋收而旋散之也，有积之数十年而朽于藏者矣；以给吏士，不堪衣被，则怨起于下，是竭小民机杼之劳，委之于粪土矣。钱则在民在官，以收以放，虽百年而不改其恒，此又一利也。

积此数利，民虽一劳而永逸，上有支给而下有实利。当金钱流行之世，所不能悉使折输者[17]，米粟而已，然而民且困焉。况欲使之输中度之丝麻，累递运之劳以徒供朽坏乎！

唐初去古未远，银未登于用，铸钱尚少，故悉征本色可也。敬舆之言，惜旧制之湮，顺愚民不可虑始之情耳。金钱大行于上下，固无如折色之利民而无病于国也。故论治者贵于知通也。

为政者贵能据实情而行变通。

[注释]

[1] 本色：帝制王朝赋税中原定征收的实物（如麦、米等）为“本色”。折色：改征本色为其他实物或货币就叫“折色”。旧时谓所征田粮折价征银钞、布帛或其他物产，亦将俸禄折发钱钞。奚：疑问代词。什么，哪里。 [2]“租出谷”以下三句：指唐前期实行的租庸调的赋役制度。包括田租、力役和户调三项。 [3] 两税法：唐杨炎制定的赋税制度，以量出为入作为财政原则。因分夏、秋两季征收，故名“两税”。 [4] 业：指生产。 [5] 未允：不妥。 [6] 偷：苟且。 [7] 赇（qiú）：贿赂之意。 [8] 国计：意思是治国的方针大计或国家的经济、财富。 [9] 缗：穿铜钱的绳子，引申为成串的铜钱。 [10] 吉贝：今之棉花。梵语或马来语的音译。古时兼指棉花和木棉。 [11] 腾踊：物价上升。 [12] 中度：合乎标准。 [13] 登：刊登或记载。 [14] 豪右：有名望的大族，称霸一方的世家大族。 [15] 沾濡（rú）：意思多指恩泽普及。 [16] 黦（yuè）：黄黑色，指谷物发霉变色。 [17] 折输：折算为钱交纳。

[点评]

船山的这篇史论，体现了他三个方面的思想：第一，“国之利不宜计也，而必计利民”，即将百姓的利益置于朝廷利益之上的民本思想；第二，在民本思想的基础上，阐述“利民者，非一切之法所可据为典要，唯其时而已”的历史观；第三，具体于赋税财政制度，高度评价以货币的形式交纳赋税的制度改革，认为将布帛以货币交纳，是“利民而无病于国”的善政。这也是在理论上肯定了货币课税。

卷二十五

唐宪宗

韩愈谏佛骨表不足以卫道

韩愈之谏佛骨[1]，古今以为辟异端之昌言，岂其然哉？卫道者，卫道而止。卫道而止者，道之所在，言之所及，道之所否，言之所慎也。道之所在，义而已矣；道之所否，利而已矣。是非者，义之衡也；祸福者，利之归也。君子之卫道，莫大乎卫其不谋祸福以明义之贞也[2]。今夫佛氏之说，浩漫无涯，纤微曲尽，而惑焉者非能尽其说也；精于其说者，归于适意自逸，所谓"大自在"者是也。则固偷窬而乐放其心者之自以为福者也[3]。其愚者，或微

昌言儒家义利观。

寿禄子孙于弋获[4]，或觊富贵利乐于他生，唯挟贪求幸免之心，淫泆坌起以望不然之得。夫若是者，岂可复以祸福之说与之争衡，而思以易天下哉？

愈之言曰："汉明以后，乱亡相继，运祚不长，梁武舍身，逼贼饿死。"若以推究人心贞邪之致，世教隆替之源，固未尝非无父无君之教，流祸所及。然前有暴秦之速灭，哀、平之早折[5]，则尽举而归罪于浮屠[6]，又何以服哓哓之口哉[7]？愚者方沉酣于祸福，而又以祸福之说鼓动以启争，一彼一此，莫非贪生畏死、违害就利之情，竞相求胜。是恶人之焚林而使之纵火于室也，适以自焚而已矣。

夫君子之道，所以合天德、顺人心、而非异端之所可与者，森森鼎鼎，卓立于祸福之外。比干之死，不信文王之寿考；陈、蔡之厄，不慕牷馆之牛羊[8]；故曰"无求生以害仁"[9]。于是帝王奉之以敷教于天下[10]，合智愚贤不肖纳之于轨物，唯曰义所当然，不得不然也。饥寒可矣，劳役可矣，褫放可矣[11]，囚系可矣，刀锯可矣。

船山认为韩愈纠缠于佛教祸福报应，没有抓住卫道的根本。但其主张"一俟其自然而无所期必"，则显然又是消极的。

而食仁义之泽，以奠国裕民于乐利者[12]，一俟其自然而无所期必。若愚者之不悟，亦君子之无可如何。而道立于己，感通自神，俟之从容，不忧暗主庸臣、曲士罢民之不潜消其妄[13]。

愈奚足以知此哉？所奉者义也，所志者利也，所言者不出其贪生求福之心量，口辨笔锋，顺此以迁流，使琅琅足动庸人之欣赏，愈之技止此耳，恶足以卫道哉？若曰深言之而宪宗不察，且姑以此怖之，是谲也、欺也，谓吾君之不能也，为贼而已矣。

在船山看来，韩愈以帝王事佛运祚不长来反佛，是言祸福不言是非，言利而不言义，没有抓住佛教流行的要害。

[注释]

[1]谏佛骨：元和十四年（819），唐宪宗要迎佛骨入宫内供养三日。韩愈闻之，写下《谏迎佛骨表》，上奏宪宗，极论不应信仰佛教。 [2]贞：正也。 [3]偷窳（yǔ）：苟且懈怠。 [4]徼：求。 [5]哀、平：西汉哀帝刘欣和西汉平帝刘衎。 [6]浮屠：梵语 Buddha 的音译，此指佛教。 [7]哓哓：吵嚷，唠叨。 [8]甥馆：女婿。出处见《孟子·万章下》"舜尚见帝，帝馆甥于贰室"语。于此赵岐注曰："谓妻父曰外舅，谓我舅者吾谓之甥。尧以女妻舜，故谓舜甥。" [9]无求生以害仁：语出《论语·卫灵公》。[10]敷教：布施教化。 [11]褫（chǐ）放：革职流放。褫，剥夺。[12]奠国：定国。 [13]潜消：暗中消除。

[点评]

　　对于韩愈的辟佛，历代正统儒者几乎无不激赏，予以极高的评价，认为其维护了儒学的正统地位。对此船山则颇不以为然。这篇史论中，船山言韩氏之失有三：其一，以祸福利害之理为准则（似是之理）辨儒佛优劣，而不直探本源，即便辩而胜之，儒佛之异终不能明，反启发人们导向儒教中求利求福；其二，议论不密，以古贤君圣王的福寿非得自于佛法的保佑，桀纣、暴秦、哀平之亡也不是因不信佛而受到惩罚为例，是以个别史事（偶然之事）举证不足以服浮屠之心；其三，欺君之罪不可辞，如韩氏此论非自本心，只是以俗人之情动宪宗之心，如此则有藐视欺瞒君王之嫌疑。所以，在船山看来韩愈辟佛而“不推究人心贞邪之致，世教隆替之源”，是根本没有抓住历史隆替兴衰的要害。应该说，船山对于韩愈的辟佛之论，完全是从卫道的眼光进行评价，是片面的。

卷二十六

唐穆宗

穆宗之世贤奸更迭进退

　　君子小人忽屈忽伸，迭相衰王，其乱也，更甚于小人之盘据而不可摇，何也？君子体国，固自有其规模；小人持权，亦自有其技术。小人骤进，深忌君子，固乐翿小过而尽反其道[1]；君子复升，深恶小人，抑疾恶已甚，而概绌其谋。夫既执国政而行其所欲为矣，疆埸之或战或守，寇盗之或剿或抚，征徭之或罢或兴，礼制铨除之或隆或替[2]，边臣受而行之将士，部寺受而行之庶司[3]，郡邑受而行之百姓，其善者固乐从之矣，小人之秕政，亦既不得已而奉行之，财已费，力

这里船山跳出简单以君子、小人当权评价政治治乱思维的影响，而是从党争与整个大局之关系辩证地看待这个问题。

已劳，习之已成，因之免害。乃忽于此焉，忽于彼焉，将无定略，官无定守，士无定习，民无定从，奸人缘之以持两端，愿民因之而无准则[4]，岂特小人之病国殃民已亟矣哉？君子之以摇荡天下之视听，而俾蹙蹙靡骋者[5]，亦不保其不导以乱也。机事之泄，奸弊之兴，穷民之左右救过而不遑[6]，士大夫之疑殆而交相嚚讼[7]，然而政不乱、民不穷、封疆不偾、国不危亡者[8]，未之有也。

夫小人之能固君宠、结众心、幸成劳以侥功绩者，亦尝取天下之大略而筹之，有钳制之术，而下不敢违，有从欲之饵，而或享其利，有揣摩之机，而夷狄盗贼亦可相持以苟安。未几而尽易之，汲汲焉唯恐其复进，不循其序，而操之已蹙，乃易之未久，而小人果复起矣，取已泄之机、已乱之绪而再用之，外之必讧，内之必困，君子小人交受其咎，非但小人之乱之也。

穆宗在位四年耳，以君子，则裴度也、李绅也、韩愈也；欲为君子而不驯者，李德裕也；以小人，则李逢吉也、元稹也、牛僧孺也、王播也、李宗闵也；庸靡不能自固而居其间以浮沉尸

船山认为，政治制度及政策应保持一定稳定性和连续性。改革也应"循其序"，不可"操之蹙"。

大位者，崔植也、杜元颖也；虽无大过而不克有为者，萧俛也、郑覃也。或正或邪，或才或窳[9]，无所择而皆执国政，俄而此庸矣，俄而又黜矣，俄而此退矣，俄而又进矣，一言之忤合，一事之得失，摇摇靡定，而宦竖与人主争权，谏官与将相争势，任贤贰，去邪疑，害不可言也。并其任小人者，亦使小人无自固之地，一谋不遂，一语未终，早已退而忧危，求闪烁自全之术。呜呼！晴雨无恒，而稻麦腐于陇首；参连杂进，而血气耗于膻中[10]。不知其时之人心国事，旦改夕更，以快一彼一此之志欲，吏乘之以藏奸，民且疲于奔命，夷狄盗贼得间而乘之者奚若也！唐之不即倾覆也，亦幸矣哉！

李林甫之奸也，非杨国忠大反之而犹可不乱。靖康贤奸争胜，而国以速亡。极乱之国有治人，有治人而益乱。靖乱者自有道焉，非相反之谓也。

（旁注）船山此论，实针对明末因党争误国、亡国而发。

[注释]

[1]翘：揭露。　[2]铨除：犹选授。隆替：盛衰，兴废。　[3]部寺：泛指中央行政机关。庶司：执行行政的众官署衙门。　[4]愿

民：朴实善良之民。　[5] 蹙（cù）蹙靡骋：指局促，无法舒展。蹙，急迫。　[6] 不遑：无暇，没有闲暇。　[7] 嚚讼：奸诈而好争讼。　[8] 不偾（fèn）：不紧张激动。　[9] 窳（yǔ）：恶劣，坏。[10] 膻中：穴位名，位在胸部肋间。

［点评］

在漫长的帝制时期，统治集团内部的权力斗争往往也是导致社会动乱、国家灭亡的重要原因之一。明末的激烈的党争，以及因党争导致的政治混乱，最终导致了明祚的终结，这一切，不仅令船山终身难忘，也引起了他深刻的反省。这篇史论也是船山有感而发。当然，从船山这一富有历史哲理的论述中，我们也可以感受到船山思想的深度：不仅懂得历史发展变化是有规律的，而且也清楚地意识到客观事物变化中"质""量""度"等变化，对于事物发展的影响，知道量的渐变与质变在社会历史发展变化中的作用；意识到不折腾，保持制度和政策的稳定性，对于社会安定的重要性，从而形成他所谓"趋时更新"的时变观。即在一个社会没有发生根本性变化的量变时期，政治应保持其质的相对稳定性，在一定时期内保持其方针政策的连续性与稳定性，不应该进行无休止的翻来覆去的"改革"，更不应该无原则地意气用事，"寻戈矛于不已""导人心于嚚讼"，使政治越改越乱以至于不可收拾，而应"张弛不迫"，"从容调御"，"潜移默化"，有条不紊地进行社会内部调整、改革或改良，尽量减少社会的动荡、人心的骚乱。

唐敬宗

大臣不可以援立居功

君父之志未定，奸邪之机方张，嗣子幼冲，或掖之以践阼[1]，不以戴己者为恩、摇己者为怨，而过用其刑赏，非德若舜、禹有天下而不与者不能。一饭之德，犹求报之，贡举之知[2]，犹终事之，中人之情[3]，君子不禁，可谓之私，亦可谓之厚也。反此者，廓然大公[4]，天下一人而已。叔孙昭子不赏私劳[5]，复绝之行也[6]；抑竖牛谗贼[7]，公愤所归，虽欲赏之，而众必争[8]。故以此而责人主合同异、泯恩怨于参大议之大臣也诚难。乃以此而酬赏重罚，失政理而乱国是，则大臣之受之者实任其咎。循天理、饬王章以靖众志[9]，非翼戴大臣之责而谁责哉[10]！

翼戴者可以居功矣，则异议者恶得而无

船山此史论是明清之际限制君主专制权力的新君主观的体现。

罪[11]！知异议之必按是非为功罪，而非异议之即罪，则翼戴者之不可以援立为功审矣。今夫荐贤才以在位，拔寒素而跻荣，意甚盛也。然苟为靖共之君子[12]，则必曰吾以事君也，而不敢尸其报以牟利。况夫天子者，天之所命也，天下臣民所欲得以为父母者也；窃天之权，敛臣民之志欲，而曰我自立之，我可以受翼戴之赏，自以为功，而求天子之弗我功也，不可得也。自以为功，天子功之，则不与其议而疑于异己者，恶得而免于罪乎？始之者，大臣也，迨其滥觞，而宦官宫妾进矣。援一人而立为天子，小人之奇货也[13]。于是孙程、王守澄、仇士良乘隙而徼之[14]，于是而贾充、傅亮因而专之[15]，于是而华歆、郗虑、王谧、柳璨不难移人之宗社以贸己之宠荣[16]。篡夺相仍，皆贪功者之一念为之也，而徒以咎人主之赏私劳无大公之德哉？

穆宗保王守澄之逆而厚赐神策军士[17]，敬宗听李逢吉之谮而窜李绅[18]，其相袭以乱刑赏，非一日之故矣。于是而知金日磾之不以托孤受爵[19]，卓哉其不可及已。周勃居功相汉[20]，而

身为国家重臣，一言一行，应为国家利益考虑，不应计较个人得失，也不能只听恭维的话，容不得不同意见。

"尊君"与"抑君"是船山君权思想的两面。

致袁盎骄主之谮[21]；杨廷和居功受爵[22]，而贻门生天子之谴。英主觉之于事后，而不能慎之于当时，勃与廷和自任已坚，气焰上夺其君，有不能遽抑者在也。识卑器小，忠贞不笃，以天子为墨庄[23]，自贻凶危而害流后世，三代以下无大臣，究其情实，一鄙夫而已矣。居密勿之地[24]，与促膝之谋，国本不定[25]，竭忠贞以立正议，事定国安，引身而去，以杜绝私劳之赏，则倾危之祸，其尚息乎！

[注释]

[1]掖：扶持。　[2]贡举：古时地方向朝廷荐举人才。　[3]中人：常人。　[4]廓然大公：指心地开阔，大公无私。　[5]叔孙昭子：叔孙豹之子，鲁国三桓之叔孙氏宗主，春秋时期政治家、外交家。私劳：为私人建立的功劳。典出《左传·昭公五年》："为政者不赏私劳，不罚私怨。"意思是说当权者不能随意奖赏对自己有恩的人，也不能随意处罚与自己有仇的人。　[6]夐绝：超绝。　[7]竖牛谗贼：事出《左传》昭公四年和昭公五年。竖牛，春秋时人物。　[8]争：争议，争论。　[9]饬王章：整顿、治理王法即朝廷的礼法。靖：平定，使秩序安定。　[10]翼戴：辅佐拥戴。　[11]恶得：兀的，这般。　[12]靖共：恭谨地奉守职位职责。　[13]奇货：珍奇少见的物品。　[14]孙程：东汉宦官。王守澄、仇士良：皆唐文宗时宦官。此三人皆乘机作乱的宦官。　[15]贾充：曾参与镇压淮南二叛和弑杀魏帝曹髦而深得司

马氏信任，封要职。傅亮：以助南朝宋武帝刘裕迫晋恭帝禅位之功获封。二人皆属帮助篡政而被委之高位专权之人。 [16]华歆：汉末三国时期名士、重臣，以支持曹丕即位出任魏国相国。郗虑：东汉末年大臣，曾参与构陷少府孔融、持节册封曹操为魏公、软禁伏皇后而位列三公。王谧：东晋到南朝宋时期大臣，丞相王导之孙，车骑将军王劭之子。先获宠权臣桓玄，后转投刘裕。柳璨：唐朝末年大臣，曾为想称帝的朱全忠策划了白马驿之祸，使三十多位大臣惨遭处死。以上皆是为自己利益出卖社稷的人。 [17]神策军：唐朝中后期中央北衙禁军的主力。 [18]李逢吉：中唐权相，《新唐书》称其"性忌前，险谲多端。及得位，务偿好恶"。曾与宦官王守澄诬陷李绅，致使李绅被敬宗贬为端州司马。谮（zèn）：说坏话诬陷别人。 [19]金日磾：匈奴休屠王之子，西汉昭帝四大辅臣之一。 [20]周勃：西汉开国将领、宰相，吕后死后，联合陈平诛杀吕氏诸王，拥立汉文帝即位，两度成为丞相，最终罢职归国。 [21]袁盎：西汉大臣。绛侯周勃诛灭吕氏有功，被文帝封为丞相，待之恭敬，袁盎因此进谏，谓不可违君臣之礼。 [22]杨廷和：明朝中期政治家。内阁首辅，武宗驾崩，设计除平虏伯江彬，迎立武宗从弟朱厚熜（明世宗）继位。在世宗未至京师时，总揽朝政共三十八日，革除武宗朝弊政，受朝廷内外称赞。后世将其比于西汉周勃、北宋韩琦。但也因功自傲而遭到他人批评，说他将天子当自己学生看待。 [23]墨庄：藏书之室。这里指摆设。 [24]密勿：机密、机要，又指机要之职。 [25]国本：古代特指确定皇位继承人，建立太子为国本。

[点评]

儒家的君主观，从来就是挣扎在尊君与限君的张力之间：既主张以礼来保证君、臣、民之纲常秩序的稳定

性、不可动摇性，又怕因君权无限制地任意妄为造成对
社会各阶级的伤害。从儒家最初对天（民）—君（天之
子）—民三者循环从属制约关系的论证，即权力源自于民，
民是天，而君主则是"天之子"，是上天选出保民、管民
之人，所以民又要服从于君，这样的权力三角结构中形
成尊君与限君的张力。梁启超曾指出，中国古代儒家这种
民本思想，类于美国的林肯所阐释的民主主义三原则中的
of the people（民有）和 for the people（民享）原则，
但中国古代始终缺少 by the people（民治）一环（参见
梁启超《先秦政治思想史·序论》）。船山的君主观，在
继承了传统儒家民本主义君主观的同时，也继承了这种君
主中的张力，既在强调尊君，认为"人不可一日而无君"，
君是社会秩序的象征，同时又主张"限君"。这也是他这
篇史论所阐述的要旨，只是作为时代思想的先行者，船山
从公私关系，从强调天下不是君主一人一姓之天下，不能
把天下归于君主一人一姓之私有的层面，更突出地强调了
对于君权的限制。尤其是船山目睹了明朝后期君主专制登
峰造极，吞噬了从中央到地方各级官吏的权力，官吏完全
沦为君主手中的工具，国家机器的运转越来越失灵，终于
加速了明王朝的腐朽、崩溃。鉴于这一严酷的教训，王夫
之主张对君权加以限制，一方面可避免君主的独裁专行，
一方面又可维护封建君主制的长久统治。尊君与分权，是
王船山《读通鉴论》政治观的两个方面。这不啻是一个历
史的飞跃，也是帝制社会末期在君道方面的反映。

唐文宗

朋党倏忽离合

朋党兴，而人心国是如乱丝之不可理，将孰从而正之哉？邪正无定从，离合无恒势，欲为伸其是、诎其非，画一是非以正人之趋向，智弗能知，勇弗能断。故文宗曰："除河北贼易，去朝廷朋党难。"亦非尽暗弱之说也。

李宗闵、牛僧孺攻李吉甫，正也；李德裕修其父之怨而与相排揆，私也。乃宗闵与元稹落拓江湖，而投附宦官以进，则邪移于宗闵、稹；而德裕晚节，功施赫然，视二子者有薰莸之异矣[1]。李逢吉之恶，夫人而恶之，德裕不与协比[2]，正也；而忽引所深恶之牛僧孺于端揆[3]，以抑逢吉，而睦于僧孺，无定情矣。德裕恶宗闵，讦贡举之私以抑之[4]，累及裴度，度不以为嫌，而力

党争无"君子"，有的只是为压倒对方的利益之争。这难免不令人联想到现代西方的政党政治的弊端。

荐德裕入相，度之公也；李宗闵与度均为被讦之人，乃背度而相倾陷，其端不可诘矣。宗闵与稹始皆以直言进，既皆与正人忤，而一争进取，则稹合于德裕以沮宗闵，两俱邪而情固不可测矣。杨汝士之污浊，固已；德裕以私怨蔓延而讦之使贬，俾与裴度、李绅同条受谤，汝士之为贞邪不决矣[5]。白居易故为度客，而以浮华与元稹为胶漆之交[6]，稹之倾度，居易不免焉，而德裕亟引其从弟敏中，抑又何也？李训、郑注欲逐德裕，而荐宗闵以复相，乃未几陷杨虞卿而窜宗闵于明州，何其速也？聚散生于俄顷，褒贬变于睢眦[7]，是或合或离、或正或邪，亦恶从而辨之哉[8]？上无折中之宸断[9]，下无臧否之定评，颠倒天下以胥迷乱[10]，智者不能知，果者不能决也。揆厥所由，则自李绛恃其忠直而不知大臣之体，与小人比肩事主，而相角以言[11]。口给之士，闻风争起，弄其辅颊[12]，议论兴而毛举起[13]，权势移而向背乖，贸贸焉驰逐于一起一伏之中[14]，惊波反溅，罔知所届[15]，国家至此，其将何以立纲纪而保宗祏哉[16]？

船山此论，一是从君臣之道角度谴责朝臣；二是党争之祸的存在，亦与君主欲以操弄人事以求掌控权柄有关。

唐、宋以还，败亡一轨，人君尸居太息而未可如何。呜呼！乱之初生，自所谓君子者开之，不但在噂沓之小人也[17]。吕吉甫、章惇之害未去，而首击伊川者[18]，司马公之门人苏轼、苏辙也；奄党之祸未除，而特引阮大铖以倾众正者，温体仁所击之钱谦益也。当王介甫恶二苏之日[19]，体仁陷谦益之时，岂料其速变之如斯哉？烈火焚原而东西不知所极，公忠体国之大臣虑之已早，镇静慎默以赞天子之独断，而人心戢、风俗醇[20]。苟非其人，弗能与于斯也。

[注释]

[1] 薰莸（yóu）：香草和臭草；喻善恶、贤愚、好坏等。[2] 协比：勾结，依附。　[3] 端揆：指相位。宰相居百官之首，总揽国政，故称。　[4] 讦（jié）：斥责别人的过失，揭发别人的隐私。　[5] 贞邪：正与邪。　[6] 胶漆之交：志趣相投、亲密无间的朋友。　[7] 睚眦：发怒时瞪眼，借指极小的仇恨。　[8] 恶（wū）：怎么。　[9] 宸断：皇帝的裁决、决断。　[10] 胥：全，都。　[11] 相角：争胜，互斗。　[12] 辅颊：上颌与面颊。　[13] 毛举：粗略地列举。　[14] 贸贸：轻率冒失，考虑不周。　[15] 届：到。　[16] 宗祐（shí）：宗庙中藏神主的石室，亦借指宗庙、宗祠，引申指朝廷，国家。　[17] 噂沓：议论纷纷。　[18] 伊川：宋理学家程颐的别号。　[19] 王介甫：王安石。　[20] 戢：约束。

［点评］

有鉴于唐、宋，尤其是自己的故国明朝的覆灭，均有党争因素的影响，所以船山对朋党这一中国古代史上的重要政治现象有着系统的关注，其中仅对唐代党争的专论，就有十二篇：中宗时一，宪宗时四，穆宗时二，文宗时四，武宗时一。除中宗时的一论意在表彰武则天用人政策外，其余十一论基本上都是探讨牛李党争的问题。这些史论中，船山对包括朋党的起源和形成机制，朋党与科举制度，外戚、宦官、君主的关系等等的考察深刻地揭示了朋党之争对皇朝政治的危害。纵观中国古代的"朋党论"，船山所论无论是系统性还是深刻性，都是比较突出的。船山所谓"上无折中之宸断，下无臧否之定评，颠倒天下以胥迷乱，智者不能知，果者不能决也"的揭示，认为唐、宋、明朝的覆灭均是因为君主未在党争兴起之初予以制止，甚至将臣下分化相争作为巩固皇权的手段，到党争之风盛行而导致国是日非时，君主已经无法再对其进行掌控，国家便在愈演愈烈的党争和内耗中逐渐走向败亡，反映了船山对明代政治的反思。

唐武宗

杨弁纳贿中使

杨弁称乱河东，逐李石，结刘稹，而其所恃者，纳贿于中使马元实[1]。元实归，大言于廷曰："弁有十五里光明甲。"以恐喝朝廷[2]，徼求节钺[3]，李德裕折之而后沮。以此推之，凡唐之藩镇，类以数州之土，一旅之众，抗天下之威，而朝廷俛偭以从其欲[4]，非兵力之果强也，皆贿也。非李德裕折元实之奸，则弁之纳贿亦掩而不著，史氏亦无从记之矣。

唐之亡，亡于贿赂风行"充塞于天下"的腐败。

贿行于中涓[5]，而天子慑；贿行于宰相，而百官不能争；贿行于省寺台谏，而天子宰相亦不能胜。前此之讨淮蔡、讨平卢，廷议纷然，唯恐兵之不罢者，此也；德宗窥见其情，厚疑群臣，孤愤兴兵，而中外坐视其败者，亦此也。唐之乱，官官相护的陋习不除，廉政之风就不能树立。只有对大官小吏一律从严治理，肃贪之风效果才能显著，廉政建设才有希望。

贿赂充塞于天下为之耳。凡三百余年，自卢怀慎、张九龄、裴休而外，唐之能饰簠簋以自立于金帛之外者无有[6]。虽贤者固不能保其洁清，特以未败露而不章[7]，实固不可问也。藩镇之叛，峙若敌国，相甚若仇雠[8]，且唯以金钱贸中外之心，而天子不能自固，况州郡群有司之废置哉？

盖唐自立国以来，竞为奢侈，以衣裘仆马亭榭歌舞相尚，而形之歌诗论记者，夸大言之，而不以为怍[9]。韩愈氏自诩以知尧、舜、孔、孟之传者，而戚戚《送穷》[10]，淫词不忌，则人心士气概可知矣。迨及白马之祸，凡锦衣珂马、传觞挟妓之习[11]，熸焉销尽[12]。继以五代之凋残，延及有宋，膻风已息[13]。故虽有病国之臣，不但王介甫之清介自矜，务远金银之气；即如王钦若、丁谓、吕夷甫、章惇、邢恕之奸，亦终不若李林甫、元载、王涯之狼藉，且不若姚崇、张说、韦皋、李德裕之豪华；其或毒民而病国者，又但以名位争衡，而非宠赂官邪之害。此风气之一变也。

乃唐之率天下以奔欲崇货而迟久不亡者，何也？朝士以贿而容奸，逆臣亦以贿而自固，志气俱偷，其欲易厌，故称兵犯顺者，皆护其金穴以自封，而无问鼎登天之志。其尤幸者，回纥、吐蕃唯以侵掠为志，浸淫久而自敝，亦无刘渊、石勒之雄心。斯以幸存而已矣。使如宋也，三虏迭乘以压境，岂能待一迁再迁三迁而后亡哉？贿赂之败人国家，如鸩之必死，未有能生之者也。

"贿赂之败人国家，如鸩之必死，未有能生之者也！"这是船山从历代之亡国史中体悟出的深刻认识。

[注释]

[1] 中使：宫中派出的使者，多指宦官。　[2] 恐喝：恫吓威胁。　[3] 徼求：求取。节钺：符节及斧钺，古代出兵征讨时，天子授给大将以示威信的信物。　[4] 俛俛（mǐn miǎn）：勤勉，努力。　[5] 中涓：官名。指宫中主清洁洒扫的太监，一般指宦官，亦泛指君主的左右亲信。　[6] 簠簋（fǔ guǐ）：两种盛黍稷稻粱的礼器，亦借指酒食、筵席，此指贿赂。　[7] 不章：没有显现暴露。　[8] 綦（jì）：毒害。　[9] 怍（zuò）：惭愧。　[10] 戚戚：忧伤的样子。《送穷》：韩愈撰有《送穷文》，抒发其内心牢骚和忧愤。　[11] 珂马：佩饰华丽的马。　[12] 燋（jiān）：消遁，熄灭，终尽。　[13] 膻风：腥膻之风，腐败的风气。

[点评]

船山对历史兴亡的总结中，吏治问题是其格外关注的问题。在这篇史论中，船山深刻分析了唐朝腐败的原因，再次提出了严于治吏的主张，认为官吏失德，贿赂公行，必将政治腐败，以致国家灭亡。"贿行于中涓，而天子慑；贿行于宰相，而百官不能争；贿行于省寺台谏，而天子宰相亦不能胜。"唐朝灭亡所警示后人的一个重要方面，就是要使政治清明，必须严于对各级官吏的治理，尤其是要严加对上层官员的治理。因为"上官之虐取也，不即施于百姓，必须假手下吏以为之渔猎"。即中下级官吏搜括民财，必然要向上司或大官行贿，以便谋取私利。法严于下而宽于上，无异于本末倒置，"毒民而病国"益甚。因此船山的结论是：对大官小吏一律从严治理，肃贪的效果才能显著，廉政才有希望。下吏不敢存侥幸之心，以身试法；上官则勤于职守，不敢专横跋扈，为所欲为，并敢于对下属官吏的不法行为绳之以法，如是则官官相护的陋习可除，廉洁政治之风可期。

诛背刘稹之郭谊非杀降不信

人认识问题的最大毛病是不全面，船山这里发挥《荀子·解蔽》"蔽于一曲而暗于大理"的"解蔽"思想而论史评人。

杀降者不仁，受其降而杀之不信；古有其言，诚仁人君子之言也。虽然，言各有所指，道各有所宜，不揆其时，不察其故，不审诸顺逆之大义，不度诸好恶之公心，而唯格言之是据[1]，则仁人君子之言，皆成乎蔽。仁蔽而愚，信蔽而贼，不可不辨也。

　　所谓杀降不仁而无信者，为两国交争，战败而倒戈，与夫夷狄盗贼之胁从而自拔者言也。或党恶之志固不坚，或求生之外无余志，则亦生全之，或且录用之，而蠲忿怒以予维新[2]，斯允为敦仁而崇信矣[3]。刘稹之叛，郭谊为之谋主，及夫四面合围，三州已下，稹守孤城而日蹙，谊与王协说稹束身归朝，稹既从之欲降矣，谊乘其懈杀之以自为功，武宗与李德裕决计诛之，夫岂非允惬人心之公恶者以行大法[4]？而司马温公讥其失信。其信也，非其所以蔽而愚且贼者乎？

　　乱人者不殄绝之[5]，则乱终不已者也。怀以仁，而即乘吾仁以相犯；结以信，而即怙吾信以相欺者也[6]。而唐藩镇之乱，率因此而滋。自禄山为逆以来，拥戴之者，岂果侥幸其主之成大业，而己为邓禹之效尺寸哉[7]？人挟好乱之心，而嗾其主帅以为逆魁[8]，以弋利于己[9]。故李宝臣、薛嵩、田承嗣首自反噬[10]，而果获分土拥尊之厚利。盖当劝乱之日，已挟自私之计。上胁朝廷，下睨其主[11]，流血千里，主族亦赤，无非可罔利之左券[12]。而朝廷果以姑息而厚酬之，

如何评价历史人物或事件，有两种取向：一是从事件结果的立场进行评价；一是从人物的目的来评价。然而善的目的有时可能导致恶的结果，而单纯从事件发展的结果为标准评价，又会导致"成王败寇"，而使历史失去"彰善瘅恶"的功能。只有超越一时利害，将人物、事件置于整个历史的流变中考察，才能作出正确的价值判断。

位兼将相，泽及子孙，人亦何惮而不日导人以叛逆哉？卖主之腰领以求荣[13]，主族夷而己诧元功。计当日之为藩镇者，侧目而寒心，自非狂騃如刘稹者[14]，未有不以杀王协、郭谊为大快者。频年身膏原野之鬼[15]，与痛哭郊原之寡妻孤子，固且不怨稹而怨协、谊。故二贼伏诛，而后武、宣之世，藩镇无叛者。既有以大服其心，而裨将幕僚，知无他日幸免侥功之转计[16]，则意亦戢[17]，而不敢导其主以狂猖[18]。杀一二人而全天下，仁也；杀无恒之人以行法[19]，信也。高帝斩丁公，而今古称其义，况躬为逆首者乎？

且刘稹既从谊、协之谋以欲降矣，谊可容，稹独不可降乎？杀降者，谊也；杀谊者，所以杀杀降者也，而何尤焉？唯项羽施之于敌国之赤子，李广施之于解辫之夷狄，则诚恶矣。未可以为反覆倾危之乱人引以求曲宥也[20]。施大仁，惇大信，各有其时，各有其情，各有其理。以一言蔽千古不齐之事变，适以自蔽而已，君子所弗尚也。

古今成大事者，往往也是些不屑于庸常者之浅薄的"仁爱"之人。

[**注释**]

[1]格言：含有教育意义、可为准则的话。　[2]蠲（juān）：除去，驱出，去掉。　[3]允：确实，果真。　[4]允惬（qiè）：妥帖，适当，适合。　[5]殄绝：灭绝。　[6]怙：依靠，仗恃。　[7]邓禹：东汉初年军事家，协助刘秀建立东汉，功劳卓著，列云台二十八将第一位。　[8]嗾（sǒu）：唆使。　[9]弋利：获取利益。　[10]反噬：反咬一口，比喻谋害有恩于己的人，恩将仇报。　[11]睨：斜着眼看、窥视。　[12]罔利：渔利。左券：索取、偿还的凭证。[13]腰领：腰部与颈部，因该部位断之即死，故常喻致命之处。[14]騃（dāi）：同"呆"。　[15]膏：润泽，滋润。　[16]侥功：偶然得到的成功。　[17]戢：收敛，停止。　[18]狂狺（yín）：狂吠，喻疯狂地争吵。　[19]无恒：没有恒心，不能持久。　[20]曲宥：曲意宽容。

[**点评**]

　　在历史认识方面，船山一贯坚持"一切之法不可齐天下"的随时变通思想，这篇史论承继荀子有关"解蔽"的认识论思想，讨论如何克服认识上的片面性的错误，指出"不揆其时，不察其故"，"以一言蔽千古不齐之事变，适以自蔽而已"。即如果不能透过现象看本质，不根据历史变化而墨守成规，不知改革，以固定片面的经验或成见，来应付复杂的事变，必然会遭到失败。同理，评史论政，也同样不可"据一时之可否，定千秋之是非"，而应审时、度势，具体地分析具体的情况。船山的这种主张"察之以情，取仅见之传闻，而设身易地以求其实"的史学思想，所体现的也是强调一切以条件、地点和时间为转移的历史主义，也是船山提出的"通古今而计之"的历史认识的方法，即认为历史是连续性与统一性的整体，只有将历史事件和人物置于古与今整体时间的流变之中去理解，才能认识历史事件或人物的影响。

唐宣宗

宣宗之世贤智皆全身远害不为国用

国无可用之人则必亡。国之无人，非但其君不欲用之，抑欲用之而固无人也。铮铮表见者，非迂不适用，则小有才而不足任大，如是者不得谓之有人。夫其时，岂天地之吝于生才以亡人之国乎？秉道行义、德足以回天者，间世而一出，亦安能必其有？或贤智之士，宅心无邪，而乐为君用，则亦足以匡乱救亡，功成事定，而可卓然为命世之英，此则存乎风尚之所移耳。故国之无人，惟贤智之士不为国用，恬然退处以为高，以倡天下，置君父于罔恤，于是乎国乃终以无人。

夫一二贤智之士不为国用，而无损于当世，似未足以空人之国，使忘君父也。乃唯贤智之士，立身无瑕，为谋多臧，天下且属望之，而以不为

一个国家如果没有可以担当大任的人就必定灭亡。将用人置于如此重要的地位，是船山历史总结的重要思想。

统治者的专制跋扈自用，自然要导致官场的逢迎苟且、无勇于认责之风盛行。

国用为道，其究也，置其身于是非休咎之外[1]，天下具服其卓识，而推以为高；于是知有其身以求免于履凶蹈危者，皆慕其风，以为藏身之固，则宗社安危生死一付之迂愚巧黠之人[2]；而自好者智止于自全，贤止于不辱，志不广，学不博，气不昌，乃使数十年内，尽士类皆成乎痿痹泮涣之习[3]；自非怀禄徼幸、依附乱贼而不惭者，皆不可与有言、不可与有为之人也。于是乎天下果于无人。而狐狸昼嗥，沐猴衣锦，尚谁与治之哉？

宣宗之世，上方津津然自以为治也[4]。而韦澳谓其甥柳玭曰："尔知时事浸不佳乎？皆吾曹贪名位所致耳。"是其为言，夫非贤智者之言乎？于是上欲以澳判户部[5]，且将相之[6]，而浩然乞出镇以引去[7]。盖澳之不为唐用[8]，非一日矣，周墀入相，问以所可为，则曰："愿相公无权。"宣宗屏人语以将除宦官，则曰："外廷不可与谋。"其视国家之治乱，如越人之肥瘠[9]，而以自保其身者，始终一术也。盖于时贤智之士，周览而俯计焉，择术以自处焉，视朝廷如燎原之火，不可向迩[10]，非令狐绹之流、容容以徼厚福者，无不戒心于谋国矣。此习一倡，故唯张道古、孟昭图之愚忠以自危，魏謩、马植之名高而实诎，姑试其身于险而罔济；其不尔者[11]，率以全身远害为风轨[12]。故郑遨、司空图营林泉以自逸；而梁震、孙光宪、罗隐、周庠、韦庄之流，寄身偏霸以谋安。其于忧世爱君之道，梦寐不及而谈笑不涉，天下恶得有人哉！

宣宗之世，唐事犹可为也，而何以人心之遽尔也？宣宗甫践阼，而功著封疆、谋匡宫府之李文饶，贬死于万里之外；其所进而与图政者，又于一言一笑一衣一履之间，苛责其应违；士即忘身以殉国，亦何乐乎受不令之名以褫辱哉[13]！人君一念之烦苛[14]，而四海之心瓦解，则求如李长源、陆敬舆履艰危、受谗谤以自靖者，必不可得。非唯不得，贤智之士，固且以为戒也，不亡何待焉！

当有担当的人不能受到重用之时，也是自私小人尸位素餐、蝇营狗苟之时，也是离亡国不远之时。

[**注释**]

[1]休咎：吉凶，善恶。　[2]巧黠：狡黠，滑头。　[3]痿痹：比喻对事物的反应迟钝或漠不关心。泮涣：融解，分散，涣散。　[4]津津然：充满喜乐的样子。　[5]判：裁定。　[6]且

将相之：而且有意将任其为宰相。 [7]浩然：不可阻遏、无所留恋貌。 [8]"盖澳之不为唐用"以下六句：意思是韦澳不打算为朝廷卖命，不是一朝一夕了，早在周墀担任宰相时，询问他该怎么去做，他就回答"愿你手中无权"。 [9]越人之肥瘠：化用成语"越人肥瘠"，意思是不在乎越人的肥与瘦，比喻痛痒与己无关。 [10]向迩：靠近，接近。 [11]不尔：不如此，不然。 [12]风轨：风标，轨范。 [13]褫辱：剥夺的侮辱。 [14]烦苛：繁杂苛细。

[点评]

在长期帝制的中国社会里，许多著名的政治家和史学家，都非常重视人才的培养和任用。千百年的历史事实证明，凡是有作为的国君，总是在自己的周围集结着一大批各有所长的人才。一个国家能否治理得好，固然取决于治国的方针政策如何，但在很大程度上也取决于是否拥有富有才识、经验的人才，因为方针政策需要有人去执行。唐朝前期之所以能够出现"贞观之治"，其中一个很重要的因素，就是唐太宗李世民非常重视并且善于用人，把"为官择人"视为治国安邦的根本。而君主用人必须大度宽容。这篇史论中，船山继承其"能用人者，可以无敌于天下"的观点，再次肯定地强调："国无可用之人则必亡！"认为举贤才是关系社会治乱祸福、国家生死存亡的头等大事。

卷二十七

唐懿宗

奸民得逐刺史观察

古之称民者曰"民嵒"[1]。上与民相依以立，同气同伦而共此区夏者也，乃畏之如嵒也哉？言此者，以责上之善调其情而平其险阻也。唐至懿宗之世，民果嵒矣。裴甫方馘[2]，而怀州之民攘袂张拳以逐其刺史[3]，陕州继起，逐观察使崔荛，光州继起，逐刺史李弱翁，狂起而犯上者，皆即其民也。观察刺史而见逐于民，其为不肖，固无可解者。虽然，贪暴之吏，何代蔑有[4]？一膀违其情[5]，而遽起逐之，上且无如之何[6]，天下恶得而不亡！夫民既如此矣，欲执民而治其逐上

不要等到人民造反了，再去以暴力镇压，坚持依法治国，"饬吏治、恤民隐"，才是治国理政的根本。

之罪，是不矜其穷迫而激之乱也[7]；欲诛观察刺史以抚民，而民之不道又恶可长哉？小失豪民之意，猖猖而起[8]，胁天子以为之快志，抑不大乱不已。然则反此而欲靖之也无术，则抑追诘其所由来，而知畏民之喦者，调制其性情于早，不可唯意以乱法也。

人君所恃以饬吏治、恤民隐者，法而已矣。法者，天子操之，持宪大臣裁之，分理之牧帅奉若而守之[9]。牧帅听于大臣，大臣听于天子，纲也；天子咨之大臣，大臣任之牧帅，纪也。天子之职，唯慎选大臣而与之简择牧帅。既得其人而任以郡邑之治矣，则刑赏予夺一听大臣。所访于牧帅者，实考其淑慝功罪而决行之[10]。于是乎民有受墨吏之荼毒者[11]，昂首以待当宁之斧钺[12]。即其疏脱而怨忿未舒[13]，亦俯首以俟后吏之矜苏[14]。而大臣牧帅既得其人，天子又推心而任之，则墨吏之能疏脱以使民含怨者，盖亦鲜矣。

而宣宗之为君也不然。其用大臣也，取其饰貌以求容者而已；其任牧帅也，取其拔擢自我无

君不以民为施政之本。迫于生计，民必揭竿而起。

所推引者而已。至于州县之长，皆自我用焉，而
抑不能周知其人，则微行窃听，以里巷之谣诼为
朝章[15]。李行言、李君奭之得迁，恶知非贿奸
民以为之媒介哉？乃决于信，而谓廷臣之公论举
不如途人之片唾也[16]，于是刑赏予夺之权，一
听之里巷之民。而大臣牧帅皆尸位于中，无所献
替[17]。民乃曰此褎然而为吾之长吏者[18]，荣辱
生死皆操之我，天子而既许我矣。其黠者，得自
达于天子，则讦奏而忿以泄[19]，奸亦以售；其
很者[20]，不能自达，则聚众号呼，逐之而已。
曰天子而既许我以予夺长吏矣[21]，孰能禁我哉？
不曰天子固爱我，即称兵犯上而不忍加罚于我；
则曰天子固畏我，即称兵犯上而不敢加刑于我。
长是不惩，又何有于天子哉？稷鉏棘矜以攻城掠
野[22]，无不可者。民非本嚣，上使之嚣；既嚣，
孰能反之荡平哉？裘甫方平，庞勋旋起，皆自然
不可中止之势也。山崩河决，周道荆榛[23]，岂
但如嚣哉？宣宗导之横流，非一朝一夕之故矣。
懿宗又以昏顽济之，祸发迟久而愈不可息。民气
之不可使不静，非法而无以静之。非知治道者，

法不得人，虽有良法不能行。此船山一再强调的重法亦重人，任法与任人并重的政治观念。

只有完善的法制和坚持法治，民众方不积怨，社会方得以有序运行。

且以快一时之人心为美谈，是古今之大惑也。

[注释]

[1] 民碞：谓民心不齐。语出《尚书·召诰》"王不敢后，用顾畏于民碞。"孔颖达疏："碞，即岩也，参差不齐之意，故为僭也。"又一说谓民情险恶。　[2] 馘（guó）：古代战争中割掉敌人的左耳计数献功。　[3] 攘袂张拳：捋袖挥拳，形容奋起貌。　[4] 蔑有：没有。　[5] 牓：同"榜"，张贴在公共场所的通告。　[6] 无如之何：倒装句，犹言没有什么办法来对付。　[7] 不矜：不骄傲，不夸耀。　[8] 狺（yín）狺：犬吠声，比喻议论中伤之声喧嚷。　[9] 牧帅：地方主管官员。　[10] 淑慝：善恶。　[11] 墨吏：贪官污吏。　[12] 当宁：指皇帝或指皇帝临朝听政。　[13] 疏脱：粗疏、不精细，旧指因疏忽而致犯人逃脱。　[14] 俟后吏之矜苏：等着后任官吏昭雪。　[15] 谣诼：造谣毁谤。　[16] 途人：普通人，路人，陌生人。　[17] 献替：泛指议论国事兴革。　[18] 裒（yòu）然：出众的样子。　[19] 讦奏：告讦上奏。　[20] 很者：凶恶、残忍的人。　[21] 长吏：称地位较高的县级官吏。　[22] 耰（yōu）鉏棘矜：统指农民的锄具。耰是碎土平地的农具，鉏是锄田去草的农具。棘矜也统指农民的锄具。棘，通"戟"。矜，软柄。　[23] 荆榛（zhēn）：泛指丛生灌木，多用以形容荒芜情景。

[点评]

明末农民起义是船山抹不掉的记忆，也是他关注的历史问题。这里，船山从统治阶级立场出发，认为镇压民变只是权宜的下策，问题的解决还应找到源头，"知畏民之碞者，调制其性情于早"，要"善调其情而平其险阻"，不要等到百姓造反了，再采取暴力的镇压手段。这样就引出了船山对"追诘其所由来"的思考，提出要"饬吏治、恤民隐"主张。首先要保障"小民之所依"，"粟所以饱，帛所以暖"，同时再以礼乐教化之，以政刑约束之。其次要依法惩治那些荼毒百姓的贪暴之吏。认为只要让百姓相信统治者惩治贪官污吏的决心和能力，"俯首以俟"统治者"矜苏"，不作自行反抗，社会矛盾也会平息。以现代的认识看，船山这些说法，固然有要求人们尊重法律和秩序的合理因素，但其坚决反对民告官，认为"吏民得告守令"之制"乱纲纪、坏人心"，"逆大伦、裂大分，奖浇薄而导悖乱"，认为敢于告守令的肯定是奸民等说法，则反映了船山强烈的阶级偏见，体现了他与现代法治精神不相容的时代局限。

宣宗揽天下之利权以军帑空虚致乱

庞勋之乱，崔彦曾以军帑空虚不能发兵留戍而起，盖至是而唐之所以立国者，根本尽矣。夫财上不在国，下不在民，为有国者之大蠹，而唐养天下之力以固国者，正善于用此。其赋入之富有，自军府以至于州县，皆有丰厚之积，存于其帑，而节度、观察、刺史、县令、皆得司其出纳

船山认为：财富不能全部集中于中央，让地方保有一定的财税支配权，有利于社会的稳定。

之权。故一有意外之变，有司得以旋给，而聚人以固其封守。乃至内而朝廷乱作，外而寇盗充斥，则随所取道因便以输者，舟车衔尾而相继。而不但此也，官用所资，不责以妄支之罪，则公私酬赠宴犒、舆服傔从[1]，沛然一取之公帑[2]，军吏不待削军饷以致军怼[3]，守令不致剥农民以召民怨。故唐无孤清之介吏[4]，而抑无娄纵之贪人[5]。官箴不玷[6]，官秩不镌[7]，则大利存焉。虽贪鄙之夫，亦以久于扬历为嗜欲之溪壑[8]，而白昼攫金、褫夺不恤之情不起[9]。观于李荛所称清河一郡之富，及刘晏、韩滉咄嗟而办大兵大役之需者可知已[10]。

自德宗以还，代有进奉，而州郡之积始亏。然但佞臣逢欲以邀欢天子，为宫中之侈费；未尝据以为法，敛积内帑，恃以富国也。宣宗非有奢侈之欲，而操综核之术[11]，欲尽揽天下之利权以归于己。白敏中、令狐绹之徒，以斗筲之器[12]，逢君之欲，交赞之曰：业已征之于民，而不归之于上，非陈朽于四方，则侵渔于下吏，尽挈而输于天府者[13]，其宜也。于是搜括无余，州郡皆

为讨好朝廷，官吏极尽对百姓搜刮之能事，民焉能不反！

如悬罄[14]，而自诩为得策，曰：吾不加敛于民，而财已充盈于内帑矣。乱乃起而不可遏矣。唯其积之已盈也，故以流艳懿宗之耳目，而长其侈心。一女子之死，而费军兴数十万人之资。帛腐于笥[15]，粟陈于廪，钱苔于砌[16]。狡童何知，媚子因而自润[17]，狂荡之情，泰然自得，复安知天下之空虚哉？一旦变起，征发繁难，有司据空帑而无可如何，请之于上，而主暗臣奸，固不应也。号呼已亟，而或应之，奏报弥旬矣[18]，廷议又弥旬矣，支放转输又弥旬矣[19]。兵枵羸而不振[20]，贼乘敝以急攻，辇运未集，孤城已溃，徒迟回道路，为贼掠夺，即捐巨万，何当一钱之用哉！

且当官而徒守空橐也[21]，公私之费，未能免也；贪欲之情，未可责中人之能窒也[22]。必将减额以剥其军，溢额以夺其民[23]。此防一溃，泛滥无涯，田野之鸡豚，不给追胥之酒食，寡妻弱子，痛哭郊原，而贪人之溪壑，固未厌也。揭竿而起，且以延旦夕之生命，而以敝襦败甲、茹草啜饘之疲卒御之[24]，有不倒戈而同逆者乎？

官贫而民益贫，兵乱而民胥乱[25]。徒聚天下之财于京邸，一朝失守，只为盗资。综核之政，揽利权以归一，败亡合辙，今古同悲。然后知唐初之积富于军府州县者，诚官天府地四海为家之至术也。

故曰"财散则民聚"。散者，非但百姓之各有之也，抑使郡邑之各有之也。"财聚则民散"。聚者，既不使之在民，又不使之给用，积之于一帑，而以有用者为无用也。散则以天下之财供天下之用，聚则废万事之用而任天下之危。贪吝之说，一中于君相之心，委生人之大计，为腐草块石以侈富，传及子孙，而骄淫奢溢，为天下僇，不亦伤乎！故有家者，恶其察鸡豚也；有国者，恶其畜聚敛也。庶人尽力以畜财，囷粟而杇蠹之，则殃必及身；窖金而土壤之，则子孙必绝。以有用为无用，人怨之府[26]，天之所怒也，况有天下者乎！

船山以为，天下财富应该有聚有散。各个郡县之间货物流通越方便，则人们获得的利益就越大。

船山以为，国库空虚固危，但财富过分集中也是危事。

[注释]

[1] 傔（qiàn）从：侍从、仆役。　[2] 沛然：充盛貌。　[3] 怼：心里抵触、对抗、怨恨。　[4] 介吏：耿直的官吏。　[5] 婪纵：

贪婪无餍。　[6]官箴：古代中国居官格言之类的著作。不玷：不受玷污。　[7]不镌：不降级或削职。　[8]扬历：显扬其所经历。　[9]褫夺不恤之情不起：剥夺而无顾念体恤的事情不会发生。　[10]咄嗟：叹息。　[11]综核：谓聚总而考核之。　[12]斗筲（shāo）之器：器量窄，见识短。古十升为斗，一斗二升为筲，皆容量小的容器。　[13]辇（niǎn）：古时用人拉或推的车，也指乘车、载运、运送等。　[14]悬磬：悬挂着的磬，形容空无所有、极贫。　[15]筥：盛饭或盛衣物的方形竹器。　[16]砌：台阶。　[17]媚子：所爱之人。亦指贤臣。　[18]弥旬：满十天。　[19]支放：发放。　[20]枵羸：虚损瘦弱。　[21]橐（tuó）：口袋。　[22]中人：普通人或买卖交易的中间人。窒：塞。[23]溢额：超额。　[24]敝襦（rú）：破衣裳。茹草啜飦（zhān）：吃草喝粥。　[25]胥：皆。　[26]府：此指人怨的积累。

[点评]

在明清之际批判专制君权的思潮中，船山与顾炎武、黄宗羲一样，都是时代的先行者。在历史的反思和批判中，船山明确把矛头指向专制君主说："天下者，非一姓之私也。"因此，他要求做国君的必须目光远大，切不可做守财奴。在这篇史论中，船山以历史上号称"小贞观"的唐宣宗统治为例，说明由于一意搜刮，不顾人民死活，其结果就是种下了亡唐的祸根。由是，又引出另一个政治问题：即是藏富于民，还是尽聚财于国，哪个更有利于社会呢？对此船山的观点是，国库空虚固危，但财富过分集中同样是危险的事。船山发挥《礼记·大学》所谓"财聚则民散，财散则民聚"的思想，认为不仅要藏富于民，地方各级部门也要府库充实，强调此乃"诚官天府地四海为家之至术也"。而这篇史论反对让天下财产集中于少数个人，而应散财于天下，认为天下财富应有聚有散，形成社会各层面较快的流通，社会才能普遍获得更大的利益。这种对社会商业的新认识，体现船山思想的进步性。应该说，历史是现实的镜子，船山以历史事实告诫我们一个重要的治国理念，即欲富国必先富民，唯民富方能国富。而就国家的制度建设来说，则体现为是否能够防止国家权力体系成为财富吸收体系，或者说是否能够有效地限制权力不受制约地利用资源分配优势而腐败，是制度建设方面一个至关重要的问题。

唐僖宗

有司征已蠲之税以奉上

　　君暴而天下尚有生也，君贪而天下尚有财也，有司违诏令以横征蠲免之税，而后民乃无可免之死，国家重敛以毒民，而民知毒矣。乃且畏督责，避棰楚[1]，食淡茹草，暑而披裘以负薪，寒而衣葛以履霜，薄昏葬之情[2]，竭耕织之力，以冀免于罪罟[3]，犹可逃也。既颁明诏予之蠲免矣，于是而心乃释然，谓有仅存之力，可以饱一食而营一衣，而不知有司积累以督责其后者之尤迫也，夫乃无可以应，而伐木撤屋、鬻妻卖子，终不给而死于徽纆之下[4]，是蠲免之令驱民于死之阱也。

　　僖宗元年，关东旱饥，有司征已蠲之税倍急，卢携痛哭陈之，敕已允停重征，而有司之追呼自如，是纵千百暴君贪主于天下，而一邑之长皆天子也，民其能不死，国其能不乱乎？

夫以天子而制有司甚易也，乃一墨敕下，吏敢于上方王命以下贼民而不忌者，何恃而然也？上崇侈而天下相习以奢，郡邑之长，所入凡几，而食穷水陆，衣尽锦绮，马饰钱珂[5]，妾被珠翠，食客盈门，外姻麕倚[6]，若一有不备，而憔悴不足以生，上吏经过之饔饩[7]，宾客之赠贿，促之于外，艳妻逆子、骄仆汰妾谪之于内，出门入室，无往非胁之以剽夺，中人以下，且视死易而无以应此之尤难，尚何知有天子之诏？而小民之怨讟勿论已[8]。

懿、僖之世，相习于淫靡，上行之，下师师以效之[9]，率土之有司胥然[10]，诛不胜诛，而无可如何者一也。

尽天下之吏，咸习于侈以贪矣，前者覆车，后者知戒，抑岂无自艾以奉法而生不忍斯民之心者[11]？乃自令狐绹、路岩、韦保衡执政以来，唯货是崇，而假刑杀以立威，莫之敢抗，宰相索之诸道，诸道索之州县，州县不索之穷民而谁索哉？执此以塞上官之口，而仰违诏旨，不得不为

船山直斥帝王，上行下效，从专制君主到基层管理，层层盘剥，贪腐之风遂弥漫而不能止。

之护蔽，下虐穷民，不得不为之钳服，天子孤鸣，徒劳笔舌而已，此其竟不能行者二也。

即以情理而论，出身事主，寓家于千里内外，耕桑之计已辍，仰事俯畜[12]，冠昏丧祭姻亚岁时之酬酢[13]，亦犹夫人也，又加以不时经过之贵显，晨夕相偕之上官，厄酒篮飧[14]，一缣一箧[15]，无可绝之人理，既不可傲岸自矜，而大远乎人情，又况学校桥梁舟车廨舍之修建，愈不可置之罔闻，驲递戍屯转漕之需[16]，且相迫而固其官守，夫岂能捐家以代用哉？恃朝廷之制，储有余以待之耳。乃自宣、懿以来，括羡余以充进奉[17]，铢算尺量，尽辇而归之内府，需者仍前而给之无策，唯取已蠲之税以偿之，而贪人因求盈以自润，虽下蠲除之令，竟无处置之方，姑以虚文塞言路之口[18]，而天子固有偷心[19]，终不能禁之惩之，俾民受其实者三也[20]。

懿、僖之世，三者备矣。卢携虽痛哭流涕以言之，抑孰令听之哉？天子不为有司坊[21]，而有司无坊；天子不为有司计，而有司自为天子。害之积也，乱之有源也，非一天子暴且贪之故也。

官逼民反。

是以唐民迫于必死而揭竿以起也。

[注释]

[1]棰楚：鞭杖之刑。　[2]昏：同"婚"。　[3]罪罟：罪网。
[4]徽缠（mò）：刑具，指缚绑俘虏或罪犯的绳索。　[5]钱珂：将
玉石像铜钱串起置于马笼头上的装饰。　[6]外姻：由婚姻关系而
结成的亲戚。麇倚：比喻像獐子那样聚集一起。　[7]饔饩：泛指
接待来宾的隆盛的馈赠。　[8]怨讟（dú）：怨恨诽谤。　[9]师师：
相互师法。　[10]胥然：都这样。　[11]自艾：悔过自责，除恶
修善。　[12]仰事俯畜：谓对上侍奉父母，对下养育妻儿，亦泛
指维持全家生活。　[13]冠昏：谓行加冠、结婚礼。丧祭：葬后
之祭。姻亚：有婚姻关系的亲戚。酬酢：宾主互相敬酒，泛指交
际应酬。　[14]卮酒篮飧：泛指以酒筵招待。　[15]缣：细密的
绢。箑：扇子。　[16]驲（rì）递：驿递。　[17]括羡余：搜刮盈
余的赋税。　[18]虚文：不切实际的无用文字、空话。　[19]偷
心：设法避免或不履行的想法。　[20]俾民受其实者三也：这也
是减轻百姓负担的诏书得不到执行的第三个原因。　[21]坊：官
署、专用房舍。

[点评]

孟子总结春秋战国时治国平天下的经验，曾指出：
"得道者多助，失道者寡助。寡助之至，亲戚畔之；多助
之至，天下顺之。"（《孟子·公孙丑下》）孟子这里所说
的"道"就是民意、民心，以及惠民、爱民的政治主张
和政策，所谓"得道"就是得民心。得民心者就能得民
拥护得天下；失民心就要遭民反对而失去天下。船山这

篇史论进一步发挥了孟子"道"的理论，以明朝兴亡为镜，思考唐朝兴亡之史，从正反两个方面进行了讨论，深刻论述了民意、民心的得失与向背对国家的存亡、社稷的兴衰、战争的胜负、事业的成败的决定性作用。所论深刻之处，在于他不只是把一切罪责归于地方官吏，而同时指向暴君贪主，公然大胆地把矛头直接指向这些专制君主，痛斥其亦贪亦暴有违为君之道。这些大胆的揭露和批判，达到了前人未能达到的深度和广度，反映了明清之际进步士人思想的深度。

士大夫蛊忿恚之民以雠君致尽遭屠割之惨

"作善，降之百祥；作不善，降之百殃[1]。"善不善之分歧不一矣，而彝伦为其纲。彝伦攸叙[2]，虽有不善者寡矣；彝伦攸斁[3]，其于善也绝矣。君臣者，彝伦之大者也。"君非民，罔与立；民非君，罔克胥匡以生[4]。"名与义相维[5]，利与害相因，情自相依于不容已，而如之何其致之！君惟纵欲，则忘其民；民惟趋利，则忘其君。欲不可遏，私利之情不自禁，于是乎君忘其民而草芥之，民忘其君而寇雠之，夫乃殃

船山认为统治者与被统治者之间绝非简单的、单向度的剥削、压迫和强制的关系，而是利益交织、共享和利益对立、排斥共同存在的复杂的互动博弈关系。其中民众的利益应该高于一切。

不知其所自生，而若有鬼神焉趋之而使赴于祸。君之身弑国亡、子孙为戮，非必民之戕之也，自有戕之者矣；民之血膏原野、骴暴风日者[6]，非必君之剿绝之也，自有剿绝之者矣。故曰百殃。百云者，天下皆能戕之、剿绝之，而靡所止也。

　　唐自宣宗以小察而忘天下之大恤，懿、僖以淫虐继之，民怨盗起，而亡唐者非叛民也，逆臣也。奔窜幽辱，未酬其怨，而昭宗死于朱全忠之手，十六院之宗子，骈首而受强臣之刃[7]，高祖、太宗之血食[8]，一旦而斩。君不仁以召百殃，既已酷矣，而岂徒其君之酷哉？李克用自潞州争山东，而三州之民俘掠殆尽，稼穑绝于南亩；秦宗权寇掠焚杀，北至滑、卫，西及关辅，东尽青、齐，南届江、淮，极目千里，无复烟火，车载盐尸以供糇粮[9]；孙儒攻陷东都，环城寂无鸡犬；杨行密攻秦彦、毕师铎于扬州，人以堇泥为饼充食[10]，掠人杀其肉而卖之，流血满市；李罕之领河阳节度，以寇钞为事，怀、孟、晋、绛数百里间，田无麦禾、邑无烟火者，殆将十年；孙儒引兵去扬州，悉焚庐舍，驱丁壮及妇女渡江，杀老弱以充食；朱温攻时溥，徐、泗、濠三州之民不得耕获，死者十六七。若此者凡数十年，殃之及乎百姓者，极乎不忍见、不忍言之惨。夫岂仅君之不善、受罚于天哉？不善在君而殃集于君，杀其身，赤其族，灭其宗祀，足相报也。天岂无道而移祸于民哉？则民之不善自贻以至于此极，而非直君之罪矣。天子失道以来，民之苦其上者，进奉也，复追蠲税也，额外科率也，榷盐税茶也。民辄疾首以呼、延颈以望，曰：恶得天诛奄至[11]，易吾共主，杀此有司，以舒吾怨也！及乎丧乱已酷，屠割如鸡豚，野死如蛙蚓，惊窜如麏鹿，餧瘠如鸠鹄，子视父之剖胸裂肺而不敢哭，夫视妻之强搂去室而不敢顾，千里无一粟之藏，十年无一荐之寝[12]，使追念昔者税敛取盈、桁杨乍系之苦[13]，其甘苦何如邪？则将视暗君墨吏之世，如唐、虞、三代而不可复得矣。乃一触其私利之心，遽以不能畜厚居盈为大怨，诅君上之速亡，竞戴贼而为主，举天下猖猖麇麇而相怨一方[14]，忘乎上之有君也。忘乎先世以来，延吾生以至

船山直斥"天子失道"，此不禁令人想到《尚书·汤誓》之"时日曷丧？予及汝皆亡"之谓。民迫之极，恨不得与统治者同归于尽。

今者，君也；忘乎偷一日之安，而尚田尔田、庐尔庐者[15]，君也。其天性中之分谊[16]，泯灭无余，而成乎至不仁之习也，久矣！积不善而殃自集之，天理周流，以类应者不测，达人洞若观火，而怙恶者不能知[17]，一旦沓至，如山之陨，如水之决，欲避而无门，故曰百殃也。夫民之愚夙矣，移之以使作善者君也，则君固不得辞其咎矣。而匡维世教以救君之失，存人理于天下者，非士大夫之责乎？从君于昏以虐民者，勿论已；翘然自好者[18]，以诋讦为直[19]，以歌谣讽刺为文章之乐事，言出而递相流传，蛊斯民之忿恚以诅呪其君父，于是乎乖戾之气充塞乎两间，以干天和而奖逆叛，曾不知莠言自口而彝伦攸斁，横尸流血百年而不息，固其所必然乎！古之君子，遇无道之君，去国出奔，不说人以无罪，故三代立国千年，而无屠割赤地之惨。作善之祥，岂徒在一人哉！

士大夫不畏冒犯，直谏君之恶，才是真正以民为本者。或曰"妄议"而拒，其君非恶即昏。其中虽不乏有意提相反意见以谏沽直名者，但只要能明察而宽待之，即可不断言路而免遗祸致亡国。

[注释]

[1]百殃：各种灾难。　[2]彝伦攸叙：伦常乃建。　[3]彝伦攸斁（dù）：伦常乃遭破坏。斁，败坏。　[4]罔克胥匡以生：

《尚书·商书·太甲》语。胥匡：皆得以匡正、救助。　[5]相维：相连。　[6]骴（cī）：肉未烂尽的骸骨。　[7]骈首：头靠着头，并排。　[8]血食：谓享受祭品。　[9]糇（hóu）：干粮、食粮。　[10]堇泥：粘土。　[11]恶得：谓这般。奄至：突然到达。　[12]荐：草垫。　[13]桁杨：古代用于套在囚犯脚或颈的一种枷。　[14]猲猲薨薨：狂犬乱吠。薨薨，象声词。　[15]田尔田、庐尔庐：给你田耕、给你房住。　[16]分谊：礼义的原则、原理。　[17]怙恶：坚持作恶。　[18]翘然：特出貌。　[19]诋讦：诋毁攻击。

［点评］

　　船山认为"天下者，非一姓之私也"，明确反对将君为臣纲绝对化，而这篇史论的深刻之处，则是以《尚书·商书·太甲》语强调君民关系是"名与义相维，利与害相因"的关系，揭示统治者与被统治者之间也是利益交织的复杂的互动博弈。即君主离百姓则不成其为君，百姓离君则不能够安定生存，而这种平衡关系并不是恒定不变的：当君主为满足自己骄奢淫逸而苛剥百姓之时，百姓则必然会极力维护利益而与暴君对立，博弈失衡的结果则是天下大乱，社会秩序遭破坏，百姓陷生死之境。鉴于这样的认识，船山将"民自不靖而旋以自戕""君怙恶以殃民"和"贼乘时而行其残忍"并列为易代之祸的三大源泉，而民因出于弱势而受害最大。这中间，船山看到王朝的更替，其缘起虽主要是君主的自私暴虐，但并非仅此一因。其实也是君与民与贼等各方势力之间利益冲突、博弈的结果。诸方面中，船山秉承《春秋》责贤者的原则，认为该承担主要责任的是君主和大臣。

社稷不存以保民者为重

孟子曰："民为贵，社稷次之，君为轻。"因时之论也。当其时，文、武之泽已斩，天下忘周而不以为君，周亦忘天下而不自任为君，则君子虽欲自我君之而不能。若夫六王者[1]，非篡逆之臣，则介在戎狄，无异于酋帅，杀人盈野，以求君天下而建社稷，君非君而社稷亦非社稷矣，故轻也。君与社稷轻，而天所生之人，不可以无与立命，则苟有知贵重其民者，君子不得复以君臣之义责之，而许之以为民主可也。

黄巢既灭之后，僖宗乐祸以逞志，首挑衅于河东。朱温，贼也；李克用，狄也；起而交争。高骈、时溥、陈敬瑄各极用其虐；秦宗权、孙儒、李罕之、毕师铎、秦彦之流，杀人如将不及。当是时，人各自以为君，而天下无君。民之屠剥横尸者，动逾千里，驯朴孤弱之民[2]，仅延两间之生气也无几[3]。而王潮约军于闽海，秋毫无犯；

将民的利益置于君主之上，船山认为，若真的以民为本，贵重之，则许之民主可矣。

王建从綦毋谏之说，养士爱民于西蜀；张全义招怀流散于东都，躬劝农桑；杨行密定扬州，辇米赈饥[4]；成汭抚集凋残于荆南，通商劝农。此数子者，君子酌天地之心，顺民物之欲，予之焉可矣[5]。存其美，略其慝，不得以拘致主帅之罪罪王潮，不得以党贼之罪罪全义，不得以僭号之罪罪王建，不得以争夺之罪罪行密，不得以逐帅自立之罪罪成汭。而其忘唐之尚有天子，莫之恤而擅地自专者，概可勿论也。

非王潮不能全闽海之一隅，非王建不能保两川于已乱，非全义不能救孙儒刃下之余民，非行密不能苏高骈虐用之孑黎。且其各守一方而不妄觊中原，以糜烂其民，与暴人争衰王。以视朱温、李克用之竭民肝脑、以自为君而建社稷，仁不仁之相去，岂不远哉？呜呼！至是而民为重矣。非倚之以安君而卫社稷之谓也，视其血染溪流、膏涂原草者，虽欲不重之，而有人心者固不忍也。君怙恶以殃民[6]，贼乘时而行其残忍，民自不靖而旋以自戕[7]，三者皆祸之府也[8]。而民为可矜也[9]。何也？屠刈流离之民[10]，固非尽怨上行

（旁批）船山这里的议论，真正体现了以民为本、民为贵君为轻的历史观。

私、延首待乱之民也^[11]。天且启数子之心，救
十一于千百，而亦可以为民之主矣。

[注释]

[1]六王：指战国时期除秦国以外的齐国、楚国、燕国、韩国、
赵国、魏国六国君王。　[2]驯朴：善良朴实。　[3]两间：或谓
天地之间或指人间。　[4]辇米：以车运米。　[5]予之：在写史
时给予正面表彰的记述。　[6]怙恶：坚持作恶。　[7]不靖：不
安宁，骚乱。自戕：自己伤残自己。　[8]祸之府：灾祸荟萃或聚
集的地方。　[9]可矜：可怜。　[10]屠刈：屠杀。　[11]延首：
伸长头颈，形容急切盼望的样子。

[点评]

这篇史论，船山进一步发挥孟子提出的“民贵君轻”
思想，阐述“君与社稷轻，而天所生之人，不可以无与
立命，则苟有知贵重其民者，君子不得复以君臣之义责
之，而许之以为民主可也”。船山这里的诠释，从那个时
代看很有特点。船山发展了古代民本思想，其就君民关
系的考察，似乎可以引导至“民主”的航道，但时代的
局限性最终还是使他望而却步，认为君可以代“天且启
数子之心，救十一于千百，而亦可以为民之主矣”。但我
们仍应该看到，船山在君民关系推进到这样的双重境地：
在“君”看去，一切国家行政，均应许以“民主”；而在
“民”看来，君之所行事，亦俱在为民兴利除弊，救十一
于千百，也是应为“民之主”。这一“双重境界”所喻示

的民本思想，且不说其已属悖论，与近代西方的人本主义、民主政治也相距较远，但是毋庸讳言，它终究是有关君民关系新的阐述，可视为从"民之主"到"民主"的一座必经桥梁。当然，若将"君"视为国家的政治象征来看，强调其作为国家应具有的管理职能，船山此论亦有其一定的合理性。

唐昭宗

智者非挟机取捷幸胜乱世

所谓智士者，非乘人而斗其捷以幸胜之谓也[1]。周知于得失成败之理[2]，而避人之所竞，弃人之所取，以立本而徐收安定之功也[3]。李左车欲扼韩信于险[4]，一战之克耳，非必能全赵也，未足称智也；而说韩信以不战而收河北，民以宁，军以全，保胜而服未平之寇，则真大智之用也，信能听之以成功，功归信矣。于西川、淮南得两智士焉。王先成说王宗侃以招安而下彭州；高勖说杨行密通商邻道，选守令，课农桑，而保淮南。智矣哉！非只以成王建割据之资，赞行密定霸之业也，而救民于锋刃之下，以还定而安集之，仁亦溥矣[5]。

盖所谓智者，非挟机取捷之术，而是是非非

之准也[6]。挟机取捷以售术于乱世，一言而死者积矣，害且伏于利之中矣。是是非非者，所以推行其恻隐之大用，平英雄之气，顺众庶之欲，功不速、利不小、而益无方者也。此两者固相妨矣，小智之所争，大智之所不屑也。天下方纭纭以起，利害生于俄顷，虽有英杰之姿，目眩心荧，贪逐于利害之小数而忘其大。智者立于事外，以统举而周知之，辨仁暴之大司[7]，悉向背之殊致，见穴中之角逐，皆鹑斗蚁争之末技，乃以游于象外，而得其圜中[8]。苟非其人，则且笑以为迂拙之图，而孰令听之？王建、杨行密之决从二子也，亦不可谓非智也。何也？智者之言，愚者之所笑也。

　　无整体大局的考量，仅以机巧获利，不仅不能扭转事态的发展，还会使事态恶化。

[注释]

　　[1]非乘人而斗其捷以幸胜：并不是说利用自己的才智去与人争斗而侥幸取胜。乘，趁着，利用。　[2]周知：遍知，尽知。　[3]徐收：慢慢地、从容地取得。　[4]李左车：赵国名将李牧之孙，秦汉之际谋士。曾辅佐赵王歇，因功被封为广武君。赵亡后，韩信曾求计于他，韩信以其言收复燕、齐之地。"智者千虑，必有一失；愚者千虑，必有一得"之说即出自他。　[5]溥：广大，引申指周遍。　[6]是是非非之准：衡量是非曲直的准则。　[7]大司：犹言大事。　[8]游于象外，而得其圜中：游于事物外而能抓住事物本质。

[点评]

船山反对法家智术，却提倡儒者的大智。认为："所谓智士者，非乘人而斗其捷以幸胜之谓也。周知于得失成败之理，而避人之所竞。"此也是船山考察、评价历史的方法。船山认为评价历史及历史人物，应从事物发展的大势着眼，不能为一时的得失所惑，跳出一时结果的局囿，从历史进展的目的，从最终是否有利民生而非一时政局的发展认识和评价历史。这也是船山提倡的"合古今而论之"的历史观的体现。

杨行密听高勖通商邻道江淮富庶

据地以拒敌，画疆以自守，闭米粟丝枲布帛盐茶于境不令外鬻者[1]，自困之术也，而抑有害机伏焉。夫可以出市于人者，必其余于己者也。此之有余，则彼固有所不足矣；而彼抑有其有余，又此之所不足也。天下交相灌输而后生人之用全，立国之备裕。金钱者，尤百货之母，国之贫富所司也。物滞于内，则金钱拒于外，国用不赡，而耕桑织纴采山煮海之成劳[2]，委积于无用，民日以贫；民贫而赋税不给，盗贼内起，虽有有余者，不适于用，其困也必也。

　　如其曰闭关以扼敌于柲乏[3]，言之似是，而适足为笑耳。凡诸物产之为人所待命以必求其相通者，莫米粟若矣，闭粜则敌可馁，此尤说之可据者，而抑岂其然哉？苟迫于饥馑而金钱可支也，则逾绝险以至者，重利存焉，岂至怀金以坐毙哉？即有馁而道殣者[4]，抑其老弱耳，国固未尝乏可用之丁壮也。夫差许越粜而越灭之[5]，夫差之骄悖，宰嚭之奸邪[6]，自足以亡国，而岂许粜之故乎？晋惠公背秦施而闭粜，兵败身俘，国几以亡。剿绝生人之命以幸灾而徼胜[7]，天之所怒，人之所怨，三军万姓皆致死于我，而吾国之民，抑以徒朽其耕获之资，不获赢余之利，怨亦归焉。欲不败亡，不可得已。米粟者，彼己死生之命，胜败之司也，其闭之也，而害且若此。又况其他余于己而待售之货，得以转易衣被器械养生送死之具者，为立国之资，而金钱去彼即此，尤百为之所必需，以裕国而富民，举在是乎？

　　且不徒此也，禁之者，法之可及者也；不可禁者，法之所不可及者也。禁之于关渡之间[8]，则其售之也愈利，皇皇求利之民[9]，四出而趋荒险之径以私相贸，虽日杀人而固不可止。强豪贵要，于此府利焉，则环吾之封域，无非敌人来往之冲，举吾之人民，无非敌人结纳之党，阑入已成乎熟径[10]，奸民外告以腹心，间谍交午于国中而莫之能御，夫且曰吾禁之已严，可无虑也。不亦愚哉？夫唯通市以无所隐，而视敌国之民犹吾民也，敌国之财皆吾财也，既得其欢心，抑济吾之匮乏，金钱内集，民给而赋税以充，耕者劝耕，织者勤织，山海薮泽之产，皆金粟也，本固邦宁，洞然以虚实示人，而奸宄之径亦塞。利于国，惠于民，择术之智，仁亦存焉，善谋国者，何惮而不为也？

> 肯定商品流通的价值是船山进步思想的体现。

高勖劝杨行密悉我所有、邻道所无者，相与贸易以给军用，选守令，课农桑，数年之间，仓廪自实。行密从之，垂至于李氏有国，而江、淮之民，富庶甲天下，文教兴焉。田頵称之曰："贤者之言其利溥。"不洵然与[11]？

[注释]

[1] 鬻（yù）：卖。   [2] 煮海：煮海水为盐。   [3] 枵（xiāo）：空虚。   [4] 道殣：饿死在道路上的人。   [5] 夫差：春秋时期吴

国君主，越国灭吴国时自杀。许：应允，认可。　[6]宰嚭（pǐ）：即太宰嚭，本名伯嚭，系春秋时楚伯州犁之孙，楚诛伯州犁，伯嚭奔吴，吴以为大夫，后任太宰，故称太宰嚭。　[7]徼（jiǎo）：求。　[8]关渡：关隘渡口。　[9]皇皇：指匆忙向往貌。　[10]阑入：擅自闯入，掺杂进去。　[11]洵然：确实如此。

[点评]

重本抑末是中国的传统文化，也是船山的基本观点。但晚明以来商品经济的长足发展，使他的经济思想有了新的因素。从这篇史论即可看到船山表达的对商品经济的新看法，前卫地认识到商品流通的重要，他不仅认为国内要通市贸易，就是与敌国之间同样也要通市，这是利于国惠于民的大好事，为何不为呢？对于商品经济的这种认识，产生在那个时代，我们不得不激赏他的可贵。

温克用不能为曹操

挟天子以令诸侯而威服天下，自桓、文始。曹操袭其迹，因以篡汉，二袁、吕布、刘表不能与之争，此奸雄已试之成效，后起者所必袭也。乃克用连兵入寇，朱温方构难徐、郓而不问；王行瑜、韩建、李茂贞劫逐天子，朱温坐视而不恤；李克用既讨平之，乃听盖寓之言，不入见而还镇；

李茂贞犯顺，昭宗如华州，困于韩建，全忠在汴，扣关以奔驾也甚易，而方南与杨行密争，不一问也；及刘季述以无援之宦竖废天子幽之，崔胤召温以入，而尚迟回不进，让复辟之功于孙德昭；克用则方治城自保，而念不及此。何此二凶者，置天子于三数叛人之手，不居之以为奇货；而善谋如盖寓，亦不能师荀彧之智，以成其主之篡夺；岂其智之未逮而力之不能也与？

天下之理，顺逆而已。顺者，理之经也；逆者虽逆，而亦有逆之理焉。溯危滩而上者，楫折牵绝而可济[1]，以其所沿之流，犹是顺流之津也。夫桓、文之津，岂温与克用之所可问哉？桓、文定王嗣，反王驾，北讨戎，南服楚，通诸侯之贡于周京，故召王受锡而诸侯敛衽，诚有以服天下之心，固非温、克用之所可企及已。

即若曹操，奋起以讨董卓，几捐生于荥阳，袁绍、韩馥欲帝刘虞，而坚于西向，退居许下，未尝敢以一言忤天子也。献帝为李、郭诸贼所逼，露处曹阳，茕然一夫耳[2]，汉室群臣救死不遑，而奚问天子？董承、杨奉微弱，而徒然骄蹇，操

客观的势形成以后，顺应形势的就是合理的；同样，合理还要顺势才可获得成功。

以礼奉迎，使即一日之安；虽心怀逆节，而所循之迹，固臣主之名义，是逆而依理之顺以行，以其初未有逆也。

李克用以异类而怀野心，父子承恩，分受节钺，忽动刘渊之逆志，起而据云中以反。既败而走，结鞑靼以窥中国，幸黄巢之乱以阑入[3]，寸效未展，先掠河东，黄巢困蹙已极[4]，薄收收复之绩[5]，结王重荣以拊长安之背，流矢及于御座，公为国贼而莫之忌。其偶胜岐、邠斩行瑜也，天下固知其非为国讨贼而只以自雄也。乃欲袭义以奉天子、制雄藩，立败之术耳。盖寓知而止之，克用亦自知其非曹操矣。

朱温则盗耳，王铎无识，而假之以权，掠击自擅，无丝发之功于唐室。若令遽起乘危，握天子于股掌，天下群起而攻之，曾王行瑜、韩建之不若也。故温自知其不可，而李振、敬翔亦不以此为之谋。假义者，必有在己之义可托；身为叛贼之魁，负大不义于海内，而奚托哉？故唯坐待人之亡唐而后夺之，其志决也。

以势言之，温与克用所亟争者，河北也。河

人对事物、对形势的认识，也会随着形势、地位的变化而发生变化。

北归汴，则扼晋之吭[6]；河北归晋，则压汴之脊。刘仁恭、王镕、罗弘信、李罕之、朱瑄、朱瑾横亘于其间，温屡败矣，克用则危矣。藉令竭全力以入关中而空其巢穴，温入长安，则克用会河东以牵河北，渡河以捣汴，而温坐毙。克用入长安，则温率雒、蔡、山南以扣关，而燕、赵、魏、潞捣太原以拔其本根，而克用立亡。义不可假[7]，名无可尸[8]，而抑失形势以自倾，故皆知其不可。且畜力以求功于河北，置孤危之天子于狡竖奄人之手[9]，使促之以亡而后收之。是以刘季述之逆，温且迟回不进[10]，朱温之篡弑，李克用不兴缟素之师。温利克用之逆，克用亦利温之弑，其情皆穿窬也[11]。岂徒不能托迹桓、文哉？曹操之所为，抑其不能以身任之者也。故崔胤已为内主，李振谏使入讨，温尚聊遣蒋玄晖因胤以谋，而自引兵向河中，置长安于缓图，如此其不遽也。然且篡唐而仅得天下八九之一，不十年而遽亡。不能如曹操，则固不能如其雄峙三分而传之数世也。

至仁大义者起，则假仁假义者不足以动天下，商、奄之所以速灭也。无至仁大义之主，则假仁义者犹足以钳制天下，袁绍之所以不能胜曹氏也。至于欲假仁义而必不得，然后允为贼而不足与于雄杰之数，视其所自起与其所已为者而已。以曹操拟桓、文，杜蘅之于细辛也[12]；以朱温、李克用拟曹操，瓦砾之于碔砆也[13]；此其不可强而同者也。

[注释]

[1]楫折牵绝：船桨纤绳折断。 [2]茕然：单独。 [3]阑入：擅自闯入或掺杂进去。 [4]困蹙：指处境窘迫，也指费用短缺。 [5]薄：急迫，紧迫。 [6]吭（háng）：喉咙。 [7]假：借。 [8]尸：担任；在其位而无所作为。 [9]狡竖：狡猾的人。 [10]迟回：犹豫不定。 [11]穿窬（yú）：翻墙头或钻墙洞的盗窃行为。 [12]杜蘅：多年生草本植物，根茎可入药。细辛：一种多年生草本植物，全草可入药。 [13]碔砆（wǔ fū）：似玉之石。

[点评]

"理势合一"说，乃船山历史哲学中最重要的理论。其中的理，是指事物所以如此的内在规律，故有"其必然者即理也"，即事物发展的合理性或事物发展之"所以然"；而势，是指事物或事件发展的趋势，既为各种客观因素合力而成，也是理在具体事物发展的表现，故"势之必然处见理"，属于历史发展规律的外在显现。所谓

"理势合一"，从理论层面说，是"历史本质"与"历史事实"统一性的表现。船山这篇史论着重论述"理势相成"，即理与势相互依存的辩证关系。对于这种理与势的统一，船山使用的是"天"的概念。在船山看来，历史有其发展的必然之势，这种必然之势又有其内在规律（理）。历史事物或事件的发展顺应理者即可成势。同样，事物或事件的发展形成势之时，顺应其势，就是符合理。发展的趋势不能违背客观规律。理的顺逆决定着客观之势的难易。客观之势造就了事物或事件的走向，而事物或事件的发展则包含着客观之理。船山谓："'势'字精微，'理'字广大，合而名之曰'天'。"（《读四书大全说》卷九）。此外，在理与势的讨论中，船山还注重"理一分殊"中的"分殊"维度。在对具体历史的讨论中，相对于统一之"理"，他更关注那些体现于不同时势中的"殊理"。为此，船山将"势"区分为"时势"与"理势"两个概念。"时势"之"势"，是"时异而势殊"的一时之"势"；"理势"之势，则是长时段形成的"势"。船山认为这才是体现历史趋势的"理势合一"之"势"，也就是体现历史必然性的"天"。因此，船山批评那些"不参古今之理势，而唯目前之骇"、为"时势"所蔽而不能看到"理势"之人（《读通鉴论》卷二），认为历史中一些看似无理之"势"，若将之置于长时段的历史来理解，才能认识其中的合理性。以理的"所以然"说明事物发展之势，以势的"所当然"说明历史之理，进而结合二者评判历史的"所应然"，即历史之"道"，是船山评价历史的基本特点。

唐昭宣帝

罗绍威听朱温计坑杀牙兵以弱魏博

强国非安天下之道，而取天下之强摧残之、芟夷之、以使之弱[1]，则天下之乱益无已。故养天下之力于不试，不见其强而自不可弱者，王道也；国方弱而张之[2]，相奖以武健而制之以其方[3]，使听命者，霸功也；因其强而强之，莫之能戢而启其骄[4]，乱之所自生也；畏其民之强而摧之夷之，乃至殄灭之以使弱[5]，则既以自弱而还以召乱，无强无弱，人皆可乱，则天下瓦解而蜂起以相残，祸之最烈者也。

战国之强也，天下以乱。嬴政恶其强而思弱之，既弱六国之众，并弱其关内之民，销其兵刃，疲以力役，强者虔刘殆尽[6]，而耰鉏棘矜之徒以起[7]，椎埋黥配之夫[8]，尸王号而长吏民[9]，天下

使民富、行仁政的王道才是强国之道；以强力压制使百姓就范，只是见效一时的霸道，为祸也最烈。

一无可畏而皆可畏矣，民乃争趋于死而莫之救矣。

唐之乱，藩镇之强为之也。藩镇之强，始于河北，而魏博为尤[10]，魏博者，天下强悍之区也。自光武用河北之兵以平寇乱，遂屯兵黎阳，定为永制，而东汉以强。故其民习于强而以弱为耻，天下资之以备患。垂及于唐，上未加以训练，而骄桀之习[11]，未尝替也。然亦何尝为天下患哉？安、史之平，代宗不能抚有，田承嗣起而收之以自雄，为藩镇之戎首。幽、燕、沧、冀、兖、郓、淄、青之不逞，皆恃魏博之强，扼大河以亘塞河南而障蔽之[12]，田兴一受命，而河北瓦解，其为天下重久矣。广明以后[13]，黄巢横行天下，而不敢侧目河朔，恃此也；汴、晋交吞以窥唐室，而王镕、刘仁恭既不敢南向以争天下，抑不至屈于汴、晋而为其仆隶，恃此也。罗绍威以狂騃竖子听朱温之蛊，一夕而坑杀牙兵八千家[14]，于是而魏博为天下弱，天下蔑不弱也[15]。

呜呼！岂徒绍威之自贻幽辱危亡也哉[16]？天下之一治一乱也，其乱则上激下之怒而下以骄，骄气偾张，无问强弱也，强者力足以逞而怨愤浅，弱者怨毒深，藻聚萍散，不虑死亡，以姑尝试其诪张[17]，而蜂起以不可遏。《诗》云："无拳无勇[18]，职为乱阶。"唯无拳勇者之乱，乱不可弭也[19]。有强者以制其左右，则犹有惮焉。天下胥弱[20]，而骄固不可戢也。无藉以兴[21]，旋灭而旋起，既无所惮，何人不可踔跃以为难哉[22]？

　　故自魏博牙兵之歼也，而朱温之计得。于是一时割据之雄，相奖以为得计，日取天下智计勇猛之将吏军卒而杀之，唯恐强者之不尽也。故迨乎温、存勖交争之世，而天下皆弱。蹶然而起者，猝然而仆，不能一朝自固也。胥天下而皆弱矣，勿待强者之骄，而弱者无不骄也。于是而割天下而裂之，苟有十姓百家可持白梃、张空拳者[23]，皆弃耒耜以喧呼[24]。高季兴、孟知祥、王延政、董昌、刘龑、钟传、马希萼、雷满、张文表、危全讽之琐琐者，鬻妇人之衣绣以为靺鞈[25]，伐空山之曲木以为戈矛，或以自帝，或以自王，或以自霸。而石敬瑭羸病之懦夫，刘知远单寒之孤雏，且褒然宅土中以称元后[26]。呜呼！勿论其不足以君也，抑勿论其不足以霸也，即与群盗齿[27]，曾不足与张角、齐万年、方腊争雄长，皆无惮而自诧为刘、项、孙、曹也。风淫草靡[28]，乃进契丹而为君父，弱天下者之召乱于无已，固如是夫！

"赳赳武夫[29]，公侯干城。"文王之仁也，且求武夫于中林中逵之下[30]，曾是抚有果毅强御之众，而可屠割俾尽，以启不量力者之骄悖乎？绍威之愚，朱温之惨，不足诛也。天有大乱之数，强者先歼焉，匪寇匪雠，杀之若将不及，亦衰气之使然与！

[注释]

[1]芟夷：裁减、删削，铲除、削平。　[2]国方弱：国力正弱。[3]制之以其方：以制度管束使其行为端正。　[4]戢：收敛。　[5]殄（tiǎn）灭：消灭，灭绝。　[6]虔刘：劫掠，杀戮。　[7]耰鉏棘矜：皆农具之属。　[8]椎埋黥配之夫：指罪犯。椎埋，意思是劫杀人而埋之，亦泛指杀人。黥配，古刑罚名，即在犯人脸上刺字并发配到边远的地方。　[9]尸王号而长吏民：冒用王的名号统治官民。　[10]魏博：魏博节度使，又称天雄节度使，是唐朝设置的节度使，管辖着魏州、博州、相州、贝州、卫州、澶州六州，位于今河北大名一带，属唐河北道。唐末到五代割据河北，为河北三镇之一。　[11]骁桀：勇猛凶暴。　[12]亘塞：横贯堵塞。　[13]广明：唐僖宗年号，共计2年。　[14]牙兵：即亲兵

或卫兵，是唐末和五代时期特有的一种军队名称，是中唐以后节度使的私兵，是节度使专兵的产物。　[15]蔑：没有。　[16]幽辱：侮辱。　[17]诪（zhōu）张：惊惧貌；欺诈、诳骗。　[18]职为乱阶：语出《诗经·小雅·巧言》，指造成祸乱的缘由。　[19]弭：平息，消除。　[20]胥：都，皆。　[21]无藉：无所顾忌。　[22]踔跃：跳跃。　[23]白梃：大木棍。　[24]喧呼：喧闹呼叫。　[25]靺鞈（mèi gé）：一种古代武士祭服，主要用以蔽膝。　[26]襃：同"褒"，赞扬、夸奖。元后：天子。　[27]齿：并列，在一起。　[28]风淫草靡：指不好的风气像草顺风倒伏，四处蔓延风行。　[29]"赳赳武夫"二句：语出《诗经·周南·兔罝》，意谓健壮威武的军人，做了公爵侯爵的将领，要像盾牌的城墙一样保卫国家。　[30]中林中逵：林野大道。

[**点评**]

　　国家的强弱之道，一直是古代政治家、史学家喜欢讨论的问题。如何看待国家的强与弱？一个国家怎么才算是强，怎样是弱？其标准是什么？这种强弱之势是怎样发生易势转变的？通过《资治通鉴》记载的唐昭宣帝天祐三年（906）罗绍威坑杀魏博牙兵八千家，天下强悍之区遭此一变，"于是而魏博为天下弱"的历史，船山由此联想到嬴政"销其兵刃，疲以力役"，虽欲弱天下，却为秦末各地纷纷起事创造了条件。如此辩证地看待历史变化，是船山研究历史的重要方法。这里，船山认为，统治者为政失道，压榨百姓，摧残国力，是致乱的普遍之由。与黄宗羲、顾炎武一样，王夫之也看到君主专制的种种弊端是导致社会动乱的根本原因，主张实行政治改革。但是，由于时代和阶级的局限性，船山没能正确地认识下层民众反抗专制暴政的正义行动，但他认为民众起义的原因大都是当政者逼出来的，其见解在一定的程度上肯定了人民起义的合理性，则有着十分进步的意义。

卷二十八

五代上

五代不足称代

　　称五代者，宋人之辞也。夫何足以称代哉？代者，相承而相易之谓。统相承，道相继，创制显庸相易[1]，故汤、武革命，统一天下，因其礼而损益之，谓之三代。朱温、李存勖、石敬瑭、刘知远、郭威之琐琐，窃据唐之京邑，而遂谓之代乎？郭威非夷非盗，差近正矣，而以黥卒乍起，功业无闻，乘人孤寡，夺其穴以彙立[2]，以视陈霸先之能平寇乱，犹奴隶耳。若夫朱温，盗也；李存勖、石敬瑭、刘知远，则沙陀犬羊之长也。温可代唐，则侯景可代梁、李全可代宋也；沙陀

　　《读通鉴论》不采五代诸君国号，而以"五代"诸政权统括而论之，其意在以此来纠正彰显"宋人之滥焉云尔"。

　　船山认为，宋人之正五代，其意乃在正宋，即北宋要承天下正统，不得不尊五代为之承，因此此举于宋实为一种政治策略。

三族可代中华之主，则刘聪、石虎可代晋也。

且此五人者，何尝得有天下哉？当朱温之时，李克用既与敌立，李茂贞、刘仁恭、王镕、罗绍威亦拥土而不相下，其他杨行密、徐知诰、王建、孟知祥、钱镠、马殷、刘隐、王潮、高季兴，先后并峙，帝制自为，分土而守，虽或用其正朔[3]，究未尝奉冠带、祠春秋、一日奔走于汴、雒也[4]。若云汴、雒为王者宅中出治之正，则舜、禹受禅，不仍陶唐之室，汤、武革命，不履夏、商之都，而苻健、姚兴、拓拔宏奄有汉、晋之故宫[5]，将以何者为正乎？倘据张文蔚等所撰之玉册，而即许朱温以代唐，则尤奖天下之逆而蔑神器矣。

且夫相代而王天下者，必其能君天下而天下君之，即以尽君道也未能，而志亦存焉。秦、隋之不道也，抑尝立法创制，思以督天下而从其法令，悖乱虽多，而因时救弊者，亦有取焉。下至王莽之狂愚，然且取海宇而区画之，早作夜思，汲汲于生民之故。今石敬瑭、刘知远苟窃一时之尊，偷延旦夕之命者，固不足论；李克用父子归轶鞯以后，朱温帅宣武以来[6]，觊觎天步，已非

船山不许五代以"代"，一是五代十国之际，宇内瓜分，未得统一；二是其时无一统治者能"尽君道"，以致率土云扰，生民苦极。

一日，而君臣抵掌促膝、密谋不辍者，曾有一念及于生民之利害、立国之规模否也？所竭智尽力以图度者，唯相搏相噬、毒民争地、以逞其志欲。其臣若敬翔、李振、周德威、张宪之流，亦唯是含毒奋爪以相攫[7]。故温一篡唐，存勖一灭温，而淫虐猥贱，不复有生人之理[8]，迫胁臣民，止供其无厌之求，制度设施，因唐末之秕政[9]，而益以藩镇之狂为。则与刘守光、孟知祥、刘龑、王延政、马希萼、董昌志相若也，恶相均也，纭纭者皆帝皆王，而何取于五人，私之以称代邪？初无君天下之志，天下亦无君之之心，燎原之火，旋起旋灰，代也云乎哉[10]？

必不得已，于斯时也，而欲推一人以为之主，其杨行密、徐温、王建、李昇、钱镠、王潮之犹愈乎！尚有长人之心，而人或依之以偷安也。

周自威烈王以后，七国交争，十二侯画地以待尽[11]，赧王纳土朝秦，天下后世固不以秦代周，而名之曰战国。然则天祐以后[12]，建隆以前[13]，谓之战国焉允矣，何取于偏据速亡之盗夷，而推崇为共主乎？中国不可无君，犹人不可无父也。孤子未能克家[14]，固无父矣，不得晋悍仆强邻而名之曰父[15]。是以有无父之子，有无君之臣民。人之彝伦，天之显道[16]，不可诬也。

宋之得天下也不正，推柴氏以为所自受，因而溯之，许朱温以代唐，而五代之名立焉。名不可以假人，天下裂而不可合，夷盗窃而不可纵，夺其国号，该之以五代[17]，聊以著宋人之滥焉云尔。

[注释]

[1]显庸：显明，显著。庸，通融。《国语·周语中》："更姓改物，以创制天下，自显庸也。"　[2]獒（ào）：傲慢，突兀。　[3]正朔：古代王朝正统地位。[4]冠带：本指服制，引申为礼仪、教化。祠春秋：四时祭祀。　[5]奄有：全部占有，多用于疆土。　[6]朱温帅宣武以来：朱温统帅宣武军以来。宣武，宣武军，一般指宣武军节度使，乃唐朝在今河南东部设立的节度使。中和三年（883）朱温为节度使，以此为根据地，兼并中原，建立后梁。　[7]含毒：一种蚊虫类的小毒虫。奋爪：挥舞爪子。　[8]生人之理：使人民安生。　[9]稗政：不良的政治措施。　[10]代也云乎哉：怎能被称为朝代呢。　[11]待尽：犹待死。　[12]天祐：唐昭宗李晔的年号。　[13]建隆：北宋太祖赵匡胤的年号。　[14]克家：指能继承家业。[15]晋：进。[16]显道：谓明确的道义准则。[17]该：总括。

[点评]

北宋代周之后的国家认同，首先表现在政权延续同一性的问题，即涉及两个政治共同体的更替合法性。在船山看来，所谓"五代"，不过是唐末藩镇割据的进一步加剧而已，五代之君的残暴，甚至连暴秦、暴隋以及王莽等暴君都不如。即从空间的统一看，五代无一政权具有合法性；从政权的道义上看，五代诸统治者亦无一符合"君道"，未"曾有一念及于生民之利害"，因而船山的《读通鉴论》不采五代统治者所立国号，而统以五代相"该之"。同时，以空间的统一和道德的"君道"看，船山认为赵宋篡于后周孤儿寡母之手，故"宋之得天下也不正"，亦惟因"得天下也不正"，宋人著史才"因而溯之，许朱温以代唐，而五代之名立焉。"强赋予赵宋政权的合法性，因而《读通鉴论》中，船山不采用五代诸国号，其意在批判五代诸统治者之外，亦以此彰显"宋人之滥焉云尔"，从根本上颠覆了司马光、欧阳修等所讲的忠君观念。

高郁说马殷以茶易缯纩战马

高郁说马殷置"回图务"运茶于河南北[1]，卖之于梁，易缯纩战马[2]，而国以富，此后世茶马之始也。古无茶税，有之自唐德宗始。文

对于古代的东西，只能师圣人之意，而不能照搬条文。盖船山论政，其议论主要为通变，于法制则力主不可泥古。

宗时，王涯败，矫改其政而罢之。然则茶税非古，宜罢之乎？非也。古之所无，后不得而增，增则病民者，谓古所可有而不有者也。古不可以有，而今可有之，则通古人之意而推以立法，奚病哉？

茶者，古所无也，无茶而何税也？《周礼》仅有六饮之制。《孟子》亦曰"冬则饮汤，夏则饮水"而已。至汉王褒《僮约》[3]，始有武都买茶之文，亦仅产于蜀，唯蜀饮之也。六代始行于江南，而河北犹斥之曰"酪奴"。唐乃遍天下以为济渴之用，而不能随地而有，唯蜀、楚、闽、粤依山之民，畦种而厚得其利，其利也，有十倍于耕桑之所获者矣。古之取民也，耕者十一，漆林之税则二十而五，以漆林者，非饥寒待命之需也。均为王民，不耕不桑，而逸获不赀之利[4]，则天下将舍耕桑而竞于场圃；故厚征之，以抑末务、济国用[5]，而宽吾南亩之氓。则使古而有茶，其必厚征之以视漆林，明矣。

府其利于仅有之乡，而天下日辇金钱丝粟以归之不稼不穑之家，其豪者笼山包阜而享封君之奉^[6]。乃天下固无茶，而民无冻馁之伤，非有大利于民，而何恤其病？诚病矣，废茶畦而不采，弗能税也；虽税之，而种者不休，采者不辍，何病之有哉？即其病也，亦病夫射利之黠民^[7]，而非病吾旦耕夕织、救死不赡之民也^[8]。则推漆林之法，重税而以易缯、马于不产之乡，使三代王者生饮茶之世，未有于此而沾沾以市恩也^[9]。

故善法三代者，法所有者，问其所以有，而或可革也；法所无者，问其何以无，而或可兴也。跬遵而步效之^[10]，黠民乃骄，朴民乃困，治之者适以乱之。宽其所不可宽者，不恤其所可恤，恶足以与于先王之道乎？

对历史的治世、盛世的经验也有一个善于不善于学习的问题，因为法的内容与时而转，不可泥古守旧，而是根据特定的背景和现实情形，作出或用或弃的选择。

［注释］

[1] 回图务：五代官方贸易机构，首长为回图使。 [2] 缯纩（zēng kuàng）：缯帛与丝绵的并称。缯，古代对丝织品的统称。[3]《僮约》：汉王褒作，记奴婢契约。 [4] 不赀：数量极多，无法计量，非常贵重。 [5] 末务：非根本的次要的事，此指茶业。[6] 阜：土山。封君：受有封邑的贵族。 [7] 射利：谋取财利。黠民：狡黠之民。 [8] 不赡：不足。 [9] 市恩：指以私惠取悦于人。[10] 跬遵而步效之：意谓亦步亦趋。行走时举足一次为跬，双足各举一次为步。

[点评]

船山此史论，强调的是要真正做到不违时势，就必须遵守运动变化的客观规律，执常以迎变，因时因地制宜，进行各种活动。例如，人们在制定政策法令时，为了做到既不照搬古人的条文，又不单凭主观想象，闭门造车，那就要根据时代的条件，从实际出发，对前人的成法来一番取舍，制定出适合当时当地的条文。就是说，只有既了解古代的情况，又懂得当前的实际，才能使制定的政策法令臻于妥善。论治者，贵于知通也。对于那种不知变通生搬古制的做法，他极言其非，认为读古人书而不知通，旦识而夕行之，其结果便只能是贼道而及天下。这也是船山本质不变之"贞一之理"与"相乘之机"、因与革辩证统一的历史思想的体现。即后代在法古时，必须有"革兴"的态度，必须谨守历史之大经、常道，而在遇不合时势时，又当顺应时势，及时损益，这才是因革损益的正确意义。中国的历史发展观念在船山这里有着最理性的表现。

善谋之名不可有

夫人无一可恃者也，己恃之，人亦以名归之，名之所归，人之防之也深，御之也力，而能终有其所恃者，无有。以勇名者，人以勇御之，而死于勇；以谋名者，人以谋御之，而死于谋；二者俱自亡之道也，而谋为甚。何也？勇者，一与一相当者也，万刃林立，而所当者一二人，其他皆疏隔而不相及者也，故抑必以谋胜之，而不易以勇相御。谋则退而揣之者，尽人可测也；合千万人一得之虑，昼忖而夕度之[1]，制之一朝，而非一朝之积也；一人有涯之机智，应无涯之事变，而欲以胜千万人之忖度乎？夫惟明于大计者，其所熟审而见为然之理势，皆可与人共知之而无所匿，持之甚坚，处之甚静，小利不争，小害不避，时或乘人之瑕，而因机以发，其谋虽奇，人且玩之而不觉[2]，事竟功成，而人乃知其不可测也。此之谓善谋。若夫机变捷巧，自恃其智而以善谋名矣，目一瞬而人疑之，手一指而人猜之，知其静者非静而动者非动也，于是此谋方起，人之测之也已先，既已测之，无难相迎而相距，犹且自神其术曰，吾谋不可测也。其不败也鲜矣。

　　刘鄩与晋兵相距于魏，鄩乘虚潜去以袭晋，奇谋也。然使鄩素以持重行师，御堂堂正正之众，无谖诈出没之智名[3]，则晋人抑且与相忘[4]，

大智若愚。

善谋者谋大计，而不自恃谋算，斤斤于锱铢小利。

偶一用谋，而晋阳且入其彀中矣[5]。乃郢固以谋自恃，而人以善谋之名归之也。存勖曰："吾闻刘郢一步百计。"呜呼！斯名也，而讵可当哉[6]！语亦人窥之，默亦人窥之，进亦人窥之，退亦人窥之，无所不用其窥，虽有九地九天之变计，无不在人心目中矣。无不见制于人，而遑足以制人乎？

志向高远者谋大计。

是以小勇者，大勇之所不用；小智者，大智之所不事；固吾本，养吾气，立于不可胜之地，彼且自授我以胜，而我不劳，王者之用兵，无敌于天下，唯此也。故《牧誓》之戒众也[7]，唯申以步伐之法，作其赳桓之气[8]，而谋不与焉。夫岂但用兵为然哉？兵，险道也，而犹然；况乎君子之守身涉世，以出门而交天下，其可使人称之曰此智士也乎？

[注释]

[1]昼忖(cǔn)而夕度：日夜忖度。忖，推测、揣度。 [2]玩：研讨，反复体会。 [3]谖(xuān)诈：欺诈，弄虚作假。 [4]抑且：况且，而且。 [5]彀(gòu)：箭能射到的范围，喻指圈套、牢笼。 [6]讵(jù)：表示反问的副词，相当于"岂""哪里"。 [7]《牧

誓》：《尚书·周书》中的一篇，文章记述了周武王起兵灭商，在牧野决战前的誓辞。　[8]赳桓：形容雄健勇武的样子。

[**点评**]

《读通鉴论》虽是船山评史之作，但评史之中，必然会涉及政治和人生智慧，此篇史论所论述之事，亦可为从政者鉴戒。其中论中所言"大勇""小勇"与"大智""小智"的讨论就足以醒人耳目。关于"大勇"与"小勇"、"大智""小智"的问题，战国时的孟子，在回答齐宣王的问题时便指出，舞枪弄棒"敌一人者"，不过是匹夫之勇的"小勇"，只有像周文王、周武王那样能施仁政，以教化"定天下""安天下"的人，方为具"大勇"者。宋代的大文豪苏轼之《留侯论》，亦进一步指出："古之所谓豪杰之士者，必有过人之节。人情有所不能忍者，匹夫见辱，拔剑而起，挺身而斗，此不足为勇也。天下有大勇者，卒然临之而不惊，无故加之而不怒，此其所挟持者甚大，而其志甚远也。"在苏轼看来，生活中，有时难免会碰上无法忍受的事。"小勇者"受到侮辱，只知拔剑而起，挺身上前搏斗，但这决不算是勇敢。真正具"大勇"者，是张良那样能忍小忿而就大谋的人。只有胸怀大志、心存高远目标的人，才能具有不计一时得失、着眼长远利益的理性支配的"大勇"。

刘岩拥海曲一隅自号为帝

刘岩曰[1]："中国纷纷，孰为天子？"此唐亡以后五十余年之定案也。岩既已知之矣，而又拥海隅一曲之地，自号为帝。赵光裔、杨洞潜、李殷衡之琐琐者，冒宰辅之荣名。郑綮曰："歇后郑五为宰相，时事可知矣。"而终就之，然后乞身而去，则亦归田之相矣。自知之，自哂之，复自蹈之，苟徼一日之浮荣，为天下僇、为天下笑而已矣。

人贵自知。不自知而强为之，害人害己。

呜呼！人可不自念也哉？于人则智，自知则愚，事先则明，临事而暗，随世以迁流，则必与世而同其败，人可不自念也哉！勿论世也，且先问诸己；勿徒问之己也，必有以异乎世。桀、纣方继世以守禹、汤之明祀[2]，而汤、武之革命不疑；周敬王方正位于成周，齐、晋且资其号令，而孔子作《春秋》，操南面命讨之权[3]；夫岂问世哉！若其不可，则孙权劝进，而曹操犹知笑之；唐高祖推戴李密，而为光禄卿以死；皆夫人之炯鉴也[4]。

无德而欲为君，无道而欲为师，无勇而欲为将帅，无学而欲为文人，曰：天下纷纷，皆已然矣，吾亦为之，讵不可哉！始而惭，继而疑，未几而且自信，无患乎无人之相诱以相推也。鉴于流水者，固无定影也。童子见伎人之上竿而效之，或悲之，或笑之，虽有爱之者，莫能禁也。悲夫！

"德不配位"的人不会得到好下场！

[注释]

[1] 刘岩：五代十国之南汉开国君主。　[2] 明祀：重大祭祀。　[3] 南面：帝位面朝南，故代称帝位。　[4] 炯鉴：明显的鉴戒。

[点评]

《周易》谓："厚德载物。"而俗语曰："德不配位，必有灾殃。"这也是世人皆知的为人处世之道。历史和现实中，一些领导者往往为一些貌似忠厚的人所迷惑，选拔到领导岗位，殊不知这些极阴险狡诈且志大才疏的小人，一旦居于领导位上，即变脸如南汉主刘岩，为求功绩，不顾现实，刚愎自用，听不得任何意见，随意操弄权力，反复进行各种不符合实际的改革，最终害己害人，而社会则为之付出极大的代价。

王建以枢密使授士人可师后世

汤缵禹服[1]，武反商政，王道以相师而底于成[2]。夫汤岂但师禹，武岂但师汤哉[3]？必师禹者其祗台[4]，必师汤者其圣敬也，德不可降也。若夫立法创制之善者，夏、殷之嗣王，不必其贤于我，而可师者皆师也。故曰"君子不以人废言"。《尚书》录秦穆之《誓》，《春秋》序齐桓之绩[5]，以为一得之贤，可以为万世法也。必规规然守一先生之言[6]，步之趋之，外此者皆曰不足法也，何其好善之量不弘，择善之情不笃也。

唐始置枢密使以司戎事，而以宦官为之，遂覆天下。夫以军政任刑人，诚足以丧邦；而枢密之官有专司，固法之不可废者也。王建割据西川，卑卑不足与于王霸之列。而因唐之制，置枢密使以授士人，则兵权有所统，军机有所裁，人主大臣折冲于尊俎[7]，酌唐之得失以归于正，王者复起，不能易也。于是一时僭伪之主多效之[8]，而宋因之，建其允为王者师矣[9]。

兵戎者，国之大事，泛然而寄之六卿一官之

"君子不以人废言"，亦不以言出圣贤而不考虑实际而拘守之，方可谓善学之人。

不能因用人不当而否定某些制度的政治和军事价值。

长，执其常不恤其变[10]，变已极，犹恐不守其常，文书期会[11]，烦苛琐屑，以决呼吸之安危，兵无异于无兵，掌征伐者无异于未尝掌矣。属吏各持异议，胥史亦握枢机[12]，奏报会议喧腾于廷，间谍已输于寇，于是天子有所欲为而不敢泄者，不得不寄之奄人[13]。故曰无异于无兵，无异于无掌征伐者也。宋设枢密使而不救其弱丧者，童贯等擅之耳。高宗以后，惩贯之失，官虽设而权不归。藉令建炎之世，有专任恢复之事者，为韩、岳之宗主，而张俊、刘光世之俦，莫敢不听命焉，秦桧、汤思退恶得持异议以沮之哉？

宋季之虚设，犹不设也。自是以还，竟废之，而以委之次登八座、株守其职之尚书[14]，与新进无识之职方[15]。将无曰此唐之敝政[16]，王建之陋术，不足取法，而吾所师者，《周官》之王道也。以之箝天下言治者之口则足矣，弱中国，孤天子，皆所弗恤。石敬瑭废之，而速亡于契丹，庸徒愈乎[17]？

军事思想方面，船山吸收了孙武等兵家将战争视为"国之大事"的观点，而对战争中瞬息万变的情势，格外注意变与常之辩证关系。

[注释]

[1]缵（zuǎn）：继承。禹服：意思是中国九州之地。　[2]底

于成：最终获得成功。　[3]但：表示范围的副词，相当于只、仅。　[4]祗台（zhī yí）：敬重以德行为先。祗，恭敬。台，通"怡"，喜悦之义。　[5]序：叙述，叙说。　[6]规规：浅陋、拘泥貌。　[7]折冲于尊俎：谓不用武力而在酒宴谈判中制敌取胜。[8]僭伪：旧指割据一方的非正统的王朝政权。　[9]允：确实，果真。　[10]不恤：不顾及，不忧虑。　[11]期会：在规定的期限内实施。　[12]胥史：犹胥吏，即旧时官府中办理文书的小官吏。　[13]奄人：特指宦官。　[14]次登：职位排秩。八座：中央政府的八种高级官员。历朝制度不一，所指不同，隋唐以六尚书、左右仆射及令为"八座"。　[15]职方：唐宋至明清皆于兵部设职方司。　[16]将无：莫非。　[17]庸徒愈乎：昏庸之人越发地昏庸了吗？

［点评］

身为一代硕儒，船山对于军事问题也有广泛涉猎，在战争观、战略战术和兵制建设等方面，都有不同程度的探讨，并借此对明代灭亡原因进行深刻剖析和反省，试图找到反清复明的方法。就战争观而言，船山对"仁义"和"爱民"等论题有深刻阐释，表现出明显的兵儒合流的特点；在战略战术方面，船山并不拘泥于儒家传统道德的束缚，在攻守之策等问题上不乏真知灼见；在兵制建设方面，船山以唐置枢密院专掌军务为例，认为应当以历史的眼光和发展的眼光看待兵制，顺应历史发展和战争需要，及时对兵制进行变革和调整。不能因用人不当而否定其制度价值。出入兵儒的船山，其论兵之作留下了特殊的时代印记，也折射出一代学人的家国情怀。

杨廷式按县令受赃请先械系取财转献之张崇

严下吏之贪，而不问上官，法益峻，贪益甚，政益乱，民益死，国乃以亡。群有司众矣，人望以廉，必不可得者也。中人可以自全，不肖有所惮而不敢，皆视上官而已。上官之虐取也，不即施于百姓，必假手下吏以为之渔猎，下吏因之以售其箕敛[1]，然其所得于上奉之余者亦仅矣。而百姓之怨毒诅咒[2]，乃至叩阍号愬者，唯知有下吏，而不知贼害之所自生。下吏既与上官为鹰犬，复代上官受缧绁[3]，法之不均，情之不忍矣。

船山这里提出的"法贵责上"的思想，值得我们注意。

将责上官以严纠下吏之贪，可使无所容其私乎？此尤必不可者也。胥为贪[4]，而狡者得上官之心，其虐取也尤剧，其馈献也弥丰；唯琐琐箪豆之阛吏[5]，吝纤芥以封殖[6]，参劾在前而不恤，顾其为蠹于民者，亦无几也。且有慎守官廉，偶一不捡而无从置辩者矣。故下吏之贪，非人主所得而治也，且非居中秉宪者之所容纠也[7]，唯严之于上官而已矣。严之于上官，而贪息于守令，下逮于簿尉胥隶[8]，皆喙息而不敢逞[9]。君无苛

下级官吏职责有限，贪腐的危害也相对有限。高级官吏则不同，其欲贪则下必逢迎之而殃及广泛。

核之过，民无讼上之愆，岂必炫明察以照穷檐哉[10]？吏安职业，民无怨尤，而天下已平矣。

下吏散于郡邑，如彼其辽阔也，此受诛而彼固不戢[11]，巧者逃焉，幸者免焉。上官则九州之大，十数人而已，司宪者弗难知也；居中司宪者，二三人而已，天子弗难知也。顾佐洁身于台端[12]，而天下无贪吏，握风纪之枢，以移易清浊之风者，止在一人。慎之于选任之日，奖之以君子之道，奚必察于偏方下邑而待小民之讦讼其长上乎？杨廷式按县令之受赇，请先械系张崇，而曰"崇取民财，转献都统"，归责于徐知诰也。可谓知治本矣。

[注释]

[1]箕敛：以箕收取，形容苛敛民财。　[2]诅咒：原指祈求鬼神降祸于所恨之人，后泛指咒骂。　[3]缧绁（léi xiè）：捆绑犯人的绳索，借指监狱、囚禁。　[4]胥：小吏。　[5]琐琐箪豆之阘（tà）吏：人品卑微、平庸的小吏。阘吏，守门的小吏。　[6]封殖：培植，栽培，引申为扶植势力或谓聚敛财货。　[7]秉宪者：执掌法令的人。　[8]簿尉：主簿和县尉，泛指地方官府佐理官员。胥隶：官府中的小吏和差役。　[9]喙息：短暂的休息。　[10]穷檐：茅舍，破屋。　[11]不戢：不检束，放纵。　[12]顾佐：明朝初期名臣，曾任都察院右都御史，对朝内外贪纵违纪之举力加

纠劾，一时"朝纲肃然"。台端：都御史。明虽废东汉至元朝设置的中央监察机构御史台改设都察院，但在文章中仍称御史台。

[点评]

在对历史兴衰的总结当中，船山格外注意腐败问题对于政治的影响，并在总结当中提出"法贵责上"的法律思想。船山发现，历代专制王朝并非不惩治贪腐，然而其惩治的对象，通常只是针对下级官吏，对于高级官吏的贪腐，如果没有特殊原因，一般都是置之不问。因此这篇史论中，船山明确指出："严下吏之贪，而不问上官，法益峻，贪益甚，政益乱，民益死，国乃以亡。"认为处理贪污的下级官员，固然可以平得老百姓的一时之愤，但是并不能治理腐败政治的根本。船山认为，惩贪治贪的关键是"唯严之于上官而已矣"。高级别官吏的贪腐是催生体制性贪腐的关键，因为正是这些上层官吏的贪腐，逼使体制中每个官员在向上送贿与向下贪赃的两极之间恶性循环，最终构成制度性的贪腐。这种恶性循环的局面一旦形成，其必然结果，就是不断将行贿的费用转嫁给处于社会最底层的弱势群体，从而使整个社会的基本秩序彻底崩溃，把广大民众逼上"穷且盗以死"的绝境。"严之于上官，而贪息于守令，下逮于簿尉胥隶，皆喋息而不敢逞。"所以船山一再强调，要反贪，就要抓住严惩上官这个关键。船山"法贵责上"的历史总结，对于我们今天治理腐败、建立清廉政治，仍然具有意义。

相轻则君不重

朱温灭后，五姓之主中土者，皆旋夺于握兵之臣，即不能夺，而称兵以思夺者，此扑而彼兴，无他，唯无相而已。无相者，非必其时之无人也。抑非偏任武人，而相不能操国柄也。藉令有其人，欲授之国柄，固将不能。何也？崛起之日，初不与闻大计，一旦称帝，姑且求一二人以具员而置之百僚之上，如仗象然[1]，谁从而听之哉？

李存勖之欲为帝久矣，日率将士以与朱氏争存亡，而内所任者故奄张承业[2]，外则姑以冯道司笔墨而已[3]。未尝一日运目游心于天下士，求一可任者，与定大谋、经画天下之治理。至于梁势将倾、众争劝进之日，乃就四镇判官求一二人以为相。大谋非所与闻，大任非所夙拟，其主虽闻名而非所矜式[4]，其将相虽觌面而不与周旋[5]，一旦加以枚卜之虚名[6]，使处百僚之上。彼挟百战之功匡扶以起者[7]，固曰：何从有此忽起在位之人居吾上邪？彼固藉我以取富贵，而恶能不唯我是从乎？汉高相萧何，乃至叱诸将之功为狗而

相者，助也。无相则君不能有效行政，故"相轻则君不重"。

不怒者，实有大服其心者，非一朝一夕之故也。豆卢革、卢程依戎幕以起家[8]，恶足胜其任哉？名之曰相，实均于无相，枢密得操其行止[9]，藩镇直视为衙官[10]，天子孤立，心膂无托，夺之也如吹槁，弗复有难焉者矣。

船山此论旨在反思朱元璋废相的政治影响。

天下可无相也，则亦可无君也。相轻于鸿毛，则君不能重于泰山也。故胡氏曰："人主之职，在论相而已。"大有为者，求之夙，任之重，得一二人，而子孙黎民世食其福矣。

[注释]

[1]仗象：典礼仪式中持兵器摆样子的傀儡。　[2]故奄：前朝的宦官。　[3]姑：暂且，苟且。　[4]矜式：敬重和取法。　[5]觌（dí）面：相见。　[6]枚卜：本是指占卜，因为古代多以占卜法选官，故以此指选用官员。明代时亦专指选大臣为大学士入内阁主事。　[7]匡扶：匡正扶持。　[8]戎幕：军府，幕府。　[9]枢密：中枢官署的统称。　[10]衙官：泛指下属小官。

[点评]

明太祖朱元璋废除施行了近两千年的宰相制度，"收天下之权于一人"，集统治权及行政权于一身，将中国的君主专制集权政治推向高峰的同时，也彻底摧毁了儒家"士大夫与君共治天下"的政治设计，因而随着明庙的坍塌，二百余年间的荣光与败象都成为往事，旧日的明臣也已成遗民，于是一些士人，遂将追思故国的深沉，无奈地转为一种深刻的质疑。一股反思和批判专制君权的思潮由此涌动，并由之引出"臣权"与"权臣"的讨论。因为在皇位世袭的前提下，人君政治素养存在着很大的不确定性，当皇帝勤政不足，抑或幼君继位时，国家行政中枢势必会出现一段时期的权责变动。尽管废相以后，专制权力也一直尝试在行政中枢以内阁作为新的辅政机构承担原宰相的部分功能。然而，类相终究非相，内阁终不能从根本上颠覆明太祖关于有君无相的政治框架设计。这样，明清之际在批判君权专制的同时，有关阁臣势强势弱对于政治影响的讨论也不绝于耳。了解这样的背景，也就不难理解船山此篇史论所谓"相轻则君不重"的旨趣了。

存勖量不足以持胜

对于事物认识的胸怀格局，也可说是情商，远比智商更重要，更能决定事物的成败。

成而不倾，败而不亡，存乎其量之所持而已 [1]，智非所及也。量者心之体 [2]，智者心之用。用者用其体，体不定，则用不足以行；体不定而用或有所当，惟其机也。机者发而可中，而不足以持久，虽成必败，苟败必亡。故曰非智所及也。项羽、李存勖战而必胜，犯大敌而不挠 [3]，非徒其勇也，知机之捷亦智矣，然而卒以倾亡者，岂智之遽穷乎？智则未有不穷者也。

项羽不足以持败，一摧于陔下，遂愤恚失守而自刭[4]，量不足以胜之也[5]。藉令戢悻悻之怒[6]，渡江东以为后图，韩、彭、英布非不可移易而必忠于汉者，收余众，间群雄[7]，更起而角死力，汉亦疲矣[8]。而羽不能者，量止于一胜之威，败出于意外而弗能自固也。羽可以居胜而不可以持败，故败则必亡。存勖可以忍败，而不足以处胜，故胜则必倾，一也。李嗣源定入汴之策，既灭朱友贞，一入汴，而以头触嗣源曰："天下与尔共之。"卒为嗣源所迫，身死国亡，量不足以受之也。藉令忍沾沾之喜，以从容论功而行赏，人且喻于君臣之义，虽有大勋，亦分谊所当尽[9]，嗣源虽挟不轨之心，无有为之效命者，自敛雄心以俯听。而存勖不能者，量尽于争战之中，胜出于意外而弗能自抑也。

汉高一败于彭城，再败于荥阳，跳身孤走，而神不为怵，故项羽终屈其难折之锋；宋祖端居汴京，曹彬为下江南，收六十余年割据不服数千

量也是一种心理承受能力，只要持其志，又充其量，就能坚贞地执着于理想，在存在的缺陷中完成自我的充实，在必然的境遇中完成自我超越。

里之疆土，而不轻授以使相[10]，故功臣终安臣节而天下定；成大业者，在量而不在智，明矣。量者，定体于恒者也。体定于百年之长虑，而后机不失于俄顷之利钝。忧喜变迁，须臾不制，转念知非，而势已成乎莫挽，唯定体之不立故也。败则唯死而已，胜则骄淫侈靡，无所汔止[11]，羽、存勖之以倾败终也，决于此耳。

　　生之与死，成之与败，皆理势之必有，相为圜转而不可测者也。既以身任天下，则死之与败，非意外之凶危；生之与成，抑固然之筹画。生而知其或死，则死而知其固可以生；败而知有可成，则成而抑思其且可以败。生死死生，成败败成，流转于时势，而皆有量以受之，如丸善走，不能逾越于盘中。其不动也如山，其决机也如水，此所谓守气也。气守而心不动，乃以得百里之地而觐诸侯、有天下[12]，传世长久而不危。岂徒介然之勇[13]，再鼓而衰，不足恃哉！智足以制胜，而俄顷之间[14]，大忧大喜之所乘[15]，声音笑貌传其摇荡无主之衷[16]，倾败即成乎莫挽。豪杰之与凡民，其大辨也在此夫！

有志者其量亦远。只要发挥人的主体作用，不论社会发展如何艰难曲折，形势变化如何混乱险恶，只要有自己的独立思想、独立意志、独立人格，就会处变而不惊，泰山崩于前而色不变。

[注释]

[1]量：能容纳、禁受的限度。　[2]体：与"用"相对的概念。"体"与"用"是中国古典哲学的一对范畴，指"本体"和"作用"。一般认为"体"是最根本的、内在的；"用"是"体"的外在表现。　[3]不挠：临危不屈，形容英勇坚贞。　[4]愤恚：痛恨，怨恨。　[5]胜：能承担，能承受。　[6]藉令：假使。戢：止，停止。悻悻：刚愎傲慢貌。　[7]间群雄：离间群雄。　[8]疲：衰败。　[9]分谊：名分应为之义。　[10]使相：官名。晚唐时，为笼络跋扈的节度使，朝廷授之"同平章事"头衔，与宰相并称，号为使相。五代沿用，实际上并不行使宰相的权力。　[11]无所汔止：无休无止。　[12]觐：朝见。　[13]介然：坚定执着的样子。　[14]俄顷：片刻，一会儿。　[15]乘：交错（出现）。　[16]无主之衷：心中没有主意，手足无措。

[点评]

船山史评的突出特点，是往往跳出就事论事的窠臼，以其极富哲理思辨的头脑，思考历史兴衰的规律问题。文中，船山从人的胸怀格局以及人的理念和意志对于历史判断、局面把控和执行意志等视角，阐述了其对于历史事态演进的影响。正是由于对历史和现实的观察达到相当的深度，船山看到了历史发展的总趋势，既表现为合规律的前进运动，又是充满着各种险阻和曲折前进的过程，其中交织着各种复杂的矛盾运动，因而船山认为，"有志者其量亦远"（《俟解》）。一个"以身任天下"的人，一定要有高瞻远瞩的气魄，"体定于百年之长虑，而后机不失于俄顷之利钝"，放眼整体历史的发展趋势而抱定自己的信念。也就是说，社会历史事变中的生死成败，虽"皆理势之必有"，是不可避免的；生死成败虽有一定，但"时势"条件则是可以互相转化的。只有看到这一客观必然法则，才可看到长远，不致被一时的挫折失败所动摇，而能沉得住气，耐心把握时机，当机立断，"致命遂志"，"以争剥复"。这是船山的历史认识，也是其所处明清之交历史剧变中对历史前途的期许。

卷二十九

五代中

崇韬灭蜀货宝充庭而以谗死

受命专征，伐人之国而灭之，大功之所归，尤大利之所集也。既已据土而有国，其畜积必饶；既已有国而又亡之，其黩货而宝珠玉也[1]，必多藏以召夺[2]；且其权贵纳款，欲免诛夷而徼新宠，其荐贿也[3]，必辇载以凑大帅之门[4]；其为大利之所集也，必矣。大功不可居，而非不可居也。曹彬与平西蜀[5]，独下江南，而任兼将相，世享荣名，大功灼然在己，而岂容逊避？所以自免于危者，利耳。且夫功成而上为主忌、下召人疑者，唯恐其得众而足以兴也。十夫之聚，必以

国亡于贪。

豚酒；蛊民归己[6]，必以私恩；笼络智谋勇力之夫，必以馈赠；兵甲刍粮之费，必以家藏。藉令功成归第之日，车还甲散，行橐萧然[7]，游士无所觊而不蹑其门[8]，百姓与相忘而不歆其惠[9]，应门皆朴樕之人[10]，宴会无珠玑之客，则虽猜主忮臣[11]，亦谅其不足有为而坦然信之；左右佞幸[12]，亦知其无可求索而恩怨两消；虽有震主之功名，亦何不遌然于旷夷之宇哉[13]？

诸葛公曰："淡泊可以明志。"故薄田株桑，所以践其言而允保忠勋之誉[14]，岂虚也哉！夫郭崇韬者，恶足以知此乎？其主既已忌之矣，哲妇壬人又争变黑白以将置之死[15]，而灭蜀之日，货宝妓乐充牣其庭[16]，以此而欲求免于死也，必不可得之数也。

呜呼！岂徒为人臣者受命专征以亡国之货宝丧其身哉？人主之不以此而贻子孙黎民之害者，盖亦鲜矣。汉高帝之入关也，秦并六国，举九州数百年之货宝，填委于咸阳，古今之大利，亦古今之至危，不可居者也。樊哙一武夫耳，知其不可据而斥之如粪土，帝听其言，为封府库，非但当时消项羽之恶怒、远害于鸿门也，且自羽焚宫以后，秦之所积，荡然四散，而关中无钩金尺帛之留[17]，然而既有天下，古今称富者，莫汉若也。唐起太原，而东都之藏，已糜于李密、王世充之手；江都之积，又尽于宇文化及之徒；荡然一虚杅之天下[18]，唐得之而海内之富上埒于汉。宋则坐拥郭氏世积之资，获孟昶、李煜、刘铱之积[19]，受钱俶空国之献[20]，其所得非汉、唐之比也；乃不数传而子孙汲汲以忧贫，进王安石、吕惠卿以夺民之锱铢，而不救其亡。合而观之，则贫者富而富者贫，审矣。

　　所以然者何也？天子以天下为藏者也。知天下之皆其藏，则无待于盈余而不忧其不足，从容调剂于上下虚盈之中，恒见有余，而用以舒而自裕。开创之主，既挟胜国之财为其私橐[21]，愚昧之子孙，规规然曰[22]：此吾之所世守也。以天子而仅有此，则天下皆非其天下，而任之贪窳之臣[23]，贪者窃而窳者废，国乃果贫；则虐取于民，而民乃不免于死。侈者既轻于纵欲，吝者益竞于厚藏；侈犹可言也，至于吝而极矣。朽敝

上贪则下迎其所好，而虐取于民，民窘迫而国危。

于泥土之中，干没于戚宦之手[24]，犹且羡前人之富而思附益之。卒有水旱，民填沟壑，或遇寇乱，势穷输挽[25]，乃更窃窃然唯恐所司望吾私积[26]，而蔽护益坚。若田野多藏之鄙夫，畏人之求贷而蹙额以告匮[27]，恶知有天下之为天子哉！守其先世之宝藏以为保家之懦夫而已。匹夫而怀是心，且足以亡家而丧其躯命，况天子乎？

汉、唐之富，富以其无也；宋之贫，贫以其有也。国亡身戮，更留此以为后起败亡之媒，哀哉！武王散鹿台、巨桥之积[28]，非徒以仁民也，不使腐秽之藏教子孙以侈吝也。李存勖之为君，郭崇韬之为将，斗筲耳[29]，以利相怨，而交啮以亡[30]，又何足算哉！

藏富于民，还是藏富于国，乃古代政治家争论的话题。儒家认为，民富才是国富的基础，是政治的目的。

[注释]

[1]黩货：贪污纳贿。　[2]召夺：招致抢夺。　[3]荐贿：进献贿赂。　[4]凑：接近。　[5]曹彬：北宋开国名将。　[6]蛊民：诱惑民众。　[7]行橐萧然：行囊虚空。　[8]蹑（niè）：踩踏。　[9]不歆（xīn）：不羡慕。　[10]应门：迎接叩门（来访）的。朴樕：《说文·木部》："小木也。"用以比喻凡庸之材。　[11]猜主忮臣：多疑猜忌的君主和大臣。　[12]佞幸：以谄媚得到君主宠幸的人。　[13]逌（yōu）然：闲适自得貌。旷夷之宇：旷达

坦荡的风度。　[14]允保：确保。　[15]哲妇壬人：多谋虑的妇人和巧言谄媚的人。　[16]充牣：丰足。　[17]钩金：钩上的黄金，与"尺帛"皆意谓数量很少的财富。　[18]虚枵（xiāo）：空虚。　[19]孟昶、李煜、刘铱：分别是五代十国后蜀、南唐、南汉的亡国之君。　[20]钱俶：吴越国国君，为保住政权曾对北宋倾国所有以事贡献。　[21]胜国：被灭亡的国家。私橐（tuó）：私人的钱袋。　[22]规规：浅陋拘泥貌。　[23]贪窳（yǔ）：贪腐。　[24]干没：侵吞他人财物。　[25]输挽：运送物资。　[26]窃窃：暗中，偷偷地。　[27]蹙额：不高兴或全神贯注时皱眉头。　[28]鹿台：殷纣王贮藏珠玉钱帛的地方。巨桥：殷商粮仓名。　[29]斗筲：斗和筲都是很小的容器，比喻气量狭小和才识短浅。　[30]交啮：互相撕咬。

［点评］

取得政权后如何保住江山，也是船山总结历史中思考的问题。这篇史论明确表示，不论是将帅还是天子，都要有公天下之心，既要把得到的财富作为国家财政支出，也要以民生为本，而不能以国用不足为借口向人民虐取。"汉、唐之富，富以其无也；宋之贫，贫以其有也。国亡身戮，更留此以为后起败亡之媒，哀哉！"船山这一观点，也是晚明以来，对吕坤、李贽到东林党等思想家，从"公"与"私"的角度，对专制君主制度批判思潮的继承与深化。至于船山此论所说的上好财货下必迎之而盘剥百姓益甚，最终导致亡国的告诫，也应引起我们的深思。

嗣源诏诸使贡奉毋敛百姓
禁刺史以下不得贡奉

李嗣源即位之初，诏诸使贡奉毋得敛于百姓，禁刺史以下不得贡奉。然则自此以前，诸使立贡奉之名以虐取于民，下至守令，亦可以财贿交于人主，久矣。

进奉始自唐德宗，至宣宗以后而愈滥。其始官有余财，小人不知散于州府之固为天子有，而以之献谀。庸主惩于播迁之贫，而恃为非常之备，因而不拒，日加甚焉。及乎官不给而索之民，贡有涯而取无艺[1]。庞勋之乱[2]，起于军府之虚；黄巢之乱，起于掊敛之急[3]；垂至唐亡，天下裂，民力尽，而不能反[4]。则其俯首剜肉以充献纳，盖不知其流祸之何若矣。乃其率天下以无忌惮，蔑上下之等[5]，视天子若亭长三老之待食于鸡豚[6]，则置之废之、奉之夺之、易于反掌者，亦缘此为致祸之源。何也？天子者，以绝乎臣民而尊者也，故曰"天险不可升也"[7]。刺史以下微贱之吏，得以锱铢上交于殿陛[8]，则所谓天子者，

君主既贪货财，也就把自己等同于小吏，又有何尊严可言？那么"置之废之奉之夺之，又何忌乎？"

亦下吏交游之侪伍耳[9]。置之废之奉之夺之，又何忌乎？

或曰：三代之王天下也，方五十里之小国，亦得以币玉上享于王，四海交媚于一人，一人未尝轻也，进奉何病哉？曰：即此而推之，三代之法，不可挟以为名，治后世之天下，非一端而止矣。古之诸侯，虽至小弱，然皆上古以来世有其土，不以天子之革命为废兴，非大无道，弗能灭也。新王受命，虽有特建之国，亦必视此而不容独异。故天子者，亦诸侯之长耳。列国取民之制，各从其旧，而不尽奉新王之法。其与诸侯以兄弟甥舅相往来，颉颃上下[10]，法不能伸，故唯恃礼以绥之[11]，使其宾服[12]，大要视今安南、缅甸之称臣奉贡而已。使享使聘，以财相接，亦王者因时服远之权宜，非可必行于万世者也。天下而既一王矣，上以禄养下而下弗能养上，揆之于理，亦法天之显道也。天养万物，而物莫能致其养，以道相临而交以绝，交绝而后法伸，法伸而后道建，清虚在上，万汇咸受其裁成[13]。使三代王者处后世之天下，宪天出治[14]，亦如此而

从"亲亲"到"尊尊"，社会形态变了，政治关系也必然会随之发生变化，此不可以旧例度新制故。

已。何事齷齪然受下邑小臣之壶飱箪笥哉[15]？

且天下之赋税，皆天子之有矣，不欲私之，而以禄赐均之于百官。既已予之，则不可夺之以归己。于是而廉隅饬焉[16]，风教行焉。推此而定上下之章，以内临外，以尊临卑，以长临属。司宪者，秉法以纠百职，百职弗敢褻也；奉使巡宣者，衔命以行郡邑[17]，郡邑弗敢黷也；君子之廉以奖，而小民之生以遂[18]。故为之禁制以厚其坊[19]，督抚监察，郡守不敢奉其壶飱[20]；方面监司[21]，邑令不敢呈其竿牍[22]；以法相裁，以义相制，以廉相帅，自天子始而天下咸受裁焉。君子正而小人安，有王者起，莫能易此矣。而何得藉口三代之贡享上交以训贪而启渔民之祸哉[23]？

且三代之衰也，天子求金车[24]，而中肩之难作[25]；大国索裘马[26]，而鞭尸之怨深；禹、汤、文、武承上古之流，不能遽革，其流弊亦可见矣。继此而兴者，塞源唯恐不严耳。通古之穷，乃可以御今；酌道之宜，乃可以制礼；故曰"所损益可知也"[27]。使古有之，今遂行之，因流滥而莫之止[28]，则唐、宋之进奉，何以遽召败亡？

从君主到臣民，都必须要"以法相裁，以义相制，以廉相帅"，一视同仁。船山设想要以法律来制约君主权力，制裁君主不法行为，以建立一个"自天子始而天下咸受裁焉"的法治社会。

而嗣源之禁，其上下不交之否道乎[29]？

以史为鉴，可以知兴替。

[注释]

[1]无艺：没有定法、没有极限或限度。　[2]庞勋：唐末桂林戍卒起义军领袖。　[3]掊（póu）敛：搜刮聚敛。　[4]反：通"返"。　[5]蔑：轻视，轻侮。　[6]三老：古代掌教化之官。　[7]天险不可升也：语出《周易·坎卦·彖》，其意是说天险不可登越。　[8]锱铢：旧制锱为一两的四分之一，铢为一两的二十四分之一，故比喻极其微小的数量。　[9]侪伍：指做伙伴，与同列。　[10]颉颃：原指鸟上下翻飞，引申为不相上下，互相抗衡。　[11]绥：安抚。　[12]宾服：归顺，服从。　[13]万汇：万物。裁成：剪裁制成。　[14]宪天出治：平冤治国。出宪指旧时上诉案件，希望上一级官员能平反冤情。　[15]觋觋：谨小慎微貌。壶觞箪笥：酒器和盛饭器。　[16]廉隅饬焉：国家政治得到整顿。廉隅，朝堂。　[17]衔命：遵奉命令，接受使命。　[18]遂：顺心如意。　[19]坊：同"防"，防范。　[20]壶飨：壶盛的汤饭熟食。　[21]监司：监察地方官的官吏。　[22]竿牍：书札。　[23]训：典式，法则。渔民：掠夺百姓。　[24]金车：用铜作装饰的车子。　[25]中肩之难：事见《左传·桓公五年》。公元前707年，周桓王率联军伐郑，大败，周桓王被郑庄公手下射中肩膀，史称"射王中肩"。此战后，周王室威风扫地，再也没有出兵讨伐过诸侯。　[26]裘马：柔软的皮衣与肥壮的马，形容生活豪华。　[27]所损益可知也：语见《论语·为政》。子张问："十世可知也？"子曰："殷因于夏礼，所损益可知也；周因于殷礼，所损益可知也，其或继周者，虽百世，可知也。"　[28]流滥：意谓泉水流涌。　[29]上下不交：上下之情不通。否道：壅蔽之道。

[点评]

《读通鉴论》中，船山多是随事发论，每篇史论中亦蕴含多方面的理论思考。这篇史论也是如此。其中除了再次阐释其一以贯之的"天地之化日新"的历史哲学，指出："三代之法，不可挟以为名，治后世之天下，非一端而止矣。"主张一代有一代之法，法制当应时而变的思想，不能以"古有之，今遂行之"为由固守传统陋习。更值得关注的是，船山在针对君主接受百官的贡奉而进行抨击的基础上，更进一步提出以法律制约君主权力、制裁君主不法行为，建立一个"自天子始而天下咸受裁焉"之法治社会的设想。于此，船山从政治哲学的层面，指出只有绝"以财相接"之交，确立了法律权威，才能从根本上杜绝官场贪腐之习。所谓"交绝而后法伸，法伸而后道建"，首先是天子不得夺百官之财以归己，"推此而定上下之章"，如此，才能"君子之廉以奖"，形成一种廉洁的官场风气的同时，也使"小民之生以遂"，即可以给老百姓以一条活路。在17世纪中国的历史条件下，这些实是难能可贵的思想，也是值得我们今天思考的问题。

钱氏孝友传家保世滋永

仁者，有生之类所必函也[1]；生者，上天之仁所自荣也。故曰"本立而道生"[2]。仁动于天，厚植于心，以保其天性之亲，于是而仁民爱物之德，流行于天下，人道之生也；于是而传世永久之福，垂及于百世，天道之生也；于吴越钱氏有足深取者。

钱镠与董昌为流匹[3]，起群盗之中，其殴人争战，戕民逞志，屈志逆贼[4]，受其伪册[5]，与高季兴、马殷、刘岩、王延政、孟知祥互有长短，而无以大异。则爝火之光[6]，宜其速熸耳[7]。而延及宋世，受爵王廷，保世滋永，垂及于今，犹为华族，子姓蕃衍，遍于江东，夫亦何道而致然哉？

仁莫大于亲亲，非其私之之谓也。平夷其心，视天下之生，皆与同条共贯，亦奚必我父兄子弟之必为加厚哉？此固不可深求于物理，而但还验其心之所存、与所必发者而已。均之为人，而必亲其亲者，谁使之然也？谓之天，而天未尝诏之；谓之道，而道亦待闻于讲习辩说之余矣。若其倏然而兴、怵然而觉、恻然而不能忘者[8]，非他，所谓仁也。人之所自生，生于此念，而习焉不察耳。释氏斥之为贪爱之根，乃以贼人而绝其类[9]。韩愈氏曰："博爱之谓仁[10]。"言博也，则亦逐

仁虽在亲亲，但亲亲并非自私，而是人类的天性由己及人的推广衍布。

船山反对无原则的博爱。

流而失其源也，博则其爱也弛矣。

有人于此，可生也，亦可杀也，见为可生，而生之也快，见为可杀，而杀之也亦快，即见为不可杀，而卒不能不杀也，则亦置之矣。至于父子兄弟，即不容已于杀，而必戚然以终身[11]，如其见为可生，则必不如他人之唯力是视，尽吾道而付之无可奈何者。以此思之，仁天下也有穷[12]，而父子兄弟之仁，则不以穷而妨其爱也。唯不仁者，舍其约以务于博，即有爱焉，亦散漫以施，而自矜其惠之溥；如其穷矣，则视父子兄弟亦博爱中之一二人而已。置之可也，杀之又奚不可哉？故与人争名，名不两归而杀心起；与人争利，利不两得而杀心起；乃至与人争国、争天下，势不两立而杀心愈燹[13]。

广施小恩小惠，不识大体之仁，不过是司马迁批评项羽的"妇人之仁"而已！

呜呼！汉文帝之贤也，且以尺布斗粟致不容之怨[14]，况下此者！于是而曹丕、刘彧、高湛、陈蒨，自不欲全其本支，而本支亦如其意焉以斩[15]。天道之不忒[16]，仁不仁一念之报焉耳。朱友珪、李从珂僭主中国，为不仁之倡，而徐知诰、马殷之子孙相效以自殄其族[17]。夫此数不仁者，抑岂无爱以及人哉？爱之无择而穷矣[18]。视其属毛离里者[19]，皆与天下之人物无以异，无妨于己则生之，有碍于己则杀之。墨、释之邪[20]，韩愈氏之陋，实中于不肖者之心，以为天理之贼，不可瘳也[21]。

而钱元瓘独全友爱以待兄弟[22]。钱镠初丧，位方未定，而元瓘与兄弟同幄行丧，无所猜忌，陆仁章以礼法裁之，乃不得已而独居一幄[23]。其于元璙也[24]，相让以诚，相对而泣，盖有澹忘富贵、专致恻怛者焉[25]。故仁风扇而天性行。施及弘俶[26]，群臣废兄立己，众将不利于其兄，而弘俶以死保之，优游得以令终。自古被废之主，昌邑而后，未有能如是者。孝友传家，延于奕世[27]，亦盛矣哉！推其源流，皆元瓘一念之仁为之也。此一念者，爱之所凝，至约而无所穷也，非墨、释之所与知也。

[注释]

[1]函：包含，容纳。　[2]本立而道生：语出《论语·学而》。[3]流匹：品类相类。　[4]屈志：谓曲意迁就，抑制意愿。　[5]册：册封。　[6]爝火：炬火，小火。　[7]熸（jiān）：熄灭。　[8]怵然：意指害怕的样子，表戒惧、惊惧。恻然：哀怜的样子，悲伤

的样子。 [9]贼人：害人。 [10]博爱之谓仁：语出韩愈《原道》。
[11]戚然：指警惕惕貌。 [12]有穷：有穷尽，有止境。 [13]熺：
"熹"的异体字，谓炽热。 [14]致不容之怨：招致不被宽恕的疑
怨。 [15]本支：同一家族的嫡系和庶出子孙。 [16]不忒(tè)：
没有变更，没有差错。 [17]自殄：自绝。 [18]穷：穷尽。
[19]属毛离里：比喻子女与父母关系密切的成语，出自《诗经·小
雅·小弁》。 [20]墨、释：指主张无差别兼爱的墨家和讲众生平
等的佛教。 [21]瘥(chài)：病愈。 [22]钱元瓘：吴越第二位
国君，吴越武肃王钱镠第七子。 [23]幄：帐幕。 [24]元璙：
即钱元璙，吴越武肃王钱镠的第六子，文穆王钱元瓘的哥哥。
[25]恻怛(dá)：哀伤。 [26]弘俶：吴越最后一位国王钱俶最初
名字，钱镠之孙，钱元瓘第九子。 [27]奕世：累世，代代。

[点评]

钱穆先生《中国近三百年学术史》曾曰："船山论学，
始终不脱人文进化之观点，遂以综会乎性天修为以为说，
其旨断可见矣。"认为船山"推极于礼以为教，则横渠关
学之遗意"，所论较之颜习斋、戴东原论礼，更为深刻圆
通。从这篇史论看，船山已把仁和礼提高到了一种新的
高度上来认识与把握，这种高度就是我们说的"人类文
明"。对他来说，仁是人类文明之根，即"有生之类所必
函也"，"本立而道生"；而礼则是人类文明的高度表现，
仁只有通过礼（制）才能达到与实现，而仁与礼的关系
是互为体用。明白这一点，也就明白这篇史论所以反对
墨家、佛家和韩愈那些无差别的"博爱"之说了。

康澄不足惧之说为王安石作俑

天人之际难言矣！饥馑讹言、日月震电、百川山冢之变，《诗》详举而深忧之；日食、地震、雪雹、星孛、石陨、鹢飞之异[1]，《春秋》备纪而不遗；皆以纳人君于忧惧也。乃其弊也，或失之诬，或失之鬼。其诬也，则如刘子政父子分析五行以配五事[2]，区分而凿证之，变复不惟其德而唯其占[3]，有所倚而多所贷[4]，宽猛徇其臆说，而政愈淫。其鬼也，依附经义以乱祀典，如董仲舒土龙祈雨之术[5]，徒以亵天而导淫祀，长巫风，败风教，则惧以增迷，人事废而天固不可格也[6]。夫为诬为鬼，既以资有识者之非笑，于是如康澄者，乃为之说曰："阴阳不调，三辰失行[7]，小人讹言，山崩川涸，蟊贼伤稼，不足惧也。"王安石之祸天下而得罪于名教，亦此而已矣。

夫人主立臣民之上，生杀在己，取与在己，兴革在己。而或益之以慧力，则才益其骄；或相习于昏虐，则淫荡其性；所资以息其敖辟而纳于檠括者[8]，唯惧之一念耳。故明主之于天下，无不惧也。

理论原始的天人感应的灾异说对于专制权力是不是有所制约？船山在这个层面提出"天人"关系的思考。

《周易·乾卦》："君子终日乾乾，夕惕若厉，无咎。"

況灾異有凋伤之实[9]，讹言乃播乱之媒，饥馑系生民之命，而可云不足惧乎？民情何以定而讹言永息；饿殍何以苏而饥馑不伤；三辰失轨，川决山崩，当其下者，沴气足以戕生[10]，凶征足以召乱，何以镇抚而不逢其害；岂徒惧而已哉？又岂如《五行志》之随征修复，自诩以调燮而安其心[11]；《春秋繁露》之媟用术法[12]，苟求营祷而亡其实哉[13]？

夫仲舒、子政，惟不知惧而已。谓天地鬼神之可以意为迎合，而惧心忘矣。诚知惧者，即澄所谓"畏贤人之隐，畏民业之荒，畏上下之相蒙，畏廉耻隳而毁誉乱，忠言不进，谄谀日闻"者也[14]。唯其惧之在彼，而后畏之在此。天人之应，非一与一相符，而可以意计揣度者也。一惧而天在人之中，万理皆由此顺矣。澄何足以与于此哉？王安石之学，外申、韩而内佛、老，亦宜其懵焉而为此无忌惮之言也。孔子曰："畏天命。"《诗》《春秋》见诸行事，非意计之能量，久矣！

天者何？民意也！对于上天要有敬畏之心，不可认为可以随己意而改变。

[注释]

[1]星孛：古代对彗星的称呼。鹢（yì）：古书上说的一种似鹭的水鸟。　[2]刘子政父子：刘向、刘歆父子。刘向字子政，曾

著《洪范·五行传论》专论五行灾异，其子刘歆对《洪范五行传》亦有所议论，但从保留在《汉书·五行志》的相关材料看，刘向、刘歆父子的观点多有不同。　[3]变复：古时主张"天人感应"的儒生提倡以祭祀祈祷来消除灾祸，恢复正常，谓之"变复"。[4]贷：推卸。　[5]土龙祈雨：古代用土制成龙用以祈雨。　[6]格：感通。　[7]三辰：指日、月、星。　[8]敖辟：形容乐音倨放而邪辟。檠（qíng）括：约束矫正。　[9]凋伤：指疾病死亡，亦指草木零落枯萎。　[10]沴（lì）气：灾害不祥之气。　[11]调燮：调和阴阳。　[12]《春秋繁露》：汉董仲舒的政治哲学著作，阐述了以阴阳五行、天人感应为核心的哲学—神学理论。媟（xiè）：轻慢。　[13]苟求：任意无原则地求取。营祷：谋求向天、神求助、求福。　[14]即澄所谓：即康澄所说的。康澄，五代时期后唐大理寺少卿。船山此论即针对康澄奏疏而言。

[点评]

　　船山虽是一位理性主义的思想家，但在一些方面，他并不是一味简单地从实用理性的立场思考，而是在实用理性之上作出一些超越性的讨论。这篇史论即是如此：一方面依照理性主义把"天"理解为自然之天或客观规律，同时又肯定了传统儒家关于"天"的宗教意识。这其中除了当时人之宇宙认识和法律意识的局限性外，很重要的一个原因，就在于他看到，如果没有一个超越性的至上的"天"，人们很可能会无所忌惮而任意妄为，特别是那些"立臣民之上，生杀在己，取与在己，兴革在己"的专制君主，将更是无所制约。这种情况下，"所资以息其敖辟而纳于檠括者，唯惧之一念耳"。船山认为，只有宗教意识的超越性的"天"，高悬于世界之上的"星空"，才能使人有所戒惧，特别是使那些在世俗世界中握着至上权力专制君主们有所畏惧。应该说，也正是在这一层意义上，在这篇史论中，船山对"圣人神道设教"的必要性给予了肯定。但与此同时，船山又强调，明智的君主的戒慎恐惧，不应基于迷信，而应基于理性，基于对自然灾异和反常的人事现象所造成的后果的清醒估量。这样，船山的思考又再次落实到理性，强调真正令君主恐惧的，不是天变，而是人事，更何况"天人之应，非一与一相符，而可以意计揣度者也"。因此，君主不应陷入天人感应、灾异谴告等的迷信和邪术之中，而当明白"天在人之中"，唯有修明人事，才是真正的"畏天命"，才是君主的真正职责之所在。

卷三十

五代下

李昇彼民安吾民亦安之言几于道

石氏之世[1]，君非君，将非将，内叛数起，外夷日逼，地蹙民穷，其可掩取之也，八九得也。江南李氏之臣[2]，争劝李昇出兵以收中原，而昇曰："兵之为民害深矣！不忍复言，彼民安，吾民亦安。"其言，仁者之言；其心，量力度德保国之心也。盖杨行密、徐温息兵固国之图，昇能守之矣。

兴衰之数，不前则却。进而不能乘人者，退且为人所乘。图安退处，相习于偷[3]，则弱之所自积也。李氏惟不能因石氏之乱而收中原，江、

南唐能在动乱之世保一方平安，端赖李昇以民为本，施仁政，勤政事，变更旧法，又与吴越和解，保境安民，与民休息。

不进则退，此
亦历史规律。

淮之气日弛，故宋兴而国遂亡，此盖理势之固然
者；而揆之以道，则固不然。若使天下而为李氏
所固有，则先祖所授，中叶而失之，因可收复之
机，乘之以完故土，虽劳民以求得，弗能恤也，
世守重也。非然，则争天下而疹瘁其民[4]，仁人
之所恶矣。徐知诰自诬为吴王恪之裔[5]，虽蒙李
姓，未知为谁氏之子，因徐温而有江、淮，割据
立国，义在长民而已[6]。长民者，固以保民为道
者也。社稷轻而民为重，域外之争夺，尤非其所
亟矣。以匹夫奄有数千里之疆，居臣民之上，揣
分自全[7]，不亦量极于此乎？苟为善，后世子孙
以大有为于天下者，天也；如其弱不足立而浸以
亡者，亦天也；非可以力争者也。李昪于是而几
于道矣[8]。当其时，石敬瑭虽不竞，而李氏诸臣
求可为刘知远、安重荣之敌者，亦无其人。陈庆
之乘拓拔之乱以入雒阳[9]，而髡发以逃[10]；吴
明彻乘高齐之亡以拔淮北[11]，而只轮不返[12]；
皆前事之师也。即令幸胜石氏，而北受契丹之勍
敌[13]，东启吴越之乘虚，南召马氏之争起，外
成无已之争，内有空虚之害，江、淮亘立于中以

攫众怒，危亡在旦夕之间，而夸功生事者谁执其
咎乎？故曰量力度德，自保之令图也。

　　其仁民也，虽不保其果有根心之恻悱[14]，
而民受其赐以延生理，待宋之兴，全父老、长
子孙、受升平之乐，不可谓非仁者之泽矣。《诗》
不云乎？"民亦劳止[15]，汔可小康。"人之情也，
劳不可堪也，死愈不忍言也。杨行密、徐温、李
昪予民以小康，可不谓贤哉？高季兴之猥也，天
下笑其无赖，而视王曦、刘龑之贼杀其民以自尊，
愈矣；况江南之奠残黎[16]，使安枕于大乱之世，
数十年民不知兵也乎！

人的发展、百
姓的平安，应该
置于君主权利利
益之上。

　[注释]

　[1]石氏：即五代十国时期后晋开国皇帝石敬瑭。　[2]江南
李氏：即南唐开国皇帝李昪（biàn）。　[3]偷：苟且。　[4]殄
瘁：困穷、困苦。　[5]徐知诰：即李昪，昪原姓李，其父李荣在
战乱中失踪，后随养父徐温改名徐知诰，直至建立南唐始恢复李
姓。　[6]长民：泛指地方官吏。　[7]揣分：自我估量。　[8]几
于道：近于道。　[9]陈庆之：南朝梁名将。　[10]髡发：亦作
"髠发"，剃发。　[11]吴明彻：南朝陈将领，北伐北周失败被俘，
北周待之以礼，封为怀德郡公，旋忧愤而卒。高齐：北齐高氏政
权。　[12]只轮不返：一辆车也没回来，意谓全军覆灭。　[13]勍
（qíng）敌：强敌。　[14]根心：出自本心。恻悱：谓忧思抑

郁。　[15]"民亦劳止"二句：出自《诗经·大雅·民劳》，意思是说老百姓太劳苦，也该稍稍得到安乐了。　[16]奠：稳固地安置。残黎：残留的民众，疲敝的民众。

[点评]

船山对历史的评议，就一些具体史实来说，常常不免存在一些矛盾的观点。以这篇史论表达的思想为例，就触及历史与伦理——应然与必然的悖论。究竟如何认识历史中的应然与必然的紧张或悖反？难道人类历史的展开注定是一部以道德退步为代价的永恒悲剧？历史发展的结果必然是其自身逻辑的自然展现？历史的展开是否也应该体现人的目的？怎样理解历史发展的必然性与合理性的冲突？对于历史展开的趋向，作为主体的、自由的人类究竟是听之任之，任由历史自然发展的摆布，还是应该承载必要的责任，通过惩恶扬善，引领历史的发展趋向于善？这些也正是隐含在船山这篇史论中涉及的问题。一方面船山似以"兴衰之数，不前则却"，责备南唐主李昪未能"因石氏之乱而收中原，江、淮之气日弛，故宋兴而国遂亡"；一方面又高度赞扬李昪行"仁民"之策，于乱世中保一方百姓之平安，许其"几于道"，将孟子民贵君轻的民本思想置于历史的思考之中。这也让我们思考：历史的最终目的究竟是什么？

郭氏禁车舟运粜淮南

闭粜以杀邻国之民[1]，至不仁也；徒杀邻民而朽吾民之粟以趋于贫，至不智也。李氏淮南饥[2]，周通粜以济之，二者之恶去矣。其后复大旱，民度淮争籴，李氏遂筑仓多籴以供军，周乃诏舟车运载者勿予。夫禁舟车而但通负担，则所及者近，而力弱不任负者死相积矣。郭氏方有吞并江、淮之计，不欲资敌粮以困之，自谓得算，而不知此斗筲之智，徒损吾仁而无益也。

旱饥即至于悬罄[3]，岂有馁死之兵哉？所馁死者民耳。立国则必有积储矣，即不给，而民之仅存者严刑迫之，无求不得也；又不给，而坐食于民，或纵之掠夺而不禁也；则使其主多籴以为军食，亦以纾民之死尔[4]。禁舟车之运，勿使粜充军食者，亦适以重困其民也，岂果于救民者之所忍为乎？

即以制胜之策言之：两敌相压，丰凶各异，所隔者一衣带水耳。淮南之民，强欲籴者，转斗而北[5]，不可禁御，饥瘠濒死，睨饱食之乡[6]，欲与争一旦之命，死且不恤，弱瘠无制之民且如此矣。如使兵食不继，彼且令于众曰：誓死一战，则禾粟被野者唯吾是饱。而兵之奋臂以呼，争先而进，以自救死亡，复何易捍哉？

无德于民，不足以兴；积怨于兵，则足以亡。晋惠公闭籴而秦师致死，身为俘囚。大有为者，不与人争一饥一饱之利钝也。故唯深研于人情物理之数者，而后可与尽智之用、全仁之施。郭氏固不足以及此，为德不永，而功亦不集。唯保天下者可以有天下，区区之算奚当哉[7]！

没有给老百姓带来利益，是不可能兴盛的，而动用武力与人民结下怨恨，则必然灭亡。

[**注释**]

[1]闭籴（tiào）：禁止出卖粮食。　[2]"李氏淮南饥"以下七句：事见《资治通鉴》卷二百九十一。后周广顺三年（953），南唐的淮南地区大旱，饥民纷纷涉水逃往淮北。后周太祖郭威闻悉此情说："对方和我方的百姓是一样的，听凭南边百姓过淮河来买粮。"南唐趁机修筑仓库，到淮北买了许多粮食来供应自己的军队。为此，后周太祖又颁布诏令：准许南唐百姓用人力和牲口来拉粮，但不许用船只车辆来运载粮食。籴（dí），买进粮食，与"籴"相对。　[3]悬罄：又作"悬磬"，悬挂的磬，喻空无所有，贫困之极。　[4]纾：缓和，解除。　[5]转斗而北：转向北方（敌国）买粮。　[6]睨：视。　[7]区区之算奚当哉：那小小的计谋又算得了什么。

[点评]

　　仁道一直是传统兵学的重要思想，船山亦继承此思想而更从民本思想对这件史事进行了评议。其中最广为人论到的，也是这篇史论中强调的"无德于民，不足以兴；积怨于兵，则足以亡"的民本思想。此外，这篇史论表达对于自由贸易的肯定，主张即使在两军对垒的情况下，也不应以任何方式禁运。认为"闭粜以杀邻国之民，至不仁也；徒杀邻民而朽吾民之粟以趋于贫，至不智也"，表明船山贸易思想的开明。

有法胜于无法

　　法不可以治天下者也，而至于无法，则民无以有其生，而上无以有其民。故天下之将治也，则先有制法之主，以使民知上有天子、下有吏，而己亦有守以谋其生。其始制法也，不能皆善，后世仍之，且以病民而启乱。然亦当草创之际，或矫枉太甚，或因陋就简，粗立之以俟后起者之裁成。故秦法之毒民不一矣，而乘六国纷然不定之余，为之开先、以使民知有法，然后汉人宽大之政、可因之以除繁去苛而整齐宇内。五胡荡然蔑纪，宇文氏始立法，继以苏绰之缘饰，唐乃因

法是社会赖以正常运转、礼赖以实施的保证。

之为损益，亦犹是也。

自唐宣宗以后，懿、僖之无道也，逆臣盗贼，纷纭割据，天子救死不遑[1]，大臣立身不固，天下之无法，至于郭氏称周，几百年矣。唐之善政，无一存者，其下流之蠹政[2]，则相沿而日以增。盖所谓天子者，强则得之，弱则失之；所谓宰相者，治乱非所任，存亡非所恤；其令于民也，桎梏之以从令，渔猎之以供军；如此，则安望其有暇心以问法纪哉？叛臣而天子矣，武人而平章矣[3]，幕客而宰相矣；则其所为庶司百尹、郡邑长吏者[4]，举可知也。其薄涉文墨者，则亦如和凝之以淫词小藻、取誉花间而已[5]。及郭氏之有国也[6]，始有制法之令焉。然后为之君者，可曰：吾以治民为司者也[7]；为之民者，亦曰：上有以治我，非徒竭我之财、轻我之生、以为之争天下者也。

夫郭氏之法，固不可以与于治者多矣。其宽盗一钱以上之死也，罢营田赋赋民而使均于民赋也[8]，除朱温所给民牛之租也，皆除民之大蠹而苏之，亦救时之善术矣。若其给省耗于运夫[9]，则运者苏而输者之苦未蠲也[10]；禁民之越诉，而弗能简良守令以牧民[11]，则奸民乍戢，而州县之墨吏逞，民弗能控告也；讼牒不能自书，必书所倩代书者姓名，以惩教讼，而讼魁持利害以胁人取贿[12]，奸民益恣，而弱民无能控告也；其除卖牛皮者之税，令田十顷税一皮，徒宽屠贾，而移害于农、加无名之征也。凡此皆以利民而病之，图治而乱之，法之所立，弊之所生矣。

既"禁民之越诉"又"弗能简良守令以牧民"之法，绝非善法。

盖其为救时之善术者，去苛虐之政，而未别立一法，故善也。其因陋就简而生弊者，则皆制一法以饰前法，故弊也。法之不足以治天下，不徒在此，而若此者为尤。虽然，以视荡然无法之天下，则已异矣。君犹知有民而思治之，则虽不中而不远；民犹知有法而遵之，则虽蒙其害而相习以安。盖郭氏惩武人幕客之樵苏其民而任其荒蔑[13]，标掊克之成格以虐用之于无涯[14]，于是范质、李谷、王溥诸人进，而王峻以翼戴之元功，不能安于相位，故有革故取新之机焉。枢密不能操宰相之进止[15]，宰相不复倚藩镇以从违[16]，君为民之君，相为君之相，庶几乎天职之共焉。嗣是而王朴、窦俨得以修其文教，而宋乃因之以

法应随社会变化而在前法的基础上不断损益。

定一代之规。故曰：天下将治，先有制法之主，虽不善，贤于无法也。

汉承秦之法而损益之，故不能师三代；唐承拓拔、宇文之法而损益之，故不能及两汉；宋承郭氏、柴氏之法而损益之，故不能逾盛唐。不善之法立，民之习之已久，亦弗获已，壹志以从之矣；损其恶，益之以善，而天下遂宁。唯夫天下方乱而未已，承先代末流之稗政以益趋于下[17]，而尽丧其善者；浸淫相袭，使袴褶刀笔之夫播恶于高位[18]，而无为之裁革者[19]；于是虽有哲后[20]，而难乎其顿改[21]，害即可除，而利不可卒兴[22]。此汤、武之继桀、纣与高皇帝之继胡元，所以难也。有法以立政，无患其疵，当极重难反之政令，移风俗而整饬之以康兆民，岂易言哉！上无其主，则必下有其学。至正之末[23]，刘、宋诸公修明于野[24]，以操旋转之枢[25]，待时而行之，其功岂浅尟乎[26]？

[注释]
[1]不遑：指没有时间、来不及。　[2]蠹政：害民的政令。
[3]平章：古代官名。唐代以尚书、中书、门下三省长官为宰相，

因官高权重，不常设置，选任其他官员加同中书门下平章事之名，简称"同平章事"，同参国事。　[4]庶司百尹：各官署衙门首长。长吏：地位较高的郡邑长官。　[5]和凝：字成绩，五代十国时期宰相、文学家，历仕后唐、后晋、辽、后汉、后周等朝。花间：教坊。　[6]郭氏之有国：指五代后周开国君主郭威。　[7]司：主管，操作。　[8]营田：屯田制之耕作地。　[9]省耗：五代时征收田赋的一种附加税。　[10]蠲：除去，免除。　[11]简：选择。　[12]讼魁：即讼棍。　[13]樵苏：采薪与取草，比喻日常生计。荒薉：亦"荒秽"，荒芜，荒废。　[14]掊克：指聚敛，搜刮民财。成格：常规，成例。　[15]枢密：中枢官署的统称。　[16]从违：依从或违背。　[17]稗政：指不良的政治措施。　[18]袴褶（kù xí）：骑马的服装，这里代指军阀。刀笔：掌文案的官吏。播恶：大干坏事。　[19]裁革：改革。　[20]哲后：贤明的君主。　[21]顿改：一下子改变。　[22]卒兴：突然兴建起来。卒，通"猝"。　[23]至正：元顺帝年号。　[24]刘、宋：刘基、宋濂。修明：修明文教的省文，指著书立说、研究政治。　[25]旋转之枢：改变的关键。　[26]尟：同"鲜"，少。

［点评］

　　船山重视法，在整个《读通鉴论》中有多篇史论，从多个方面论述法的问题。这篇即为其再次申论法治意义的史论。这篇史论中，船山着重强调，建立法制虽然不是治国的唯一措施，但却是治国所离不开的重要措施，只有法才能让社会正常运行，使民生得到基本保证，所以船山一再强调"有法胜于无法"。不过在这篇史论中，船山也提出了一个社会变革与法之损益的问题，认为法要不断完善，然而旧的陋法固然当革，但也有必要注意保持法之相对连续性、稳定性的问题，认为不可遽然做出过于重大的改变，认为只有"损其恶，益之以善，而天下遂宁"。除此之外，我们也要注意到，由于时代的局限，船山所说的法，远没有达到现代法律观念的程度，他的法，多少仍是要置之于"礼"统属意义下来予以理解，即其出发点，仍是要"以使民知上有天子、下有吏，而己亦有守以谋其生"。

卷末

叙论一

不言正统

论之不及正统者，何也？曰：正统之说，不知其所自昉也[1]。自汉之亡，曹氏、司马氏乘之以窃天下，而为之名曰禅。于是为之说曰："必有所承以为统，而后可以为天子。"义不相授受，而强相缀系以掩篡夺之迹[2]；抑假邹衍五德之邪说与刘歆历家之绪论，文其诐辞[3]；要岂事理之实然哉？

统之为言，合而并之之谓也，因而续之之谓也。而天下之不合与不续也多矣！盖尝上推数千年中国之治乱以迄于今，凡三变矣。当其未变，

五德终始只是方士之言，不是圣人之学。

船山以为，"统"事实上应包含空间上的大一统及时间上的连续不断两方面含义。

船山认为，以往以混一天下作为王朝正统与否的主要评判标准，使得正统论成为单纯以力量上的成败为核心依据的论说，缺乏对良善政治秩序的关注。

固不知后之变也奚若[4]，虽圣人弗能知也。商、周以上，有不可考者。而据三代以言之，其时万国各有其君，而天子特为之长，王畿之外，刑赏不听命，赋税不上供，天下虽合而固未合也。王者以义正名而合之。此一变也。而汤之代夏，武之代殷，未尝一日无共主焉。及乎春秋之世，齐、晋、秦、楚各据所属之从诸侯以分裂天下；至战国而强秦、六国交相为从衡[5]，赧王朝秦，而天下并无共主之号，岂复有所谓统哉！此一合一离之始也。汉亡，而蜀汉、魏、吴三分；晋东渡，而十六国兴，拓拔、高氏、宇文裂土以自帝；唐亡，而汴、晋、江南、吴越、蜀、粤、楚、闽、荆南、河东各帝制以自崇[6]。土其土，民其民，或迹示臣属而终不相维系也，无所统也。六国离，而秦苟合以及汉；三国离，而晋乍合之，非固合也。五胡起，南北离，而隋苟合之以及唐；五代离，而宋乃合之。此一合一离之局一变也。至于宋亡以迄于今，则当其治也，则中国有共主；当其乱也，中国无君，而并无一隅分据之土。盖所谓统者绝而不续，此又一变也。夫统者，合而不离、续而不绝之谓也。离矣，而恶乎统之？绝矣，而固不相承以为统。崛起以一中夏者，奚用承彼不连之系乎？

天下之生，一治一乱。当其治，无不正者以相干，而何有于正？当其乱，既不正矣，而又孰为正？有离，有绝，固无统也，而又何正不正之云邪？以天下论者，必循天下之公，天下非夷狄盗逆之所可尸，而抑非一姓之私也。惟为其臣子者，必私其君父，则宗社已亡，而必不忍戴异姓异族以为君。若夫立乎百世以后，持百世以上大公之论，则五帝、三王之大德，天命已改，不能强系之以存。故杞不足以延夏[7]，宋不足以延商。夫岂忘禹、汤之大泽哉[8]？非五子不能为夏而歌雒汭[9]，非箕子不能为商而吟《麦秀》也[10]。故昭烈亦自君其国于蜀[11]，可为汉之余裔；而拟诸光武[12]，为九州兆姓之大君[13]，不亦诬乎？充其义类，将欲使汉至今存而后快，则又何以处三王之明德，降苗裔于编氓邪[14]？

蜀汉正矣，已亡而统在晋。晋自篡魏，岂承汉而兴者？唐承隋，而隋抑何承？承之陈，则隋

船山认为一治一乱是天道运行的展现，历史上一治一乱的背后，应该是通过是否对道予以践行予以分辨。天下非一姓之私产，站在一姓的立场上为之争正统，显然违背了天下为公的基本原则。

不因灭陈而始为君；承之宇文氏，则天下之大防已乱，何统之足云乎？无所承，无所统，正不正存乎其人而已矣。正不正，人也；一治一乱，天也；犹日之有昼夜，月之有朔、弦、望、晦也。非其臣子以德之顺逆定天命之去留；而詹詹然为已亡无道之国延消谢之运[15]，何为者邪？宋亡而天下无统，又奚说焉？

近世有李槃者[16]，以宇文氏所臣属之萧岿[17]，为篡弑之萧衍延苟全之祀，而使之统陈；沙陀夷族之朱邪存勖[18]，不知所出之徐知诰[19]，冒李唐之宗，而使之统分据之天下。父子君臣之伦大紊，而自矜为义[20]，有识者一哂而已[21]。若邹衍五德之说，尤妖妄而不经，君子辟之，断断如也。

[注释]

[1] 昉（fǎng）：起始。 [2] 缀系：犹尾随。 [3] 诐（bì）辞：偏邪不正的言论。 [4] 奚若：何如。 [5] 从衡：合纵连横。南北曰纵，东西曰横。 [6] 自崇：自重。 [7] "故杞不足以延夏"二句：史载西周初年，武王曾封大禹的后人于杞地。又武王灭商后，采取"以殷治殷"政策，分封纣王之子武庚于殷统治殷民，同时遣自己的兄弟管叔、蔡叔、霍叔在殷都附近建国监视武庚。武王病逝，周公旦摄政，武庚拉拢管叔、蔡叔发动叛乱，周公平

定叛乱后，以微子启代殷后，国于宋，然而这并不足以延续夏朝和殷商的政治统绪。 [8]大泽：大恩惠。 [9]非五子不能为夏而歌雒汭（ruì）：《古文尚书》有《五子之歌》，大意是夏启之子太康失国，其坤弟五人与其母在雒水北河湾处等待太康，怨其不反，故作歌。汭音，河流汇合的地方或河流弯曲的地方。 [10]非箕子不能为商而吟《麦秀》：箕子为商纣王叔父，曾劝谏纣王，纣王不听，商亡后，箕子朝周，途经故殷墟，见宫室毁坏，遍生禾黍，十分伤感，遂作《麦秀歌》咏之，殷民听之无不流涕。 [11]昭烈：三国蜀汉先主刘备的谥号。 [12]光武：东汉开国君主汉光武帝刘秀。 [13]兆姓：即兆民，指众民，百姓。 [14]编氓：编入户籍的平民。 [15]詹詹然：言词烦琐、喋喋不休的样子。 [16]李棨：明代官吏。 [17]萧岿：南北朝时割据政权西梁第二位皇帝，梁宣帝萧詧第三子，隋炀帝萧皇后之父。曾联合北周抵抗南陈的威胁，北周武帝宇文邕灭北齐后，萧岿亲赴长安祝贺，故深得宇文氏信任。隋文帝杨坚登基后，其再次亲赴长安祝贺，又赢得杨坚信任。后萧、杨两家通婚，萧岿将一女嫁给杨广，成为隋炀帝皇后。由于萧、杨两家关系亲密，隋遂将驻扎在西梁的江陵总管撤回，使西梁获自主权得以苟延。 [18]朱邪存勖：五代后唐开国皇帝，本姓朱邪，西突厥别部沙陀族人。其父李克用因镇压兵变有功，被唐懿宗赐李姓。 [19]徐知诰：即南唐的建立者李昇，本五代十国时之吴国大丞相徐温养子。徐温死后，知诰继续执掌吴政。公元937年，吴杨溥让位知诰，南吴国亡，知诰即皇帝位，建立南唐。知诰自称是唐玄宗六子永王李璘之后，遂恢复李姓，改名李昇。 [20]自矜：自负，自夸。 [21]有识者一哕（xuè）而已：意谓有识之人对此不屑一驳罢了。哕，发出的小声音。

［点评］

饶宗颐先生言："中国史学观念，表现于史学史之上，以'正统'之论点，历代讨论，最为热烈。"（《中国史学上之正统论》）正统论讨论的是历史谱系中诸王朝继统之正与不正的问题，因此，它既是涉及历史的事实评判与价值评判的重要史学理论问题，也是有关政治政权是否具有合法性的问题，是对中国历史发展走向影响深远的政治理论问题。对于这样重要的理论问题，船山对历史的讨论当然也不可能忽略，将此问题的讨论置于《读通鉴论》全书评史原则之《叙论》的第一篇，其中深思之旨也就不难理解了。

在古代正统论的思想史脉络中，主要呈现两个框架：一是以五德终始为内涵的正统论；一是宋欧阳修阐述的以儒家思想为核心的、对"正"与"统"之内涵的探讨建构的正统论。从船山这篇史论的内容看，虽标题明示"不言正统"，即反对以正统裁量历代帝制王朝的价值，对历史上不同旨趣的正统论极尽批判之能事，然细究其文，其所言"不言正统"，并不意味着他反对正统这一论说，而只是不满意上述两个框架的正统王朝的标准，如是理解，说其是"反'正统'的正统论"，应更符合船山正统论讨论的实质，而不是学界多认为的他是真正的反对正统论。揆之原文，船山论述的逻辑是这样：首先，通过对先前正统概念及框架的清理与批判，指出正统之"正"与"统"本应具有的内涵，这也是船山所认为的正统论应有之义；其次，船山通过对具体历史事件的分析，以其新赋的内涵予以探讨，在探讨中重构其认同的新的正统论。船山对以往正统论的不满，主要是这样几个方面：第一，以禅让为虚名进行的政权嬗替，误使后世认为权力的获得是通过势和霸道实现的，从而忽略了"得民心者得天下"，即政权合法性的道德因素；第二，无论是依托五德终始的线性说辞，还是以统一天下为条件的空间说辞，其既会为那些无德的篡位者提供了合法性依据，也为那些专制暴政和夷狄政权存在的合法性张目；第三，以往两种理论框架下的正统论，所争在"统"，而不是历史之"正"，没有展现出天下相继的实现应是"道"的实现，引领历史向善的历史目的；第四，船山强调天下应是人人的天下，因而正统论也不应只关注一家一姓的兴亡。

综上所述，船山不言正统，并不是因为他认为有关正统的讨论不重要，而是因为历代对于正统的论述存在不足，没有将是否践行儒家之道作为王朝正统与否的评判标准，更没有体现出人的目的与历史价值的实现。船山生活于明清鼎革之际，面对时代巨变，尤其是船山撰写《读通鉴论》的晚年之时，其所谓夷狄的满族统治者已几乎掩有了整个华夏，此时无论是以空间的一统，还是以必然性的阴阳五行来论正统，都令他重新思考和解释"王朝统治合法性"的问题，而明末以来的反君主专制的思潮，则更深化了他对这一理论问题的思考。

叙论二

不论大美大恶

天下有大公至正之是非焉，匹夫匹妇之与知，圣人莫能违也。然而君子之是非，终不与匹夫匹妇争鸣，以口说为名教，故其是非一出而天下莫敢不服。流俗之相沿也，习非为是，虽覆载不容之恶而视之若常[1]，非秉明赫之威以正之，则恶不知惩。善亦犹是也，流俗之所非，而大美存焉；事迹之所阏[2]，而天良在焉；非秉日月之明以显之，则善不加劝。故《春秋》之作[3]，游、夏不能赞一辞，而岂灌灌谆谆[4]，取匹夫匹妇已有定论之褒贬，曼衍长言[5]，以求快俗流之心目哉？庄生曰："《春秋》经世之书[6]，圣人议而不辩。"若华督、宋万、楚商臣、蔡般[7]，当春秋之世，习为故常而不讨，乃大书曰"弑其君"。

追求历史价值判断的"公是公非"，就是要超越"一时之利害"，"通古今而计之"，探讨历史发展的大趋势，探求历史的公理，讨论其中的历史价值。

然止此而已，弗俟辩也[8]。以此义推之，若王莽、曹操、朱温辈之为大恶也，昭然见于史策，匹夫匹妇得以诟厉之于千载之下[9]，而又何俟论史者之喋喋哉[10]？

今有人于此，杀人而既服刑于司寇矣[11]，而旁观者又大声疾呼以号于人曰[12]：此宜杀者[13]。非匹夫匹妇之褊躁[14]，孰暇而为此？孟子曰："《春秋》成而乱臣贼子惧。"惟其片言而折[15]，不待繁言而彼诈遁之游辞不能复逞[16]。使圣人取中肩之逆、称王之僭[17]，申明不已[18]，而自谓穷乱贼之奸；彼奸逆者且笑曰：是匹夫匹妇之巷议也，而又奚畏焉。萧、曹、房、杜之治也[19]；刘向、朱云、李固、杜乔、张九龄、陆贽之贞也；孔融、王经、段秀实之烈也；反此而为权奸、为宦寺、为外戚、为佞幸、为掊克之恶以败亡人国家也[20]；汉文、景、光武、唐太宗之安定天下也；其后世之骄奢淫泆自贻败亡也；汉高之兴，项羽之亡，八王之乱[21]，李、郭之功[22]；史已详纪之，匹夫匹妇闻而与知之。极词以赞而不为加益，闻者不足以兴；极词以贬而不为加损，闻者不足以戒。唯匹夫匹妇悻悻之怒、沾沾之喜[23]，繁词累说，自鸣其达于古者，乐得而称述之。曾君子诱掖人之善而示以从人之津[24]，弭止人之恶而穷其陷溺之实，屑屑一时之快论[25]，与道听途说者同其纷呶乎[26]？故编中于大美大恶、昭然耳目、前有定论者，皆略而不赘。推其所以然之由，辨其不尽然之实，均于善而醇疵分，均于恶而轻重别，因其时，度其势，察其心，穷其效，所由与胡致堂诸子之有以异也[27]。

> 船山所谓"不论大美大恶"，就是不去重复叙述与评价历史上是非确论之事，而是追根溯源，深入探究史事背后缘由，辨析以往为常人所忽略的细节和原因；避免对史事一概而论，而是具体考虑其所处时势和情境，区别对待与论断。

[注释]

[1]覆载：覆盖与承载。　[2]阂（hé）：阻隔不通。　[3]"故《春秋》之作"二句：《史记·孔子世家》："至于为《春秋》，笔则笔，削则削，子夏之徒不能赞一辞。"《孟子集注》："所谓笔则笔，削则削，游、夏不能赞辞者也。"指孔子的学生子游和子夏对孔子写的《春秋》不能添一句话，提不出一点意见。形容《春秋》写得非常完美。　[4]灌灌谆谆：情意恳切貌。　[5]曼衍：形容连绵不绝。　[6]"《春秋》经世之书"二句：语出《庄子·齐物论》："《春秋》经世，先王之志，圣人议而不辩。"　[7]华督：春秋时期宋国奸臣，官至太宰（宰相），是当时宋国很有势力的大贵族。宋万：春秋时宋国一篡逆无道之臣。楚商臣：姓芈名商臣，亦称楚商臣，楚国的第二十四任君王，在位期间楚国势力拓展到江淮地区，谥号为楚穆王。蔡般：春秋时蔡国君主蔡灵侯，杀其父蔡景

自立蔡国君主。 [8]俟：等待。 [9]诟厉：讥评，辱骂。 [10]喋喋：不住地说话。 [11]司寇：古代中央政府中掌管司法和纠察的长官。 [12]号：宣称。 [13]宜杀者：应该杀的人。 [14]褊躁：气度偏窄，脾气急躁。 [15]折：心服。 [16]诈遁之游辞：欺骗逃避的虚浮不实的言辞。 [17]中肩之逆：公元前707年，周桓王率陈、蔡、虢、卫伐郑，郑庄公率军迎战，郑祝聃射中周桓王肩。 [18]申明不已：不断地郑重说明。 [19]萧、曹：萧指萧何，曹指曹参，二人皆汉初名相。房、杜：房指房玄龄，杜指杜如晦，二人均唐初名相。 [20]掊克：指聚敛，搜刮民财。 [21]八王之乱：西晋时期的一场皇族为争夺中央政权而引发的内乱。 [22]李、郭之功：指唐中期平定安史之乱的名将李光弼和郭子仪。 [23]悻悻：怨恨失意的样子。 [24]掖人：扶持他人。从入之津：进入的途径、门径。 [25]屑佻：介意夸大。 [26]纷呶（náo）：纷乱喧哗。 [27]胡致堂：即宋人胡寅，有史论《读史管见》行世。

[点评]

　　作为全书史评的原则，这篇以"不论大美大恶"为主旨的史论，也可看作是船山对于其历史认识和评议之方法论意义的阐述。何谓历史的"大美大恶"？按照船山的理解，就是那些众人皆知、是非已确论的流俗之见。在船山看来，专注于那些匹夫匹妇"乐得而称述之"的史事讨论，不过是"屑佻一时之快论"，即往往将历史事实的认识简单化、绝对化，也就难以从历史得到有裨于世的鉴戒。只有超越"一时之利害"，"通古今而计之"，不沿袭陈规旧说，跳出世俗成见，从"天下有大公至正之是非"的立场，以理性的精神和方法，透过现象去思索、考察和讨论历史，才能准确地揭示历史事件的本质，在历史发展的总的大趋势中认识该历史事件的意义，正确评价历史人物的历史作用。也就是说，船山这里的"大公至正"包括两层意义：一层意义是追求一般价值意义上的是非褒贬的"大公至正"，尽量做到符合历史事实，而非颠倒儒家礼教的价值是非；一层意义是超越对个人道德品质评价的立场，从整个历史的发展过程，从民族长远利益出发去评价历史事件和人物。而这就涉及如何理解诸如历史与伦理的悖论，例如对汉武帝这样不令的君主建千秋之功业的评价，即究竟是基于行为者的动机，还是基于历史最终结果等去褒贬评价，这些都是超越简单个人道德品质评价的更深入的历史理论问题。

总之，船山认为，评论历史要力求避免一般化，不可简单地重复前人的结论，而在于对具体事物作具体分析，少说千篇一律的大道理和空洞无物的说教，尽量做到于大美大恶、昭然耳目、前有定论者，皆略而不赘。其具体论史的方法是："因其时"（根据当时的历史背景），"度其势"（考察当时的具体条件），"察其心"（分析其主观动机），"穷其效"（研究其产生的后果）。船山认为，只有这样，才能分析出其所以然的原因，才能辨明不尽然的情况，才能具体区别善的醇正和恶的轻重。才能作出符合历史实际的评论。船山评议历史这种设身处地的内在体验方法，某种意义也可说是其"通古今而计之"，合古今的"大视域"的一种形式，其方法对于我们今天评议历史，仍有很大的借鉴价值。

叙论三

不敢妄加褒贬

论史者有二弊焉：放于道而非道之中 [1]，依于法而非法之审，褒其所不待褒，而君子不以为荣，贬其所不胜贬，而奸邪顾以为笑 [2]，此既浅中无当之失矣 [3]；乃其为弊，尚无伤于教、无贼于民也。抑有纤曲鬼琐之说出焉，谋尚其诈，谏尚其谲，徼功而行险，干誉而违道 [4]，奖诡随为中庸 [5]，夸偷生为明哲，以挑达摇人之精爽而使浮 [6]，以机巧裂人之名义而使枉 [7]；此其于世教与民生也，灾愈于洪水，恶烈于猛兽矣。

盖尝论之：史之为书，见诸行事之征也。则必推之而可行，战而克，守而固，行法而民以为便，进谏而君听以从，无取于似仁似义之浮谈，只以致悔吝而无成者也 [8]。则智有所尚，谋有所

"史之为务，申以劝诫，树之风声。"历史人物的行为，是善还是恶，是是还是非，其评价直接影响后世的价值观、历史观，焉可小觑！焉可不慎哉！

详，人情有所必近，时势有所必因，以成与得为
期，而败与失为戒，所固然矣。然因是而卑污之
说进焉，以其纤曲之小慧，乐与跳荡游移、阴匿
钩距之术而相取[9]；以其躁动之客气，迫与轻挑
忮忿、武健驰突之能而相依[10]；以其妇姑之小慈，
易与狐媚猫驯、澳涩柔巽之情而相昵[11]。闻其
说者，震其奇诡，歆其纤利，惊其决裂，利其呴
呕[12]；而人心以蛊，风俗以淫，彝伦以斁[13]，廉
耻以堕。若近世李贽、钟惺之流[14]，导天下于邪
淫，以酿中夏衣冠之祸，岂非逾于洪水、烈于猛
兽者乎？

溯其所由，则司马迁、班固喜为恢奇震耀之
言，实有以导之矣。读项羽之破王离，则须眉皆
奋而杀机动[15]；览田延年之责霍光[16]，则胆魄
皆张而戾气生[17]。与市侩里魁同慕汲黯、包拯
之绞急[18]，则和平之道丧；与词人游客共叹苏
轼、苏辙之浮夸，则惇笃之心离。谏而尚谲，则
俳优且贤于《伊训》[19]；谋而尚诈，则《甘誓》
不齿于孙、吴[20]。高允、翟黑子之言[21]，只以
奖老奸之小信；李克用三垂冈之叹[22]，抑以侈盗

贼之雄心。甚至推胡广之贪庸以抑忠直[23]，而惬鄙夫之志[24]；伸冯道之逆窃以进夷盗[25]，而顺无赖之欲。轻薄之夫，妄以为慷慨悲歌之助；雕虫之子，喜以为放言饰说之资。若此之流，允为残贼，此编所述，不敢姑容。刻志兢兢，求安于心，求顺于理，求适于用。顾惟不逮，用自惭恧，而志则已严，窃有以异于彼也。

所谓"求顺于理，求适于用"，包含对评史者的主观心术、学术标准和史评目的三个方面的要求。

[注释]

[1]放：通"仿"，学也。　[2]顾：反而。　[3]浅中：谓心胸浅窄。　[4]干誉：谓求取名誉。　[5]诡随：谓不顾是非而妄随人意。　[6]挑达：往来相见貌，引申为放纵不羁。精爽：精神魂魄。　[7]枉：冤屈。　[8]悔吝：意思是灾祸，出自《周易·系辞上》。　[9]跳荡：意思是心情激动。钩距：犹机谋。　[10]轻挑：犹轻佻。忮忿：嫉妒怨恨。驰突：快跑猛冲。　[11]渿沵（tiǎn niǎn）：软弱、懦怯。柔巽：犹柔顺。　[12]呴（hǒu）呕：谓言语和悦。　[13]敦（dù）：败坏。　[14]李贽、钟惺：二人皆晚明有"异端"思想的文人。李贽有史著《藏书》声称要"颠倒千万世之是非"，钟惺有史评《史怀》，清人批评其论"掉弄聪明""偏驳者多"。　[15]须眉：古时男子以胡须眉毛稠秀为美，故以为男子的代称。　[16]田延年之责霍光：指汉昭帝大臣田延年表面指责，实则支持霍光自行废立昌邑王嗣位事。　[17]戾（lì）气：乖戾、邪恶、凶暴之气。　[18]里魁：指里长。汲黯：西汉武帝时名臣，性耿直，好直谏廷诤。包拯：北宋名臣，以立朝刚毅，不附权贵，

敢替百姓申不平名于世。绞急：急切。　[19]俳优：指古代以乐舞谐戏为业的艺人。《伊训》：《尚书·商书》中的一篇，乃商大臣伊尹写给太甲的教导与告诫。　[20]《甘誓》：《尚书》篇名，是夏启在讨伐有扈氏前，在甘（今陕西户县西南）发布的战争动员令。孙、吴：孙子、吴起皆春秋战国兵家，皆主张权谋诡诈，故云。　[21]高允、翟黑子之言：指北魏辽东公翟黑子，不听高允建议，向北魏太武帝隐瞒自己受贿事而被杀。　[22]李克用三垂冈之叹：《新五代史·唐本纪第五》载："初，克用破孟方立于邢州，还军上党，置酒三垂岗，伶人奏《百年歌》，至于衰老之际，声甚悲，坐上皆凄怆。时存勖在侧，方五岁，克用慨然捋须，指而笑曰：吾行老矣，此奇儿也，后二十年，其能代我战于此乎！"　[23]推胡广之贪庸以抑忠直：推许贪婪昏庸的胡广，贬抑忠直之人。胡广，东汉重臣，其性格圆滑，柔媚宦官，以奉行中庸之道著称，历事六朝，为官三十余年，史称"一履司空，再作司徒，三登太尉"。京师为其作谚语道："万事不理问伯始，天下中庸有胡公。"后人评其"多方善柔，保位持禄"。贪庸，贪婪昏庸。　[24]惬鄙夫之志：满足庸俗鄙陋之人想要的。　[25]伸：伸张。冯道：字可道，号长乐老，五代十国时期著名宰相，历经四朝十代君王，世称"十朝元老"。为后世强调忠君者所不齿，欧阳修骂他"不知廉耻"，司马光更斥其为"奸臣之尤"。

[**点评**]

　　本论中船山指出论史者常有的两种弊端，分析其来源和原因，并进一步指出由于论史者的弊端，因而滋生扭曲错误的历史观。这种历史观以成败为是非，倡导为达目的，不择手段。船山指出该历史观的巨大危害。

　　历史人物的褒贬，是中国古代史学的重要内容。在这方面，船山有不少的独到见解。在这篇史论中，作为评价历史的一个原则，船山明确提出"不敢妄加褒贬"，即对于历史事件和历史人物的褒贬要慎重，进而在此基础上，提出论史要祛除"论史二弊"的观点。其弊一，是于道于法不合，价值标准混乱，导致褒贬失据，无法做到彰善瘅恶的史论；其弊二，是或媚俗，或蛊惑摇动人心，或推崇权谋诡诈的史论。船山认为，这两种史论都颇有害于世道人心。鉴于史论此二弊，船山主张，对于褒贬应持慎重态度，作史者首先要遵从理性，不当"喜为恢奇震耀之言"，用煽情的文字或导人趋于轻薄，或引发人之非理性的"戾气""杀机"，而是要以理性、平和的心态去审视历史，不妄加褒贬。《四库全书》对明人史评多有批评，认为其"大抵好为异论，务与前人相左"，"不免文士好奇务为新论"。正是对明人这种对历史肆意褒贬之史评流弊的反思，船山提出了自己的史评原则，即"求安于心，求顺于理，求适于用"。这三点，实际包含了史评的主观动机、学术追求和经世目的三个方面。这也是船山撰《读通鉴论》的初衷与方法。

叙论四

因时宜而论得失

治道之极致，上稽《尚书》[1]，折以孔子之言[2]，而蔑以尚矣[3]。其枢，则君心之敬肆也[4]；其戒，则怠荒刻核[5]，不及者倦，过者欲速也；其大用，用贤而兴教也；其施及于民，仁爱而锡以极也[6]。以治唐、虞，以治三代，以治秦、汉而下，迄至于今，无不可以此理推而行也；以理铨选，以均赋役，以诘戎兵[7]，以饬刑罚[8]，以定典式，无不待此以得其宜也。至于设为规画，措之科条，《尚书》不言，孔子不言，岂遗其实而弗求详哉？以古之制，治古之天下，而未可概之今日者，君子不以立事；以今之宜，治今之天下，而非可必之后日者，君子不以垂法[9]。故封建、井田、朝会、征伐、建官、颁禄之制，《尚书》

治道的枢机，在于统治者能在"敬"与"肆"之间保持中道。

不言，孔子不言。岂德不如舜、禹、孔子者，而敢以记诵所得者断万世之大经乎？

《夏书》之有《禹贡》[10]，实也，而系之以禹，则夏后一代之法，固不行于商、周；《周书》之有《周官》[11]，实也，而系之以周，则成周一代之规，初不上因于商、夏。孔子曰："足食[12]，足兵，民信之矣。"何以足，何以信，岂靳言哉？言所以足，而即启不足之阶；言所以信，而且致不信之咎也。

一代有一代的情势，这也决定应有与之相适应的制度。

孟子之言异是，何也？战国者，古今一大变革之会也。侯王分土，各自为政，而皆以放恣渔猎之情，听耕战刑名殃民之说，与《尚书》、孔子之言，背道而驰。勿暇论其存主之敬怠仁暴，而所行者，一令出而生民即趋入于死亡。三王之遗泽，存十一于千百，而可以稍苏，则抑不能预谋汉、唐已后之天下，势异局迁，而通变以使民不倦者奚若。盖救焚拯溺，一时之所迫，于是有"徒善不足为政"之说[13]，而未成乎郡县之天下，犹有可遵先王之理势，所由与《尚书》、孔子之言异也。要非以参万世而咸可率由也[14]。

船山以为应保持历史之变与不变之间的张力，在变迁的历史中有不变的治道之根基，即以民为本的仁政，变的实质也是为了在新的情况下更好地行仁政。

　　编中所论，推本得失之原，勉自竭以求合于圣治之本；而就事论法，因其时而酌其宜，即一代而各有弛张，均一事而互有伸诎[15]，宁为无定之言，不敢执一以贼道[16]。有自相蹢𨇤者矣[17]，无强天下以必从其独见者也。若井田、封建、乡举、里选、寓兵于农、舍笞杖而行肉刑诸法，先儒有欲必行之者矣。袭《周官》之名迹，而适以成乎狄道者[18]，宇文氏也[19]；据《禹贡》以导河，而适以益其溃决者，李仲昌也[20]。尽破天下之成规，骇万物而从其记诵之所得，浸使为之[21]，吾恶知其所终哉！

[注释]

[1]稽：考核。　[2]折：判决。　[3]蔑以尚：没有比其更崇高的。蔑，没有。　[4]敬肆：谨慎恭敬和骄横放纵。　[5]怠荒刻核：懒惰放荡且苛刻。　[6]锡：通"赐"，给予，赐给。　[7]诘：整治。　[8]饬：整顿，使整齐。　[9]垂法：垂示法则。　[10]《夏书》之有《禹贡》：《夏书》乃《尚书》组成部分之一，传说记载夏代史事，今本包括《禹贡》等四篇，近人多认为《禹贡》系战国时作品。　[11]《周书》之有《周官》：《周书》乃《尚书》组成部分之一，记载周代史事，《周官》为其中一篇，据称，"成王既黜殷命，灭淮夷，还归在丰，作《周官》"。　[12]"足食"以下三句：语出《论语·颜渊》。　[13]徒善不足为政：语出《孟

子·离娄上》。　[14]咸可率由：皆可遵循，沿用。　[15]伸诎：指随时代与情势的变化而或进或退，或动或止。　[16]贼道：损害仁义之道。　[17]蹠盭（zhí lì）：亦作"蹠戾"，谓脚掌扭曲反戾，其义引申表示乖舛、谬误等。　[18]狄道：夷狄之道。　[19]宇文氏：西魏的建立者宇文泰及其后继者。　[20]李仲昌：北宋中期官员，以殿中丞提举河渠事，提议"塞商胡北流，入六塔河"，让久已改流的黄河复归旧道，终因河小不能容而失败，损失惨重。　[21]浸：逐渐。

[点评]

与中国古代其他的史论著作一样，《读通鉴论》的史论多偏重于政治评论。这篇《叙论》提出了论史要遵循的原则，就是要"因时宜而论得失"。作为船山整个思想体系的重要构成，以"时宜"观阐述历史和现实问题，自古以来就是政治家、军事家和历史学家论述的一个关注点，在继承前人相关论述的基础上，船山在《读通鉴论》中，对于"时宜"思想，往往依据不同的历史事实而有所发挥。船山的这篇《叙论》，更是将之视为历史问题讨论的一个原则提出。为阐述这一论史原则，船山首先指出《尚书》虽为治道之极、万世之大经，自三代至今，皆可推其理，作为原则指导政治以行，然具体制度的建立、政策的施行，则必须因时因势，做出相应调整，并举例说明盲目效仿所带来的危害。盖师古而不可泥古之意。后世之人如果一味法古，不仅治不可得，反而会带来糟糕的后果。这样，船山衡量历史的判断中，便有一个如何在客观的历史演进中保持"变"与"常"的张力。船山认为，"用贤而兴教"，对老百姓"仁爱而锡以极"的仁政，也是治理天下的古今不变的常道或政治追求，但是，在保持这"常道"之外，在历史不断发展、社会不断变化的情况下，相应的制度及对应策略必须不断做出调整，做到理与势的统一相合。也就是"徒善不足以为政"，而"执一"则将"害道"。体现在衡量评价历史人物方面，则要求不能仅仅要从其善的目的来看，还要从其行为的结果，用"通变"的思想来作出价值的判断。

释资治通鉴论

览史、评史的目的应在落实于具体之用，即"所以为力行求治之资也"，而不能仅仅是为了增长历史知识，或发思古之幽情的情感满足。

旨深哉！司马氏之名是编也。曰"资治"者，非知治知乱而已也，所以为力行求治之资也。览往代之治而快然，览往代之乱而愀然[1]，知其有以致治而治，则称说其美；知其有以召乱而乱，则诟厉其恶[2]；言已终，卷已掩，好恶之情已竭，颓然若忘[3]，临事而仍用其故心，闻见虽多，辨证虽详，亦程子所谓"玩物丧志"也[4]。

夫治之所资，法之善者也。善于彼者，未必其善于此也。君以柔嘉为则[5]，而汉元帝失制以酿乱[6]；臣以戆直为忠[7]，而刘栖楚碎首以藏奸[8]。攘夷复中原[9]，大义也，而梁武以败；含怒杀将帅[10]，危道也，而周主以兴。无不可为治之资者，无不可为乱之媒。然则治之所资者，一心而已矣[11]。以心驭政，则凡政皆可以宜民[12]，莫匪治之资[13]；而善取资者，变通以成乎可久。设身于古之时势，为己之所躬逢[14]；研虑于古之谋为[15]，为己之所身任。取古人宗社之安危[16]，代为之忧患，而己之去危以即安者在矣；取古昔民情之利病，代为之斟酌，而今之兴利以除害者在矣。得可资，失亦可资也；同可资，异亦可资也。故治之所资，惟在一心，而史特其鉴也。

"鉴"者，能别人之妍媸[17]，而整衣冠、尊瞻视者[18]，可就正焉。顾衣冠之整，瞻视之尊，鉴岂能为功于我哉！故论鉴者，于其得也，而必推其所以得；于其失也，而必推其所以失。其得也，必思易其迹而何以亦得；其失也，必思就其偏而何以救失；乃可为治之资，而不仅如鉴之徒悬于室，无与炤之者也[19]。

其曰"通"者，何也？君道在焉，国是在焉，

所谓"一心而已"，即史鉴者理性思考之心、为国为民之心、经世致用之心、史家社会责任感之心。

以史为鉴，既具有资治的属性，又具有致乱的属性。不顾具体情势变化的以史为鉴，只会带来消极后果。以史为鉴的"二重性"，体现出船山认识的辩证色彩，具有重要的认识论价值。

总结历史上有用的经验，关键在于取鉴者的主观努力，把事物放到具体历史环境中，从与其他事物的相互联系、相互依存和相互作用中去认识，找出可资鉴戒者。

民情在焉，边防在焉，臣谊在焉，臣节在焉，士之行己以无辱者在焉，学之守正而不陂者在焉。虽扼穷独处，而可以自淑，可以诲人，可以知道而乐，故曰"通"也。

引而伸之，是以有论；浚而求之，是以有论；博而证之，是以有论；协而一之，是以有论；心得而可以资人之通，是以有论。道无方，以位物于有方；道无体，以成事之有体。鉴之者明，通之也广，资之也深，人自取之，而治身治世、肆应而不穷[20]。抑岂曰此所论者立一成之例[21]，而终古不易也哉！

[注释]

[1] 愀（qiǎo）然：形容脸色突然变得严肃或不愉快。[2] 诟厉：讥评，辱骂。　[3] 颓然：糊涂无知貌。　[4] 程子：对宋代理学家程颢、程颐的尊称。　[5] 柔嘉为则：温和善良为做人的准则，语出《诗经·烝民》"柔嘉维则"。　[6] 汉元帝失制以酿乱：史称汉元帝刘奭为太子"柔仁好儒"，曾建议其父汉宣帝用儒生。宣帝叹道："乱我家者，太子也。"继位后，西汉政局果然日益腐败。　[7] 戆（zhuàng）直：迂愚，刚直。　[8] 刘栖楚碎首以藏奸：刘栖楚为唐朝大臣，曾任谏官，曾以叩头流血劝阻唐敬宗打猎游乐，以示忠直敢言，实为哗众取宠，故曰其"碎首以藏奸"。　[9] "攘夷复中原"以下三句：南朝梁武帝萧衍曾多次发

动对北朝的战争均遭失败。欲利用东魏高欢部降将侯景收复中原。公元548年侯景发动叛乱，次年渡江攻破梁都建康，萧衍被囚死于建康台城。　[10]"含怒杀将帅"以下三句：公元954年，后周世宗柴荣在与北汉作战中，马军都指挥使樊爱能、步军都指挥使何徽等，临阵逃遁。周世宗诛杀樊、何等七十余人，整肃了军纪，最终取得了胜利。　[11]一心而已矣：意谓全在人们主观上如何审时度势罢了。　[12]宜民：意思是使民众安定。　[13]莫匪：同"莫非"。　[14]躬逢：亲身遇到。　[15]谋为：谋划并实施。　[16]宗社：宗庙和社稷，泛指国家。　[17]妍媸：美和丑。　[18]瞻视：观看，顾盼。　[19]炤：同"照"。　[20]肆应：指善于应付各种事情。　[21]侀（xíng）：原为已定型之物，引申为成事不可改变的意思。

［点评］

与《读通鉴论》前三篇《叙论》旨在阐述其史评之原则不同，作为《叙论》的最后一篇，其旨趣转而为阐述史之为用，即史之资治的问题。故其开文即以"旨深哉！司马氏之名是编也"的感叹，感叹"资治通鉴"四字所包含的深刻、渊微的意旨，并由此展开自己对史之资政的认识以及自己论史的旨与法。

首先，船山对"资治"二字进行阐发：认为读史的关键是要从中取资而反思其益于治者。若仅仅是为了增长知识，或为发思古人之幽情读史，则不过是于世无补的"玩物丧志"。其二，船山以为，以史资治，要"善取资者"，就要摆脱孤立静止的机械类比，以"变通"的意识去能动地研究历史，设身处地推想历史上的安危利病、兴衰变化。只有这样，才能不论得失、同异的史实，皆可获得可资于治的启发。其三，船山认为，借鉴历史资治，实质也是主体对客体的认知活动，因此，鉴史者的心中必须要具有从中求治的主观意识。其四，船山认为，《资治通鉴》所贵之处在于"通"：上至君道臣节、国是民谟、下至民俗士行等，皆有涉及，览《通鉴》不仅可资治国是，亦可修身蓄德。最后，船山将他的《读通鉴论》论史的方法，分为引论—深论—博论—合论—通论等几个环节分别作出阐发。这五个环节，也可看作船山解释历史问题的基本路径，即追溯渊源、阐释原因、分析背景、缕述变迁、探究影响。这五条路径有机结合，步步深入，使其对历史的解释既有广度又有深度。船山这篇全书压轴的阐述，不仅有助于我们了解船山研究历史的方法，了解船山的史学思想，也是一部可资我们今天研究历史的宝贵的学术遗产。

主要参考文献

船山全书 （明）王夫之撰 岳麓书社 2011 年版

读通鉴论 （清）王夫之撰 中华书局 1975 年版

资治通鉴 （宋）司马光编著 （元）胡三省音注 中华书局 1956 年版

王夫之年谱 （清）王之春撰 汪茂和点校 中华书局 1989 年版

清史稿 （清）赵尔巽等撰 中华书局 1977 年版

清儒学案 徐世昌等编 中华书局 2008 年版

王船山学术论丛 嵇文甫著 三联书店 1963 年版

王夫之评传 萧萐父、许苏民著 南京大学出版社 2002 年版

王夫之 衷尔钜著 吉林文史出版社 1997 年版

中国思想通史第五卷 侯外庐著 人民出版社 1980 年版

宋明理学史 下 侯外庐、邱汉生、张岂之主编 人民出版社 1987 年版

中国近三百年学术史　梁启超著　中华书局 2020 年版

中国近三百年学术史　钱穆著　商务印书馆 1997 年版

中国古代思想史论　李泽厚著　人民出版社 1985 年版

清代思想史论　汪学群、武才娃著　中国社会科学出版社 2007 年

王船山思想体系　蔡尚思著　上海人民出版社 2019 年版

中国史学史论集　吴泽主编　上海人民出版社 1980 年版

中国史学史　第五卷　白寿彝主编　上海人民出版社 2006 年版

中国史学思想史　吴怀祺著　安徽人民出版社　1996 年版

理想与现实：王夫之历史哲学研究　萧平汉著　中央文献出版社 2009 年版

王夫之与读通鉴论　李季平著　山东教育出版社 1982 年版

读《读通鉴论》　宋小庄著　云南人民出版社 1991 年版

《中华传统文化百部经典》已出版图书

书　　名	解读人	出版时间
周易	余敦康	2017 年 9 月
尚书	钱宗武	2017 年 9 月
诗经（节选）	李　山	2017 年 9 月
论语	钱　逊	2017 年 9 月
孟子	梁　涛	2017 年 9 月
老子	王中江	2017 年 9 月
庄子	陈鼓应	2017 年 9 月
管子（节选）	孙中原	2017 年 9 月
孙子兵法	黄朴民	2017 年 9 月
史记（节选）	张大可	2017 年 9 月
传习录	吴　震	2018 年 11 月
墨子（节选）	姜宝昌	2018 年 12 月
韩非子（节选）	张　觉	2018 年 12 月
左传（节选）	郭　丹	2018 年 12 月
吕氏春秋（节选）	张双棣	2018 年 12 月
荀子（节选）	廖名春	2019 年 6 月
楚辞	赵逵夫	2019 年 6 月
论衡（节选）	邵毅平	2019 年 6 月
史通（节选）	王嘉川	2019 年 6 月
贞观政要	谢保成	2019 年 6 月
战国策（节选）	何　晋	2019 年 12 月
黄帝内经（节选）	柳长华	2019 年 12 月
春秋繁露（节选）	周桂钿	2019 年 12 月
九章算术	郭书春	2019 年 12 月
齐民要术（节选）	惠富平	2019 年 12 月
杜甫集（节选）	张忠纲	2019 年 12 月
韩愈集（节选）	孙昌武	2019 年 12 月
王安石集（节选）	刘成国	2019 年 12 月
西厢记	张燕瑾	2019 年 12 月

书　名	解读人	出版时间
聊斋志异（节选）	马瑞芳	2019 年 12 月
礼记（节选）	郭齐勇	2020 年 12 月
国语（节选）	沈长云	2020 年 12 月
抱朴子（节选）	张松辉	2020 年 12 月
陶渊明集	袁行霈	2020 年 12 月
坛经	洪修平	2020 年 12 月
李白集（节选）	郁贤皓	2020 年 12 月
柳宗元集（节选）	尹占华	2020 年 12 月
辛弃疾集（节选）	王兆鹏	2020 年 12 月
本草纲目（节选）	张瑞贤	2020 年 12 月
曲律	叶长海	2020 年 12 月
孝经	汪受宽	2021 年 6 月
淮南子（节选）	陈　静	2021 年 6 月
太平经（节选）	罗　炽	2021 年 6 月
曹操集	刘运好	2021 年 6 月
世说新语（节选）	王能宪	2021 年 6 月
欧阳修集（节选）	洪本健	2021 年 6 月
梦溪笔谈（节选）	张富祥	2021 年 6 月
牡丹亭	周育德	2021 年 6 月
日知录（节选）	黄　珅	2021 年 6 月
儒林外史（节选）	李汉秋	2021 年 6 月
商君书	蒋重跃	2022 年 6 月
新书	方向东	2022 年 6 月
伤寒论	刘力红	2022 年 6 月
水经注（节选）	李晓杰	2022 年 6 月
王维集（节选）	陈铁民	2022 年 6 月
元好问集（节选）	狄宝心	2022 年 6 月
赵氏孤儿	董上德	2022 年 6 月
王祯农书（节选）	孙显斌	2022 年 6 月
三国演义（节选）	关四平	2022 年 6 月
文史通义（节选）	陈其泰	2022 年 6 月

书　　名	解读人	出版时间
汉书（节选）	许殿才	2022 年 12 月
周易略例	王锦民	2022 年 12 月
后汉书（节选）	王承略	2022 年 12 月
通典（节选）	杜文玉	2022 年 12 月
资治通鉴（节选）	张国刚	2022 年 12 月
张载集（节选）	林乐昌	2022 年 12 月
苏轼集（节选）	周裕锴	2022 年 12 月
陆游集（节选）	欧明俊	2022 年 12 月
徐霞客游记（节选）	赵伯陶	2022 年 12 月
桃花扇	谢雍君	2022 年 12 月
法言	韩敬、梁涛	2023 年 12 月
颜氏家训	杨世文	2023 年 12 月
大唐西域记（节选）	王邦维	2023 年 12 月
法书要录（节选）历代名画记	祝　帅	2023 年 12 月
耶律楚材集（节选）	刘　晓	2023 年 12 月
水浒传（节选）	黄　霖	2023 年 12 月
西游记（节选）	刘勇强	2023 年 12 月
乐律全书（节选）	李　玫	2023 年 12 月
读通鉴论（节选）	向燕南	2023 年 12 月
孟子字义疏证	徐道彬	2023 年 12 月
嵇康集	崔富章	2024 年 12 月
白居易集（节选）	陈才智	2024 年 12 月
李清照集（节选）	诸葛忆兵	2024 年 12 月
近思录	查洪德	2024 年 12 月
林则徐集	杨国桢	2024 年 12 月